발해가 고구려의 계승국인 34가지 증거

발해제국사

The History of Balhae Empire

발해가 고구려의 계승국인 34가지 증거

발해제국사

The History of Balhae Empire

서병국 지음

KSI 한국학술정보(주)

1. 발해국(전성기)의 강역

발해국은 우리 역사상 최대의 판도를 이루었으며, 광대한 영토를 다스리기 위해 행정 중심지에 5 경(京)을 두었다. 그 영토가 한반도 북부, 만주 동부, 연해주에 이른 발해국은 정치, 경제, 군사 면에서 국초부터 동방(해동)의 강대국으로 위용을 드러냈기에 당나라 등 이웃 나라에 '해동성국'으로 비쳐졌다.

2. 동모산

대조영이 발해국을 세우고 첫 수도로 정한 동모산은 오늘의 돈화 지방이다. 그는 돈화 분지에서 우뚝 솟은 산 위에 산성을 쌓았다. 백두산에서 북쪽으로 300여 리 되는 지점에 위치한 동모산은 험준한 산맥으로 둘러싸여 있다.

3. 성산자산성

성산자산성은 중국 길림성 돈화시에 있는 초기 도읍지인데, 대조영이 동모산에 축성하고 도읍을 정했다는 곳이 바로 여기다. 전국에는 5경 15부 62주의 행정 구역이 있었는데, 각 소재지마다 쌓은 성은 통치의 거점이었다. 특히 성산자산성, 상경성, 서고성, 팔련성 등이 잘 알려져 있다.

4. 경박호(홀한해) 전경

'발해渤海'라는 국호가 유래된 곳이다. 경박호는 길이가 약 35km, 폭이 약 10km의 타원형을 이루고 있어 바다처럼 여겨져 홀한해라는 이름이 붙여졌다. 경박호(홀한해)에서 동북으로 얼마 안 되는 곳에 지금은 동경 성東京城을 불리고 있는 상경 용천부가 위치하고 있다. 발해국의 '발해'는 작은 바다를 나타내는 보통명사 이다. 대조영이 세운 발해국의 수도 상경이 홀한해에서 가까운 곳에 자리를 잡았기에 국호가 홀한해를 달리 말하는 발해로 정해지게 된 것이다. 발해국의 건국 과정에서부터 건국을 방해한 당나라가 종전의 태도를 바 꾸어 발해국의 실체를 인정하면서 바다를 연상케 하는 홀한해의 이칭인 발해라는 명칭을 부여하였다.

5. 경박호수 속에 세워진 홍라녀 조각상

발해국의 전설인 '홍라녀 전설'은 경박호 일대에 전해진다. 홍라녀는 경박호 용왕의 딸, 발해 임금 의 며느리, 임금의 여동생이라는 설이 있다. 호숫 가에서 통소를 불었다는 전설의 주인공 홍라녀는 발해인의 예술 전형으로 발해인의 예술 전형으로 발해인이 음악을 즐겼음을 알게 해준다. 전설속의 홍라녀는 아름답고 절개가 굳고 음악과 무예에 능 하며 사랑과 조국을 위해 용감히 헌신하는 형상으 로 전해지고 있다.

6. 정혜공주 무덤
성산자산성에서 얼마 안 되는 곳에 육정산 고분군이 있다. 이 고분군에 발해국의 제3대 문왕의 둘째딸인 정혜공주 무덤이 있다.

7. 돌사자상
정혜공주 무덤 안에 있는 돌사자는 받침돌 위에 앞발을 버티고 앉아 있다. 높이는 51cm로 크지는 않지만, 머리를 쳐들고 입을 벌려 날카로운 이빨을 드러내 보이면서 포효하는 맹수의 기상을 나타내고 있다. 억센 목덜미와 앞으로 내민 가슴, 힘차게 버티고 있는 앞발이 사자의 위용을 생동감 있게 표현하고 있다. 발해국의 우수한 조각기술을 보여주고 있는 돌사자상을 통해 발해국 사람들의 강인한 투지와 굳센 기백을 실감할 수 있다.

8. 제9절터 귀면와

내림마루나 귀마루 끝에 장식하는 기와. 악귀를 쫓는 억세고 사나운 괴수와 얼굴을 표현하고 있다. 귀신을 쫓는 벽사의 의미를 지니고 있으면서 장식적 효과를 더해 준다. 발해국의 기와 장식의 다양함과 웅건함은 지붕을 장식하는 괴면기와에서도 잘 나타난다. 이러한 지붕 장식으로서의 괴면은 발해국 시대부터 처음 나타나기 시작하였으며 고구려의 괴면기와를 계승하여 발전시킨 것이다. 게다가 무늬를 간결하게 하면서 불룩 내밀게 한 점이라든가 고구려의 괴면기와를 더 발전시킨 발해국 사람들이 고구려 사람들의 기백과 의지, 감정과 정서 등을 고스란히 계승하였음을 잘 보여주고 있다.

9. 격구 도용

발해국에서는 말을 타고 공을 치는 격구라는 놀이가 성행했으며 이를 통해 무예를 연마하기도 했다. 발해국의 격구는 그 뿌리가 고구려에 있었으며 역사와 유래가 오래된 민속경기로 자리를 잡았다.

10. 토제 여래좌상
전체적으로 둥글고 입체적인 형태로 표현되었으며 벽에 꽂아 사용했다.

11. 제2절터 석등
높이가 6m에 이르는 거대한 석등으로 발해국 사람들의 웅대한 기상을 보여준다. 옥개석과 화사석에는 목조 건축 양식이 정교하게 표현되어 있다. 일명 '연꽃석등탑'으로도 불리며 중국과는 다른 발해국의 독특한 풍격을 풍기고 있다.

12. 상경성 건물지

흑룡강성 영안현 발해진 동경성에 있는 발해국의 수도로서 중경에서 755년 이곳으로 천도한 뒤 9년간 동경으로 갔다가 기간을 빼놓고 발해국이 멸망할 때까지의 수도였다. 상경성에서는 7개의 궁전과 여러 절터가 발견되었다. 사진은 건물 회랑의 초석이 드러난 모습과 발해국 궁전의 웅장한 모습도 함께 보여주고 있다. 해동성국의 수도다운 면모가 잘 나타나 있다.

13. 상경성 궁성 복원도

상경성은 발해국의 수도로서 당나라의 장안성에 버금가는 동아시아 제2의 도시였다. 당나라 장안성을 본떠 만들었다는 상경성은 외성·내성·궁성의 3중으로 된 장방형의 평지성이다. 외성의 총 둘레는 16km가 넘고, 10개의 성문이 있다. 외성 안에는 11개의 도로가 종횡으로 연결되어 있어서 도시 전체가 바둑판 모양을 하고 있다. 관청이 있던 곳과 궁궐이 있던 궁성은 성의 북쪽 가운데에 자리잡고 있었다.

14. 무늬 있는 전돌華文方塼
요즘의 보도블록처럼 길바닥에 깐 벽돌. 보상 화
문을 중앙에 배치하는 등 화려한 문양으로 장식
했다. 발해국 사람들은 무덤이나 건축에 사용하기
위해 벽돌을 다양하게 만들었다.

15. 정효공주 묘
제3대 문왕의 넷째 딸인 정효공주의 무덤으로 서고성 부근의 용두산 고분군에서 발견되었다. 정혜공
주 무덤과 마찬가지로 비석과 벽화가 나왔다. 특히 벽화는 발해국의 사회상을 연구하는 데 중요한
자료이다. 현실을 벽돌로 쌓은 것은 당나라 양식, 무덤 위에 탑을 쌓은 것은 발해국의 독창적인 양식
이라 할 수 있다. 무덤에서는 공주 부부의 유골이 수습되었고, 12인의 인물 벽화와 묘지석, 도용 조
각, 글씨가 새겨진 벽돌 등이 발견되었다.

16. 정효공주 묘지석 탁본

비문을 보면, 공주의 아버지인 문왕의 존호 '대흥보력
감금륜성법대왕'과 '황상'이라는 칭호가 황제국 발해의
위상을 잘 보여준다. 이 비문을 통해 발해국은 완전한
제국이었음을 분명히 알 수 있다.

17. 정효공주 묘 벽화

지금까지 발견된 발해국의 유일한 벽화이다. 발해국 사람들은 고구려의 음악을 계승하여 민족악기
를 발전시켰다. 전문 악단이 이런 악기를 가지고 연주하는 장면이 벽화에 그려져 있다. 무덤의 서
쪽 벽에 그려져 있는 첫 번째 악사는 비파를, 두 번째 악사는 공후를, 세 번째 악사는 박판을 쥐고
연주하고 있다.

18. 정효공주 묘 벽화 부분도
무사武士, 시위侍衛, 악사樂士, 시종侍從, 내시內侍 등으로 구성되어 있다.

19. 대석불
석가모니 대불상. 대흠무가 상경 용천부를 세우면서 만든 것으로 1200여 년의 역사를 가진다고 한다. 앉은 부처의 형상이지만 키가 2.35m이며 받침돌까지 합하면 3.3m나 된다. 발해국의 가장 큰 부처이다.

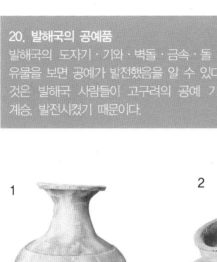

20-1. 삼채병
당삼채를 본받아 발해국에서 만든 것으로 노란색, 갈색, 자색 등의 유약이 사용되었다. 발해국의 질그릇과 사기그릇의 명성은 당시 이웃 나라에 자자하였다.

20-2. 구름 모양 자배기
구름무늬를 부드럽게 표현했고 겉면은 잘 갈아서 광택이 난다. 고구려의 무덤벽화에 그려진 구름무늬와 유사한 이 구름 모양의 자배기는 매우 우수하다.

20-3. 금제 허리띠
바닥에 작은 금 알갱이를 붙여 장식했고 상감기법을 이용하여 마디 홈에 수정과 터키석을 박아 넣었다.

20-4. 청동 기마인물상
발해국의 유명한 청동 공예품으로 사람이 말을 탄 형상이다. 상경 용천부 터와 연해주 우수리스크에서 같은 양식의 기마인물상이 출토되었다. 높이가 5.2cm 정도이므로 장식품이지만 말, 말장식, 사람을 사실적으로 표현한 것이 돋보인다.

21. 기둥 밑 장식 기와

발해국의 옛 땅에서 독특하게 발견된다. 기둥과 주춧돌이 만나는 데에 이를 씌워 기둥을 장식하며 비가 들이쳐 기둥이 썩는 것을 막았다. 큰 고리 형태의 이 기와는 몇 개의 조각으로 조립되어 있어 건물을 전체적으로 아름답게 보이게 한다. 삼국 시대 연꽃 모양의 주춧돌을 더욱 발전시킨 이 기와는 발해국의 고유한 건축 양식이며 그 후 고려에 전해졌다.

22. 문자와 파편文字瓦片

발해국의 기와 중에는 숫자, 간지, 성명 등을 한자나 별자체로 새긴 것이 많다.

23. 불상

연해주 크라스키노성에서 발견된 돌부처상이다. 광배가 달려 있는 이 부처상은 부드러운 미소를 머금고 있어 우수한 작품에 속한다. 발해국의 부처 조각은 고구려와 계통을 같이하고 있다. 발해국 사람들의 소박하고 호탕한 모습이 반영된 이 부처상에서 세속적인 요소가 강하게 느껴진다.

24. 발해국의 삼존불 − 불교와 기독교의 만남

발해국과 통일신라에는 네스토리우스파의 기독교인 경교가 들어와 있었다. 발해국의 절터에서 발견된 삼존불의 왼쪽 협시보살은 경교의 십자가를 목에 걸고 있다. 또한 신라에서는 예수를 안고 있는 마리아상이 불상 형태로 제작되었다. 이는 모두 불교와 기독교가 결합되었음을 흥미롭게 보여주고 있다.

25. 서고성 − 중경 현덕부

중경은 제3대 문왕 때 천도한 뒤 742년부터 755년까지 13년간의 수도였다. 그러나 서고성 부근에는 정효공주 묘를 비롯한 발해국의 무덤떼가 밀집되어 있고, 고진사 등의 유적지가 모여 있다. 이는 수도로서의 위상이 높았음을 보여준다.

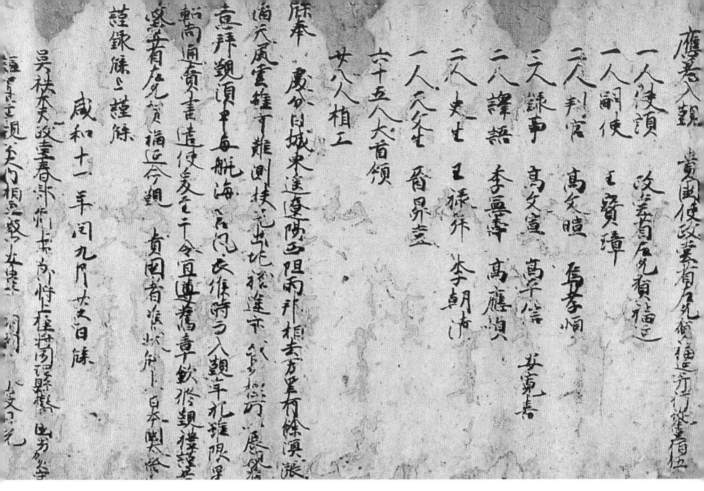

26. 일본에서 발견된 발해국 관련 문서 - 중대성첩中臺省牒 사본

841년 발해국의 중대성에서 일본에 보낸 국서의 필사본이다. 국서를 갖고 일본에 입국한 사신 일행은 105명인데, 대사 하복연 밑에 부사, 서기, 통역, 기상관측자 등이 있으며, 그 밖에 수령과 뱃사공 등도 적혀 있다. 현재 일본 궁내청에 소장되어 있다. 발해국은 초기에 정치 군사적인 목적에서 일본과 외교관계를 적극적으로 추진하였다. 그러다가 동북아시아의 국제정치질서가 안정되고 평화공존체제가 구축되면서 외교관계는 점차 경제 교역과 문화교류의 성격으로 변하였다. 우수한 항해술과 조선술을 보유한 발해국 사람들은 북해도와 사할린까지 진출했을 것으로 여겨진다.

대제국 고구려의 멸망으로 동북아시아에서는 고구려 유민과 고구려의 지배를 받던 말갈족 등 여러 종족들이 정든 고향 땅을 떠나 낯선 이국 또는 객지로 삶의 터전을 옮겨야 하는 이른바 '민족의 대이동' 사건이 30여 년 동안 계속되었다. 이 민족 대이동 사건으로 우리 민족은 영토에 치명적인 상처를 입게 되었다. 신라가 삼국을 통일했으나 고구려의 수도였던 평양 이북의 옛 고구려 땅을 차지하지 못함으로써 광활한 지역이 우리의 역사적 관심 밖으로 밀려나게 된 것이다.

시간이 흘러 고구려가 과거 통치하였던 속말말갈粟末鞨의 땅에 발해국이 들어섬으로써 민족 대이동 사건으로 빚어진 민족적 대혼란은 수습 단계에 접어들었다. 그러나 평양 이북의 영토에 대한 관심이 멀어지기는 매한가지였다.

그러면 발해국은 어떻게 세워지게 되었을까. 당나라는 고구려를 멸망시켰으나 그 옛 땅인 압록강 이북으로는 진출하지 못하여 그곳은 비어 있는 진공 상태의 땅이 되었다. 이러한 진공 상태는 건국의 다시없는 조건이었고, 여기에 세워진 것이 바로 발해국이다. 발해국이 당나라의 통치권 밖에 세워졌으므로 발해국을 세울 종족은 고구려 유민이거나 말갈 사람밖에 없을 것이다.

고구려 사람과 말갈 사람은 고구려 시대는 물론 고구려 멸망 후에도 상호 의존 관계를 잘 유지하고 있었다. 이러한 협조 관계로 이루어진 것이 발해국의 건국이다. 원래 고구려는 다민족 국가로 그 옛 땅에 세워진 발해국도 같은 성격의 국가이다. 특히 영주 땅에서 거란족이 주동하여 일으킨 반당反唐 봉기에서 말갈족이 고구려 유민에 합세, 가담한 직후 발해국이 세워진 것은 발해국 역시 다민족 국가였음을 보여준다.

　　다민족 국가라 하더라도 다방면에 걸쳐 주도하는 종족이 있게 마련이다. 다민족 국가인 당나라에서 주체 세력이 한족이었듯이 발해국에도 분명 주체 세력이 있었다. 그렇다면 그 주체 세력은 과연 고구려계인가 말갈계인가. 고구려 시대 양자의 관계라든지 발해국 건국 이후 어떤 종족이 나라를 이끌어 나갔는가 등을 종합해보면 주체 세력의 종족 계열을 가려낼 수 있다.

　　그러나 이 문제는 아직 제대로 해결되지 않고 있다. 문헌상 발해국의 역사는 거의 밝혀진 셈이지만 연구가 더 필요한 것이 이것이다. 그만큼 이 문제의 연구가 시급한데도 그렇지 않다고 여기는 사람들이 있다. 바로 중국인들이다. 그들은 『신당서新唐書』「발해전」의 "속말말갈이 발해국을 세웠다"는 기록만을 맹종하고 있기 때문이다.

그러나 『구당서舊唐書』 「발해말갈전」은 『신당서』와 대조를 이루고 있는 만큼 주체 세력의 종족 문제는 치밀한 역사적 고증이 필요하다. 이 문제가 끝내 밝혀지지 않으면 발해국의 역사를 우리의 역사 무대 안으로 끌어들인다 하더라도 세계로부터 인정을 못 받게 된다. 중국 사람들은 발해국의 역사를 우리의 역사로부터 떼어내 자신들의 역사 안으로 끌어들여 놓았다. 이는 모두 발해국의 주체 세력이 어느 종족이었느냐 하는 문제를 연구하지 못했기 때문이다.

지금까지 한국이나 중국은 이 문제에 대해 단편적인 기록에만 의존했다. 중국은 이 문제에 대한 접근을 의도적으로 피해 왔으며, 우리는 다각도로 파헤치려고 시도한 적이 없다. 중국이 이 문제를 회피하는 것은 그것이 중국의 국익에 도움이 된다는 이기적인 판단 때문이다.

필자는 1990년 봄, 중국의 조선족 자치주에서 세운 연변대학 주최 '제1회 발해사 국제 학술대회'에 참가하여 중국의 발해사 학자들이 발해국의 역사에 대해 어떤 견해를 갖고 있는지를 직접 생생하게 목격한 바 있다. 폐회식 때 발표된 합의문은 발해국의 주체적인 종족 문제는 후일의 연구로 돌리자는 것이었다. 그후 20여 년이 지났으나 이 문제와 관련하여 달라진 것은 아무것도 없는 실정이다.

앞에서 말했듯이 중국인들은 이 문제에 대한 연구를 완전히 덮어 둔 상태다. 그러니 이 문제는 우리의 몫일 수밖에 없다. 종족 문제에서 우리와 중국은 한 치도 물러서지 않고 있으나 우리가 역사적 사명감을 갖고 이 문제를 연구하면 중국인들의 주장을 바꿔놓을 수 있다. 필자는 발해사 국제 학술대회에 참석한 조선족 학자들로부터 경악할 만한 귀띔을 전해 들었다. 자신들은 발해국이 고구려 유민을 중심으로 세워진 나라임을 인정하고 있으나 이를 말이나 글로 표현하지 못하도록 중국 당국의 압력을 받고 있다는 것이다.

언젠가 중국에서도 학문의 자유화가 이루어지면 발해국의 역사도 그만큼 합리적으로 연구될 수 있으리라는 소망을 누구나 가질 것이나, 어쩌면 이는 이루어질 수 없는 환상인지도 모르겠다. 예로부터 중국인들은 주변 민족의 역사를 무조건 자국 중심으로 보는 '화이사관華夷史觀(중화사관)'에 안주하는 것을 민족적 긍지처럼 여겨 왔으므로 앞으로 학문의 자유화가 이루어진다 하더라도 기존의 왜곡된 발해사관이 바르게 정립되리라는 것은 기대하기 어렵다.

발해국의 주체 문제와 관련하여 중국 측의 자료가 맹랑한 것은 바로 이 화이사관의 존재에 그 원인이 있다. 당나라가 이런 사관에 몰입하여 발해국을 이적夷狄으로 취급하다 보니 발해국은 동북아시아의 오랜 이적을 대표하는 말갈족이 세운 국가로 둔갑된 것이다.

당나라 사람들은 발해국을 이적시함으로써 그들 특유의 정신적 자존을 만족하였을 것이나 오늘날 중국인들은 무엇을 느끼고 있을까? 이들은 선조와 달리 영토적 만족을 즐기고 있음을 지적해둔다. 당나라는 고구려의 동북 지방을 쓸모없는 땅이라 여겨 포기하였으나 지금의 중국인들은 이 지역이 비非한족에게 절대 양보할 수 없는 배타적 영토라는 것을 명분으로 고구려계의 잔영을 말끔히 쓸어 내려 하고 있다. 이는 현대판 화이사관의 부산물이다.

오늘날 중국의 학자들이 발해국을 자국의 역사 안으로 끌어들인 것은 이의 구체적인 행동 표현이다. 발해국의 주체 세력이 어느 종족에서 나왔는가 하는 문제와 관련, 순수한 연구를 통해 얻은 결론에 따라 고구려계다, 말갈계다 하는 것은 학문적 태도이다. 그러나 연구를 덮어 두고 국익 차원에서 말하는 것은 학문적 태도가 아니다. 중국 학자의 발해사 연구는 여기서 자유롭다고 할 수 없다.

어쨌든 요즘 중국인의 발해사관을 이해하는 것이 발해국의 역사에 대한 신연구의 경향인 듯 착각하고 있는 사람들이 우리 주변에도 있다. 이는 왜곡된 화이사관에 자신을 내던지는 무책임한 행동이다. 진지한 태도로 연구한 결과가 그렇다고 한다면 이해를 구할 수 있겠으나 그렇지 않고 가볍게 던진 말이라면 배격받게 될 것이다.

필자는 발해사 학술대회에 참가하여 중국인의 배타적 발해사관의 실체를 직접 접해 보면서 비분을 금치 못하였다. 그러나 한편으로 새로운 사명감을 갖기도 하였다. 그 결과가 바로 이 책이다.

일본 측의 발해 관련 자료도 한결같이 발해국의 주체 세력을 고구려계라 말하고 있다. 그럼에도 중국인들이 부득불 말갈계라고 주장하는 것은 변화를 거부하는 화이사관이 아직도 존재하고 있기 때문이다. 화이사관이 변해야 그들의 발해사관도 변하게 될 것이다. 주변 민족들을 무조건 이적시한 화이사관의 변화는 아쉽게도 중국인들에게 기대하기 어렵다. 그러나 우리가 발해사관을 바르게 정립하면 중국인들의 일그러진 화이사관도 바뀔 날이 올 것이다.

필자가 발해국의 주체 세력을 종합적으로 연구한 것은 공정하지 못한 화이사관의 이면인 왜곡된 발해사관을 바로잡아 보려는 일념에 서였다. 21세기라는 새로운 천 년이 열린 만큼 더 이상 비틀린 사관을 용납하지 말아야 할 것이다. 누구나 인정하는 합리적인 사관만이 국가 간의 평화와 평등을 보장해준다.

필자는 발해국의 주체 세력이 고구려계란 역사적 사실을 밝히기 위해 가능한 한 양자의 연관성을 찾는 데 심혈을 기울일 것이다. 구체적으로 말하면 발해국의 각 분야에 걸쳐 나타나는 사실과 사건이 고구려에서도 나타나고 있는지를 연계시켜 보고자 한다. 즉 발해국에서 볼 수 있는 역사적 사실의 뿌리가 고구려에 있다는 것을 밝히는 데 초점을 맞추려 한다. 또한 이런 문제를 밝히는 것이 이 책의 역점이므로 기존 중국인의 비틀린 주장과 견해를 비판, 반박하는 데 소홀할 수 없다.

이 책만의 남다른 면은 지금까지 시도된 적이 없는 새로운 연구방법, 즉 발해국과 고구려의 연관성을 정치·외교·문화 등 다양한 각도에서 34개 항목으로 나누어 독자들이 이해하는 데 어려움이 없도록 배려한 것이다. 발해국이라는 국호를 알고 있으면 누구나 이해하는 데 불편한 점이 없으리라고 믿는다.

2010년 8월
서병국

차례

대조영, 발해국을 세우다

나라가 망하면 그 땅의 유민들은 살던 곳을 떠나 다른 지역으로 이주하거나 강제 이주당하기도 한다. 고구려의 멸망(668년)으로 고구려 유민들도 국외로 강제 이주당하였는데, 특히 요하 서쪽의 영주營州(현재 조양시) 지방으로 이주한 숫자가 적지 않았다. 영주는 요하 서쪽에서 만리장성 동쪽 끝인 산해관에 이르는 너른 지역을 말한다. 당시 이곳에는 동호족東胡族의 하나로 알려진 거란족이 유목민으로 거주하고 있었다.

고구려의 유민들이 영주 지방으로 이주하게 된 것은 유민들 가운데 일부가 당나라의 강제 이주 정책을 반대하여 중간 지점인 이곳에 자리를 잡게 되었기 때문이다. 그런데 그 과정에서 고구려에 예속된 말갈 사람들도 상당수 이곳에 거주하게 되었다. 말갈족은 만주의 동북 지방에 광범위하게 분포, 거주해 온 종족으로, 고구려에 예속되어 고구려의 멸망을 전후하여 고구려에 협력하기도 하였으나 당나라에 도움을 준 사람들도 더러 있었다. 영주 지방으로 이주한 사람들은 물론 고구려에 협력해 온 말갈 사람들이었다.

원주민인 거란족을 비롯하여 새로 이주해 온 고구려 유민, 말갈족 등 여러 종족이 영주 지방에서 섞여 사는 중에 696년(측천무후 만세통천 1) 당나라에 대한 대규모 반란 사건이 일어났다. 그 직접적인 계기는 당나라의 영주도독 조문홰趙文翽가 이들을 탄압, 착취하였기 때문이다. 그러나 반란에 가담한 종족들의 목적은 제각기 달랐다. 고구려 유민들은 요동의 옛 고구려 땅을 회복하는 데 목적이 있었다. 그리고 고구려 유민에 협력해 온 말갈 사람들은 이곳을 떠나 자신들이 살던 옛 땅으로 되돌아가는 것이 목적이었다. 또한 거란족, 해족奚族 등 이른바 유목 민족은 자신들의 생활 터전에서 당나라의 세력을 몰아내고 자신들의 방식대로 생활을 유지하는 데 목적을 두고 있었다.

반란은 아무래도 수적으로 우세한 거란족이 주도했다. 거란족의 추장으로 당나라에 의해 송막도독에 봉해진 이진충李盡忠이 이끄는 반란군은 영주성을 함락함과 동시에 조문홰를 살해하고 자칭 '무상 칸無上可汗'이라 하면서 독립을 선포하는 등 자주성을 표명하였다.

한편 고구려 유민과 말갈 사람들은 거란족과 달리 독자적으로 활동을 전개하였다. 두 종족은 자주권을 되찾기 위해 반란 초기부터 협동 관계가 잘 유지되었다. 고구려 유민을 통솔한 인물은 대조영과 그의 아버지 걸걸중상乞乞仲象이었다. 부자는 말갈족의 추장 걸사비우乞四比羽가 이끄는 말갈 사람들과 함께 싸웠는데, 이들 연합군은 영주의 동방 및 동남방의 여러 성을 탈환하고 요서의 옛 성으로 쫓겨 온 안동도호부를 공격하는 등 분전하였다.

이 무렵 거란군의 이진충이 사망하자 그의 매부인 귀성주자사歸誠

州刺史 손만영孫萬榮이 지휘권을 계승하여 계속 싸웠다. 거란군의 분투로 동방에서 싸우고 있는 고구려 유민과 말갈족의 전황이 유리해졌다. 그런데 697년 4월에 접어들어 전황이 역전되는 돌발적인 사태가 일어났다. 고구려 유민의 집단 이주로 급격히 세력이 강성해진 동돌궐이 이 싸움에 개입하고 나선 것이다. 동돌궐은 강성해진 세력을 배경으로 당나라에 접근하여 반란을 진압하겠다고 자청하고 나섰다. 먼저 당나라에게 빼앗긴 영토의 반환과 경제적 이권의 양도 및 양국 왕실 간의 혼인 교류를 당나라의 측천무후로부터 보장받은 동돌궐의 묵철칸默啜可汗은 거란족과 해족에게 큰 타격을 주었다.

해족은 거란족과 동족으로 거란의 서쪽에 거주하며 거란족과 행동을 같이하고 있었다. 그런데 동돌궐이 강성해지자 해족은 갑자기 태도를 바꾸어 거란군을 공격하고 나섰다. 거란군은 일대 혼란에 빠졌고 손만영은 소수의 병력만 이끌고 후퇴하다가 변절한 한 노예에 의해 살해되고 말았다. 이로써 거란족과 해족은 모두 동돌궐에 투항하게 된다. 거란군의 참패는 고구려 유민에게도 영향을 주었다. 고구려 유민과 말갈족이 요하를 건너 동쪽으로 길을 재촉한 것도 이 때문이다.

고구려 유민의 민족적 거사를 진압하려는 당나라군의 책임자는 과거 이진충과 손만영의 휘하에서 많은 전공을 세운 이해고李楷固였다. 그는 손만영의 사망으로 거란국이 붕괴하자 당나라에 투항했는데, 그가 진압군 책임자로 기용된 것은 고구려 유민과 말갈족의 사정을 잘 알고 있으며 동방의 지리에 정통했기 때문인 듯하다.

이해고가 이끄는 당나라군이 동방에서 처음 부딪친 상대는 말갈족 추장 걸사비우가 지휘하는 말갈군이었다. 이 싸움에서 걸사비우는 전사하고 말았다. 첫 싸움에서 이긴 이해고가 승세를 몰아 고구려 유민을 추격하자 대조영이 지휘하는 고구려 유민 군대는 패전한 말갈군을 흡수하여 흩어진 대열을 재정비하면서 당나라군을 동쪽으로 유인하였다. 고구려군을 주축으로 한 연합군이 천문령天門嶺 전투에서 적군을 섬멸하여 추격은 중단되었다. 당나라 측의 기록에 의하면 이해고가 홀로 살아 돌아왔다고 씌어 있는데, 이 기록은 승전한 고구려군을 지휘한 대조영이 날쌔고 용감하며 용병술에 뛰어났다고 전하고 있다. 이런 기록으로 보아 대조영 휘하의 고구려 유민군은 싸움마다 승리하였음을 알 수 있다.

천문령 싸움의 승리로 고구려 유민들이 바랐던 발해국의 건국은 현실로 이루어졌다. 발해국이 세워진 곳은 오늘의 돈화 오동성敖東城 자리인데, 이곳은 송화강 상류 부이령富爾嶺 산맥의 동쪽 기슭인 동모산에 해당한다. 여기는 원래 속말말갈의 거주지였다. 그러면 왜 이곳에 나라를 세우게 되었을까. 당나라의 추격을 물리치고 발해국이 건국되었던 만큼, 언제든지 침략할 수 있는 당나라군을 물리칠 수 있는 곳이 바로 이 동모산이기 때문이다.

동모산은 백두산에서 북쪽으로 300여 리 되는 지점에 자리 잡고 있는데, 사방이 험준한 산맥으로 둘러싸여 있으며 동북으로 흐르는 송화강의 한 지류인 모란강(당시의 이름은 홀한하 또는 오루하) 상류에 분지가 전개되어 있다. 여기에 고구려 유민이 새로운 국가를 세웠다는 소식이 사방에 퍼지게 되자 옛 고구려 땅에 흩어져 있던 유민들이 속속 모여들었다. 이로써 급한 대로 당나라군의 침공을 막아내기 위한 방어망이 구축되었다.

고구려 유민과 말갈족을 이끈 지도자 대조영은 드디어 698년 새로운 국가의 탄생을 선포하였다. 이것이 발해국이다. 중국 측의 기록에 의하면 처음 정한 국호는 진국震國이며 수십 년 후에 발해국으로 개칭되었다고 하나, 처음부터 발해국이란 이름을 국호로 정하였음을 보여 주는 기록이 있어 눈길을 끈다. 이에 대한 상세한 설명은 뒤에서 다룰 것이므로 여기서는 생략하겠다.

발해국이란 국호의 유래와 관련하여 북한에서 처음 내놓은 견해는 다음과 같다. 고구려 시대처럼 멀리 서남쪽의 발해 연안까지 국력이 미치리라는 염원을 담은 이름이라는 것이다. 관념상 그렇게 생각해 볼 수도 있겠으나 이를 증명할 근거가 없다. 진국에 이어 두 번째로 정해졌다는 발해라는 국호의 유래에 대해 나온 견해는 처음이지만 설득력이 미약하다.

고구려 유민들이 새로 세운 진국이란 국호를 다시 발해국으로 개칭할 뚜렷한 명분이 없는데다가 대외적으로 통용된 것은 발해라는 국호였다. 그런데 일본 측의 자료를 보면 발해국보다는 '고구려' 또는 '고려'라는 명칭이 더 많이 사용되고 있다. 왜 그랬을까. 이는 발해국을 세운 사람들이 고구려 유민들이기 때문이다. 그럼에도 고구려 유민들이 새로 세운 나라의 국호를 발해라고 한 것은 신중한 판단에 따른 것이라기보다는 새 나라가 세워진 장소가 홀한해(지금의 경박호) 부근으로 이곳이 당시 발해로 인식, 통용되었기 때문이다. 의미를 따져 신중하게 이름을 정한 것이 아니다 보니 고구려 유민의 정신적 뿌리인 고구려란 국호가 널리 사용되었던 것이다.

대조영이 세운 국가의 이름은 발해이다

대조영의 발해국 건국과 관련하여 중국의 역사책들은 모두 '대조영이 나라를 세웠는데 국호를 진국震國이라 하고 스스로 진국 왕이라고 칭하였다'고 기록하고 있다. 진국震國은 진국振國과 의미상 동일하며 대조영의 아버지 걸걸중상이 영주 땅에서 당나라에 반기를 들었을 때 당나라가 그를 회유하기 위하여 준 진국공震國公이란 작위에서 유래된 것이라는 주장은 사실 여부를 떠나 『구당서』의 「발해말갈전」 내용을 전제로 한 것이다.

걸걸중상이 진국공이란 작위를 거부하지 않았다고 하니 아들 대조영이 자신의 정권 이름을 진국이라고 하였을 수도 있긴 하지만, 걸걸중상의 갑작스러운 사망으로 대조영이 당나라의 회유를 거부한 걸사비우의 무리까지 통솔한 사실을 보면 진국이란 국호가 진국공에서 유래하였을 가능성은 그만큼 희박하다. 그렇다면 대조영은 자신의 정권 이름을 진국이 아닌 다른 것으로 정하였을 가망이 오히려 크다.

여기서 신라 측의 두 가지 기록을 눈여겨보아야 할 것이다.

당나라의 『통전通典』에는 당나라의 현종 선천先天(712) 연간부터 '말갈'이라는 글자를 버리고 발해라고만 부르기 시작하였다는 대목이 있다. 그런데 『삼국유사』의 「발해전」에 인용된 『신라고기新羅古記』를 보면 고(구)려의 옛 장수인 대조영이 패잔병을 모아 태백산 남쪽에 나라를 세웠는데 그 국호를 발해라고 하였다는 기록이 있어 눈길을 끈다. 『삼국사기』의 「최치원전」에도 같은 내용의 기록이 있다. 즉 678년(당나라 고종 의봉 3) 고구려의 유민들이 모여 북쪽 태백산 밑에 의지하여 나라를 세웠는데 국호를 발해라고 하였다는 기록이다.

『통전』에 따르면 대조영이 세운 정권의 본래 이름은 진국이며 발해라는 것은 이칭이라는 것이다. 발해국의 본래 국호 문제와 관련하여 지금까지는 누구나 중국 측의 기록이 맞는 것으로 알고 있었다. 그러나 『신라고기』와 『삼국사기』의 기록은 본래부터 국호가 발해였다고 전하고 있다.

그런데 『고려사』(권 1, 세가)를 보면 이와 다른 기록이 있다. 당나라의 예종이 713년에 대조영을 발해군왕渤海郡王에 봉함으로써 대조영이 국호를 발해국이라 칭하게 되었다는 것이다. 『고려사』에는 대조영이 고구려 사람이란 대목도 있다. 이는 맞는 얘기지만 발해군왕 운운한 대목은 맞지 않는다. 예종의 책봉 이전에 발해란 명칭이 사용되었기 때문이다. 이 문제와 관련하여 중화민국 시대 발해국의 역사 연구에 처음 뛰어든 두 인물의 견해를 주목해야 할 것이다. 김육불金毓黻은 713년 당나라가 처음 대조영을 발해군왕에 봉하였으므로 그 이전에 대조영이 자칭 발해군왕이라고 했을 리가 없다고 주장하였다. 그러나 황유한黃維翰은 예종이 대조영을 발해군왕에 책봉할 당시 대조영은 이미 자칭 발해왕이라고 하였다고 주장한다.

대조영이 발해라는 국호를 당나라 책봉 이전에 이미 사용하였는지의 여부에 대한 북한 측의 입장을 알아보자. 대개 대조영이 국호를 발해로 바꾸게 된 것은 713년 당나라가 사신을 보내 대조영을 발해군왕에 봉한 뒤부터라고 알려져 왔다. 그리고 발해군왕이란, 당나라가 명목상 중국의 산동반도 앞에 있는 발해군의 지배자로 봉한 것을 의미하는 것으로서 발해란 국호는 바로 당나라의 지명에서 유래하였다는 것이 일반론이었다. 북한 학자 박시형도 1962년의 논문에서는 이를 인정하였으나 1979년에 이르러서는 그 주장을 바꾸게 된다. 즉 고구려처럼 멀리 서남쪽에 있는 발해 연안까지 국력이 미치리라는 희망을 가지고 발해란 국호를 정하였다고 보았다. 이러한 견해는 다시 손영종에 의해 바뀌었다. 즉 대조영이 발해 연안 지역을 장악하였기 때문에 발해라는 국호가 생기게 되었다는 것이다.

이처럼 국호가 바뀐 것은 발해가 고구려의 옛 땅을 건국 초기부터 회복하여 영역 면에서도 고구려를 계승하였음을 내세우려는 의도 때문이며, 발해국이 명목상 당나라에 종속되어 있었다는 점을 부인하려는 의도로 보인다. 북한 측의 견해는 결국 대조영은 당나라의 책봉을 받기 이전에 스스로 국호를 정하였다는 것이다. 이 점은 필자도 인정하는 바이나 발해라는 국호가 정해지게 된 배경에 대해 논한 것은 근거가 뚜렷하지 않다.

여기서 쉽게 생각해 볼 수 있는 것이 한 가지 있다. 고왕高王이라는 대조영의 시호를 이들 스스로 만든 걸 보면 발해란 국호도 스스로 정한 것이라 유추해 볼 수 있다. 발해국은 자주국이므로 새 임금이 세습하면 연호를 고쳤는데, 무왕 때부터 시작되었다. 스스로 연호까지 정한 것을 보면 국호를 스스로 정하였다는 것이 신빙성이 있다. 『일본기략日本紀略』의 '대조영이 처음 발해국을 세웠다(大祚榮始建渤海國)'라는 기록은 발해국 사람들이 국호를 스스로 정하였음을 객관적으로 보여 준다고 하겠다.

한편 여진족의 『금사金史』「고려전」에는 속말말갈이 발해라고 칭하였다는 기록이 있다. 이는 냉철하게 풀이하면 속말말갈이 발해의 건국에 참여했음을 과장한 것이다. 금나라를 세운 생여진生女眞이 흑수말갈黑水靺鞨의 후예이다 보니 말갈의 입장을 과장했던 것이다. 또한 금나라의 요나라 정벌로 발해는 금나라에 귀속되었다는 대목도 있는데, 이는 고구려계 유민과 속말말갈 사람들이 금나라에 흡수된 것을 말한다.

발해국이란 국호를 누가 처음 정해 사용하였는가 하는 문제와 관련하여 종합적으로 살펴본 결과 발해국 사람들 스스로 먼저 사용하였다는 결론에 이르렀다. 이런 면에서 『삼국유사』에 인용된 『신라고기』와 『삼국사기』의 「최치원전」의 기록은 신빙성이 있다고 본다.

대조영이 세운 정권의 이름과 관련하여 한국과 중국 측의 기록이 다른 것은 무슨 이유에서일까. 『신라고기』와 『삼국사기』는 대조영이 세운 정권의 이름을 '국호'라고 표현하였으며 이 국호가 발해였다는 것이다. 발해란 국호는 당나라의 외교적 승인을 받기 이전의 독자적인 국호이다. 그러므로 발해국은 자주국임이 분명하다.

이처럼 발해국의 본래 국호는 진국이 아니라 발해국인데 중국 측의 기록에서는 왜 진국이라고 하였을까. 그것은 발해국에서 고구려계를 제외시켜 발해국과 걸걸중상의 진국을 연결 짓기 위함이다. 다시 말해, 대조영의 자주적인 발해국을 규모가 작은 진국의 계승국으로 만듦으로써 발해국의 자주적 위상을 흠집 내려는 저의에서 빚어진 것이다.

『신라고기』와 『삼국사기』의 기록은 중국 측의 관련 문헌보다 훨씬 앞선 시기의 것이므로 그만큼 신빙성이 높다고 할 수 있다. 그런데도 대부분의 사람들은 발해국의 국호 문제와 관련하여 진국을 첫 공식 국호로 이해했던 것이 사실이다. 『삼국유사』의 편찬자인 일연만 해도 「발해전」에서 발해국의 국호를 진국이라 하지 않았던가. 일연은 여기서 머물지 않고 발해국을 속말말갈의 국가로 보는 입장을 취하였다.

대조영이 자신의 정권 이름, 즉 국호를 발해국이라고 한 것은 발해국의 발상지가 '발해(홀한해, 지금의 경박호)이기 때문이다. 고구려는 고구려족이 세운 국가이므로 고구려라 하였으나, 발해국은 순수한 고구려 유민만의 나라가 아니고 말갈족의 나라이기도 했으므로 특정한 민족의 이름을 국호로 정할 수는 없는 일이었다. 그래서 고구려계와 말갈계로 이루어진 이 나라의 국호를 지명 중심으로 찾다 보니 발해로 정하게 된 것이다. 따라서 처음부터 국호는 발해로 정한 것으로 보아야 한다.

당나라 사람들은 발해국의 국호를 무엇으로 알고 있었을까. 그들은 발해국이 민족 구성상 고구려계와 말갈계의 연합 국가라는 사실을 알고 있었으나, 고구려계임을 인정하지 않으려 들고 나온 것이 '발해말갈' 또는 '말갈'이었다. 발해가 공식 국호이고 발해에 이미 말갈족이 포함되어 있는데도 또 말갈이라 붙여 발해말갈이라 하였으니 말갈이 두 번 표현된 셈이다. 그러므로 이 발해말갈은 어디까지나 말갈을 위주로 한 표현임에 틀림없다.

앞서도 지적하였듯이 발해말갈이란 발해국에서 고구려계를 의도적으로 희석시킨 표현이다. 그러므로 말갈이란 표현과 다를 바가 없다. 그러던 당나라 사람들도 나중에는 태도를 바꾸어 더 이상 말갈 또는 발해말갈이란 표현을 쓰지 않고 오직 발해라는 호칭만 사용하게 된다. 이는 또 무슨 이유에서일까. 발해국이 고구려계와 말갈계로 이루어졌음을 인정하지 않을 수 없었기 때문인 것이다.

속말말갈이 전적으로 발해국을 세웠다면 당나라는 말갈이란 호칭을 버리지 않고 계속 사용하였을 것이다. 그러나 그 호칭을 버린 걸 보면 발해국은 말갈이 세우지 않았음이 명백하다. 말갈이란 호칭을 버렸다는 것은 발해국이 말갈의 국가가 아님을 공식적으로 처음 인정하였음을 의미한다. 흑수말갈은 발해국에 복속되기 이전이나 발해국 멸망 후에도 계속 흑수말갈로 기록되었다. 또한 말갈이 발해국을 세웠다면 '무왕이 동북으로 영토를 넓혀 동북의 여러 오랑캐가 발해국에 복속하였다'(「신당서」 「발해전」)는 표현은 어울리지 않는다.

그뿐인가. 발해국이 말갈의 나라였다면 고려 태조는 이런 발해국을 멸망시킨 거란의 평화 제의에 응하였을 것이다. 그러나 고려가 이에 응하지 않은 것은 발해국이 같은 고구려계의 국가임을 잊지 않았기 때문이다.

당나라 사람들이 뒤늦게나마 발해라는 호칭만 사용한 것은 두 가지 의미가 있다. 첫째 발해국의 실체, 즉 발해국은 고구려계와 말갈계로 구성된 국가라는 사실을 공식적으로 인정한 셈이며, 둘째 이들은 발해국의 본래 국호가 무엇인지 알고 있었으나 이의 사용을 미루어 오다가 이제 더 이상 미룰 수 없게 되었음을 솔직히 인정한 셈이다.

그러나 이들은 발해국을 자주국이 아닌 자신들의 지방 정부 정도로 보려는 의도에서 발해국이 아닌 '발해군'이란 호칭을 사용하였다. 대조영도 발해군왕이란 작위를 받아들임으로써 오늘날 발해국의 국가적 위상 문제가 야기되는 빌미를 제공하였다. 물론 대조영이 발해군왕이란 작위를 수용할 수밖에 없었던 고뇌를 돌이켜보지 않을 수 없다.

대조영으로서는 이런 작위를 순순히 받아들이기는 어려운 문제였을 것이다. 그럼에도 그는 이를 수용하였다. 당나라 사람들이 고구려계와 말갈계로 구성된 발해국의 실체를 인정하고 있음을 그가 확인하였기 때문이다. 그리고 그가 군왕이란 작위를 거부하지 않은 것은 자신이 다스리고 있는 발해국의 영토가 그리 크지 않았기 때문이다. 나중에 발해군은 발해국으로 호칭이 바뀌지만 이는 발해국의 영토가 확대된 데 따른 호칭의 격상이므로, 외형상 이때부터 발해국을 당나라의 지방 정부로 보는 기존의 견해는 반드시 수정되어야 한다.

호칭의 격상이 갖는 의미가 큼에도 불구하고 중국인들은 아직도 발해국을 당나라의 지방 정부 정도로 보는 편견을 갖고 있다. 이처럼 오늘날 발해국을 보는 관점은 중국과 우리가 분명히 다르다. 발해국이 당나라의 지방 정부이다, 혹은 자주 국가이다 하는 상반된 견해를 비롯하여 종족상 고구려계니 말갈계니 하는 식으로 서로 관점이 일치하지 않고 있다. 이렇게 된 데에는 의도적으로 발해국에서 고구려계를 인정하지 않으려는 거부감을 바탕으로 쓰인 문헌 기록 때문이다. 그 대표적인 것이 앞서 말한 『통전』이다. 여기에는 발해국이 '속말말갈'이라는 식으로 되어 있으며, 대조영이 세운 정권의 국호는 '진국'이라고 되어 있다.

역사적 사실에 입각하여 쓰인 기록은 당연히 믿어야 하겠지만 그렇지 않은 기록은 사실의 진위를 먼저 따져 봐야 한다. 『통전』의 기록은 발해국의 중요한 요소인 고구려계를 배제하려는 배타적인 시대 분위기를 바탕으로 쓰인 만큼 발해국이 속말말갈의 국가라는 기록은 그리 놀랄 만한 일이 못 된다. 진정 놀랄 일은 『통전』을 비롯하여 이를 제1차 자료로 인용한 역사 문헌의 발해 관련 기록들을 오늘날 중국인들이 무비판적으로 받아들여 유리하게 해석을 하고 있다는 것이다.

중국의 발해 관련 기록들이 모두 『통전』을 따르고 있는 것은 아니다. 그 이유는 발해국이 말갈계만의 나라가 아니고 고구려계의 나라라는 것이 사실이기 때문이다. 그리고 양적으로는 대조영을 고구려계의 인물로 보고 있는 역사 문헌이 오히려 더 많다.

발해국의 역사 인식에서 비학문적 태도의 범주를 벗어나지 못하여 『삼국사기』와 『삼국유사』에서도 발해국을 발해말갈 또는 말갈이라고 표현하였으며 또한 그런 표현이 맞는지 따져 보려는 흔적도 발견할 수가 없다.

『삼국사기』「최치원전」의 기록을 보면 고구려가 망한 지 10년째 되는 678년 고구려 유민들이 발해라는 국호를 가진 나라를 세웠다는 기록을 만날 수 있다. 또한 『삼국유사』『발해전』에 인용된 『신라고기』를 보면 고구려의 옛 장수인 대조영이 고구려의 패잔병을 모아 발해라는 국호를 가진 나라를 세웠다는 기록이 있다. 그러나 『삼국유사』는 『신라고기』 외에 「최치원전」의 기록까지 소개하면서도 발해국의 본래 국호가 발해라는 사실을 믿지 않고 엉뚱하게 진국이라고 믿었으며, 또한 발해국을 말갈의 별종이 세운 국가라고 믿었던 것이다.

『신라고기』와 「최치원전」의 기록은 발해국의 본래 국호가 발해임을 분명히 보여 주고 있으나, 김부식과 일연은 이를 외면함으로써 발해국의 국호가 원래 진국이었다는 인식을 심어 주는 데 요지부동의 역할을 하였다. 말하자면 우리 스스로 발해국을 고구려계의 나라가 아니고 말갈계의 나라로 만들었으며, 또한 발해국의 본래 국호인 발해를 스스로 거부하고 당나라가 조작한 진국을 마치 본래 국호처럼 받아들이도록 만들었던 것이다.

김부식과 일연은 모두 고려 시대의 사람이다. 고려에는 망명해 온 발해국의 유민이 10만 명 이상 거주하고 있었던 만큼 이 두 사람은 지식인으로서 발해국의 국가적 실상에 대해 모르고 있었을 리 만무하다. 그런데도 이들은 왜 발해국을 왜곡되게 기록하였을까?

김부식은 시대적으로 금나라의 고려에 대한 정치적 영향을 배제할 수 없는 시대를 살았던 인물이다. 금나라가 여진족에 의해 세워진데다가 태조 아골타阿骨打는 여진과 발해의 민족적 뿌리가 같다는 이른바 '동조동근설同祖同根說'을 주창했던 만큼 금나라의 입장에서는 발해국이 고구려계보다 말갈(여진의 조상)계에 의해 세워졌다는 역사 문헌을 당연히 지지하였을 것이다.

금나라 시대에 동명왕(고주몽)의 후손들이 정치계에서 크게 활약했음은 뒤에서 알아보겠지만 금나라의 위정자들은 고씨와 대씨 성을 갖고 있는 고구려계와 발해계의 인물들에 대해 남다른 친근감을 느끼고 있었던 것이 사실이다. 고씨와 대씨 성의 인물들이 금나라 시대 관료로서 크게 활약하였음은 동조동근설이 이미 구호가 아니라 생활화되었음을 보여 주는 것이다. 그렇게 함으로써 국가적 정통성이 미약한 여진계의 금나라는 민족적 자신감을 찾은 셈이다.

금나라는 국가적 정통성 외에 민족적 정통성을 찾기 위한 노력을 기울였다. 발해국이 속말말갈에 의해 세워졌다는 중국 측의 역사 문헌은 금나라에 더없는 만족감을 느끼도록 해 주었을 것이다. 『금사』「고려전」을 보면 발해국은 속말말갈에 의해 세워진 것으로 되어 있다.

역사상 말갈계가 처음 세운 나라가 바로 금나라이다. 이러한 금나라가 고려까지 정치적 영향력 밑에 두고 있었던 만큼 발해국이 고구려계에 의해 세워졌다고 하더라도 이 기록은 용납할 수 없는 일이다. 그러면 과연 『고려사』는 발해국을 어떻게 설명하고 있는지 알아보자.

'발해는 본래 속말말갈이며 당나라의 무후武后 때 고구려 사람 대조영이 동쪽으로 도주하여 요동을 보유하자……' 이를 『금사』의 발해 기사와 관련지어 보면 발해국을 세운 대조영은 고구려 사람이지만 발해국은 속말말갈의 국가라는 것이다. 이렇듯 『고려사』에서도 발해국을 속말말갈의 국가라고 한 것은 고려의 자의적 기술이라기보다는 금나라라는 외부의 정치적 영향으로부터 자유롭지 못한 탓이라고 할 수 있다. 김부식은 발해국의 국가적 실체를 알고는 있었으나 이를 사실대로 기록으로 남기지 못한 것으로 분석된다. 그러나 그는 「최치원전」을 통해 그가 알고 있었던 발해국의 정체를 넌지시 알리려고 노력한 흔적이 보인다.

이러한 김부식보다 한 세기 반 정도 뒤의 인물인 일연은 금나라가 망한 다음 해(1206년)에 태어났으므로 금나라의 정치적 영향에서는 벗어났으나 고려가 원나라의 정치적 영향을 받고 있었으므로 발해국의 역사 인식에서 자유롭지 못한 것은 마찬가지였다.

원나라는 전 왕조인 금나라를 멸망시켰으나 금나라와 같은 북방민족 사관을 견지하고 있었다. 이 사관은 중국인 중심의 배타적인 화이사관華夷史觀을 반대하는 것으로, 동아시아의 중심은 중국인이 아니고 북방민족이라는 것이다. 친중화적인 고려인들의 사관을 용납할 원나라가 아닌지라 일연 역시 발해국의 정체를 기록으로 남기는 데 자유롭지 못하였을 것은 당연하다. 그래서 그는 발해국을 말갈의 별종이 세운 국가라고 표현하였던 것이다. 물론 그 역시 발해국의 정체에 대해 알고 있는 바를 기록으로 남기지 못하여 고뇌하였을 것이며, 이러한 타의적인 발해사 인식이 고려의 북진 정책 수행에 걸림돌이 되었을 것은 두말할 필요가 없다. 고려의 북진 정책이 효과적으로 전개되는 데 길잡이 역할을 할 수 있는 것은 발해관의 올바른 정립밖에 없다. 그것은 발해국에서 최고의 권력을 세습적으로 차지한 것이 고구려계의 대씨이기 때문이다. 그럼에도 고려가 이를 북진 정책의 호재로 삼지 못함으로써 북진 정책은 수포로 그칠 수밖에 없었다.

객관적으로 보면 고려와 발해국은 모두 고구려의 계승 국가이므로 고려는 발해사 인식을 자의적으로 할 수 있으나 그러지 못하였다. 그러나 김부식이 고구려계 중심으로 발해국의 정체를 설명한 최치원의 문집에 실린 「상대사시중장上大師侍中狀」의 기사를 『삼국사기』 「최치원전」에서 소개한 것이나, 일연이 『삼국유사』 「발해전」에서 발해국이 고구려 유민의 국가라는 『신라고기』의 기사를 소개한 것은 모두 암시하는 바가 크다. 즉 두 사람은 사가로서 분명히 발해국의 정체에 대해 알고는 있었으나 이를 기록으로 남길 수 없으니 이런 식의 서술 방법을 택할 수밖에 없었다고 풀이된다. 이러한 면에서 두 인물이 발해국의 정체와 관련하여 『신라고기』와 『상대사시중장』의 기록을 소개한 것만도 여간 다행한 일이 아니다.

한편으로 두 인물이 '발해'의 의미를 제대로 파악하지 못한 것도 발해국을 왜곡 기술하게 된 또 하나의 요인이다. 발해국의 발해란 발해국이 세워진 홀한해(경박호)를 말하는데, 발해국이 고구려계와 말갈계의 연합 국가이다 보니 지명 중심의 국호를 쓸 수밖에 없었다. 그런데 『삼국사기』・『삼국유사』・『고려사』・『고려사절요』에서 발해국을 속말말갈의 국가라 하고 대조영을 고구려 사람이라고 표현한 것은 발해의 의미를 바르게 나타낸 듯 보이지만 사실 그렇지 않다. 이는 어디까지나 중국적인 필법을 답습한 것에 지나지 않는다. 『신라고기』와 「최치원전」에 의하면 발해란 국호는 발해국을 세운 고구려 유민들이 스스로 정한 것으로 되어 있는데, 당나라에서 대조영을 발해군왕에 봉함으로써 국호를 발해국이라고 하였다는 것은 중국적인 필법인 것이다.

발해의 의미를 제대로 파악하지 못하기는 『신라고기』와 「최치원전」도 마찬가지이다. 고구려계의 사람들만이 발해국 건국에 참여했다는 것이 바로 그 부분이다. 발해국은 고구려계와 말갈계의 연합 국가이므로 종족성보다는 지연성 중심으로 국호를 정한 것이다. 이를 알았다면 발해국을 고구려계만의 국가라고 할 수 없었을 것이다.

『신라고기』부터 발해국의 실체를 정확하게 파악하지 못한 만큼 그 후의 역사 문헌도 이를 제대로 파악하기는 힘들었을 것이다. 발해란 국호가 언제, 어떻게, 누구에 의해 정해졌는가에 대해 우리나라와 중국 측의 문헌에 별다른 언급이 없다. 있다 해도 고작 발해국이 어떤 종족의 국가이냐를 보여 주는 정도이지만 그나마도 일치하지는 않는다. 속말말갈이 고구려의 유민과 함께 발해국의 건국에 참여한 것은 사실이나 이를 두고 발해국을 속말말갈의 나라라고 할 수는 없다. 고구려의 멸망을 전후하여 속말말갈의 동향을 주의 깊게 살펴보면 이들도 단독으로 민족 국가를 세울 수 있는 호기를 맞이하였으나 포착하지는 못하였다. 여기서 이들 속말말갈과 고구려의 관계 또는 고구려 유민의 관계에 대해 알아보는 것이 중요하다.

송화강을 달리 표현하는 속말수粟末水를 생활 터전으로 하여 자리 잡은 속말말갈은 원래 강성하여 고구려와 자주 전쟁을 치렀다. 그러나 결국 고구려에 복속하여 그 통치를 받는다. 그런 만큼 당나라에 의한 고구려 멸망을 틈타 독자적으로 민족 국가를 세울 수 있는 좋은 기회가 왔는데도 이들은 나라를 세우지 못하였다. 다분히 고구려 또는 고구려 유민에 대해 의존적인 경향이 컸음을 알 수 있다.

특히 영주 땅에서 일어난 이진충의 반란 때 속말말갈의 추장 걸사비우가 고구려 유민과 행동을 같이하면서 당나라를 상대로 투쟁한 걸 보면 속말말갈은 고구려에 복속한 이래 고구려의 통치에 그다지 반항하지 않았음을 느끼게 한다. 이들은 고구려의 통치를 받게 됨으로써 문명적으로 개화되었다고 본다. 이를 두고 개화된 말갈이라고 해도 좋을 것이다. 달리 표현하면 말갈의 별종이라고 할 수 있다. 그러므로 발해국을 속말말갈이 세운 국가라고 하는 것은 시대적 흐름을 무시하고 잘못된, 단편적인 기록을 맹신하는 비학문적 태도에서 비롯되었음을 지적하지 않을 수 없다.

속말말갈이 민족 국가를 세울 수 있는 호기를 맞이하고서도 때를 놓친 것은 그들 단독으로 나라를 세울 수 없었기 때문이다. 그래서 이들은 고구려 유민을 도와 발해 건국에 적극적인 도움을 주는 것으로 만족해야 했다. 속말말갈이 고구려 유민에 대해 적대적으로 나왔다면 고구려 유민이 주도하는 발해 건국은 난관에 부딪혔을 것이다. 즉 속말말갈이 당나라와 연합하였다면 발해 건국은 대조영의 뜻대로 이루어지지 못하였을 것이다. 속말말갈이 당나라와 연합하지 않은 것이 결국 발해의 건국을 도와준 것이다.

영주에서 이진충이 반란을 일으킨 당시부터 걸사비우가 이끄는 속말말갈이 그들의 민족 국가를 세우려 하였다면 대조영이 이끄는 고구려 유민들은 속말말갈과 행동을 달리하였을 것이다. 그러나 속말말갈은 고구려 유민과 행동을 같이하였으며 그 결과 발해국이 세워지게 된 것이다. 또한 만약 속말말갈이 단독으로 발해국을 세웠다면 고구려 유민은 발해국에 모여들지 않았을 것이다. 발해국의 건국 직후 고구려 유민들이 사방에서 모여든 것은 고구려 유민도 발해국의 건국에 참여하였기 때문이다.

속말말갈이 고구려의 통치를 받았을 때 억압과 착취를 받기만 했다면 이들은 고구려 유민과 행동을 같이할 이유가 없다. 그러나 영주 땅으로 이주한 뒤 고구려 유민과 반당적 행동을 같이한 것은 고구려에 복속한 이래 큰 불평 없이 살아왔음을 뜻한다. 즉 이들은 고구려에 복속한 이래 피압박 이민족으로서의 민족적 비애를 느끼지 못한지라 영주 땅에 이주하였다가 동쪽으로 도주할 때에도 고구려 유민과 행동을 같이함으로써 발해국의 건국이 순탄하게 이루어지도록 적극 도움을 주었던 것이다.

속말말갈이 발해 건국에 적극 나서서 힘을 합한 것은 고구려가 이들을 문명적으로 개화시켰기 때문이다. 그러므로 발해국의 주도권은 고구려 유민이 쥘 수밖에 없었다. 흑수말갈처럼 속말말갈도 고구려 유민에 대해 비협조적이었다면 발해의 건국은 애초부터 기대할 수 없다. 속말말갈이 같은 말갈이면서도 흑수말갈과 다른 행동을 했다는 면에서 이들은 말갈의 별종이라고 할 수 있다.

지금까지 속말말갈의 협력이 발해국 건국에 큰 힘이 되었음을 알아보았다. 그렇다면 이들의 적극적인 협력 외에 발해 건국에 변수로 작용한 것은 또 없었을까. 당나라는 고구려의 멸망으로 외형상 고구려와 속말말갈의 옛 땅을 모두 점령할 수 있게 된 듯하나 실제로는 그렇지 못하였다. 669년 이적李勣이 당나라의 고종에게 보낸 전투 보고서를 보면 고구려의 압록강 이북 지역에서 당나라에 투항한 성은 11개, 점령한 성은 3개, 투항하지 않은 성은 11개, 당나라군의 침공을 피해 백성들이 다른 곳으로 이동했다는 성은 7개나 된다고 했다. 이로 보아 당나라가 압록강 이북 지역에서 점령한 고구려의 성곽이 매우 적었음을 알 수 있다. 더군다나 백두산과 두만강 이북 지역에 대한 언급이 없음은 대체적으로 고구려의 옛 땅 가운데 압록강을 중심으로 하여 그 동북 지방의 너른 땅은 당나라의 세력이 미치지 못하였음을 보여 주는 것이다.

이적의 보고서를 근거로 하여 논자들은 이렇게 말하고 있다. 당나라는 고구려를 멸망시키기는 했으나 그 땅을 지킬 수는 없었다고. 탁견이 아닐 수 없다. 이렇듯 고구려의 옛 땅 대부분이 비어 있었기 때문에 신라는 그 틈을 타고 동쪽 변경의 땅을 점차 잠식하였으며, 대조영은 영주에서 동쪽으로 도주하여 고구려 유민과 말갈 사람들을 어루만져 화락게 하고 그 북부를 점거하여 나라를 세웠으니 그것이 발해국이다.

이렇듯 당나라가 고구려의 옛 땅 대부분을 점령·통치하지는 못하였으므로 고구려 유민과 속말말갈족이 그 땅에 들어와 발해를 세우게 된 것이다. 이 점도 발해 건국 문제에서 무시할 수 없는 한 대목이다.

발해국은 제국이다

고구려 멸망 후 30년 만에 그 옛 땅에 세워진 나라, 이 나라는 지금까지 발해란 이름으로 알려져 왔다. 중국 학자에 따르면 공식 국호가 진국振國·震國이고 별칭이 발해이며, 발해국은 자주국이 아니라 당나라의 지방 정부(속국)였다는 것이다. 이러한 주장은 남북한의 발해사 학자들로부터 거센 저항을 받고 있으나 중국 학자들은 주장을 굽히지 않고 있다. 남북한에서 발해사 연구와 관련하여 주력해야 하는 것은 이 문제의 구명일 것이다.

그런데 이 문제와 관련하여 남북한 학자들 간에 견해를 달리하는 것이 있다. 그것은 발해국의 공식 국호가 무엇인지에 관한 것이다. 남한에서는 공식 국호가 진국이며 발해는 별칭이었다는 기존의 입장을 고수하고 있으나, 북한에서는 새로운 연구 결과를 내놓고 있다. 대조영이 세운 발해국은 대중상(대조영의 아버지, 걸걸중상)이 세운 소국小國인 진국이 발전한 것이며, 여러 소국 가운데 하나가 고려후국高麗侯國

(평안도의 서부와 요동 지역)이고 백두산의 남북 지역에도 고구려의 정치 세력이 자리 잡고 있었다는 것이다.

사회과학원을 중심으로 연구를 진행한 북한의 발해사 연구자들은 1990년대에 새로운 관점의 발해사를 내놓았는데, 특기할 것은 대조영의 발해국(698년)을 '발해제국', 소국을 '후국侯國'이라고 구분 지은 것이다. 이 소국이 황제국보다 먼저 건국되었음을 우리의 옛 문헌을 중심으로 고찰하는 등 소국의 건국을 새롭게 조명하려고 노력한 흔적이 뚜렷하다.

'발해황제국'(발해제국)이란 명칭은 발해국이 당나라의 지방 정부였다는 중국 학자들의 관점에 쐐기를 박는다 해도 지나친 말이 아니다. 필자는 북한 학자들의 새로운 발해사 연구 결과를 긍정적으로 인정하고 이를 필자의 연구와 접목시키려 한다.

고구려 유민들의 반당 투쟁 결과 평안북도의 서부 지역과 요동 지역에 고려국(발해국의 성립 후 후국이 되었기에 고려후국이라 함)이 세워졌으며, 또한 백두산의 남북 지역에도 고구려 유민들의 세력이 자리를 잡았다. 따라서 이들 고구려 유민들의 반당 투쟁은 이들이 거주하고 있는 모든 지역에서 벌어졌는데, 특히 동모산을 중심으로 한 지역과 백두산 주변 및 영주 지방에서 가장 완강하게 전개되었다. 그리고 이 동모산을 중심으로 한 지역에 소국이 형성되어 그 영역과 세력 범위가 점차 확대되어 갔다.

『구당서』「발해말갈전」에 의하면 대조영이 성력聖曆 연간에 스스로 나라를 세우고 진국왕振國王이 되었다고 한다. 성력은 측천무후의 통치 연호의 하나이며 그 시기는 698년 1월~700년 6월에 해당된다. 『구당서』는 발해국의 건국 연대를 명시하지 않았으나 일본의 『유취국사類

聚國史』(권 193)에는 문무천황文武天皇 2년(698)에 대조영이 처음 발해국을 세웠다고 기록되어 있다. 그런데 이때 세워진 발해국은 소국이 아니고 황제국이라고 보는 것이 북한 학자의 주장이다.

발해제국의 성립 과정

발해제국의 성립 과정은 동모산을 중심으로 한 소국의 성장 과정 그 자체이다. 발해국 성립 이전의 소국의 성립에 대해 『삼국유사』(권 1, 말갈발해)에 인용된 『삼국사』에는 '의봉儀鳳 3년(678) 고(구)려의 유민들이 태백산 아래에 의거하여 나라를 세우고 발해라 하였다.'라고 하였다. 이와 관련하여 『책부원구冊府元龜』(권 998)에는 다음과 같은 내용이 실려 있다. 678년보다 한 해 앞선 의봉 2년(677) 2월 당나라는 투항한 고구려의 마지막 왕인 보장왕을 요동에 파견하여 고구려 유민들의 투쟁을 무마시키는 동시에, 요동으로 쫓겨 온 안동도호부가 유명무실해지자 보장왕으로 하여금 요동 지방을 통치케 하려고 하였다. 그런데 당나라의 의도와는 달리 보장왕은 압록강 이북 지방에서 반당 투쟁을 전개하는 고구려 유민과 연계하여 고구려의 부흥을 꾀하려다가 발각되어 공주邛州로 유배되었다.

그러나 고구려 유민들은 계속 투쟁하여 마침내 큰 세력을 이루었다. 『삼국사기』 「최치원전」을 비롯하여 『삼국유사』의 「말갈발해전」에 인용된 『삼국사』에서 보듯이 의봉 3년(678) 고구려 유민들이 태백산 아래에 의거하여 나라 이름을 발해라고 하였다고 하는데, 이는 고구려의 재건을 꾀하는 정치 세력이 이때 성립되었음을 말한다.

『삼국사』의 편찬자가 발해국의 건국 시기를 앞당긴 것은 발해국의 건국 연대를 늦게 잡을 수 없다는 신념에 따른 것이다. 그러면 678

년에 세워졌다는 그 발해국은 어떤 나라일까? 이는 발해제국의 성립 (698)에 앞서 세워진 소국을 말하며, 대조영이 세운 발해제국과 혈연 상 관련이 있는 이른바 전조前朝라 하겠다.

제국인 발해국의 선행 국가, 즉 전조에 대한 더 이상의 기록은 없으나, 『삼국사』의 기사는 고구려 유민의 새로운 왕조가 열렸음을 보여 주는 것으로 고구려 유민들의 국권 회복에 있어 역사적 사건임에 분명하다. 이와 관련하여 이승휴의 『제왕운기帝王韻紀』(下)를 보면, '고 (구)려의 옛 장수 대조영이 태백산 남성南城에 의거하여 측천무후 갑신년(684)에 나라를 열었는데 발해라 이름하였다.'라는 기사가 있다. 이 기사는 698년에 대조영에 의해 세워진 발해제국보다 먼저 세워진 소국의 건국을 뜻하는 듯하다.

이 『제왕운기』의 기사는 발해국보다 먼저 세워진 진국에 관한 『협 계태씨족보陜溪太氏族譜』의 기사와 통한다. 『협계태씨족보』(권 1, 先祖世系)를 보면 '사성嗣聖 13년(696)에 중상仲象이 고구려 유민을 이끌고 요 하를 건너 태백산 동쪽에 나라를 세우고 진국震國이라 하였다.'라는 기사가 있으며, 같은 책 「왕세략사王世略史」에는 발해국의 존립 기간 을 '1공公·14왕王 231년'이라는 기사가 있다. 이 족보에서 주목할 것은 ① 발해제국보다 먼저 세워진 나라를 진국이라 하였으며, ② 건국 연대를 696년으로 보아 발해국의 통치 기간을 3년을 더한 231 년으로 잡았을 뿐 아니라 ③ 발해국의 통치를 1공·14왕으로 구분 지은 것이다.

걸걸중상이 세운 나라를 진국이라고 한다는 것은 『협계태씨족보』 외에 『신당서』(권 219 下, 발해전)에서도 보인다. 당나라가 걸걸중상에게 주었다는 진국공이란 작위는 알고 보면 당나라가 준 것이 아니고 걸걸중상이 자칭한 소국왕으로서의 칭호이다. 걸걸중상이 재위한 기간을 보면 『협계태씨족보』와 『신당서』가 서로 다르지만 그 기간은 매우 짧다. 아무튼 이 두 책은 발해제국 이전에 진국이란 소국이 세워져 있었음을 똑같이 인정하였다.

『제왕운기』에는 고구려의 멸망 후 16년, 즉 발해제국이 세워지기 14년 전(684)에 진국이 세워진 것으로 되어 있는데, 『협계태씨족보』에는 걸걸중상이 사성 13년에 건국한 것으로 되어 있다. 사성 13년이 696년이므로 이대로 보면 진국의 존립 기간은 3년밖에 되지 않는다. 그런데 발해제국은 고구려 멸망 후 30년 만에 세워진 만큼 발해국(진국)은 고구려 멸망 후 16년이 지나 세워졌으며 발해제국보다 14년 전에 세워진 것이다.

그렇다면 사성 13년의 근거는 무엇일까. 발해제국의 전신인 진국이 684년(사성 1)에 세워졌다는 『제왕운기』의 기록을 무시할 수 없다 보니 684년 이후 14년 되는 해를 계산해 보면 697년이 된다. 그러면 사성 14년인데 잘못하여 사성 13년으로 썼을 가능성도 없지 않다. 아무튼 『협계태씨족보』와 『제왕운기』에 발해제국 이전에 진국이 있었다는 기사는 내용상 일치하며, 『제왕운기』에 실린 진국(발해)의 684년 건국설은 인정받을 만하다.

지금까지 발해국의 존립 기간을 228년으로 알고 있었으나 『협계태씨족보』에 실린 걸걸중상의 재위 3년을 합하면 231년이 된다. 그러나 『제왕운기』와 『협계태씨족보』의 두 기사를 종합하면 684년부터 14년간은 걸걸중상이 다스리는 소국의 시기이며, 698년부터 228년간은 대조영을 비롯한 여러 황제의 통치 기간이다. 이 두 통치 기간을 합하면 242년간이 된다.

『일본후기日本後記』, 『구당서』, 『신당서』에서도 진국과 분리하여 발해제국의 건국을 698년으로 보았다. 그러나 문헌에는 걸걸중상의 진국 건국 사실이 빠져 있으며, 이를 대조영과 결부시킨 것은 걸걸중상과 대조영을 혼동하였기 때문이다. 그렇다면 696년 대조영이 영주 반란에 가담하고 나서 동쪽으로 이동하여 698년 동모산에 발해국을 세웠다는 『신당서』의 기사를 어떻게 보아야 하는가. 동모산에 진국의 수도를 잡은 걸걸중상과 대조영은 제국을 세우려 하였으나 아직 그럴 만한 조건이 마련되지 못하였다. 고구려의 옛 땅 가운데 일부분만 차지한 상태이고 서쪽에는 당나라의 침략 세력이 상존하고 있었으며, 더군다나 소국의 영역으로부터 영주 지방에 이르는 넓은 지역의 고구려 유민들을 완전히 장악하지는 못했기 때문에 제국의 수립은 쉬운 일이 아니었다. 제국을 세우려면 고구려 유민의 세력을 흡수하여 영토를 넓히는 것이 급선무였다.

진국왕 걸걸중상은 고구려 유민들을 끌어들이는 동시에 당나라의 침략 기도를 분쇄하기 위해 영주 지방에 별동대 비슷한 것을 은밀히 파견한 듯하다. 영주에 밀파된 대조영 등은 696년 그곳에 살고 있던 거란인, 말갈인과 함께 반란을 일으켰다. 반란은 거란인들의 반당 투쟁을 신호로 하여 확대되었다. 당나라로부터 영주거란송막도독營州契丹松漠都督이란 벼슬을 받은 거란인 이진충은 귀성주자사 손만영 등과 함께 영주성을 함락시켰으며, 영주도독 조문홰를 죽인 다음 자신이 최고 군주라는 의미에서 스스로를 무상칸無上汗이라고 칭하였다.

이때 고구려 사람들도 말갈 사람들과 함께 연합하여 당나라에 대항하였다. 서쪽에서 거란인들의 왕성한 투쟁으로 고구려와 말갈인들의 반당 투쟁은 성과를 거두었다. 영주 지방에서 급격히 발생한 정세 변화로 고구려군의 동쪽 진출은 유리하게 전개되었다. 그러나 돌궐군과 해족奚族·습족霫族의 힘을 빌려 거란군을 제압한 당나라는 대조영이 이끄는 고구려인들의 투쟁을 진압하려고 하였다. 당나라군의 지휘관은 과거 당나라에 항복한 거란 출신의 장수 이해고였다. 이해고는 첫 번째 싸움에서 걸사비우가 이끄는 말갈군을 격파하고, 승리의 여세를 몰아 고구려군을 추격하였다.

흩어진 말갈군을 규합한 대조영은 당나라의 추격군을 천문령으로 유인하여 기습, 섬멸하였다. 또한 걸걸중상은 직접 그곳으로 가서 아들 대조영의 군대와 합류하였다. 결국 이 전투에서 이해고만이 살아 돌아갔다. 이것이 이른바 '천문령 전투'이다.

전투를 승리로 이끈 고구려 유민군은 송화강 상류인 휘발하輝發河를 건너 부이령 산맥의 동쪽에 위치한 동모산(오동성 부근)으로 향하였는데 도중에 걸걸중상이 병사하고 말았다. 대조영이 이끄는 군대가 진국의 수도舊國에 이르자 수많은 고구려 유민들과 말갈 사람들이 대열에 가담하였다.

동모산과 그 인근에 40만 대군이 집결하자 대조영은 발해국을 세우고 초대 황제가 되었다. 그리고 마침내 발해제국을 내외에 선포하자 평안도의 서부 지방과 요동 지방의 남부를 차지하고 있던 고려국이 후국侯國으로 발해제국에 편입되었다.

발해제국은 698년에 선포되었으나 고구려 유민이 국권을 회복하기 위해 벌인 투쟁은 그 이전부터 각지에서 전개되었다. 678년 소국에 준하는 정치 세력이 형성된 데 이어 684년에는 진국이 소국으로서 수립되었다. 모두 고구려의 유민들이 세웠기에 보통 '발해'라고 불린다. 『제왕운기』에서 진국을 발해라고 한 것이 대표적인 예이다.

발해제국의 고구려 유민 통합

발해가 제국이 된 것은 대조영의 집권 초기부터였다. 중국의 문헌에 발해가 '해동성국海東盛國'이 되었다는 대목이 있는데, 발해국이 당나라의 제도를 배운다 해서 해동성국이 되는 것은 아니다. 통일신라와 일본이 당나라의 제도를 배웠다는 것은 잘 알려진 사실이나 그렇다고 해서 이 두 나라를 해동성국이라 불렀다는 기록은 어느 문헌에도 없다. 발해국의 '해동성국'이란 미칭美稱에는 문화적 발전뿐만 아니라 정치·경제·군사적 발전이 주로 포함되어 있다. 발해국은 국초부터 동방(해동)의 강대국으로 위용을 드러냈기에 당나라 등 이웃 나라에 해동성국으로 알려진 것이다.

해동성국의 탄생은 대조영이 동모산 일대에 세워진 진국을 확대하여 발해제국을 선포함으로써 비롯되었다. 『구당서』(권 199 下, 발해말갈)에 '만세통천 연간 거란의 추장 이진충이 당나라를 반대하여 영주에서 반란을 일으켰을 때 조영은 말갈 사람 걸사비우와 함께 각기 망명자들을 거느리고 동쪽으로 달려가 험한 지세에 의거하여 견고해졌다. …… 조영은 그 무리를 이끌고 동쪽으로 가서 계루桂婁의 옛 땅을 차지하고 동모산에 의거하여 성을 쌓고 살았다.'라는 기사는 대조영이 영주에서 당나라를 반대하는 고구려 유민과 말갈인까지 이끌고 동모산에 당도하여 제국을 선포한 과정을 묘사한 것이다.

대조영이 계루(읍루)의 옛 땅, 즉 동모산 일대에 발해국을 세웠다는 소식이 사방으로 퍼져 나가자 수많은 고구려 유민들이 그의 밑으로 다투어 모여들었다. 고구려 멸망 이후 한반도의 서북 지역과 요동 지방에 세워진 고구려 유민의 나라가 스스로 발해제국의 후국으로 들어왔으며, 한반도 동북 지방의 정치 세력들도 역시 자진하여 발해제국에 속하였다.

발해국은 세워진 지 얼마 안 되어 옛 고구려의 땅을 대부분 차지하였다. 『신당서』(권 219, 발해전)는 이와 관련하여 '조영이 비우의 무리까지 규합하여 멀리 떨어져 있음을 믿고 나라를 세웠는데 이를 진국이라 하였으며 사신을 돌궐에 파견하였다. 그 지방은 5천 리였다.'라고 했다.

이 기사에 따르면 발해국은 건국 초에 5천 리의 영토를 차지하였다. 그런데 『구당서』(발해말갈)에는 2천 리로 되어 있다. 많은 사람들은 2천 리의 영역이 초기의 것이며 5천 리는 강성기의 영역이라고 보고 있다. 그러나 2천 리와 5천 리는 다른 시기의 영역 표시가 아니고 같은 초기의 영역을 달리 표현한 듯하다. 『신당서』가 맞으며 『구당서』의 기사는 부정확하게 표시한 것으로 본다.

『구당서』는 발해국의 종족 문제를 비롯하여 여러 상황을 비교적 정확히 서술하였으나 초기의 영역 표시는 신빙할 만한 자료를 인용하지 않은 데서 오류가 빚어진 듯하다. 『구당서』의 「발해말갈전」이 발해국의 지방 제도를 거의 언급하지 못한 것을 보더라도 발해국의 역사·지리 문제에서는 믿을 만한 자료를 참조하지 못하였음을 알 수 있다.

『신당서』「발해전」은 발해국 건국 초기의 영토 팽창에 관하여 부여·옥저·변한·조선·해북제국海北諸國을 모두 차지하였다고 했다. 부여와 옥저를 차지하였다는 것은 부여 지방과 지금의 함경도 지방이 발해국 초기부터 영역으로 편입되었음을 의미한다. 조선이란 단군조선의 수도 평양을 중심지로 한 인근 지역을 차지한 고려후국을 말하는 것으로 본다. 그러나 변한을 차지하였다는 것은 이치상 맞지 않는다. 여기서 주목할 것은 해북제국이 발해국의 영토가 되었다는 것이다.

풀이하면 해북제국은 바다 북쪽의 여러 나라라고도 할 수 있고, 북쪽 바다에 가까운 여러 나라라고도 볼 수 있다. 그러면 바다는 어디에 있는 바다일까. 아마도 상경용천부上京龍泉府 부근에 있는 홀한해忽汗海(경박호)이거나 여기서 동북쪽으로 멀리 떨어진 흥개호興凱湖일 것이다. 아무튼 해북의 여러 나라란 흑수말갈과 이에 속한 부족들을 가리킬 것이다.

그러나 반드시 흑수말갈을 지칭하는 것은 아니다. 흑수말갈은 때로 남·북 흑수로 구분되기도 한다. 이와 관련하여 당나라 때의 재상 가탐賈耽의 『도리기圖里記』를 보면 '(상경용천부는) 성이 홀한해에 임해 있고 그 서남 30리 떨어진 곳에는 옛 숙신성肅愼城이 있다. 그 북쪽은 덕리진德理鎭에서 남흑수말갈에 이르는데 천 리가 된다.'라는 기사가 있다.

위 기사에 의하면 상경에서 멀리 떨어진 덕리진에서 천 리를 가면 남흑수에 이르며 그 북쪽에 북흑수말갈이 있었음을 알 수 있다. 덕리진은 지금의 하바로프스크에서 천 리 또는 그 이상 남쪽으로 떨어진 곳을 말하며 상경에서 남흑수말갈로 가는 요지였다. 이로써 대조영은 초기에 하바로프스크 지방 남흑수말갈까지 병합하였던 것이다.

이처럼 발해국은 고구려가 차지하지 못한 북쪽 지역을 많이 개척하였으나 남쪽에서는 고구려 땅을 모두 통합하지 못하였다. 즉 고구려의 판도였던 불열拂涅·철리鐵利·월희越喜·우루虞婁 등 일부 지역과 한반도의 중부 일부 지역이 여기에 포함되었다. 이 지역은 발해국 영토에서 10분의 1 정도였다. 따라서 발해국은 건국 초기에 영토의 중심 지역과 말갈계의 거주 지역을 거의 통합하였다.

발해국이 건국 초기 고구려가 차지하지 못한 흑수말갈 지역과 고구려 영토의 중심 지역을 통합할 수 있었던 것은 발해국 건국 이전에 고구려 유민이 세운 진국과 고려국이 정치적 기반을 공고하게 유지하고 있었기 때문이다. 또한 대조영 휘하의 유민 세력이 동모산 일대에 쉽게 모일 수 있었던 것도 요동반도에서 고구려 유민의 정치·군사적 기반이 공고해진 것과 관련이 있다. 고구려 유민이 세운 고려국은 대조영이 세운 발해국에 운명을 맡기는 것이 유리하다고 판단하여 자진해서 발해국의 후국이 된 듯하다. 요동반도의 남부 지역과 한반도의 서부 지역을 차지하고 있었던 고려국(고려후국)이 발해국에 편입됨으로써 발해국의 영역은 서남쪽으로 급속히 확대되었다.

그러면 고려국은 언제 발해국의 후국이 되었을까. 보통 '안사의 난'으로 당나라가 극도로 혼란에 빠졌던 시기라고 보고 있으나, 북한은 713년 당나라의 발해 책봉 시 최흔崔炘이 고려국을 발해국과 구별하지 않았다고 하면서 발해 건국 초기로 그 시기를 보고 있다. 안사의 난 훨씬 이전부터 후국이 되었다는 것이다.

발해국이 세워지기 전에 그 동남부 지역(강원도의 동해안)은 발해국의 영역 확장에 유리한 환경이 조성되어 있었다. 668년 고구려 멸망 시 이 지역은 당나라의 침략을 받지 않고 고구려의 통치 기구가 그대로 유지된 듯하다. 이 지역에 정치 세력이 있었음은 『삼국유사』(권 3, 栢栗寺)에 국선國仙인 부례랑夫禮郎이 693년(신라 효소왕 2) 화랑 무리들을 거느리고 금란金蘭(강원도 통천)으로 놀이를 나갔다가 북명北溟(원산 일대)에서 포로로 붙잡혀 포로 생활을 하다가 풀려난 이야기를 그 부모에게 하는 가운데, "적에게 잡혀간 뒤 적국의 대도구라大都仇羅의 집에서 짐승 기르는 일을 하게 되어 대조라니大鳥羅尼 들판에서 말에게 풀을 뜯기고 있는데……"라는 대목에서 짐작할 수 있다.

이를 보면 발해제국이 세워지기 전 그 동남부 지역에 정치 세력이 있었음을 알 수 있다. 대도구라는 한 정치 집단에 속해 있었을 것이며 그 세력은 발해국의 동부 지역 또는 강원도의 동예 지역에 존재하였음을 분명히 보여 주고 있다. 이 세력은 발해국이 건국 초기부터 이 지역으로 영역을 확대해 나가는 데 큰 도움을 주었을 것이다.

부례랑에게 포로 생활을 시킨 적적狄賊은 말갈이 아니고 동예 지역의 정치 세력 집단이었다. 678년 고구려의 유민들이 태백산 아래 모여들어 나라 이름을 발해라고 하기 한 해 앞서 고구려왕으로 파견된 보장왕은 말갈과 내통하였다고 해서 소환된 일이 있었는데, 이 말갈은 진짜 말갈이 아니라 고구려의 한 저항 세력임이 분명하다.

10년 이상 이웃한 발해제국의 서부 지역에 고려후국이 있었던 만큼 동남부 지역에도 정치 세력 집단이 있었을 것이다. 이 두 지역이 쉽게 통합될 수 있었던 것은 발해국이 처음부터 이 지역들에 대해 군사적으로 강력한 영향을 미쳤기 때문이다. 여기서 대조영의 정치·군사적 역량이 얼마나 강했는가를 알아보자. 이와 관련하여 18세기의 실학자 홍석주洪奭周는 『발해세가渤海世家』라는 저서에서 '조영은 드디어 비우의 무리 및 고구려·말갈의 군사를 거느렸는데 40만이나 되었으며 스스로 진국왕이 되었다'라는 기록을 남겼다. 이러한 내용은 『오대회요五代會要』와 『고려도경高麗圖經』에도 전해진다.

40만이라는 대군은 영주에서 동모산으로 진출한 대조영의 부대를 포함하여 각지에서 모여든 병력까지를 일컫는다. 이러한 대부대를 지휘한 대조영이 용감하고 용병술이 뛰어났다는 『구당서』(발해말갈)의 기사는 믿을 만하다.

대조영이 동모산으로 진출하는 과정에서 옛 고구려 유민들뿐만 아니라 고려후국 또는 동남 지역의 기존 정치 세력들도 자신들보다 우세한 발해국에 자진하여 자신들의 운명을 맡길 수밖에 없었을 것이다. 만약 대조영이 용감하고 용병술이 탁월하지 않았다면 고구려 유민들과 기존 정치 세력들은 선뜻 발해국에 통합되기를 바라지 않았을 것이다. 발해국이 건국 초기에 영역을 급속하게 확대할 수 있었던 것은 대조영의 건국 세력이 매우 막강하였기 때문이다.

제국으로서의 면모

발해국 관련 문헌과 금석문에 따르면 발해국의 군주는 자신을 황제라고 하였다. 이는 대조영이 맏아들 대무예大武藝에게 계루군왕桂婁郡王이란 칭호를 준 사실로 알 수 있다. 『책부원구』(권 1000)를 보면 다음과 같은 기록이 있다.

> '발해국왕 무예는 본래 고(구)려의 별종이다. 그의 아버지 조영이 동쪽에서 계루의 땅을 차지하고 자립하여 진국왕이 되었는데 무예를 계루군왕으로 삼았다'

그리고 같은 책(권 964) 당나라 현종 개원 8년(720) 8월 초의 기사를 보면 현종이 대무예의 아들 대도리행大都利行을 계루군왕에 책봉하였다는 대목이 있다. 군왕이란 무엇인가. 보통 황제는 자신의 아들을 왕에, 손자나 조카를 군왕에 책봉하는 것이 관례이다. 그러면 대조영은 맏아들 무예를 계루군왕이 아니고 계루왕에 책봉하였을 것이다. 따라서 대무예의 계루군왕 책봉은 계루왕 책봉으로 보는 것이 맞다.

그런데도『책부원구』는 왜 대무예를 계루군왕에 책봉하였다고 했을까. 당나라의 관료들은 발해국을 황제국으로 부르기를 몹시 꺼려, 대무예가 아버지 대조영으로부터 계루왕의 책봉을 받았건만 이를 계루군왕으로 격하시켰다고 하겠다. 따라서 대무예의 계루왕 책봉은 대도리행의 계루군왕 책봉과 다름을 알 수 있다.

이렇듯 대무예가 아버지 대조영으로부터 계루왕의 책봉을 받았음은 발해국이 제국이었음을 보여 주는 증거가 된다. 그러면 또 다른 근거는 없을까.『협계태씨족보』의「선조세계」를 보면 대조영의 아우인 대야발大野渤이 검교태위檢校太尉 반안군왕盤安君王이 되었다는 기사를 만날 수 있다. 그도 발해국왕으로부터 왕의 책봉을 받은 것이다. 대무예나 대야발이 작은 왕이듯이 고려후국의 왕도 마찬가지였다. 이런 점으로 보아 발해국의 최고 통치자는 작은 왕들을 거느린 대왕, 즉 황제였음을 알 수 있다.

발해국이 제국이었음은 제3대 문왕文王의 넷째 딸 정효공주貞孝公主의 묘비에서도 확인할 수 있다. 정효공주 묘비는 발해국 사람들이 직접 남긴 기록이다. 그런 면에서 발해사 연구에서 귀중한 자료임은 긴 설명이 필요 없다. 중국의 길림성 화룡시 용두산에서 발견된 묘비에는 728자로 쓰인 문장이 새겨져 있다. 비문을 보면 공주의 부왕과 조상들은 보통 임금이 아니고 대왕, 즉 황제와 같은 급으로 묘사되어 있으며, 공주도 덕행과 미색 면에서 제왕의 딸들과 똑같은 찬양을 받고 있다.

발해국이 제국임을 보여 주는 비문의 몇 구절을 살펴보자. 먼저 비문의 앞부분을 장식한 '규예강제녀지빈嬀汭降帝女之濱'이란 구절부터 보자. 풀이해 보면 정효공주를 시집보낸 것을 중국의 전설적인 요임금이 아황娥皇과 여영女英이란 딸들을 규예강가에 내려 보내 순임금에게 시집보낸 것과 견주었다. 이로써 정효공주의 아버지인 문왕과 그 가문의 격을 중국 최고의 임금인 요임금과 그 가문의 수준으로 높이 받들었음을 알 수 있다.

또한 '배중화이방하우 도은탕이도주문配重華而旁夏禹 陶殷湯而韜周文'이란 구절을 풀이하면, 정효공주의 조상은 중화(순임금)와 견줄 만하고, 하나라의 우임금과 비슷하며, 은나라 탕왕의 지혜를 따라가고, 주나라 문왕의 계략을 갖추었다는 것이다.

이렇듯 발해국의 임금들을 고대 중국의 가장 우뚝 솟은 황제들과 대등하다고 찬양하였음을 직시할 수 있다.

이 밖에도 묘비에는 공주의 조상들을 3황 5제 등 주나라의 성왕과 강왕 등에 비유한 내용들이 많다. 이로써 발해국은 어엿한 제국이었음을 분명히 알 수 있다.

발해국의 관제 중에는 제국에서만 나타나는 3사司·3공公제와 작호爵號제 등이 있었다. 『요사遼史』(본기 2)에 보면 발해국이 멸망한 다음해인 927년 거란은 발해국의 사도司徒였던 대소현大素賢을 동란국東丹國의 좌차상左次相 벼슬에 임명한 기록이 있다. 사도는 태위太尉·사공司公과 함께 3공公의 하나로서, 3공제가 발해국에 있었음을 여기서 알 수 있다. 보통 3공제는 3사제와 병존하는 만큼 3사(태사太師·태부太傅·태보太輔)제 역시 발해국에 있었을 것으로 보인다.

국왕에게 스승의 대우를 받는 3사는 최고의 벼슬로서 국왕에게 충고를 하며, 3공은 모든 관청을 지도하는 위치에 있으면서 제후적 성격을 지니고 있었다. 이처럼 제후적 존재가 발해국에 있었다는 것은 발해국이 제국으로서의 제도와 틀을 가지고 있었으며 황제인 군주

밑에 작은 왕들이 제후로서 존재하였음을 말해 준다.

이제 발해국의 봉작封爵 제도에 대해 알아보자. 이에 대한 자료는 구체적이지 않으나 단편적인 자료들은 적지 않다. 대개 봉작 제도는 공公·후侯·백伯·자子·남작男爵의 5등급으로 되어 있다. 발해국에서 그 실례를 보면 다음과 같다.

- 발해 대사 보국대장군 겸 장군 행목저주자사 겸 병서소정 '개국공' 양승경 이하 23명이 다모리를 따라 내조하였다[渤海大使 輔國大將軍 兼將軍 行木底州刺史兼兵署小正開國公楊承慶已下 二十三人 隨田守來朝].
  - 『속일본기續日本記』 권 21, 순인 천평보자 2년(758) 9월 정해
- 그 나라 사신 자수대부 행정당좌윤 '개국남' 왕신복 이하 23명이 내조하였다[其國使紫綬大夫 行政堂左允 開國男王新福已下 二十三人 來朝].
  - 『속일본기』 권 21, 순인 천평보자 6년(762) 10월 병오
- 발해국이 헌가대부 사빈소령 '개국남' 사도몽 등 187명을 파견하여 나의 즉위를 축하하였다[渤海國遣獻可大夫 司賓小令開國男史都蒙等 一百八十七人 賀我卽位].
  - 『속일본기』 권 34, 광인 보구 7년(776) 12월 을자

이 외에 759년 일본에 온 발해 사신 고남신高南新(개국공), 798년 일본에 온 발해 사신 대창태大昌泰(개국자), 926년 발해국 멸망 직후 고려에 온 박어朴漁(개국남) 등도 모두 작위를 가지고 있었다.

이로써 발해국에 봉작 제도가 있었으며 이러한 봉작 제도를 가진 발해국은 제국이었음을 알 수 있다. 제국으로서 발해국은 황제만이 쓸 수 있는 연호까지 사용하고 있었다. 『신당서』 「발해전」을 보면 발해국은 연호를 일관되게 사용하였는데 확인된 연호는 다음과 같다.

인안仁安	······▶	무왕(720~737)
대흥大興	······▶	문왕(738~793)
중흥中興	······▶	성왕(794)
정력正曆	······▶	강왕(795~809)
영덕永德	······▶	정왕(810~812)
주작朱雀	······▶	희왕(813~817)
태시太始	······▶	간왕(818)
건흥建興	······▶	선왕(819~830)
함화咸和	······▶	□왕(831~857)

문왕은 774년 연호를 보력寶曆으로 고쳤다가 다시 대흥으로 하였는데 보력 연호를 언제까지 사용하였는지는 알 수 없다. 발해국의 연호는 보력을 포함하여 10개이지만 발해국의 군주 15명이 모두 연호를 제정, 사용한 걸로 본다. 『협계태씨족보』를 보면 고왕 때의 연호로 천통天統이란 것도 보인다.

아무튼 연호가 사용된 걸로 보아 발해국이 제국이었음은 분명하다. 이렇듯 발해국이 제국으로서의 체제와 면모를 갖추었음은 발해국이 주권국가였음을 보여 주는 것이다. 그런데도 오늘날 중국인들은 발해국이 당나라의 지방 정권 또는 속주인 것처럼 왜곡하고 있다. 그러나 발해국은 당나라의 책봉을 받고 세워진 나라가 아니라 당나라의 침략을 물리친 자주 국가였다.

발해국이 당나라의 외교적 승인을 받지 않고 건국된 만큼 자주 국가로서의 면모를 갖추었음은 누구보다 당나라가 잘 알고 있었다. 그런데 713년 당나라가 발해국왕을 홀한주도독·발해군왕에 책봉한 것을 발해국이 받아들였다고 해서 발해국이 당나라의 속국이었다는 것은 억지 주장에 지나지 않는다.

잘 알려져 있듯이 당시 동아시아에서는 책봉과 조공이 외교 관행처럼 통용되고 있었다. 중국의 역대 통치자들은 대등한 형식의 대외무역보다 상하의 질서를 바탕으로 한 예물 교환 형식의 무역만을 인정하여 이를 다른 나라들에 요구하였다. 중국의 역대 정권은 무역상 물자의 손실을 보면서도 조공 형식의 무역을 통해 자기도취에 빠져 있었다. 그러므로 중국적인 무역 관행에 따라 준 국가를 속국이라고 하는 것은 중국적인 표현은 될 수 있을지 모르겠으나 역사상 합리적으로 납득할 수 없는 외교적 문제이다.

중국식의 표현대로라면 흉노에 막대한 양의 조공을 해마다 바친 한나라, 그리고 요나라와 금나라에 적지 않은 양의 조공을 바친 송나라도 모두 속국이 분명하다. 그러나 중국인 중에 이런 견해를 가지고 있는 사람은 없다.

발해국이 당나라와 무역 거래를 했기 때문에 중국인들은 발해국을 당나라의 지방 정권 또는 속국이었다고 억지 주장을 펴고 있으나 이는 사리에 맞지 않다. 발해국이 당나라의 속국이었다면 대외 정책을 독자적으로 집행할 수 없다. 그러나 발해국은 당나라의 군사적 강압에 굴복하거나 맹종한 일이 없다. 오히려 발해국은 당나라의 강압적 태도에 맞섰으며 필요할 땐 단호하게 무력을 행사했다.

당나라가 말갈 부족 중 가장 호전적인 흑수말갈을 끌어들여 발해국을 외교·군사적으로 고립시키려 했을 때 발해국은 즉각 당나라와 흑수말갈에 대한 원정을 단행하였다. 역사상 유명한 대장 장문휴가 이끄는 발해국의 서해 지역 수비 해군이 산동반도의 등주登州를 기습하고, 요서 지방의 마도산에 머물고 있는 당나라 군대를 공격하거나 흑수말갈을 원정한 것은 발해국이 자주 국가였음을 극명하게 보여 준다.

이렇듯 발해국이 당나라의 부당한 태도에 징벌로 맞선 것은 과거 중국의 침략 세력을 물리친 고구려의 계승 국가임을 여실히 보여 주는 것이다.

발해국과 진국은 다르다

 대조영이 세운 국가의 명칭을 한국과 중국의 역사 문헌은 서로 다르게 표현하고 있다. 한국의 역사 문헌에서는 '발해'라고 표현하고 있으나 중국의 역사 문헌은 '진국振國·震國' 또는 '진단震旦'이라고 표현하고 있다. 그렇다고 중국의 역사 문헌에 발해란 명칭이 없는 것은 아니다. 당나라가 대조영을 발해군왕에 책봉함으로써 그후부터 발해라고만 불렀다는 것이 중국 측 역사 문헌의 설명이다.

 그럼 왜 중국의 역사 문헌에는 진국으로 기록되었을까. 이는 중국이 발해국을 당나라의 속국으로 만들어 보려는 정치적 책략에서 조작한 것이다. 그러면 진국이란 어디서 나온 것일까. 지금까지는 진국의 유래에 대해 관심을 가진 사람이 없었으나, 진국에 대해 알려진 바에 따르면 진震은 『주역』에 황제가 동방에서 나왔음을 뜻하는 '진괘震掛'에서 유래되었다는 것이 가장 유력한 견해였다.

 실제 대조영이 세운 국가가 아시아의 동방에 위치하여 누구도 이러한 진震의 유래에 대해 의문을 갖는 사람이 없었다. 그래서 필자는 이러한 진震의 유래가 그다지 신빙성이 없다는 견지에서 이 문제를 살펴보려 한다.

대조영이 나라를 세우고 그 이름을 진국震國이라 하였으며 스스로 진국왕이라 칭하였다는 기록이 있다(『신당서』, 『문헌통고』). 그리고 이 진 국왕과 관련하여 이미 당나라의 측천무후가 대중상을 진국공에 일방 적으로 봉하였다는 기록도 있다(『신당서』·『오대회요』·『문헌통고』). 그러면 이 진국공이란 작위는 어디서 왔을까. 측천무후가 대중상을 진국공 에 봉한 것은 그가 영주에서 일으킨 반당 반란을 누그러뜨리기 위해 서였다. 이때 반당 반란의 한 주역인 말갈의 추장 걸사비우는 허국 공許國公에 봉해졌으나 이를 거부하였다.

『통전』에 의하면 대중상과 걸사비우는 반당 반란 후 요동을 나누 어 통치하였다는 기록이 있다. 측천무후가 이 두 지도자에게 작위를 준 것은 이 시기의 상황인 듯하다. 대중상이 요동의 일부에 정권을 세웠으므로 측천무후가 그를 진국공에 봉하였다는 것은 진震의 풀이 로 보아 이해가 되지만, 그러면 걸사비우를 허국공에 봉했다는 것은 무슨 의미인가. 허국도 동방의 정권이므로 진국이라고 해야 합당하 다. 그러나 그렇게 되면 진국이 두 개가 되므로, 대중상의 정권만 진 국이라 하고 걸사비우의 정권을 허국이라고 했다는 이야기가 되는데 어쩐지 석연치 않다.

여기서 진국과 허국의 유래를 찾아보자. 진국공의 진국과 허국공 의 허국은 전혀 다른 각도에서 그 의미를 찾는 것이 좋다. 이 문제 와 관련하여 『조대기朝代記』에 결정적인 단서가 될 수 있는 기사가 있다.

開化二十七年 平壤城陷落時 振國將軍大仲象 守西鴨綠河 聞變遂率
衆 走險路 經開原 聞風願從者八千人 乃同歸而東至東牟山而據 堅
壁自保 稱後高句麗 建元重光 傳檄所到 遠近諸城 歸附者衆 惟以復
舊土爲己任 重光三十二年五月崩 廟號世祖 諡號曰 振國烈皇帝

위 기사를 풀이하면 다음과 같다.

개화(보장왕 때의 연호) 27년(668) 9월 21일 평양성이 함락당할 때 진국장
군振國將軍 대중상은 서압록강을 지키고 있었다. 그런데 그는 평양성
이 함락됐다는 소식을 듣자 험난한 길을 달려 개원을 거치게 되었는
데 풍문을 듣고 대중상을 따르기를 원하는 자가 8천 명이 되었다. 대
중상은 이들을 데리고 동쪽으로 진군하여 동모산에 이르러 의지하였
는데 성벽을 튼튼히 하고 스스로를 보전하여 '후고구려'라 칭하고 연
호를 '중광'이라 하였다. 격문이 이르는 원근의 모든 성들이 귀부하였
다. 대중상은 고구려의 옛 땅을 회복하는 것을 자신의 임무로 정하였
다. 중광 32년 5월에 사망하였는데 묘호를 '세조', 시호를 '진국열황
제'라고 하였다.

위 기사는 내용상 다섯 가지로 구성되어 있다. ① 평양성이 함락
될 때 당시 대중상의 벼슬이 진국장군이었다는 것, ② 대중상이 서
압록강에서 동쪽의 개원 지방으로 거처를 옮겼다는 것, ③ 대중상이
8천 명의 동조 세력을 규합하여 동모산에 도착했다는 것, ④ 건국
이후 고구려의 유민들이 귀부해 왔다는 것, ⑤ 연호, 묘호, 시호를
제정하였다는 것이 그것이다.

평양성의 함락으로 고구려가 멸망할 때 대중상의 벼슬은 진국장군
이었으며 그의 임무는 서압록강을 지키는 것이었다. 그러면 서압록
강은 어디에 있는가. 『조대기』는 서요하西遼河가 서압록강이라고 전

해 주고 있다. 즉 대중상은 고구려 멸망 당시 서요하를 방어하는 지휘관으로서 벼슬이 진국장군이었다는 것이다.

대중상에 관한 기록은 한국과 중국의 문헌에 거의 없는데 『조대기』의 이 같은 기사는 고구려 멸망 시 대중상의 지위가 무엇이며 무엇을 하고 있었는가를 보여 주고 있다는 면에서 매우 귀중하다. 그는 고구려의 서부 변경 지역을 방위하는 고급 지휘관이었으며 그 벼슬 이름은 진국장군이었던 것이다.

이로써 진국왕과 진국공의 단서가 된 것이 진국장군이었음을 알 수 있다. 그러면 걸사비우에게 봉해진 허국공의 단서는 허국장군이었으리라고 여겨진다. 말하자면 걸사비우는 말갈 사람이긴 하지만 고구려에서 허국장군이란 벼슬을 지냈기에 허국공에 봉해지게 되었다고 풀이할 수 있다. 이와 관련하여 『삼국사기』「고구려본기」(보장왕 20년조)에 '말갈 장군 생해生偕'라는 기록이 있다. 생해의 벼슬이 장군인 점으로 보아 말갈 사람들도 고구려의 장군 벼슬을 가졌음을 알 수 있다. 걸사비우는 이의 좋은 예라고 본다.

대중상과 걸사비우가 각기 고구려 유민과 말갈 사람들의 지도자가 된 것은 이들이 고구려에서 그만한 벼슬을 지냈기 때문이다. 그것이 진국장군과 허국장군이란 벼슬인 것이다. 당나라에서 고구려 유민에게 벼슬과 작위를 준 것이 한둘이 아니지만 어느 경우를 보더라도 이를 받은 당사자는 모두 고구려에서 검증된 그런 인물들이었다.

걸사비우가 허국공이란 작위를 거부했다는 기록은 있으나 대중상이 진국공을 거부했다는 기록은 없고 갑자기 사망했다는 기록만 『신당서』「발해전」에 있다. 그러나 대조영이 아버지 대중상을 대신하여 말갈군까지 거느리고 동쪽으로 진군한 것을 보면 대중상도 진국공이란 작위를 거부했다고 볼 수 있다.

대중상은 당나라를 반대하는 뜻에서 진국공이란 작위를 거부하긴 했으나 대조영이 나라를 세우고 자칭 진국왕이라고 했다는 것은 있을 수 있는 일이다. 진국왕이란 것은 당나라와 무관하게 진국장군이란 벼슬에서 유래되었기 때문이다. 물론 그렇다고 해서 진국이 공식 국호였다고는 보지 않는다. 왜냐하면 대조영이 세웠다고 하는 나라는 사실상 고구려 유민과 말갈 사람들이 연합하여 세운 만큼 양자의 입장이 반영된 국호를 제정하는 것이 합리적이기 때문이다.

진振자는 의미상 진震자와 같이 쓰이긴 하지만 대중상의 벼슬 이름이 진국振國장군으로 표기된 만큼 진국을 한자로 쓸 때는 진국振國으로 표기해야 맞다. 『조대기』에서도 대중상이 사망하자 정해진 시호가 진국열황제振國烈皇帝가 아니었는가.

지금까지 진국왕의 단서가 된 것이 진국장군이었음을 살펴보았다. 그러면 진국장군이라는 무관 벼슬의 이름이 다른 문헌에는 없을까. 아쉽게도 『조대기』 외에 어느 문헌에도 고구려에 진국장군이란 벼슬이 있었음을 보여 주는 기록은 없다. 그러나 장군이란 명칭은 보인다. 『삼국사기』 「고구려본기」의 말갈 장군 생해, 「연개소문전」과 남생男生 묘지의 삼군대장군, 안악 3호 무덤의 평동장군이 그것이다. 고구려에 장군 벼슬이 몇 종류나 있었는지는 알 수 없으나 신라의 경우 다양하다. 『삼국사기』 「신라본기」 태종무열왕 8년조의 대당大幢장군·상주上州장군·하주河州장군·서당誓幢장군·낭당郎幢장군, 같은 책 잡지(9, 무관)의 우위장군·대장군·상장군·하장군이 그것이다. 또한 당시 중국에서도 장군의 종류가 다양했던 걸로 보아 고구려에서도 다양하였을 것이다.

이와 관련하여 『삼국유사』「발해말갈전」에서는 대조영이 고구려의 옛 장수였다고 소개하고 있다. 장군과 장수는 의미상 같다. 다만 장수는 벼슬 이름으로 쓰이지 않고 보통명사로 쓰이지만, 장군은 벼슬 이름으로도 쓰였음을 문헌을 통해 알 수 있다. 『삼국유사』에서 대조영이 고구려의 옛 장수였다고 했을 때의 '장수'는 바로 『조대기』에 인용된 진국장군을 말하는 것이다.

대중상의 벼슬이 진국장군이었다는 『조대기』의 기록에 회의적인 태도를 갖는 사람도 있을 듯하여 부언하려 한다. 『조대기』에서 대중상의 묘호가 세조이고, 시호는 진국열황제이며, 대중상의 아들 대조영의 시호는 성무고황제聖武高皇帝, 묘호는 태조였다고 한다. 중국의 발해 관련 학자들은 대중상과 대조영의 시호와 묘호를 인정할 수 없다는 반응을 보이고 있다. 그런데 『삼국사기』(신라본기, 신문왕 7년조)에 박혁거세를 '태조대왕'이라고 표현한 기록이 있다.

신라 사람들이 박혁거세를 태조라고 불렀다는 것은 박혁거세의 묘호가 태조라는 이야기이다. 그러면 발해국 사람들이 대조영의 묘호를 태조라고 했다는 『조대기』의 기사는 허무맹랑하다고 볼 수 없다. 따라서 대중상 때의 연호가 중광重光, 대조영 시기의 연호가 천통天統이었다는 『조대기』의 기사는 믿을 만하다고 하겠다.

이와 관련하여 살펴야 할 것은 대중상의 시호를 한자로 진국열황제 振國烈皇帝라고 표기한 것이다. 振과 震은 의미상 상통한다. 하지만 震國烈皇帝라 하지 않고 굳이 振國烈皇帝라고 표현한 것은 그만한 이유가 있기 때문이다. 대중상이 고구려에서 지녔던 마지막 벼슬이 진국振國장군이었기 때문에 그 振國을 그대로 시호로 사용한 것이다.

그러나 중국의 문헌에는 振國, 振國王이란 표현보다 震國, 震國

王이란 표현이 더 많다. 이를 보면 다음과 같다.

1) 自立爲振國王(『구당서』 발해말갈전)
2) 震國公 …… 自號震國(『신당서』 발해전)
3) 振國(『책부원구』 959, 土國)
4) 震國公(『오대회요』 30)
5) 自稱振國(『무경총요』 213)
6) 震國公 …… 自號震國王(『문헌통고』 326, 四裔考 3, 발해)
7) 號震旦(『통전』)
8) 建國自號(『도서집성』, 方輿彙編, 四裔典 41, 遠海部)

『조대기』에 대중상의 시호가 진국열황제振國烈皇帝인 만큼 국호를 진국振國이라고 보아야 할 것이나 이는 공식 국호가 아니고 대조영이 스스로 진국왕이 되었다고 내뱉은 말이라는 것을 밝혀 둔다. 공식 국호는 발해국이다. 위 자료와 같이 중국의 여러 문헌에 진국震國, 진국왕震國王이라고 한 것은 어디까지나 중국적인 표현이다. 이는 당나라의 측천무후가 대중상을 회유하기 위해 주었다는 진국공震國公이란 작위를 밑바탕으로 내세운 표현이다. 다시 말해 중국은 대조영의 발해국을 자주 국가로서가 아니고 당나라에 예속된 정권으로 묶어 두려는 저의에서 그런 표현을 즐겨 사용했던 것이다.

위에 언급한 대로 발해국이 예속된 국가였다면 연호가 존재할 수 없다. 그러나 중국의 발해 관련 문헌을 보면 발해국에 연호가 있었음을 알 수 있다. 물론 연호가 모두 밝혀져 있지는 않다. 특히 유의해야 할 것은 고왕 대조영의 통치 시기에 사용된 연호가 무엇인지 밝혀져 있지 않다는 것이다.

그러다 보니 대조영의 통치 시기에 연호가 없었던 것으로 보기 쉽다. 그러나 다음 왕인 무왕 시기의 연호가 인안仁安으로 밝혀져 있고 무왕이 연호를 고쳤다는 기사가 있는 것을 보면 고왕 시기에도 연호가 있었음을 알 수 있다. 그러므로 중국의 발해 관련 문헌에 고왕 통치 시의 연호 이름이 없다고 해서, 연호가 아예 없었다고 볼 것이 아니고 부분 누락되었다고 해야 할 것이다. 『조대기』에 고왕 시기의 연호가 천통이었다는 기록이 있으니, 어느 문헌에도 없는 연호가 『조대기』에 기록된 것은 주목할 일이다.

중국의 다른 문헌에는 보이지 않았던 연호가 『조대기』에 천통으로 기록된 만큼 이를 고왕 때의 연호라고 보아야 할 것이다. 그리하여 민족사학자 황의돈黃義敦(1890~1964)은 그의 저서인 『조선역사』에서 천통이 고왕 때의 연호라고 당당히 주장하였던 것이다. 그런데 황의돈은 무엇을 참고했는지 밝히지 않았기 때문에 고왕 때 연호가 있었다고 짐작하는 사람들조차 천통을 고왕 때의 연호로 받아들이기를 거부하였다. 중국의 김육불은 이 천통이란 연호를 믿을 수 없다 하여 부인하였으나, 같은 중국인 학자 황유한은 이를 인정하고 있다.

이처럼 『조대기』에 실린 천통이란 연호의 사실성 여부를 놓고 찬반 논쟁까지 있었지만, 이 『조대기』에는 대중상 시기의 연호가 중광重光으로 기록되어 있다. 그러면 중광이란 어떤 의미를 지니고 있을까. 대중상이 나라를 후고구려라 하고 옛날의 땅을 복구하는 것을 자신의 임무로 하였다는 『조대기』의 기사로 보아 중광이란 멸망한 고구려를 회복한다는 '광복'의 의미로 생각할 수 있다.

발해국의 선행 국가인 대중상의 후고구려振國에 중광이란 연호와 대중상의 묘호 및 시호가 있었던 만큼 대조영에게도 연호, 묘호, 시호가 있었다는 것은 지극히 타당하다. 그런데 중국의 발해 관련 문헌에는 연호와 시호만 밝혀져 있고 묘호에 대한 언급은 아예 없다. 임금의 시호가 있으면 당연히 묘호도 있는 법. 그런데도 중국의 문헌은 발해국 임금의 시호를 모두 소개하고 있지 않다.

이를 구체적으로 보면, 제4대 임금은 폐위되었으므로 문헌에 묘호, 시호, 연호가 없는 것이 당연하다 하겠으나 11·12·13·14·15대의 임금들은 시호가 무엇인지 밝혀져 있지 않다. 또한 12·13·14·15대의 임금 때에 사용된 연호도 밝혀져 있지 않다.

이처럼 시호와 연호가 밝혀지지 않게 된 경위는 알 수 없으나 『조대기』에는 이토록 불분명한 시호와 연호가 명기되어 있어 주목된다. 먼저 시호부터 보면 제11대 임금의 시호는 장황제莊皇帝, 제12대 임금의 시호는 안황제安皇帝, 제13대 임금의 시호는 경황제景皇帝, 제14대 임금의 시호는 불명, 그리고 제15대 임금의 시호는 애제哀帝로 되어 있다. 『조대기』에 실린 발해국 임금의 시호는 황제란 명칭을 쓰고 있다는 것이 중국 문헌과 다른 점이다. 중국 문헌에서는 '황제' 대신에 '왕'이라는 명칭을 쓰고 있기 때문이다.

그러면 이는 무엇을 의미하는가. 중국의 역대 정권은 발해국을 자주 국가로 인정하지 않고 있으나 『조대기』는 발해국을 제국帝國으로 인정하고 있다는 것을 말해 준다. 자주적인 제국이라면 모든 임금들이 독자적인 연호를 갖는 것은 당연하다. 『조대기』는 제12대 임금인 안황제의 연호가 대정大定, 제13대 경황제의 연호가 천복天福, 제15대 애제의 연호가 청태淸泰였다고 전하고 있다. 그러면 『조대기』에 실린 모든 임금의 묘호, 시호, 연호에 대해 알아보자.

다음의 일람표를 종합적으로 살펴보자. 다음 일람표에 나타난 묘호는 중국의 문헌에는 없고 『조대기』에만 실려 있다. 제4대 임금의 묘호를 비롯하여 연호, 시호가 모두 비어 있는 것은 당사자가 폐위되었기 때문이다. 그리고 제15대 임금은 발해국 멸망 시의 임금이므로 묘호가 없는 것이 당연하다. 그런데도 시호가 있는 것은 실제의 시호를 말하는 것이 아니라 신라 경애왕 때 발해국이 멸망했기 때문에 조선 말기의 사가들이 '경'과 '애'자를 끌어다 사용하였다는 것이 유력한 해석이다. 제14대 임금의 경우 역시 묘호, 연호, 시호가 비어 있는 것은 폐위되었기 때문이 아닌가 한다.

발해국왕의 면모 일람표

	묘호	연호	시호(Ⅰ)	시호(Ⅱ)	이름
1	태조(太祖)	천통(天統)	고왕(高王)	성무고황제(聖武高皇帝)	조영(祚榮)
2	광종(光宗)	인안(仁安)	무왕(武王)	무황제(武皇帝)	무예(武藝)
3	세종(世宗)	대흥(大興)	문왕(文王)	광성문황제(光聖文皇帝)	흠무(欽茂)
4					원의(元義)
5	인종(仁宗)	중흥(中興)	성왕(成王)	성황제(成皇帝)	화여(華璵)
6	목종(穆宗)	정력(正曆)	강왕(康王)	강황제(康皇帝)	숭린(嵩璘)
7	의종(毅宗)	영덕(永德)	정왕(定王)	정황제(定皇帝)	원유(元瑜)
8	강종(康宗)	주작(朱雀)	희왕(僖王)	희황제(僖皇帝)	언의(言義)
9	철종(哲宗)	태시(太始)	간왕(簡王)	간황제(簡皇帝)	명충(明忠)
10	성종(聖宗)	건흥(建興)	선왕(宣王)	선황제(宣皇帝)	인수(仁秀)
11	장종(莊宗)	함화(咸和)	장왕(莊王)	장황제(莊皇帝)	이진(彝震)
12	순종(順宗)	대정(大定)	안왕(安王)	안황제(安皇帝)	건황(虔晃)
13	명종(明宗)	천복(天福)	경왕(景王)	경황제(景皇帝)	현석(玄錫)
14					위해(瑋瑎)
15		청태(淸泰)	애왕(哀王)	애제(哀帝)	인선(諲譔)

연호 중에 대정·천복·청태는 『조대기』에서 인용한 것이다. 또 『조대기』에서 인용한 것은 시호(Ⅰ)의 안왕·경왕·애왕이란 것이다. 『조대기』에서 또 인용한 것은 시호(Ⅱ)이다. 이는 중국의 문헌에서는 찾

아볼 수 없는 것으로 발해국의 임금이 황제였음을 말해 주는 소중한 단서가 된다.

위 일람표를 통해 보았듯이 중국의 발해 관련 문헌은 발해국 임금의 묘호를 완전히 누락시켰으며 연호와 시호도 모두 밝히지 않고 있다. 시호를 소개했다 하더라도 '왕'자를 붙이는 범위 안에서였다. 이에 비하면 『조대기』는 중국의 문헌에 누락된 발해국의 연호를 거의 소개한데다가 시호로 '황제'라는 명칭을 사용하였다. 중국의 문헌에 누락된 묘호, 연호와 시호(Ⅱ)가 사실과 다르다고 증명할 수 없는 한, 『조대기』의 기록이 사실이 아니라고 부정하기는 힘들 것이다. 중국의 역대 정권이 발해국의 진면목을 기록으로 남겼다고 보지 않는 실정이고 보면 『조대기』에 근거를 두고 작성한 위 일람표는 부인할 것이 아니라 긍정적으로 검토하는 것이 학문적 태도일 것이다.

발해국의 주민은 대부분 고구려계이다

발해국의 주민은 고구려계, 말갈계 등 다양하였다. 그러나 주민의 대부분은 고구려 유민이었다. 총 인구의 70~80% 이상이 고구려계 였으며, 말갈 사람과 그 외의 사람들은 아주 적었다. 이들 말갈 사람들은 주민 구성에서 적은 비중을 차지하다 보니 이들의 거주지에는 주현제州縣制가 실시되지 않았다. 게다가 생활 습관상 한곳에 거처를 정하고 사는 농경 정착민이 아니라 사냥터를 찾아 이리저리 떠돌아 다니는 수렵·유목민이기 때문에, 발해나 요나라 시대까지 이들 말 갈인들은 정착 생활에 이르지 못해 이들을 대상으로 주현제를 실시 할 수 없었다. 주현제하의 통치 대상은 정착·농경 생활을 하는 고 구려 유민이지 말갈인이 아니었다.

『구당서』 등 중국의 문헌과 일본의 자료도 대조영을 고구려 왕실 의 후예라고 여기고 있다. 특히 발해국의 왕실은 고구려 왕실을 계 승한 것을 자랑으로 여겼다. 이는 771년(대흥 35) 문왕이 일본 왕에게 보낸 국서에서 발해 왕실이 천손인 고구려 왕의 후손의 나라임을 밝힌 점으로 알 수 있다(『속일본기』 권 32).

발해국이 고구려를 계승하였다고 전하는 자료들은 발해국이 고구려의 주민 구성과 그 면모를 계승하였음을 나타내고 있다. 먼저 신라 말기의 대학자인 최치원은 당나라의 태사시중에게 보낸 편지에서 "고구려의 남은 무리들이 북으로 태백산 아래에 모여 나라 이름을 발해라고 하였다"(『삼국사기』 권 46)라고 했다. 또한 당나라의 다른 관리에게 보낸 편지에서는 "옛날 당나라의 태종황제가 고구려를 쳐서 없앴는데, 그 고구려는 지금 발해가 되었다"(『동문선東文選』 권 47)고 하였다. 또 727년(무왕 인안 8) 왕은 일본에 파견한 사신을 통해 발해국의 창건을 알리고 수교를 제의하면서 "발해국은 고(구)려의 옛 영토를 회복하고 부여 이래의 전통과 풍속을 가지고 있다."(『속일본기』 권 10)고 하였다. 이처럼 국서에서 고(구)려 국왕이라고 하자 일본 왕의 답서 역시 고려 국왕에게 보낸다고 하였다(『속일본기』 권 22).

이렇듯 발해와 고구려는 완전히 같은 뜻으로 통용되고 있었다. 이는 발해국이 고구려를 계승하였음을 뜻하는 것이다.

중국인들은 발해국에 말갈인들이 많았음을 증명하기 위해 고구려 시대에도 이들 말갈 사람들이 많았던 것처럼 왜곡하였다. 먼저 『신당서』는 645년 안시성 전투 시 15만 명의 원군을 이끌고 지원한 고구려의 남부욕살南部褥薩 고혜진高惠眞을 말갈인으로 서술하였다(『신당서』 권 219). 고혜진이 말갈인이었다면 그는 15만 명으로 구성된 고구려·말갈 연합군의 지휘관이 될 수 없다. 고혜진을 말갈인인 것처럼 쓴 것은 15만 명의 지원군을 말갈인으로 만들었기 때문이며, 그렇게 하면 발해국을 말갈인의 나라로 조작할 수 있다는 계산이 나오게 된다.

다시 말해 고혜진을 말갈 사람으로 써 놓은 것은 발해국을 말갈인의 국가로 조작하기 위함이다.

발해국은 동쪽과 북쪽으로 영토를 확대하였으나 그곳에 고구려계 유민들을 대거 이주시킬 수 없었다. 확장된 신영토 가운데 본토에서 가까운 지역으로 이들 유민들이 이주하였으므로 일부 지역에서 군현제가 실시되었으나 실시되지 못한 지역도 있었다. 고구려를 계승한 발해국은 고구려의 주민 구성을 그대로 계승하였으므로 그 영토 안의 말갈인은 역시 적었다.

그런데 698년 대조영이 발해국을 세웠을 당시 그 영역은 그다지 넓지 않았다. 그러다가 대조영이 구국(오동성)을 중심으로 영토를 급속히 확대하면서 고구려계 유민들이 발해국의 건국 소식을 듣고 급속히 모여들었다.

일부 사가는 발해국이 고구려의 계승국임을 부인하기 위하여 고지설故地說을 조작하였다. 마치 발해국의 주민이 여러 종족으로 구성된 것처럼 꾸몄다. 특히 『신당서』는 발해국에 고구려의 옛 땅이 매우 적고, 숙신의 옛 땅, 읍루의 옛 땅이 더 많은 것처럼 왜곡하였다. 『신당서』(권 219, 발해전)는 발해국의 주민 구성을 다음과 같이 설명하고 있다.

1) 숙신고지로서 상경을 삼고 용천부라 하였으며
2) 예맥고지로서 동경을 삼고 용원부라 하였다
3) 고려고지로서 서경을 삼고 압록부라 하고…… 장령부라고 하였다
4) 부여고지로서 부여부…… 막힐부를 삼았다
5) 읍루고지로서 정리부…… 안변부를 삼았다
6) 옥저고지로서 남경을 삼고 남해부라고 하였다
7) 솔빈고지로서 솔빈부를 삼았다

8) 불열고지로서 동평부를 삼았다
9) 철리고지로서 철리부를 삼았다
10) 월희고지로서 회원부⋯⋯ 안원부를 삼았다

위에서 보듯이 서경압록부와 장령부만 고구려의 옛 땅으로 되어 있고 나머지 고지에는 고구려가 아닌 다른 종족의 이름이 있다. 사실상 10개의 고지는 대부분 고구려에 속해 있었다. 그러나 고구려의 고지라고 한 것은 2개뿐이며 나머지는 고구려와 관련이 없는 것으로 되어 있다.

이대로 보면 나머지는 고구려와 관련이 없거나 적다는 것이다. 사실 알고 보면 옥저고지·부여고지·솔빈고지 등은 고구려가 통합한바 우리 민족의 갈래에 속하는 족속들이 살던 곳이다. 옥저와 부여는 고구려에 통합된 만큼 정확히 표현하면 고구려의 고지라고 해야 옳다.

그러면 무엇 때문에 많은 고지가 고구려가 아닌 다른 민족의 고지로 둔갑되었는가. 그것은 발해국을 고구려의 주민 구성을 계승하지 않은 국가로 조작하기 위함이다. 다시 말해 발해국의 주민이 마치 말갈의 여러 종족들로 구성된 것처럼 꾸며 역사를 날조하기에 이르렀다. 불열·철리·월희·솔빈·부여·읍루의 옛 땅에 동평부·철리부·회원부·솔빈부·부여부·정리부 등이 설치되었으나 이들은 모두 고구려에 통합되었으므로 고구려의 옛 땅이라고 하는 것이 정확하다.

발해국에서 고구려 외의 이민족들이 집단적으로 살 만한 부는 흑수부 외에 없다. 그러므로 고구려의 본토인 발해국 영역 안에는 고구려의 주민 구역이 아닌 다른 고지 이름을 붙일 만한 장소가 없다.

그러므로 발해의 주민 구성과 관련하여 『신당서』에서 이민족의 고지를 든 것은 맞지 않으며 발해국의 주민 구성과 관련이 적거나 없다는 것이 맞는 표현이다.

발해국의 통치 기구는 동족인 고구려의 유민을 다스렸지 이민족을 다스리는 것이 아니었다. 또한 발해국의 지배층은 같은 고구려 유민인 피지배층을 다스렸지 이민족으로 구성된 피지배층을 다스린 것이 아니었다. 발해국의 통치 기구가 이민족을 통치하기 위한 기구였다면 발해국의 주민은 대부분 이민족인 말갈족이었을 것이나 발해국의 통치 기구는 구성과 기능 면에서 이민족 통치 기구가 아니었다.

발해국의 통치 기구를 보면 이민족 통치에 편리하도록 편성된 요나라의 이중 통치 제도 같은 것이 없었을 뿐 아니라, 정복 종족인 여진족이 피지배 종족인 한족의 경제와 문화에 반하여 그들의 통치 제도를 모방한 금나라의 통치 기구 같은 것도 없었다. 발해국의 통치 기구 안에는 말갈족의 통치 제도를 수용한 것도 없었다.

『신당서』(권 219, 발해)에 발해국의 중앙 통치 기구로 3성省·6부部·12사司·1대臺·8시寺·1원園·1감監·10위衛가 실려 있는데, 이 기구들은 동족인 고구려 유민의 피지배층을 다스리는 것이었다. 한편 발해국의 지방 통치 기구로는 주현제만 있었지 부족제는 없었다. 주현제만 있었다는 것은 지방 통치 기구가 농경인만을 통치 대상으로 삼았음을 보여 주는 것이다. 부족 제도가 없었음은 떠돌아다니면서 생활하는 말갈인을 다스리는 지방 통치 제도가 없었음을 의미한다. 이로써 발해국의 주민 가운데 말갈인이 매우 적었음을 알 수 있다.

발해국에서 말갈족도 고구려의 유민과 함께 살았으나 문화의 낙후성으로 인해 발해국의 정치 제도 면에 별로 영향을 주지 못하였다.

이렇듯 발해국의 중앙 정치 제도와 지방 행정 제도에 이민족에 대한 통치 제도가 없었다는 것은 발해국에 고구려 유민을 제외하고 문명한 다른 민족이 없었을 뿐 아니라 혹 있었더라도 그 수가 적었음을 의미한다. 많은 사람들이 말하고 있듯이 말갈인들이 인구 면에서 많았고 피지배계급 중 다수였다면 발해국의 지배층은 이들 말갈인들을 위한 통치 기구를 만들어 이를 다스리기 위한 대책을 마련하였을 것이다.

그러므로 발해국에서 3성 6부의 중앙 통치 기구와 5경 15부 62주의 지방 행정 기구를 둔 것은 이들 말갈인을 다스리기 위한 통치 기구가 아니고 고도의 농경문화를 지니고 있는 고구려 유민들을 다스리기 위한 제도적 장치였다. 이를 전제로 발해국의 통치 기구를 만든 것은 고구려 유민이었으며 이런 통치 기구에 따라 통치를 받은 것도 고구려 유민이었음에 틀림없다.

발해국의 본토에는 주민의 대부분을 차지하였던 고구려 유민 외에 말갈인·한족·습족 등도 살고 있었다. 말갈인은 한족과 습족에 비하면 그 수가 많았으나 고구려 유민보다 훨씬 적었다. 그러므로 말갈인은 주민 구성에서 적은 수를 차지하고 있었다. 그런데 발해국 본토의 주민 구성에 대해 많은 사람들은 고구려 말기의 자료와 발해국 멸망 후 여진족의 분포 상황을 가지고 말갈족이 발해국에서 다수를 차지하고 있었던 것처럼 보고 있다.

발해국의 건국 이전 고구려의 영역에 말갈인들이 많았다는 견해는 역사 기록을 잘못 해석하여 빚어진 것이며, 발해국 시대 말갈인들이 많다는 견해는 요·금·원·명 시기 말갈의 후손인 여진의 분포 상황을 그대로 발해국 시대의 상황이라고 본 데서 비롯되었다.

『수서』에 밝혀진 말갈 7부는 대부분 고구려의 영내에 있었다. 그러므로 7부의 위치를 고구려의 북쪽이라 할 것이 아니고 고구려 영내라고 하는 것이 옳을 것이다. 『수서』에 속말부가 고(구)려와 경계를 접하였다고 하였는데, 이 고(구)려는 고구려의 중심 지역을 의미하는 듯하다. 속말부는 속말수(송화강) 유역, 즉 부여 지역에 위치하였으므로 속말수가의 모든 주민을 속말부라고 할 수 없다. 속말수가에는 고구려 이래 부여(고구려) 사람들이 다수 살고 있었던 곳인데도 이들을 무조건 속말말갈이라고 했던 것이다. 속말수가에도 말갈인들이 고구려 유민과 함께 살고 있었음을 부인하지 않는다.

말갈 7부는 흑수부를 제외하면 모두 고구려의 영내에 자리를 잡고 있었다. 그러므로 고구려 영역과 7부의 영역은 따로 있었던 것이 아니고 고구려의 일부 지역에 말갈이 흩어져 살고 있었던 것이다.

말갈 사람은 고구려 전역에 걸쳐 분포, 거주하지 않고 어로와 사냥을 하면서 소규모로 이동 생활을 하였다. 그런데도 이들 말갈 사람들이 마치 고구려의 전역에 걸쳐 살았던 것처럼 잘못 설명되어 있다. 『금사』(본기 제1, 세기)도 고혜진 휘하의 15만 명을 말갈군으로 보고 있으나 이들은 고구려·말갈의 연합군이다. 일부가 말갈군이며 대부분은 고구려의 병사였다고 보아야 할 것이다.

『삼국사기』(권 18, 장수왕 56년 2월조)에 왕이 말갈군 1만으로 신라의 실직주성(삼척)을 공격, 점령하였다는 기록의 말갈군은 옥저인이거나 1만의 고구려 군대의 선봉을 맡았던 말갈인일 것이다. 말갈군이 고구려 전투 부대의 선두에 서 있어 상대편에서는 고구려와 말갈의 연합 부대를 말갈 부대로 잘못 알 수 있다.

고구려에는 일정한 수의 말갈인과 군대가 있었으나 주민 구성에서 이들이 차지하는 비중은 매우 적었다. 고구려 말기에 비해 발해국 시대의 말갈인은 숫자가 훨씬 적었으며 부족의 결합도 미약했다. 고구려의 멸망 후 말갈인은 당나라의 박해에다 대량의 살육까지 당하여 사방으로 흩어졌다. 더군다나 많은 말갈 사람들이 고구려에 동화되었기 때문에 고구려 멸망 후 계속 말갈인이라고 자처한 사람은 거의 없었다. 말갈 사람들의 숫자가 줄어든 사정과 관련하여 남겨진 기록을 보면 다음과 같다.

1) 『구당서』(권 199, 말갈)에 '백산부는 본래 고(구)려에 붙었으나 당이 평양을 점령한 후 그 무리들은 중국에 많이 들어갔으며 백돌·안거골 등의 부도 고구려의 패망 후 세력이 미약해져 소식을 알 수 없었다.'라고 되어 있다. 이로 보건대 고구려의 멸망 후 말갈 7부 가운데 백산·백돌·안거골·호실의 4부는 흩어졌거나 중국 본토로 이주하였음을 알 수 있다.

2) 『북번풍속기』에 속말부는 고구려가 존립하던 6세기 말에 그 우두머리 돌지계의 인솔하에 일부가 중국으로 이주하였다고 한다. 한편 불열부의 위치와 관련하여 발해국의 서쪽 또한 동북쪽으로 비정되고 있는데, 이는 불열부가 본거지를 북쪽에서 서쪽으로 이동되었음을 보여 주는 듯하다.

이렇듯 수나라 때의 말갈 7부 중에 발해국 시대까지 세력을 계속 유지한 것은 오직 흑수부뿐이다. 흑수부는 대부분 고구려 영토 밖에 위치하였기 때문에 고구려의 멸망은 그 존립에 큰 영향을 주지 못하였다. 그 외의 말갈 6부는 발해국 시대 대부분 흩어졌거나 발해국에 동화되어 그 세력이 미약해졌다. 당나라 때 말갈의 거처와 동향에 대해 『구당서』는 소식을 알 수 없게 되었다는 기사를 남겼다.

발해국 시대 발해국 본토의 말갈은 무시해도 좋을 만큼 그 수가 아주 적었다. 이와 관련하여 『신당서』는 '말갈 7부의 대부분이 흩어져 쇠약해지고 행방을 알 수 없다'라고 하였다.

『신당서』(권 219, 흑수말갈)는 철리와 우루가 당나라와 교역하였음을 소개하고 종족 이름으로 사모思慕부·군리郡利부·굴열窟說부·막예개莫曳皆부를 들고 있는데, 이 말갈부들은 대부분 발해국의 본토가 아니고 북쪽 변방에 있었다. 결국 『신당서』는 발해국 본토에 말갈인이 많이 거주하였다는 근거를 제시하지 못하였다.

발해국의 본토에는 소수의 말갈 사람들이 일부 지역에 흩어져 살고 있었다. 오히려 고구려 시대보다 더 적은 수의 말갈 사람들이 살고 있었으나 영토가 커지면서 변방의 말갈 사람들이 본토로 이주함에 따라 이들의 비중이 커지긴 했으나 한계가 있었다. 더군다나 말갈인은 고구려 유민과 한 장소에서 함께 생활할 수 없었다. 말갈 사람들이 발해국의 주민 구성에서 차지하는 비중은 정확히 알 수 없으나 고구려 유민보다 훨씬 적었던 것은 분명하다. 따라서 이들의 국가 정치 생활은 미미하였다.

그러다 보니 발해국은 고구려 유민만을 통치 대상으로 삼았으며 말갈족은 여기서 제외되었다. 다만 발해국은 말갈의 우두머리를 통해 그들을 간접적으로 대하였던 것이다. 발해국은 그 우두머리를 통해 공물을 징수하는 것으로 간접적으로 통치하였다. 혹시 무예가 뛰어난 자는 군인으로 쓰기도 했으나 흔한 일은 아니었다. 결국 발해국은 말갈족을 통치의 기본 대상으로 했다고 볼 수 없다.

그러므로 산골짜기에 흩어져 사는 소수의 말갈인 통치법을 제정하거나 관료 기구를 따로 설치할 필요가 없었다. 그래서 발해국은 이들을 대상으로 한 주현제를 적용, 실시하지 않았다. 발해국의 통치 기구에 말갈족을 위한 것이 없었음은 발해국 본토에 말갈인이 그다지 많지 않았음을 말해 준다. 발해국 본토의 산골짜기에도 말갈인의 부락이 많았다면 발해국은 이들을 다스리기 위한 지방 행정 기구를 설치하였을 것이며 중앙 통치 기구도 마련하였을 것이다.

발해국 본토의 주민 문제와 관련하여 밝혀야 할 것이 있다. 그것은 말갈이란 용어를 재검토해야 한다는 점이다. 김부식은 『삼국사기』에서 옥저와 예를 맞게 서술하기도 했으나 말갈이라고 잘못 표현한 예가 많다. 이에 대해 정약용이 『아방강역고我邦疆域考』에서 지적하였듯이 『삼국사기』에 실린 말갈은 대부분 옥저와 예를 말하는 것이다. 역사 문헌에 실린 말갈을 무조건 진짜 말갈이라고 믿어서는 안 될 것이다. 속말말갈도 대부분 속말수가 거주한 부여(고구려) 사람이지 진짜 말갈인은 아니었다. 이와 관련하여 『신당서』(권 219, 흑수말갈)에 실린 백산부가 말갈인지 검토가 요구된다. 백산부의 주민은 백두산 주변에 살았던 옥저, 즉 고구려 사람들이었다.

발해국 변방의 주민 구성

발해국이 직접 관할하는 5경 15부 지역과 고려후국이 관할하는 주현의 주민은 고구려 유민이었다. 그러나 발해국의 동북부 지역의 경우 주민의 기본은 말갈 사람이었다. 이들 말갈 사람들이 사는 이 지역에는 주현제가 실시되지 않았으며 물론 역참驛站도 설치되지 않았다. 이와 관련하여 일본의 견당유학승인 나카추우永忠의 글은 참고할 만하다.

'……(발해국에는) 주현과 관역館驛이 없으며 곳곳에 마을이 있는데 모두 말갈 부락이고 그 백성은 말갈인이 많으며 토인(고구려인)은 적다.

모두 토인으로서 촌장을 삼는데 큰 촌은 도독, 다음은 자사이다. 그 아래의 백성은 모두 수령이라고 한다'(『유취국사』 권 193, 殊俗 발해 상, 환무 연력 15년 4월 무자).

이 기사를 놓고 많은 사람들은 일본의 사신 일행이 일본도日本道를 통해 동경용원부에 도착한 다음 상경으로 가는 도중에 직접 보고 들은 주민의 구성 상황을 전한 것이라고 여겨 왔었다. 그러나 이 기사는 일본의 사신이 발해국의 어떤 지역 사정에 대해 전해 들은 내용을 기록한 것 같다. 이 기사는 주현이 없는 발해국의 북부 지역 사정을 전한 것으로 보는 것이 맞을 것이다.

일본인 사신이 발해국에 도착하는 동경용원부에 역참이 있었음은 당나라의 지리학자인 가탐의 『도리기』에 신라의 천정군에서 책성까지 사이에 39개 역이 있었다는 점으로 알 수 있다. 또한 동경용원부에서 상경용천부로 가는 도중에도 역참이 있었다. 연변조선족자치주의 연길시 용정현에 있는 3개의 '24개 돌 유적'은 용원부와 용천부를 연결하는 역참으로 보인다(『발해국』, 북경문물출판사, 1987).

뿐만 아니라 발해국의 남쪽 국경과 동경용원부를 잇는 연변에도 역참이 있었다(어랑군 회문리와 김책시 동흥리, 청진시 송편구역 송평동에도 발해국의 역참 유적인 24개 돌 유적이 남아 있다. 동흥리의 24개 돌 유적은 1990년 사회과학원 고고학 연구소에서 조사하였다). 또한 구국과 상경을 연결하는 역참로에도 4개의 역참이 설치되었으며 평양에서 국내성에 이르는 도로에도 역참이 있었다(『삼국사기』 권 37, 지리지 4). 그러므로 상경과 5경을 잇는 역참로도 있었을 것이다.

이렇듯 발해국에는 역참이 있었는데도 나카추우가 발해국에 역참이 없다고 한 그곳은 본토가 아니라 주현이 없는 변방 지역이었다. 나카추우의 기사에서 토인이 적고 말갈 사람이 많으며 또한 주와 현이 없다고 한 것은 발해국의 변방 지역을 전한 것이 분명하다. 그리고 토인이 적고 말갈 사람이 많다고 했는데, 사실은 토인이 거의 없고 말갈 사람들이 절대다수였다는 표현이 맞을 것이다. 그러면 그곳은 어디였는가. 철리부와 안변부의 경우 부는 설치되었으나 주나 현이 설치되지 않았다. 나카추우의 기사는 바로 이런 지역을 말한다. 따라서 이를 바탕으로 발해국 본토의 주민 구성을 말하는 것은 큰 잘못이다.

다음엔 주민 구성과 관련하여 흑수말갈로 눈을 돌려 보자. 흑수말갈의 북부에는 사모말갈·군리말갈·굴열말갈·막예개말갈 등의 부족이 있었다. 흑수말갈이 발해국에 예속된 뒤에 이들도 발해국에 예속하여 그 지역은 발해국의 영역에 편입되었다. 『당회요』(권 96, 말갈)에는 '옛날에 말하기를 흑수의 서북에 사모말갈이 있고 그 북쪽에서 약간 동쪽으로 10일 가면 군리말갈이 있으며 동북으로 10일 더 가면 굴열말갈이 있는데 굴열屈說이라고도 한다. 동남으로 10일 더 가면 막예개말갈이 있다'라고 했다.

이들 말갈이 살았던 지역(하바롭스크에서 오호츠크 해)은 8세기 중엽 흑수말갈의 통제에서 벗어나 발해국의 판도에 편입되었다. 발해국은 그 우두머리들을 장악하여 이 말갈부들을 통제하였다. 이와 관련하여 『신당서』의 흑수말갈전을 보면 발해국이 강성해지자 말갈이 모두 발해국에 속하였다는 기사가 보여 주듯이 이 말갈부는 흑수말갈의 발해국 복속 시기에 함께 발해에 복속하였다.

이처럼 흑수말갈과 그 예속하에 있었던 여러 부족까지 모두 발해국에 편입됨으로써 동북방의 종족은 매우 다양해졌다. 그러나 이들이 발해국에 복속한 시기는 한 세기 남짓하였으며 주민수도 매우 적어 발해국의 주민 구성에 큰 영향을 줄 정도는 아니었다. 결국 발해국의 주민은 본토의 고구려계 주민이 중심을 이루었으며 동북 변방의 말갈계 주민은 큰 비중을 차지하지 못하였다.

발해국을 말갈로 쓴 자료를 비판한다

잘 알려져 있듯이 고구려의 너른 영토 안에는 고구려 사람 외에 말갈 사람들도 거주하고 있었다. 발해국이 세워진 후에도 마찬가지였다. 그렇다고 해서 고구려를 말갈족의 국가라고 보는 사람은 어디에도 없다. 그런데 발해국의 경우 고구려 사람 또는 말갈 사람의 국가라고 하는 등 견해가 엇갈려 있다. 이런 상반된 견해는 중국인이 발해국의 역사와 관련하여 남긴 기사 중에 문제가 되는 자료가 있어서이다. 일부 중국인의 문헌 중에 발해국이 속말말갈의 국가라는 기록이 있다. 이의 구실이 된 것은 발해국의 수도가 속말말갈의 땅에 자리를 잡았다는 대목이다.

발해국의 첫 수도는 동모산이며 다음은 동모산에서 동북쪽으로 300여 리 떨어진 상경용천부(지금의 동경성), 또 다음은 상경용천부에서 동남쪽으로 400여 리 지점에 있는 동경용원부(지금의 훈춘)로 잠시 옮겨 갔다가 또다시 상경용천부로 되돌아왔다.

동모산과 상경은 속말말갈의 거주지이고 동경은 옥저인의 거주지였다. 발해국의 수도가 속말말갈의 옛 땅에 있었다고 해서 발해국이 속말말갈족에 의해 세워졌다고 단언할 수 없다. 당시 상황으로 발해국은 이 지역에 세워질 수밖에 없었음을 유념해야 할 것이다. 그러므로 중국인의 그 같은 자료는 사실을 사실대로 말하지 않고 의도적으로 왜곡한 것이다.

발해국은 해동성국이란 자랑스러운 면모가 보여 주듯이 고구려처럼 많은 역사 기록을 만들었다. 그러나 지금 남아 있는 것은 없다. 있다면 중국과 일본에 보존되어 있는 것이 전부이다. 특히 일본 측의 기록을 보면 발해국 사람들은 스스로 고구려 사람이라고 내세웠다. 727년(인안 8) 제2대 무왕은 일본에 사신을 파견하여 발해국이 세워졌음을 알리고 발해국은 고(구)려의 옛 땅을 회복하고 부여국의 전통을 이어받았다고 하였다.

758년(대흥 21) 제3대 문왕은 사신 편에 일본 천황에게 보낸 국서에서 자신을 고구려국왕 대흠무라고 하였다(대흠무는 문왕의 성명). 이에 일본의 답서는 대흠무를 고구려국왕이라고 하였다. 이로 보면 발해국 사람과 일본 사람은 발해국을 고구려와 같은 의미로 인식하고 있었음을 알 수 있다. 771년(대흥 34) 문왕은 일본에 보낸 국서에서 발해국 왕실이 하느님의 자손을 뜻하는 천손天孫이라고 밝혔다. 천손사상은 고구려 사람들이 직접 만들어 남긴 광개토대왕릉 비문을 비롯한 여러 문헌에 실려 있으며, 동명성왕의 가계가 하늘을 주재하는 하느님과 직접 관련되었다는 신화로서 고구려 왕실의 자존적인 긍지가 분명히 나타나 있다. 그러나 천손 기사만 가지고 발해국이 고구려의 계승국이라고 단언할 수 없다. 발해국이 고구려를 계승하였다는 관점에서 고구려의 천손사상까지 계승하였다고 보는 것이다.

발해국의 왕실이 고구려 왕실과 아무런 관련이 없다면 이런 천손 의식을 표명하지 않았을 것이다. 그렇다면 발해국의 왕실은 혈통상 고구려의 왕실과 무관하다고 할 수 없다. 이와 관련하여 북한에서는 대조영이 원래 고구려 왕실의 고씨이며 어떤 동기로 말미암아 대씨를 칭하게 되었다는 견해를 내놓았다. 그러나 근거가 있는 것은 아니다. 발해국의 유민 시대, 즉 금나라 시대 고주몽(동명성왕)의 후예 중에 장씨張氏로 성을 바꾼 인물이 있었다. 금나라의 태조에게 국가 정책을 건의한 장호張浩의 증조부인 장패張覇가 고씨 성을 따르지 않고 장씨로 고치면서 그후손들은 장씨 성을 따르게 되었다. 성을 바꾼 것은 고씨와 혼인 관계를 맺기 위해서였다. 이에 대한 상세한 설명은 따로 뒤에서 다루어질 문제이므로 여기서는 접어 둔다. 발해국의 왕실이 어느 성씨의 여인과 혼인을 하였는지 알 수 없으나 장패의 예를 보아 대씨의 왕실은 고씨의 여인을 왕후로 맞아들였을 것 같다. 따라서 발해국 왕실은 혈통상 고구려 왕실을 계승하였을 것이라는 북한 측의 견해는 인정받을 만하다.

발해국 왕실의 성씨 유래를 밝혀내는 것은 발해국의 주된 종족을 가리는 데 유력한 근거가 된다. 그런데 언급한 천손사상을 비롯하여 발해국 사람들이 고구려 사람으로 자처한 것에 대해 의문을 품을 수도 있다. 고구려가 동북아시아의 대제국이므로 같은 지역에 거주한 말갈족이 발해국을 세웠다면 고구려의 국가적 명성을 빙자하여 대내외적으로 발해국의 위상을 높이려고 시도했을 가능성도 배제할 수 없다. 그러나 반드시 그런 것만도 아니다.

알다시피 말갈족은 과거 고구려의 지배를 받은 암울한 시대가 있었으나 과연 이들이 발해국을 세웠고 또한 주도권을 잡았다면 굳이 구차하게 고구려란 탈을 쓰려고 했겠는가. 이들은 자신들의 새로운 면모를 대내외적으로 알리기 위해 더욱 말갈이란 종족의 이름을 과감하게 사용하였을 것으로 판단된다. 그렇지 않았던 만큼 발해국을 고구려와 동일시하는 것이 설득력이 있다.

발해국에서 고구려 사람들이 주도권을 쥐고 있었음은 발해국을 방문한 일본인의 기록에 잘 나타나 있다. 892년 일본에서 편찬된 『유취국사』를 보면 발해국에 토인土人과 말갈 사람이 있는데 토인이 적고 말갈 사람이 많으며 지방의 부府(지금의 道에 해당)의 장관이 도독, 주州(지금의 郡에 해당)의 장관이 자사, 벼슬은 토인으로서 임명하고 벼슬하지 않은 토인을 주민들이 수령이라고 불렀다는 기사가 눈길을 끈다.

그러면 토인은 어떤 종족의 사람을 말하는가. 토인은 지방의 토착민을 말하는 것이 아니라 방인邦人·국인國人을 뜻한다. 즉, 고구려라는 국가를 세운 고구려 사람을 말한다. 말갈족은 국가를 세운 일이 없으므로 방인이 될 수 없으나 고구려 사람들은 고구려라는 국가를 세운 만큼 국가를 경영했던 고구려 사람을 의미하는 것으로 보아야 한다. 발해국에서 고구려 사람들이 요직을 전부 차지하였다는 기사로 보아 고구려 사람들이 발해국을 이끌어 나갔음을 알 수 있다. 일본의 사신이 10여 차례나 발해국을 방문한 만큼 이들의 보고를 바탕으로 발해국에 관해 쓰인 『유취국사』의 기사는 발해국의 사정을 비교적 정확하게 다루었다 할 수 있다.

그러면 『유취국사』의 기사대로 발해국에서 절대다수를 차지한 것이 말갈족이었을까. 발해국과 일본의 교통로는 동경용원부인데 이곳은 속말말갈의 거주지이므로 여기서는 말갈 사람들이 고구려 사람보다 많을 수밖에 없다. 그러나 수도인 상경 또는 고구려의 중심 지역인 서부 지방은 오히려 그 반대였다. 이 토인의 성격과 관련하여 북한에서는 조선 시대의 양반이 여기에 해당한다는 견해를 내놓았다. 이대로 해석하면 발해국의 토인, 즉 고구려 사람은 정치·경제·사회·문화 등 모든 면에서 권력을 쥔 지배층이라고 할 수 있다. 고구려 사람들이 발해국에서 지배층인 것만은 사실이지만 토인은 말했듯이 국가 생활을 경험한 그런 사람으로 보는 것이 합리적이다.

다음에는 발해국과 남북국 시대를 이룬 신라 사람들이 발해국을 어떻게 알고 있었는지 살펴보자. 기록상 발해국과 신라는 200년이 넘도록 인접하여 국가 간에 공식적인 내왕도 있었을 것이다. 그러므로 신라 사람들은 발해국의 주민 구성을 누구보다 잘 알고 있었다고 판단된다. 그런데 『삼국사기』「신라본기」를 보면 732년 신라가 당나라의 간청에 따라 발해말갈을 북침하려다가 중도에 물러섰다는 기록이 있다. 이 발해말갈은 사실상 발해국을 말하며, 당나라와 신라가 발해국을 협공하려 한 것은 발해국이 고구려 유민이 세운 국가임을 알고 있었기 때문이다. 말갈족이 발해국을 세웠다면 두 나라는 그토록 발해국에 대해 적대적으로 나오지 않았을 것이다.

발해국에 대한 두 나라의 침략 공작은 결국 실패하였다. 그후 790년과 812년에 신라는 발해국에 사신을 파견하였다. 신라는 발해국을 북국이라고 하였는데, 북국이란 단순히 동족이 세운 나라라는 뜻만 있는 것이 아니라 북쪽에 있는 나라라는 의미도 있다. 다시 말해 북국 기사만 가지고 동족 또는 이족의 나라라고 볼 수 없다. 그러나 『삼국사기』의 북국은 동족의 나라인 발해국을 말하는 것임을 알 수 있다. 『삼국사기』가 신라에서 사신을 파견한 나라 이름을 구체적으로 적지 않고 막연히 북국이라고만 하였으나 이 북국이 발해국임은 명백하다. 따라서 신라 사람들은 발해국을 고구려 유민의 국가로 인정하고 있었음을 알 수 있다.

신라 사람들이 발해국을 고구려 사람들의 국가로 단정한 기사에 대해 더 알아보자. 신라 말기의 문인이자 관료인 최치원은 당나라의 시중에게 보낸 글 가운데서 고구려의 남은 무리들이 태백산(백두산)에 나라를 세우고 나라 이름을 발해라 하였다고 밝혔다. 또 최치원은 당나라의 어느 관료에게 보낸 글에서 "옛날 당나라의 태종황제(고종의 잘못)가 고구려를 쳐서 없앴는데 그 고구려가 지금 발해가 되었다……"라고 하고 또는 "옛날 태종황제(고종의 잘못)가 고구려를 쳐서 없앴는데 그 나머지 무리들이 모여 나라 이름을 도적질하였으니 이로써 옛날 고구려가 곧 지금의 발해임을 알 수 있다"라고 하기도 하였다.

최치원이 발해국에 대해 알고 있었던 것은 고구려 사람들이 발해국을 세웠다는 것이다. 그러나 발해국에 대한 그의 태도는 그다지 내키지 않아 했다는 것이다. 이는 최치원만의 일이 아니고 신라 지배층 전체의 태도를 반영한 것이다. 최치원은 신라국왕이 당나라의 황제에게 보내는 편지도 작성하였는데 여기서는 발해국에 대해 노골적으로 적대시하였다. 이를 보면 다음과 같다.

> ……발해로 말하자면 원래 고구려에 혹처럼 붙어 있던 말갈인의 한 부락이며 그중 속말말갈인이 많았다. 고구려의 멸망 후 고구려 사람들을 따라 영주로 옮겨 갔는데 우두머리 걸사비우와 대조영이 거란인의 반란 때 죄를 짓고 도망가서 진국이란 나라를 세웠다. 또 고구려와 물길(말갈)의 패잔 무리들이 많이 모여들어 세력을 이루면서 거

란·돌궐 등과 결탁함으로써 당나라에 항거하는 등 죄를 지었다……

(『동문선』 권 33, 「謝不許北國居上表」 최치원 찬).

이 글은 본래 고구려에 예속해 있던 속말말갈 사람들이 발해국의 중심을 이루고 있으며 고구려의 패잔 무리가 늘어나 세워진 나라가 발해국이라고 설명하고 있다. 최치원은 왜 이 글에서 발해국을 그토록 적대시하였는가. 발해국과 신라의 유학생이 치른 과거시험 성적에 따른 석차 문제를 다투다가 결국 신라의 유학생이 발해국의 유학생보다 윗자리를 차지하도록 배려한 당나라 황제에게 사의를 표명한 글이므로 아무래도 당나라의 비위를 맞추어야 한다. 그러려면 발해국을 헐뜯는 표현을 동원할 수밖에 없다. 발해국을 헐뜯고 깎아내리려면 역사상 보잘것없는 미개한 말갈족의 국가라고 둘러대는 것이 가장 효과적인 방법일 것이다. 사실상 당나라도 발해국을 그렇게 대했던 만큼 이 방법은 당나라에 강한 호소력으로 작용하였다고 본다. 이처럼 발해국 사람들을 고구려의 후예로 알고 있는 최치원이 갑자기 발해국을 말갈족의 국가라고 했다고 해서 이를 사실로 여길 사람은 없을 것이다.

다음에는 고려 시대 말기의 사람들이 발해국을 어떻게 생각하고 있었는지 알아보자. 『삼국유사』는 당시 현존하고 있는 『신라고기』를 인용하면서 '고(ㄱ)려의 옛 장수 조영의 성은 대씨이며 그는 고(ㄱ)려의 멸망 후 패잔병을 모아 태백산 남쪽에 나라를 세웠는데 나라 이름을 발해라고 하였다'라고 하였다.

위의 태백산은 백두산을 말하며 태백산 남쪽은 백두산 북쪽을 말한다. 아쉽게도 지금은 전해지지 않는 『신라고기』는 어디에서도 볼 수 없는 귀중한 자료이며, 발해국의 창시자인 대조영을 고구려의 옛 장수였다고 전해 주고 있다. 발해국의 건국이 무력을 배경으로 한 만큼 장수가 아니면 의기를 든 지 2년이란 단기간에 고구려 유민들을 규합하지 못하였을 것이라는 견지에서 대조영이 고구려의 옛 장수라는『신라고기』는 사실로 인정할 수 있다.『삼국유사』와 거의 같은 무렵에 편찬된『제왕운기』역시 발해국은 고구려의 옛 장수 대조영에 의해 세워졌음을 시로 읊었다. 이 근거 역시『신라고기』로 보인다. 이렇듯『신라고기』및 이를 인용한 문헌들은 발해국이 고구려의 유민들에 의해 세워졌음을 전해 주고 있다.

다음에는 10세기 초 고구려의 옛 땅인 한반도의 허리에서 일어난 후고구려 사람들이 발해국을 어떻게 생각하고 있었는지 살펴보자. 태봉과 고려까지 말하는 후고구려는 고구려의 옛 땅을 모두 회복하는 것을 포함하여 백제와 신라의 전 영토까지 통일하려 하였기에 국호도 그리 정하였다. 특히 고려는 창업할 당시 발해국과의 관계를 돈독히 하기 위하여 왕실 혼인 관계까지 맺었다. 이는 양국이 동족임을 전제로 이루어진 것이다.

고려는 발해국에 대한 동족의식을 확대하여 거란의 침공으로 빚어진 수십만에 이르는 발해국 유민의 망명을 적극 받아들였으며 거란을 배척하였다. 이런 와중에 고려는 북방으로 진출하여 고구려 옛 땅의 일부분이자 발해국 영토의 남쪽 부분인 양계兩界를 수복하는 데 성공했다. 또한 고려는 여기서 더 나아가 건국 20년이 안 되어 신라와 후백제를 흡수함으로써 옛 삼국을 통합하려던 고구려의 유업을 부분적으로 달성하여 역사상 첫 통일국가 시대가 열렸다.

그러나 10세기 말 11세기 초 발해국을 멸한 거란이 세 차례나 고려를 침공하였다. 이때의 쟁점은 고구려와 발해국의 옛 땅을 서로 차지하려는 영토 분쟁이었다. 고려는 역사적 사실에 입각하여 거란의 야욕을 무력화시켰다. 즉 발해국은 고구려의 후손들이 세웠으며 고려도 고구려의 후손국가라고 하면서 비록 발해국은 없어지긴 했으나 고구려의 옛 땅인 발해국의 영토를 고려가 차지하는 것이 당연하다는 논리를 내세웠다. 역사에서는 이를 두고 '서희의 담판'이라 한다.

영토 분쟁에서 거란이 물러선 것은 고려 측의 주장이 사실이었기 때문이다. 다시 말해 거란은 발해국과 오래 인접한데다가 발해국을 멸하였고 누구보다 발해국이 고구려의 후손국가임을 잘 알고 있었다.

그러면 발해국과 당나라의 존립 시기의 역사책에서는 발해국을 어떻게 서술하였는지 알아보자. 당나라의 유명한 역사가로 알려져 있는 두우杜佑가 쓴 『통전通典』은 발해국을 말갈족의 국가라고 하였으며 발해란 이름은 한 번만 언급하고 있다. 주군전州郡典 안동부安東府에 '北至渤海一千九百五十里(안동부에서 북쪽으로 발해까지 1,950리이다)'라는 것이 바로 그것이다(권 180). 그 나머지 관련 기사에서는 말갈이라고 하였는데 이를 보면 다음과 같다.

1) 고종이 고(구)려와 백제를 평정하여 해동의 수천 리를 얻었으나 곧 신라와 말갈의 침입을 받아 상실하였다(권 171).
2) 변방전邊防典의 고구려에서 이르기를, 고종이 사공司空 이적을 파견하여 고(구)려를 정벌하여 수도를 파괴하고 그 왕을 사로잡았다. 그 후 여중餘衆은 스스로를 지키지 못하자 신라와 말갈로 흩어졌으며 옛 땅은 모두 말갈로 들어갔다(권 186).
3) 변방전邊防典의 말갈에서 이르기를, 대당大唐의 성화聖化가 멀리 미쳐 말갈국이 자주 공헌하였다(권 186).
4) 주군전州郡典에 평로절도사平盧節度使가 신라와 말갈을 진무鎭撫하

였다(권 171).

위의 1)·2) 기사는 『구·신당서』에 고(구)려의 유민이 점차 발해에 돌아왔다는 것과 내용이 같다. 3) 기사는 『책부원구』에 발해가 당나라에 조공하였다는 것과 같은 것이다. 그리고 4) 기사는 『구당서』에 평로절도사가 발해 사신을 관할하였다는 것과 같다. 두우가 발해국의 실체를 모르고 있었다고 볼 사람은 없다. 그럼 두우는 왜 이런 기사를 『통전』에 남기게 되었는가.

당나라는 수십 년 동안 고구려를 멸망시키느라 엄청난 손실을 보았으나, 30년 후에는 고구려의 재건(발해국)으로 정복자로서 체면이 손상되었다. 당나라의 지배층은 발해국이 고구려 유민의 나라임을 잘 알고 있으면서 손상된 체면을 만회하기 위하여 발해국을 보잘것없는 말갈족에 의해 우연히 세워진 것처럼 왜곡하여 기록해 놓았다. 당나라 시대는 집권자의 의견이나 간섭이 강하게 영향을 미친 역사서가 대부분을 차지하였다. 두우 역시 누구보다 발해국의 진상을 잘 알고 있으면서도 시대를 거역할 수 없어 발해국을 말갈족의 나라로 기록한 것이다.

사료적 가치 면에서 『통전』보다 미약하며 발해국 멸망 후 20년 이내(945)에 발해국의 역사에 대해 쓴 『구당서』의 발해전은 발해국을 고구려의 유민들이 세운 국가로 기록하였다. 당나라 시대가 지나 『구당서』가 편찬되니 말갈족의 국가로 되었던 발해국이 사실에 입각하여 고구려 유민의 국가로 바로잡힌 것이다. 그러나 『구당서』보다 백수십 년 후에 쓰인 『신당서』의 발해전은 『통전』의 필법에 따라 발해국을 말갈족의 국가로 만들었다. 왜 이런 필법이 다시 살아난 것인가.

송나라는 거란·여진 등 북방의 유목 민족국가보다 힘이 약하여 중국의 자존심과 명예에 대해 남다른 관심을 표명하였다. 송나라는 땅에 떨어진 중국인의 자존을 회복하려는 염원에서 수·당나라에 고통을 안겨 준 고구려를 같은 북방 민족국가로 단정을 지으면서 적대시하고 더 나아가 계승 국가인 발해국까지 배척하였다. 『신당서』 발해전에서 발해국을 말갈족의 나라라고 한 것은 올바른 역사의식이 실종하여 빚어진 예정된 결과였다. 송나라 사람들은 잘못된 역사의식을 신봉함으로써 정신적 패배감을 메워 보거나 민족적 위안을 찾아보려고 하였다.

이렇게 해서 만들어진 『신당서』는 『구당서』와 쌍벽을 이루면서 중국과 우리나라의 역사가들에게 고구려와 발해국에 대한 부정적 영향을 주었다. 지금도 고구려와 발해국의 역사를 연구하고 있는 중국인들은 두 나라에 대한 시각을 『신당서』에 맞추고 있으며 여전히 발해국을 말갈족의 나라로 보고 있다. 안타까운 것은 『신당서』의 주장을 받아들인 역사책이 우리나라에도 있다는 것이다.

17세기 이후 우리나라에서 제 민족의 역사를 주체적으로 연구하려는 실학의 열기가 고조되면서 종래 비뚤어진 발해국에 대한 시각이 근본적으로 재검토되기 시작하였다. 그 결과 발해국은 고구려 유민들이 주동이 되어 세워진 국가라는 역사적 사실이 공감을 얻는 등 연구 면에서 새롭고 중요한 사실들이 많이 밝혀졌다.

발해국의 역사는 시간이 흐르면서 관련 당사국에 의해 연구 진척이 많았으나 아직까지도 해결되지 않은 것은 발해국이 원래 고구려 유민들의 국가임을 다각도로 연구하지 않고 있다는 것이다. 그러므로 발해국의 역사 연구에서 가장 중요하고 시급한 것은 발해국이 고구려 유민들의 국가라는 사실을 다각도로 연구하여 이 문제를 끝없는 미해결의 쟁점으로 남기지 말아야 한다는 것이다.

당나라의 반反발해국 세력 확대 의미를 살핀다

696년 영주 지방에서 거세게 일어난 고구려 유민·말갈족 그리고 거란족의 반란으로 당나라 동방 침략의 거점인 영주도독부는 쫓겨났다. 궁지에 몰린 당나라에 대한 지원을 자청한 동돌궐의 거란 공격으로 위기에서 벗어난 당나라는 거란의 세력을 동쪽으로 몰아냄과 동시에 고구려 유민들을 천문령까지 추격하였으나 대패하고 말았다. 당나라 추격군의 완패로 잠시 물러섰던 거란인들은 다시 본래의 근거지로 되돌아왔다.

이 무렵 당나라에 대한 강적으로 동돌궐이 부상하였다. 동돌궐이 당나라를 돕겠다고 나선 것은 고구려 유민들을 많이 받아들임으로써 그 세력이 막강해졌기 때문이다. 묵철칸은 막강해진 세력을 배경으로 북중국을 침입하여 수만 명을 죽이거나 재산과 가축을 약탈하였으며, 40만의 대군을 이끌고 동쪽으로는 요서에서 서쪽으로는 토빈吐蕃(티베트)에 이르는 광대한 지역에 살고 있는 여러 종족들을 굴복시켰다.

고구려 유민이 동돌궐로 집단 망명하여 동돌궐이 갑자기 막강해지자 발해국은 당나라의 침공에 대처하기 위하여 동돌궐과의 친선을 모색하기 시작하였다. 발해국의 대조영은 나라가 세워진 698년에 첫 사신을 동돌궐에 파견하였다. 파견 목적에 대해 흔히 친선 강화를 거론하고 있는데 단순한 친선 관계는 아니고 국제적 기류로 볼 때 군사 협력 관계에 비중을 두는 것이 옳을 듯하다. 그렇다면 발해국·동돌궐을 주축으로 하여 거란·해 등의 종족을 세력권으로 하는 군사 동맹체가 형성되어 당나라를 겨냥하였다고 보게 된다.

이러한 국가 간의 긴장 관계 속에서 당나라는 고립 상태에 빠졌다. 이에 당나라는 지금까지 발해국에 대해 취했던 적대 정책을 회유 정책으로 바꿨다. 705년 측천무후를 대신하여 복위한 중종은 시어사 장행급張行笈을 발해국에 파견하여 뒤늦게 발해국의 건국을 축하하고 양국의 친선 관계를 희망하였다.

발해국의 고왕은 분쟁을 바라지 않아 당나라의 제의를 받아들였으며 답례로 둘째아들 문예를 당나라에 파견하였다. 문예는 그후 숙위란 명목으로 당나라의 수도에 머무르게 되었으며 양국 간에는 관계 증진을 도모하는 무역 거래가 순조롭게 진행되었다. 당나라에 숙위란 명목으로 사신을 파견하면 당나라의 황제 호위가 수행할 임무이지만 당나라는 해당 국가를 견제하는 수단으로 이용하였다. 한편 해당 국가는 숙위를 통해 당나라의 정세를 알아내어 자국의 국가 목적에 이용하는 기회로 활용한 것이 사실이다.

당나라는 발해국과의 관계가 진전되자 712년 거란과 해족에 대한 공세를 서둘렀으나 해족의 반격으로 참패당하였다. 사태의 심각성을 감지한 당나라는 발해국에 큰 기대를 걸어 713년 낭장 최흔崔炘을

섭홍려경攝鴻臚卿으로 삼아 발해국에 파견하였는데, 그는 고왕에게 발
해군왕 겸 홀한주도독이란 벼슬을 주었다. 발해국이 자주독립국인데
도 이를 수용했다는 면에서 중국인은 발해국의 독립성 문제를 부정
적으로 제기하고 있다. 이에 대해서는 다른 장에서 언급한다.

이런 벼슬을 주기 위한 당나라의 사신 일행이 발해국으로 올 때
택한 통로는 육로가 아닌 해로였다. 과거 당나라가 동방 지역과의
교류를 목적으로 택한 통로는 영주를 경유하는 육로였으나 거란과
해족이 이 길을 차단하고 있어서 장행급과 최흔은 안전한 해로를 이
용하여 산동반도(등주)를 출발, 요동반도의 남단을 거쳐 압록강을 거
슬러 올라와 발해국의 수도인 동모산에 이르렀던 것이다.

돌아갈 때도 마찬가지 노정이지만 당나라의 사신이 안전한 육로를
피하고 험난한 해로를 이용한 것은 거란과 해족이 영주를 장악하여
통행이 자유롭지 못한 탓이다. 당나라가 어려운 상황에 처해 있으면
서 발해국에 사신을 파견한 것은 거란과 해족으로 빚어진 대외적 난
국을 발해국의 협력을 받는 가운데 극복하려는 데 있었다. 발해국은
모처럼 조성된 당나라와의 우호 관계를 이용하여 같은 해 12월에 당
나라와의 교역이 이루어질 수 있도록 요구하였다. 당나라는 발해국
에 대해 기대감을 갖고 있기에 발해국의 요구를 받아들였다. 이리하
여 발해국의 사신과 그 일행은 당나라의 시장에서 필요한 물건을 자
유롭게 사기도 하고 가져간 물건을 팔기도 하였다.

당나라는 발해국과의 관계를 정치·경제적으로 정상화시켰다고 판
단하면서 714년에 미해결 상태로 남아 있는 거란과 해족에 대한 공
세를 서둘렀다. 당나라는 이 둘을 동돌궐의 영향권으로부터 떼어내
기 위함이었으나 오히려 참패하고 말았다. 그런데 이들은 716년 갑

자기 당나라에 투항하였다. 투항의 배경은 후견자인 동돌궐의 가중된 가렴주구에다 당나라의 보복에 대한 우려 때문이었다.

당나라는 이 기회에 거란의 통합 추장 이실활李失活에게 송막도독이란 벼슬을 주고 그 밑의 여러 추장에게도 자사라는 벼슬을 주어 회유 체제를 강화하였다. 물론 해족에 대해서도 같은 조치를 취하였다. 당나라에 대해 공세적으로 나왔던 거란과 해족이 태도를 바꾸어 투항하게 된 것은 묵철칸 때 갑자기 일어난 동돌궐의 내분 때문이었다. 내분에 따른 혼란으로 동돌궐에 예속되어 있었던 서북방의 여러 종족들도 당나라에 투항하였다. 심지어 동돌궐에 망명하여 여기서 생활 터전을 쌓아 온 고구려의 유민들도 당나라에 망명하였다.

당나라는 이 기회를 이용하여 696년 이진충의 반란 사건으로 폐지된 영주도독부를 부활시키고(717) 또한 평로군절도사를 겸하게 하여 동방경략을 전담케 하였다. 이로써 이는 다시 동방의 여러 국가와 종족에 대한 통제와 침략의 거점으로 이용되었다.

이렇듯 당나라가 동방에서 세력을 만회하자 이 지역에서 강국으로 부상한 발해국을 견제하고 나섰다. 발해국의 북방에 자리를 잡고 있는 흑수말갈을 끌어들이고 전방과 후방에서 발해국을 협공하였다. 발해국이 동북 지방에서 어떤 규모의 강국인지 당시 발해국의 영토를 살펴보자. 발해국은 나라가 세워진 이래 20여 년 동안 지금의 동경성을 중심으로 한 속말말갈을 비롯하여 말갈족의 거주 지역 대부분과 한반도의 함경도 지방 그리고 남만주의 많은 지역을 차지하여 2천여 리에 이르는 너른 영토를 영유하였다.

영토의 동쪽은 동해, 서쪽은 거란, 남쪽은 신라, 북쪽은 흑수말갈과 인접하여 발해국은 수만 명의 병력을 보유하는 강국이 되었다.

당나라는 이만큼 강성해진 발해국을 홀로 대적할 수 없다는 판단에 따라 독립적인 흑수말갈과 세력을 연합하였다.

발해국의 북쪽, 즉 지금의 의란依蘭 일대를 중심으로 너른 땅을 보유한 흑수말갈은 중국의 역사서에 말갈 7부의 하나로 되어 있다. 속말말갈 등 6부는 발해국의 건국 당시 발해국에 편입, 흡수되거나 그 후 머지않아 대부분 예속되었으나 오직 흑수말갈만은 말갈 중에 가장 강성하여 오래 독립 상태를 유지하고 있었다. 흑수말갈은 독립된 상태에 있었으나 발해국이 아닌 다른 나라와 관계를 맺는 외교 문제에서는 독자적으로 행동을 할 수 없었다. 흑수말갈이 관계를 맺을 나라가 있다면 동돌궐과 당나라밖에 없다. 그런데 흑수말갈의 사신이 이 두 나라에 들어가려면 반드시 발해국의 영토를 밟지 않으면 안 되었다. 그래서 흑수말갈은 이 두 나라와 외교 관계를 맺기 위해서 그 사실을 먼저 발해국에 통고해야 하며 또한 발해국의 사신을 따라 입국해야만 했다.

722년 발해국이 동돌궐에 첫 사신을 파견하였을 때 흑수말갈의 사신이 동행하였다. 그런데 4년 후인 726년 흑수말갈은 발해국에 아무런 통고 없이 당나라에 사신을 파견하여 보호해 달라고 요청하였다. 당나라는 이를 받아들여 여기에 흑수주를 설치하고 감독관인 장사長史를 임명, 파견하여 이를 통제케 하였다. 이로써 흑수말갈은 독립성을 상실하고 당나라의 조종을 받는 기미주가 되었다.

무력으로 영토를 크게 개척한 제2대 무왕(720~737)은 를 정벌하기로 결심함과 동시에 그 동맹 세력인 흑수말갈을 완전히 복종시키기로 다짐하였다. 당나라의 배신으로 발해국과 당나라 간에는 전운이 감돌고 있었다. 발해국이 당나라와 흑수말갈을 어떻게 정벌하였는지 살펴보자.

무왕은 마침 숙위로 당나라에 있다가 돌아온 동생 문예에게 흑수 말갈에 대한 정벌을 일임하였다. 그러나 문예는 정벌군 파견을 반대하였다. 그것은 그가 당나라에 머물면서 당나라의 국가적 위상이 어느 정도였는지 파악하고 있었기 때문이다. 그가 당나라의 현실이라고 하면서 무왕에게 전한 말은 대개 이러하다. 지금 당나라의 보호를 받고 있는 흑수말갈을 치는 것은 분명 당나라를 반대하는 행동이며, 과거 고구려는 전성기에 강병 30여 만을 보유하고서도 당나라에 멸망당하였는데 발해국은 고구려보다 3분의 1 정도도 못 되는 군사력을 가지고 있으니 당나라와 싸우면 망국하게 된다는 것이다.

무왕은 반대를 물리치고 흑수말갈을 정벌하여 이들을 굴복시켜 당나라와 흑수말갈의 발해국에 대한 견제를 완전히 무력화시켰다. 그러나 흑수말갈 침공을 반대하다가 당나라로 달아난 문예를 현지에서 처단하려 했으나 당나라의 비호로 실패하고 말았다.

한편 영주도독의 회복에 따라 당나라의 지배를 받은 거란과 해족은 억압과 착취를 반대하면서 730년 무렵에는 거란의 한 지배자 가돌칸可突干이 반란을 일으켜 당나라에 의해 송막도독에 임명된 이소고李邵固(이진충의 동생)를 살해하고 다시 동돌궐과 연합하였다. 그리고 당나라를 맹공하기 시작한 동시에 732년(무왕 인안 13) 발해국에 사신을 파견하여 당나라에 대한 협공 문제를 제기하였다. 무왕은 이 호기를 이용하여 장문휴張文休로 하여금 해군을 동원하여 압록강 입구에서 발해를 건너 등주(산동반도)를 기습하였다. 발해국의 해군은 이번 싸움에서 당나라의 자사 위준을 살해하고 등주성을 파괴하는 등 전과를 세우고 철수하였다.

등주 기습은 적대적인 당나라를 응징하는 데 목적이 있어 속히 철수하게 되었다. 당나라군의 보복 계획이 있었으나 발해군의 신속한 철수로 공론으로 그치고 말았다. 그러나 당나라는 이를 재론하여 다시 보복을 구체화하였으니 이번에는 신라를 끌어들여 협공을 하려는 것이었다. 당나라는 왜 신라와 연합하여 협공을 시도하였는가.

고왕 대조영은 건국 직후 신라에 건국을 알리고 당나라의 침공을 막는 데 협력해 줄 것을 요청한 바 있다. 신라왕은 고왕에게 신라의 제5품인 대아찬 벼슬을 주는 것으로 그쳤다. 당나라가 대조영을 발해군왕으로 인정하여서인지 낮은 벼슬을 준 것 같다. 이 점에 대해 북한 학자들은 견해를 달리하고 있다. 즉 대조영이 황제국의 임금이므로 신라의 낮은 벼슬을 받을 수 없다고 보아 대조영과 발해국의 위상을 축소시킨 한 예라고 지적하고 있다. 이는 신라가 발해국의 건국을 탐탁지 않게 여기고 있음을 보여 주는 것이다. 당나라는 신라와 발해국의 관계가 원만하지 않음을 알아차려 발해국에 대한 보복에 신라를 끌어들였던 것이다.

그러나 나·당 연합군의 발해국 협공은 발해 국경에 이르기 전에 와해되었다. 당나라군은 혹심한 추위로 얼어 죽거나 굶어 죽으면서도 행군을 강행하다가 많은 도망자가 속출하였다. 신라군 역시 마찬가지였다. 모진 추위와 큰 눈을 만나 제대로 싸워 보지도 못하고 철수할 수밖에 없었던 것이다.

당나라가 발해국 보복전에 신라를 끌어들이려던 계획은 헛수고로 그치고 말았다. 이후 당나라의 침략 야욕이 사라진 것은 아니지만 발해국의 강성으로 더 이상 나타날 수 없었다. 그리하여 당나라는 다시 발해국에 대한 보복을 거론하지 못했으며 발해국과 평화를 유지하였다.

이와 같이 당나라는 동북 지방에 대한 세력을 팽창시켜 여러 민족을 억압하였으며 심지어 발해국까지 위협하였다. 당나라를 위시한 반발해국 세력권의 확대에 대해 발해국은 반당 세력권을 결성하여 대항하였음을 살폈다. 당나라가 고구려를 멸망시킬 때 동맹국이었던 신라를 반발해 세력권으로 끌어들인 것은 발해국이 고구려 유민에 의해 세워졌기 때문이다. 발해국이 말갈족에 의해 세워진 나라였다면 신라는 당나라가 주축이 된 발해국 보복전에 가담하지 않았을 것이며 당나라도 이 보복전에 신라를 끌어들이려고 하지 않았을 것이다. 당나라가 중심에 선 반발해국 세력권에 신라가 가담하였다는 것은 신라도 발해국에 대해 좋은 감정을 품고 있지 않았음을 보여 주는 것이다. 마치 발해국의 강성으로 고구려가 되살아난 듯했기에 당나라가 중심이 된 반발해국 세력권 결성에 신라는 선뜻 나섰던 것이다.

당나라는 반발해 세력권에 흑수말갈과 신라를 참여시킴으로써 발해국을 군사적으로 위협하였으나 발해국의 강성으로 실패하고 말았다. 그래서 당나라는 더 이상 발해국에 대한 무력 행사를 포기하게 되었으며 발해국과의 관계는 평화적인 방법밖에 없음을 뒤늦게 깨달았다. 당나라의 발해국에 대한 태도 변화로 양국은 평화 관계를 유지하게 되었던 것이다.

발해국과 당나라의 관계가 적대 관계에서 평화 관계로 바뀜에 따라, 발해국은 자유롭게 당나라에 사신을 파견하는 것은 물론 당나라 시장에서 교역도 자유롭게 할 수 있었다. 양국의 평화 관계가 지속되었음은 여러 가지 정황으로 알 수 있지만 이른바 해동성국이란 호칭을 당나라가 붙여 준 것은 이를 가장 잘 보여 주고 있다. 그럼 발해국과 당나라의 관계가 호전되면서 발해국에 대해 적대적이었던 신라와의 관계는 어떻게 되었을까.

발해국과 당나라가 친선 관계를 유지하고 있는데 신라만 전처럼 발해국에 대해 적대적일 수는 없는 일이다. 신라도 당연히 발해국에 대한 적대 감정을 청산해야 했다. 신라가 790년(원성왕 6) 일길찬一吉飡 벼슬의 백어伯魚를 북국北國, 즉 발해국에 파견한 데 이어 812년(헌덕왕 4) 급찬級飡 벼슬의 숭정崇正을 발해국에 파견하였다는 기록이 『삼국사기』(신라본기)에 있는데, 이는 신라도 발해국에 대한 적대 감정을 청산하였다는 것과 무관하지 않다. 신라의 17관등으로 보면 신라는 고위 관리를 발해국에 파견하였음을 알 수 있다.

사신을 파견하는 일은 성격상 일방적으로 행해질 수 없다. 『삼국사기』에는 신라가 발해국에 사신을 파견한 기록만 보이는데 신라 사신의 발해국 입국을 전후하여 발해국에서 신라에 사신을 파견하였을 것이며, 신라에 입국한 발해국의 사신도 신라 사신의 관등에 버금가는 고위 관리였을 것이다.

이와 관련하여 발해국에 입국한 신라의 사신이 답례사인지 아닌지는 알 수 없다. 다만 발해국에 대해 적대적이었던 신라의 사신이 발해국에 입국하였음은 적대 감정을 청산하였다는 의미로 풀이할 수 있다. 발해국의 사신도 신라에 입국하였을 것이라는 짐작은 이를 다시 한 번 뒷받침해 준다고 할 수 있다.

대체적으로 지금까지 논자들은 발해국과 신라가 인접하고 있었다는 점에서 기록상 양국의 관계가 거의 냉담한 것으로 되어 있으나 실제로는 그렇지 않았을 것이라고 생각하였다. 또한 접경했다는 이유만으로 양국 간에 교류가 어느 정도 이루어졌다고는 할 수 없다. 다만 당나라가 발해국에 대해 평화를 유지함으로써 발해국과 당나라의 관계가 정상화되었으며 그 여파로 신라도 더 이상 발해국을 적대 국가로 보지 않았다는 것이 합리적이다.

신라는 발해국을 고구려의 계승 국가로 인정하다

발해국이 고구려를 계승하였음을 보여 주는 기록은 적지 않다. 발해국의 존립 시기는 물론 멸망 후에 편찬된 사서들도 이에 대해 적지 않게 언급하고 있다. 여기서 먼저 발해국의 존립 시기에 대해 작성된 기록을 살펴보자. 이를 가장 잘 보여 주는 것은 최치원의 편지와 『속일본기續日本紀』의 기사이다.

신라가 발해국과 남북으로 국경을 마주하고 있었던 만큼 신라 사람들이 누구보다 발해국의 민족적 구성과 그 발전상에 대해 가장 잘 알고 있었으리라 짐작된다. 이와 관련하여 『삼국사기』(권 46, 최치원전)를 보면 최치원이 당나라의 관리인 태사 시중侍中에게 보낸 편지에 발해국의 민족 구성에 관한 기사가 있다.

> ……고구려 유민들이 북쪽으로 태백산 아래에 모여 나라 이름을 발해라고 하였다.

이 글에서 분명한 것은 최치원 등 신라 사람들이 발해국을 고구려의 계승 국가로 보고 있다는 것이다. 그의 이 같은 견해는 그가 집필하고 신라왕의 이름으로 당나라의 강서 관찰사인 고상高湘에게 보낸 편지에서도 잘 나타나 있다. 즉,

> 고구려의 남은 세력들이 태백산(백두산) 북쪽에 모여 나라를 세우고 나라 이름을 발해라고 하였다.

라는 것이다. 그는 이 편지에서 당나라의 태종이 멸한 고구려가 지금 발해국이 되었다고 지적하고 당나라가 발해국의 빈공賓貢(외국인 과거 시험)을 지나치게 우대하지 말아야 한다는 내용의 불만 섞인 글도 이 편지에 실었다.

또한 최치원은 당나라의 예부상서 배찬裴瓚에게 보낸 편지에서도 고구려가 당나라에 의해 멸망되었으나 남은 무리들이 소굴을 만들고 나라 이름을 지었는데 결국 옛날의 고구려가 지금의 발해임을 알 수 있다고 하였다.

세 통의 편지는 『고운선생문집孤雲先生文集』(제1권)과 『동문선東文選』에 실려 있다. 최치원 등 신라 사람들은 발해국이 고구려를 계승한 국가임을 잘 알고 있었다. 그런데 최치원이 이런 발해국에 대해 나쁜 감정을 품은 것은 무엇 때문인가. 그것은 신라인들이 나쁜 감정을 품었던 고구려를 발해국이 계승했기 때문이다.

이 『고운선생문집』에는 발해국 역시 신라에 대해 좋지 않은 감정을 품고 있었음을 보여 주는 대목이 있다. 897년 7월 발해국의 사신 대봉예는 당나라에 대해 자국 사신의 지위를 신라 사신보다 올려 줄

것을 요구했다. 그러나 당나라는 이를 들어주지 않고 종전대로 신라 사신을 위에 놓게 하였거니와 신라에서는 이를 고맙게 여겼다. 당나라가 발해국의 요구를 무시한 것은 발해국이 고구려의 계승 국가이기 때문이다.

이러한 대목의 편지에서 살펴야 할 점이 많다. 그것은 발해국의 원류와 고구려의 잔얼殘孽 그리고 황구荒丘 등이다. 먼저 발해국의 원류부터 보자. 대조영이 폭동을 일으킨 영주에는 고구려·말갈·거란인 등이 많이 모여 살고 있었다. 속말수(송화강) 유역에 살았던 고구려 사람들도 다수 이곳으로 강제 이주당하였다. 최치원은 다른 편지에서 발해국을 고구려의 계승 국가라고 하였으나 이 편지에서는 속말수 유역의 고구려 사람이라고 하지 않고 속말말갈이라고 하였다. 이는 무엇을 말하는가.

이는 그가 발해국이 고구려를 계승하였음을 부인한 것이 아니고 고구려 사람들에 대한 증오심에서 속말수 유역에 살았던 고구려 사람들을 속말말갈로 표현한 것이라고 하겠다. 그러므로 그의 세 통의 편지는 모두 발해국이 고구려의 계승 국가임을 인정한 셈이다.

다음에 알아볼 것은 발해국을 세운 민족에 대한 표현 문제이다. 최치원은 이 편지에서 고구려 유민과 물길(勿吉: 말갈) 잡류가 발해국을 세웠다고 했으나 당나라의 태사 시중에게 보낸 편지에서는 "고구려의 잔얼이 태백산 아래에 모여 국호를 발해라고 하였다."라고 하였다. 얼핏 보면 모순된 표현이지만 그렇지 않다. 발해국에는 말갈인도 살았고 발해국의 건국에 이들이 가담한 것도 사실인 만큼 건국 세력을 하나만 말할 때는 건국에 주동 역할을 담당한 고구려 유민만을 들었으며 부차적인 세력을 들 때는 물길 잡류도 들었던 것이다.

다음에 지나칠 수 없는 것은 황구荒丘에 대한 것이다. 발해국의 수도가 자리 잡은 곳이 황구이며 당나라에서는 동쪽으로 매우 멀리 떨어져 있었다. 이것만으로 황구의 뜻이 밝혀졌다고 할 수 없다. 황구는 의미상 당나라의 세력이 못 미치는 그런 먼 곳이었다. 그러므로 최치원이 편지에서 발해국이 황구에 자리를 잡았다고 한 것은 당나라가 침공할 수 없는 그런 먼 곳에 발해국이 세워졌음을 말한다. 그러니 이런 곳에 당나라의 지방 정권이 섰다는 것은 이치상 맞지 않는다. 최치원은 편지에서 발해국을 악랄하게 비난하였는데 이는 발해국이 고구려의 계승국이기 때문이다. 말갈인들이 발해국을 세웠다면 이처럼 헐뜯지 않았을 것이다.

신라가 발해국에 대해 나쁜 감정으로 대했음은 9세기 당나라 유학에서 돌아온 일본의 승려 엔닌圓仁이 쓴 『자각국사입당구법순례행기慈覺國師入唐求法巡禮行記』라는 여행기의 기사에서도 나타난다.

개성開成 4년(839)…… 산원山院에서 음식을 차려 놓고 8월 15일 명절을 기념하고 있었다. 늙은 중들이 말하기를 신라가 옛날 발해와 싸웠는데 이날 승리하였다. 그리하여 이날을 명절로 삼고 악기를 연주하며 춤을 추었는데 후세까지 그 풍습이 길이 전해지고 있다. …… 그 발해가 신라의 벌을 받아 겨우 1,000명이 북쪽으로 달아났다가 뒷날 다시 돌아와서 옛것에 의거하여 나라를 칭하였는데 지금 발해국이라고 부르는 것이 이것이다.

신라의 중들을 말하는 늙은 중들이 전해 준 8월 15일 명절은 기록상 확인할 수 있을까. 발해국과 신라가 치른 전쟁은 『삼국사기』(권8, 신라 성덕왕 32년 7월조)에서 보이는데 요약하면 다음과 같다. 발해국이 당나라의 등주를 기습한 것에 대한 보복으로 당나라가 신라의 참전을 요구해 와 신라가 참전했으나 큰 추위를 만나 제대로 싸우지 못하였다고 한다. 엄동설한에 치른 이 전투 말고는 기록상 양국의 접전은 없었다. 그러면 8월 15일 전투는 고구려와 치른 전투라고 보게 된다. 이와 관련하여 『삼국사기』 신라본기 문무왕 8년(668)조를 보면 나당 연합군이 고구려와 치른 전투가 설명되고 있다.

즉 7월 16일 한성주漢城州에 도착한 신라군은 사천蛇川 벌에서 고구려군을 격퇴하고 9월 21일 당나라군과 함께 평양을 포위하였다는 전쟁이 8월 15일 명절과 관련이 있는 듯하다. 고구려와 나당 연합군의 전투는 7~9월 사이에 치러졌으므로 8월 15일 승리는 이 기간의 한 전투 승리로 보인다. 기록상 이것 말고 8월 전승 기사는 없다.

이처럼 일본 등 외국 사람들은 발해국을 고구려의 계승 국가로 보고 발해국과 고구려를 동일시하였기에, 여행기에서도 고구려를 발해라고 했으며 8월 15일 고구려와 치른 전투를 발해와 치른 전투로 여겼던 것이다.

신라 사람들이 발해국을 고구려와 동일시한 것은 발해국이 고구려의 계승국임을 인정하고 있었기 때문이다. 그러면 당시 일본은 발해국을 어떻게 보았는가. 발해국의 존립 당시 편찬된 『속일본기』 등 일본의 사서도 발해국을 고(句)려국, 발해국왕을 고(句)려왕이라고 표현하였다.

고려는 발해국을 고구려의 계승 국가로 인정하다

고구려의 부흥 운동이 완전히 성공하려면 고구려의 영토가 있었던 한반도와 만주 대륙에 거주했던 신라 사람과 속말말갈 사람들의 적극적인 지지와 호응을 얻지 않으면 안 된다. 그런 면에서 한반도 내의 고구려 유민으로서는 신라 정권과의 관계 수립 및 개선이 현실적으로 요구되었으며 신라의 통치력이 미치지 않는 속말말갈(옛 고구려의 땅)에서는 말갈인과의 공존 및 협력 관계가 필요했다. 그래서 고구려 유민은 신라 정권과의 관계 개선 및 협력 관계를 모색하였으나 신라의 몰이해로 여의치 못했다.

말갈 지역에 생활 기반을 두고 있는 고구려 유민은 과거 신라에 의해 고구려가 멸망한 것에 강한 불쾌감을 가진 탓에 오히려 적대 관계는 더욱 심화되었다. 『삼국사기』의 관련 기사를 보더라도 발해국과 신라의 관계가 어떻게 이루어졌는지조차 알 수 없게 되었다. 사람에 따라서는 양국의 관계가 수립되지 않은 것이 아니라는 견해를 내놓고 있으나 이는 양국 관계의 흐름을 제대로 파악하지 못한 오판이다.

발해국과 신라의 소원한 관계는 일방적인 것이 아니고 상대적인 것으로 한쪽에서 해소할 수 있는 것이 아니다. 서로의 입장이 바뀔 가망이 처음부터 보이지 않으니 양국은 말기까지 초기의 악감정을 풀 걸로 보이지 않는다.

따라서 양국은 각각 외부로부터 돌발적인 긴급 사태가 발생하지 않은 한 해묵은 적대감정을 해소하기 힘들다. 그런데 뜻하지 않게 양국은 거의 때를 같이하여 말기에 모처럼 적대 감정 및 나쁜 관계를 해소할 수 있는 호기를 맞이하게 되었다. 호기로 작용한 것은 거란의 발해국 침공이라는 돌발적인 사태 발생이었다.

원래 발해국은 거란과 순망치한의 우호 관계를 맺어 왔었다. 여기서 말하는 거란은 야율아보기가 거란의 기존 8부를 삼키고 계속해서 해국奚國을 멸망시키기 이전의 8부 체제를 유지하고 있었던 거란을 말한다. 이 순망치한의 우호 관계가 잘 유지되었음을 보여 주는 것은 발해국과 거란 사이에 교역 관계가 있었음을 말해 주는 발해국 5경도五京道의 하나인 거란도가 설치, 유지되었다는 사실이다.

야율아보기는 자신에게 투항하여 중국적인 전제군주제의 수립을 건의한 한관漢官의 요구를 받아들임으로써 거란의 귀족적인 민주제의 8부 체제를 뒤집어엎고서 황제권을 수립하고 동시에 사촌인 해국을 멸망시킨 데 이어 중국 본토를 남정하려 하였다. 그렇게 되면 동쪽의 발해국이 거란의 뒤를 치리라는 불길한 판단에 따라 먼저 발해국을 멸망시키려 하였다.

야율아보기의 집권으로 발해국 침공이 기정사실화되면서 거란은 자주 발해국을 침공하기 시작하였다. 양국은 일전일퇴를 거듭하였으며 아보기는 발해국의 완강한 태도를 확인하면서 발해국을 세수世讐라고 공언하고 나섰다. 시간이 흐르면서 아보기의 발해국에 대한 태도가 강경 일변도로 흐르자 발해국의 마지막 왕 대인선大諲譔은 국난을 타개하기 위하여 지금까지 적대적이었던 신라에 사신을 파견하여 군사 동맹 관계의 체결까지 요구한다.

발해국의 신라에 대한 외교 군사적 접근이 사실이라면 응당『삼국사기』신라본기에 관련 기사가 실려야 하나 이 같은 사실을 전해 주는 것은『거란국지』이다. 당사국이 아닌 제3국의 역사 기록인『거란국지』에 이런 기사가 실려 있다는 것은 발해국의 신라에 대한 외교 군사적 접근이 사실이었음을 더 한층 확실히 해 준다.

아보기가 직접 이끌고 온 거란군·투항한 한족을 비롯하여 회골回鶻(투르크계)·토번吐蕃(티베트)·당항党項(티베트)·사타沙陀(티베트) 등 서쪽의 복속 세력의 침공을 받고 발해국이 멸망한 것으로 보아 신라와의 군사 동맹 관계는 발해국을 위기에서 구해 주지 못하였음이 분명하다.

이처럼 발해국과 신라의 동맹 관계는 무력하기 그지없었다. 이와 관련하여『오대회요』를 보면 발해국의 마지막 왕 대인선은 즉위 초에 사신을 신라에 파견하여 수호修好하였다는 기사가 있는데, 이때는 신라의 효공왕 11년(907)이다. 898년(효공왕 2) 궁예는 개경을 수도로 정하고 905년에는 다시 수도를 철원으로 옮기는 등 신라의 영토를 크게 잠식하여 무력화시킨 외에 907년에는 일선군一善郡 이남의 10여 성이 견훤에 의해 점령당하는 등 신라는 무력해졌다.

거란의 침공이 점차 심해지자 대인선은 921년(즉위 15, 태조 4) 고려 태조 왕건과 통혼 관계를 맺어 침공 위기에서 벗어나려 하였으나 왕건의 관심은 한반도에서 자신의 정치적 기반을 강화하려는 데 있어 발해국에 적절한 도움을 주지 않았다. 대인선은 고구려의 계승자라는 면에서 고려에 대해 형제로서의 우애를 느끼고 있었지만 왕건의 비협조로 동맹 관계의 체결을 보지 못하게 되자 925년(즉위 19, 고려 태조 8, 신라 경애왕 2) 사신을 신라에 파견하여 동맹 관계의 체결을 구하였다. 『거란국지』는 동맹 관계가 체결되었다고 말하고 있으나 이는 시종 형식으로 그칠 수밖에 없었다. 신라가 국가적 운명을 견훤과 다투고 있는 고려 태조에게 걸고 있었던 만큼 신라가 발해국과 동맹 관계를 맺었다고 해서 신라군이 발해국을 군사적으로 도와줄 수 있는 것은 아니었다. 발해국이나 신라는 위기에 처해 있으니 상대방에 대해 동정심을 느끼고 있었으나 도움을 줄 수 없어 동맹 관계는 형식으로 그칠 수밖에 없었던 것이다.

거란의 침공이란 국가적 위기에서 벗어나려는 발해국이 신라에 구원 요청을 한 것은 줄곧 적대적이었던 발해국과 신라가 동맹 관계를 맺음으로써 해묵은 악감정을 풀 수 있는 호기였으나, 신라의 자국 내 혼란으로 발해국의 염원 등 모든 것이 수포로 끝나고 말았던 것이다.

거란의 침략으로 인한 발해국의 멸망은 신라의 국가적 허약성과 무관하다고 할 수 없다. 양국의 동맹 관계는 실현되지 못하여 아쉬움을 남겼으나 새로운 시대를 열어 놓은 고려 태조에게는 멸망한 발해국에 대해 온정을 느끼게 하는 기회를 제공해 주었다.

서산으로 넘어가는 신라와 달리 떠오르는 해에 견줄 수 있는 고려 태조가 발해국과 통혼 관계를 맺었으면서도 발해국을 위기에서 구해 주지 못한 실정을 감안하면, 무력한 신라가 발해국에 군사적으로 도움을 주지 못한 것은 문제될 것이 못 된다.

고려 태조가 실제로는 도움을 주지 못하였으나 발해국에 대해 긍정적인 평가를 할 수 있었던 것은 신라와 발해국의 해묵은 악감정이 해소된 것과 무관하지 않다. 고려 태조 왕건이 고구려 왕실의 후손이므로 고구려의 계승 국가인 발해국에 대해 동질감을 느끼는 것은 당연하다. 그래서 921년에 발해국의 대인선은 고려 태조와 통혼 관계를 맺었는데, 같은 해 2월에 발해국의 별부인 달고達姑의 무리가 침공해 왔다. 태조의 명을 받은 장군 견권진堅權鎭이 기병을 거느리고 나가 삭주(춘천)에서 이들을 대파하였다. 발해국의 별부이긴 하지만 침공과 격퇴 사건으로 발해국에 대한 고려 태조의 호감은 손상되었을 것이다.

그럼에도 불구하고 고려 태조의 발해국에 대한 평가는 매우 긍정적이었다. 긍정적인 평가는 『고려사』 최승노전에 전모가 실려 있다. 982년(성종 1) 최승노는 상소문에서 발해·거란·고려 및 발해국의 유민에 대한 태조의 견해를 호평하였다. 호평한 대목은 ① 고려가 거란과의 교류를 거절한 것, ② 태조가 대인선의 세자 대광현 등을 후하게 대우한 것, ③ 발해국의 유민들이 고려에 들어오도록 한 것 등이다.

고려가 거란과의 교류를 거절한 대목을 보면, 거란은 발해국을 침공하기 이전에 발해국과 평화 공존 관계를 맺고 있다가 갑자기 옛 맹약을 파기하고 난 후에 발해국을 섬멸하였음을 알 수 있도록 해주고 있다. 거란이 옛 맹약을 미련 없이 파기한 것은 중국 본토를 남침하려는 데 발해국이 걸림돌이 되기 때문이다.

고려 태조는 거란의 이 같은 침략 행동을 무모한 짓이라 여기고 교류할 만한 상대가 아니라는 판단에 따라 심지어 거란이 고려와 교류하기 위하여 보낸 낙타 50마리를 만부교萬夫橋 아래에 매어 놓아 굶어 죽게 하였으며 거란의 사신 30명을 섬으로 귀양 보냈다.

고려 태조가 거란의 수교 제의를 거절한 것은 발해국을 거울삼아 미연에 나라를 지키기 위함이다. 발해국이 고구려의 계승 국가가 아니었다면 고려 태조는 그토록 거란의 발해국 멸망 사건을 문제 삼지는 않았을 것이다. 고려 태조가 발해국의 멸망을 안타깝게 여기며 동정심을 나타낸 것은 발해국이 신라와의 해묵은 악감정을 청산했음을 긍정적으로 받아들이는 것과 무관하지 않다.

고려 태조의 옛 발해국에 대한 깊은 연민을 확인한 대광현은 수만 명의 유민들을 거느리고 고려로 들어왔다. 고려 태조의 발해국에 대한 연민은 그대로 그 유민에게 전해지면서 유민의 지도자인 대광현에게 왕계王繼라는 새로운 성명을 하사하고 고려 왕실의 종적宗籍에 올려 주었다.

태조의 남다른 배려로 대광현은 조상의 제사를 마음 놓고 지낼 수 있게 되었으며 고려의 품 안으로 찾아든 옛 발해국의 문무 관리들에게는 벼슬과 작위를 줌으로써 이후 유민들이 먼 발해국의 옛 땅에서 고려로 찾아들도록 문을 활짝 열어 놓았다.

위와 같이 거란의 야심적인 침공으로 위기를 느낀 발해국의 대인선은 신라에 이어 고려와 수호 관계를 맺었으나 결정적인 도움을 끌어내는 데 실패하여 멸망하였다. 위기에 처한 발해국이 신라와 고려에 대해 수호를 청하고 두 나라가 발해국의 요구대로 수호 관계를 맺은 것은 발해국이 고구려의 계승 국가임을 인정했기 때문일 것이다.

신라와 고려는 발해국에 필요한 군사 원조를 제공하지 않았으나 동정 어린 태도를 보여 주었던 것만은 사실이다. 특히 고려 태조는 발해국이 망한 지 17년이 되는 동시에 자신이 사망한 943년(태조 26) 거란에 대한 보복을 다짐하였다. 이와 관련하여 『자치통감』(권 25, 後晉 紀 6, 齊王 下, 開運 2년, 을사)을 보면 태조의 발해국에 대한 연민과 거란에 대한 보복과 적개심이 사실적으로 묘사되어 있는 기록을 볼 수 있다.

태조의 발해국에 대한 연민이 어느 정도였는가를 알아보자. 후진의 고조 천복天福 중(936~943)에 서역에서 말라襪囉라는 법명의 승려가 후진에 들어왔는데, 불로 점을 치는 재주가 남달랐다. 고려 여행을 자청하자 고조의 배려하에 고려에 들어온 말라는 태조의 극진한 예우를 받았다.

태조는 말라가 임무를 마치면 후진으로 돌아가리라는 판단에서 거란에 대한 적개심을 그에게 솔직하게 털어놓았다. 즉 "발해는 본래 내 친척의 나라인데 그 왕(대인선)이 거란에 포로가 되어 있다. 조정(후진)과 함께 거란을 쳐 옛 원한을 갚고자 한다. 선생께서 (후진에) 돌아가면 천자(고조)에게 말하여 기일을 정해 (양국이) 거란을 기습하는 것이 마땅하다."라고 하였다.

말라는 후진으로 돌아가 왕건의 말을 그대로 보고하였으나 고조는 아무 반응도 없었다. 그러다가 후진에 출제出帝가 즉위하고 거란을 멀리하게 되면서 전쟁이 일어났다. 말라는 이때를 틈타 이 말을 다시 꺼냈다. 출제는 고려를 대거란전에 끌어들이기 위하여 곽인우郭仁遇를 고려에 사신으로 파견하여 교섭을 진행시켰다. 왕건에게 전해진 것은 고려가 거란의 동쪽을 깊숙이 침공하여 그 병력을 분산케 하자는 것이었다.

그런데 마침 왕건이 사망하여 혜종이 즉위하게 되었고, 왕건의 신하와는 화합하지 못해 내란 상태에 빠지고 말았다. 그러나 시간이 흐르면서 점차 평정을 되찾았다. 곽인우가 직접 고려에 와서 살펴보니 고려의 군사가 허약하고 고려 사람들이 정이 많고 나약하였다. 곽인우의 귀국 보고로 왕건의 거란 보복 운운은 과장된 말이며 고려는 사실상 거란의 적수가 아니었음이 판명되었다.

곽인우가 보기에 왕건의 거란에 대한 보복이 과장되었다고 하더라고 왕건이 죽음 직전에 발해국에 대한 연민으로 거란을 보복할 마음이 있음을 후진에 털어놓은 것은 평소 발해국을 친척의 나라라고 여기고 있어서이다. 발해국의 대인선 역시 고려를 친척의 나라라고 여겼기에 혼인 관계까지 맺었던 것이다.

여기서 말하는 친척이란 무엇인가. 발해국과 고려 두 나라가 국가적 뿌리를 고구려에 두고 있다는 것을 말한다. 고려를 세운 왕건은 본래 고구려 왕실의 후예로서 본래 성은 고씨였으나 나라를 세우면서 왕씨로 바꿨다. 대인선과 왕건은 상대방의 민족성이 고구려였음을 알고 있었기에 혼인 관계를 맺게 된 것이다.

왕건과 같은 시기의 신라왕들 역시 발해국에 대해 왕건의 생각과 조금도 다른 바가 없었다. 그래서 대인선은 거란의 침공으로 인한 국가적 위기를 극복하기 위하여 신라와 군사 동맹까지 맺게 된 것이다.

현재 중국 사람들은 발해국이 말갈족에 의해 세워진 나라라고 주장하고 있다. 이는 발해국을 세우고 구성한 민족·종족 문제를 학문적 입장에서 다루지 않은 한족 중심의 편의주의적인 발상 때문이다. 이러한 태도는 학문적 견지에서 동떨어져 있거니와 중국인이 아닌 비중국인으로부터 올바른 이해를 구할 수 없는 편견에 지나지 않는다.

발해국의 민족성 문제와 관련하여 오늘날 중국 사람들이 즐겨 말하는 말갈족은 문화적으로 고구려족에 가깝다. 문화적으로 우수한 고구려인들은 낙후된 인접 민족인 말갈족들을 지배하거나 이끌어 왔다. 말갈족에 대해 쓰인 중국의 역사 문헌을 보아도 이들이 문자를 만들었다거나 문자를 사용하였음을 보여 주는 기록이 없다. 그러니 문자를 사용해 온 고구려 사람들이 이들을 문화적으로 지배한 것은 역사의 순리이다.

역사적으로 보면 문자를 몰라도 사람은 생을 영위할 수 있다. 그러나 문자를 모르고서는 나라를 세울 수 없고 경영할 수도 없다. 중국의 역사를 보면 문자를 모르는 사람이 나라를 세웠으나 그 나라가 정상적으로 경영된 예가 있다. 그것은 문자를 아는 지식인들을 관료로 기용했기 때문이다. 말갈족은 문자를 모르고 있었기 때문에 이들은 나라를 세울 수도 없었고 관료로 크게 기용할 만한 사람도 별로 없었다.

그런데 발해국 초기에 일본에 파견된 발해국의 외교사절 중에 말갈 사람들도 끼어 있었다. 사신으로 파견된 만큼 문자를 알고 있었을 것이다. 이는 이들 사신이 고구려 사람들로부터 문화적 영향을 받아 문자의 해독력을 갖추고 있었기에 사신으로 발탁된 걸로 판단된다.

고구려의 유민들이 중심체가 되어 발해국이 세워지긴 했으나 말갈족과의 협력 및 공존 관계가 발해국의 당면 과제였다. 발해국에서 고구려계가 주도권을 쥐고 말갈인과의 협력 관계를 잘 추진시켜 나갔으나 지역적으로 남쪽 멀리 떨어진 신라와의 협력 또는 관계 개선에 대해서는 그다지 관심을 두지 않았다. 국가 경영상 크게 문제가 된다고 판단하지 않았기 때문이다.

이처럼 일본에 파견된 발해국 초기의 외교사절 중에 말갈 사람들이 끼어 있음은 발해국의 고구려계 사람들로서는 말갈인과의 협력과 공존을 절감하고 있었음을 보여 주는 좋은 예라고 할 수 있다.

일본은 발해국을 고구려와 동일시하다

발해국의 제2대 무왕은 727년(인안 8) 일본의 쇼우무聖武 천황에게 보
낸 국서에서 발해국이 고(구)려의 옛 땅을 회복하고 부여의 풍속을 지
키고 있다고 알렸다. 쇼우무 천황은 다음해 무왕에게 보낸 답서에서
발해국이 고(구)려의 옛 땅을 회복했음을 사실로 인정하였다.

쇼우무 천황에게 보낸 국서에서 관심을 끄는 것은 발해국이 고(구)
려의 옛 땅을 회복한 것을 무왕이 일본에 알린 점이다. 이 대목만
가지고 보면 발해국의 영토는 고구려의 옛 땅과 거의 일치함을 알
수 있으나 그렇다고 해서 발해국을 고구려의 후계 국가로 볼 수 없
다. 말갈족도 고구려의 옛 땅을 얼마든지 차지할 수 있다고 보기 때
문이다. 발해국을 속말말갈족이 세운 국가라고 보는 사람의 입장에
서는 말갈족이 고구려의 옛 땅을 회복한 걸로 볼 것이다.

이 대목은 고구려족과 말갈족 중 어느 것이 고구려의 옛 땅을 회
복하였는지 알 수 없게 만들고 있다. 그런데 1이 부여의 풍속을 지키

고 있다는 대목은 애매한 이 문제를 명쾌히 풀어 주고 있다. 고구려가 북부여에서 갈라져 나왔음을 부인하는 사람은 없다. 무왕은 발해국이 부여의 풍속을 지키고 있다는 사실을 무엇 때문에 일본에 알렸는가. 부여의 풍속이 자랑할 만해서 알린 것이 아니라, 발해국을 세운 주된 종족의 계보를 알리려고 했기 때문이다.

부여가 멸망한 지 오래되었으나 발해국의 건국 초기에 부여의 풍속이 사라지지 않고 남아 있었다. 그것은 고구려가 부여 풍속의 계승국이었기에 가능하였다. 발해국이 부여의 풍속이 남아 있는 옛 고구려의 영토를 회복함으로써 부여의 풍속까지 보존하게 된 것이다. 무왕이 부여의 풍속 보존을 중요 기사로 내세운 것은 발해국의 건국 세력이 종족상 부여 – 고구려로 이어지고 있다는 역사적 사실을 알리려는 의도이다.

무왕이 국서에서 발해국이 고구려의 옛 땅을 회복하고, 부여의 풍속을 보전하는 것 등을 일본에 알린 것은 의례적인 것이 아니고 통고할 수밖에 없는 사정이 있어서였다. 이와 관련하여 『속일본기』(쇼우무 천황 징키(神龜) 4년 병신조)를 보면 당나라의 장군 이적李勣이 고(구)려를 멸망시킨 후 고구려의 일본 조공이 오래 단절되었다가 727년에 이르러 59년(668~728) 만에 무왕이 파견한 영원장군寧遠將軍 고인의高仁義 등 24명의 일본 입국으로 재개되었다는 요지의 기사가 있었다.

이 기사를 보면 일본은 발해국을 고구려의 후계자로 확신하고 있었음을 알 수 있고, 무왕은 고구려가 멸망한 지 59년이란 긴 세월이 흘렀으나 고구려가 다시 세워졌음을 정식으로 알리기 위해 위의 두 사실을 국서에 담아 통고했던 것이다. 일본 측의 기록에 발해국의 첫 사신이 일본에 입국한 것을 고구려와 일본의 관계 단절과 관련을 지은 것은 일본으로서는 발해국이 멸망한 고구려의 후계자임을 완전히 인정하고 있음을 나타낸 것이다. 일본인들이 고구려를 말갈족의 국가로 보지 않고 발해국을 고구려의 후계자로 확신한 만큼 발해국은 말갈족이 세운 나라가 아니고 고구려의 유민들이 주체적으로 세운 나라임이 명백해졌다.

이렇듯 일본인은 발해국을 고구려의 유민들이 세운 나라라고 믿고 있었기 때문에 발해국의 첫 사신이 일본에 입국한 것을 고구려의 멸망으로 빚어진 고구려와 일본의 관계 두절과 연관지었던 것이다.

그러면 발해국이 일본 측의 역사 문헌에 어떤 국가로 인식되고 다루어졌는지 알아보자.

다음에서 보듯이 발해국과 일본국 사이에 국교가 수립된 727년(무왕 인안 8)의 문헌에 발해국은 고(구)려국이라고 적혀 있다. 이는 무왕이 보낸 국서 및 발해국의 사신 고인의高仁義 등의 발해 건국에 관한 제보를 통해 일본국 사람들이 발해국을 고(구)려 그 자체로 인식하고 있었음을 보여 주고 있다. 국서에 누차 지적되었듯이 발해국이 고구려의 옛 땅을 회복하였음을 일본국 사람들이 확인한 만큼 발해국을 고구려 그 자체라고 보는 것은 당연하다.

일본국 사람들이 발해국을 고구려 그 자체라고 보는 인식은 796년(강왕 정력 2)에 이르러서도 변함이 없다. 즉 '발해국은 고(구)려의 옛 땅이다'라는 기사가 이를 보여 주고 있다. 이를 풀이하면 발해국은 고(구)려의 옛 땅에 세워져 그 땅을 전부 통치하고 있다는 의미가 될 것이다. 그러면 고구려의 유민들도 발해국 사람들의 일부인 것만은 의심되지 않는다. 고구려가 망하여 그 유민들이 당나라에 끌려갔다고 하더라도 전부 끌려갔다고 보지 않기 때문이다. 발해국을 고구려 또는 고구려의 후계자로 보는 일본인들의 인식은 문헌상 850년(함화 20)까지 지속되었다. 이는 문헌에 발해국이라고 써야 하는데 고(구)려라고 씌어 있는 것을 통해 알 수 있다.

850년 이후의 문헌에는 지금까지 발해국 또는 고(구)려라고 혼칭하던 필법을 바꾸어 발해국으로 적혀 있다. 더 이상 고(구)려라고 부르거나 기록할 필요가 없어져 문헌에 발해국으로 명칭이 통일되었던 것이다.

일본 문헌에 나타난 말해국

시 기	내 용
727년[무왕 인안8, 쇼우무(聖武) 천황 징키(神龜) 4]	渤海國者 高麗國也 [발해국이란 고려국이다]
758년[문왕 대흥21, 고우겐(孝謙) 천황 덴표우쇼우호우(天平勝寶 2)]	渤海(原作高麗)國王大欽茂 [발해는(원래 고려로 됨) 국왕 대흠무]
759년[대흥 22, 쥰닌(淳仁) 천황 덴표우호우지(天平寶字) 3]	敬問渤海(原作高麗)國王 [삼가 발해(원래 고려로 됨) 국왕이 (평안한지) 묻습니다]
760년[대흥 23, 쥰닌 천황 덴표우호우지 4]	渤海(原作高麗)差(高)南申 [발해(원래 고려로 됨)는 (고)남신을 파견하였다]
761년[대흥 24, 쥰닌 천황 덴표우호우지 5]	高麗朝大山爲遣渤海(原作高麗)使 [조신인 고우라이노타이잔을 발해(원래 고려로 됨)에 파견하는 사신으로 함]
763년[대흥 26, 쥰닌 천황 덴표우호우지 7]	帝御閣門賜渤海(原作高麗)客錦渤海(原作高麗)大使王新福言 李家太上皇 帝并崩……渤海(原作高麗)使王新福等歸蕃 八月 壬午初遣渤海(原作高麗)國船名 日能登 [쥰닌 천황이 편전의 문으로 가서 발해(원래 고려로 됨) 사신에게 비단을 하사하였다. 발해(원래 고려로 됨)의 대사인 왕신복은 당나라의 현종과 숙종이 사망하였다고 말했다.……발해(원래 고려로 됨) 사신 왕신복 등이 귀국하였다. 8월 임오 초 발해(원래 고려로 됨)국으로 처음 배를 파견하였는데 이름이 노도이다]

시 기	내 용
772년[대흥 35, 고우닌(光仁) 천황 호우키(寶龜) 4]	武生連烏守至渤海(原作渤海) [다케오노렌토리모리가 발해(원래 고려로 됨)에서 도착하였다]
778년[대흥 41, 고우닌 천황 호우키 9]	先是寶龜七年渤海(原作高麗)使輩三十人溺死 [이보다 먼저 호우키 7년 발해(원래 고려로 됨) 사신 30명이 익사하였다]
796년[강왕 정력 2, 칸무(桓武) 천황 엔랴쿠(延)모]	渤海國者 高麗故地也 [발해국이란 고려의 옛 땅이다] 天智天皇二年 高麗國高氏爲唐所滅也 文武天皇二年大作 榮始建渤海國和銅六年 受唐册立 [덴지 천황 2년(668) 고려의 왕 고씨가 당나라에게 멸망되었다. 몬무 천황 2년(698) 대조영이 처음 발해국을 세웠으며 와도우 6년(713) 당나라의 책립을 받았다]
850년[□왕 함화 20, 건묘우(仁明) 천황 가죠우(嘉祥) 3]	渤海(原作高麗)國　遣使修聘……渤海(原作高麗)大使獻可大夫史都蒙 [발해(원래 고려로 됨)국이 사신을 파견하여 수빙하였다……발해(원래 고려로 됨) 대사 헌가대부 사도몽]

일본의 쇼우무 천황은 무왕의 국서를 받고 또한 그 사신 고인의를 통해 소식이 끊긴 고구려에 관한 정보 및 고구려와 발해국의 관계 설명을 충분히 들었을 것이다. 그래서 발해국은 고(ㄱ)려국이라는 인식을 확고하게 가지게 되었다. 그런데 일본국은 대조영이 세운 나라의 국호가 발해국이란 것을 발해국의 사신을 통해 확인하였다. 중국 측의 문헌에 보이는 진국振國이란 국호는 일본 측의 문헌에서 보이지 않는다. 이런 면에서 진국이란 국호는 객관적 사실로 인정을 받기 어렵다. '大祚榮始建渤海國'이란 기사가 보여주듯이 일본국은 역시 발해국의 사신을 통해 발해란 의미를 제대로 파악하였을 것으로 본다. 발해란 의미는 앞에서 그 전모가 밝혀졌으므로 여기서 다시 논하지 않는다.

이러한 논거하에 발해국의 실체를 정확하게 알고 있었던 나라는 일본이었다. 이에 대한 것 중의 하나는 말기에 발해국과 거란의 관계가 오랜 적대관계[世讐關係]였다는 사실이다. 이는 물론 발해국의 사신을 통해 알게 된 것이다. 발해국의 사신 중에 자국에 관한 정보를 사실대로 일본에 통고하지 않았을 가능성도 배제할 수 없다. 그러나 양국 간에 계속된 사신의 교환으로 허위 정보는 반드시 판명될 수밖에 없다.

이런 면에서 727년의 기사에서 발해국을 고(구)려국과 동일시한 대목이 허위 정보에 의한 발해국 인식이라고 하더라도 796년의 기사에서 발해국이 고(구)려의 옛 땅을 통치하고 있다는 대목은 국교가 수립된 이래 69년이란 세월이 흐른 뒤의 상황 설명이므로 사실에 바탕을 둔 발해국 인식이 분명하다.

따라서 양국의 국교 수립이 있었던 727년의 기사에서 발해국을 고(구)려와 동일시한다는 대목은 사실에 바탕을 둔 정확한 발해국 인식임이 밝혀진 셈이다. 그렇기 때문에 758년(문왕 대흥 21) 이후의 문헌에 발해가 원래 고려로 쓰였다는 것은 사실로 보아도 문제될 것이 없다.

727년에서 850년까지의 문헌에 발해국이 '원래 고려로 쓰였다'라는 것은 사실로 판명 났으나 때로는 발해국과 고(구)려가 혼칭되기도 하였다. 오히려 혼칭이 발해국을 바르게 인식하는 데 도움을 준다. 즉 발해국은 속말말갈이 세운 나라가 아니고 고구려의 유민이 주축이 되어 세운 국가라는 사실을 밝혀 주었으므로 호칭의 혼란으로 보는 것은 온당하지 않다.

위와 같이 일본국은 자국과 수교 관계를 맺기 위해 처음 찾아온 발해국 사신의 일본 입국을 59년간(668~727) 단절된 고구려의 조공을 다시 잇는다는 의미로 파악하여 환영한 것이 사실이다. 발해국은 일본과의 교역을 주목적으로 하여 사신을 빈번하게 일본에 파견하였으나 일본은 이를 발해국의 일본에 대한 조공으로 간주하였다. 사신의 파견 성격 문제를 놓고 양국 간의 견해가 달랐으나 일본 측의 발해국 인식은 변함이 없었다. 즉, 발해국을 말갈과 연결시켜서 보지 않고 고구려와 연결시켜 보았다는 것이다. 만약 일본이 발해국을 말갈과 연결시켜서 보았다면 발해국이 거란에게 망함과 동시에 동란국東丹國으로 국호가 바뀐 것에 대해 남다른 관심을 표명할 이유가 없다.

930년(발해국 멸망은 926년) 동란국의 사신 배구裴璆가 일본에 입국하자 천황을 대신한 일본의 접대 사신은 원래 배구가 발해국의 사신으로서 909년과 919년 두 차례 일본에 입국한 사실이 있음을 기억하여 동란국의 사신이 된 연유를 따져 물었다. 배구의 답변은, 발해국은 거란에 의해 파멸되어 국호가 동란국으로 바뀌었으며 자신들은 항복하여 동란국의 신하가 되었다는 것이다. 천황은 배구 등이 발해국의 오랜 적대국가인 거란에 항복한 것을 몹시 나무랐다. 배구 등은 머리를 조아리면서 사죄하고 발해국의 마지막 왕인 대인선을 구하지 못한 자신들의 소극적인 행동을 부끄럽게 여겼다.

만약 발해국이 말갈족에 의해 세워진 나라였다면 배구 등이 동란국에 항복하여 그 신하가 된 것에 대해 일본의 천황이 그토록 몹시 나무랐을까. 발해국은 고구려 그 자체 또는 고구려의 연장국가(후계자)로 보고 있기 때문에 배구 등 발해국의 지식인들이 발해국을 멸망시킨 거란에 의해 세워진 동란국의 신하가 된 것을 질타했다고 할 수 있다. 이것을 보더라도 일본국은 발해국이 고구려계의 국가였음을 발해국이 멸망한 후에도 인정하고 있었음을 살필 수 있다.

이처럼 발해국과 일본 간에 오고 간 국서는 발해국과 고구려를 같은 나라로 썼다. 발해국은 일본에 보내는 국서에서 자국이 고구려를 계승한 나라이므로 나라 이름을 고(句)려라 하였으며 일본과의 수교도 새삼스러운 일이 아니고 전날 고구려와 일본 사이에 맺어진 국교를 다시 회복한다는 의미로 파악하였다. 일본 측도 발해국이 고구려의 계승국임을 알고 있었기 때문에 발해국과 그 국왕을 고(句)려, 고려왕으로 대했던 것이다.

발해국의 사정을 전해 주고 있는『속일본기』등 일본의 여러 사서들을 보면 일본이 발해국을 고(句)려로 인정하고서 후하게 대접하였음을 살필 수 있다.

발해국은 대제국 고구려를 계승한 국가로서 대일 정책까지 계승하여 고구려처럼 일본에 대한 영향력과 친선 관계를 강화하여 국위를 과시하려고 하였다. 당시 일본 땅에는 동해를 건너 이주한 고구려 유민들이 적지 않았다. 발해국은 일본과의 관계를 강화함으로써 그곳의 고구려 유민들과 유대를 맺는 동시에 이를 통해 일본의 발해국에 대한 적극적인 지지를 얻어내려고 하였다.

또한 발해국은 불안한 중국 대륙으로부터의 정치적 난기류에 대처하는 의미에서 일본과 정치적 유대 관계를 맺으려고 하였다. 발해국은 일본과 수교하는 초기에 당나라의 발해국에 대한 군사적 견제와 이에 대항하기 위해 당나라의 등주와 마도산을 공격하는 등 당나라를 견제하다 보니 일본과의 관계 강화를 염원할 수밖에 없었다.

발해국이 일본과의 연대를 정치·외교적으로 진행시킴에 따라 경제 문화적 교류도 진행되었다. 사실상 양국의 교류는 회를 거듭할수록 주로 경제·문화 분야로 진행되었다. 34차례에 걸쳐 일본에 파견된 발해국의 사신 중 제1차(727) 때의 영원장군 고인의를 비롯하여 제5차(769) 때의 보국대장군 고남신까지는 모두 무관이었다. 그 이후 (762)의 사신들은 일부를 제외하면 모두 문관이었다는 것이 이를 잘 보여 준다.

그런데 많은 사람들은 8세기 중엽까지 발해국의 대일 외교의 흐름이 주로 군사적 성격을 띠었다고 이해하였다. 그러나 실상은 그렇지 않다. 발해국의 집권 판도를 보면 무왕과 문왕의 집권 초기까지는 무관들이 중요 관직을 차지하는 등 실권을 쥐고 있었다. 그러니 이들 무관들이 일본 사신으로 임명받게 된 것이다. 지금까지는 발해국이 일본과 군사 관계를 맺음으로써 군사적 지원을 얻어내기 위해 무관 출신의 사신들을 파견한 것으로 전해진 것이 사실이다. 그러나 그렇지 않음은 양국의 사신이 휴대한 국서 내용을 보면 잘 알 수 있다. 사실상 발해국은 과거 고구려와 일본 간의 선린 관계를 바탕으로 경제·문화적 교류를 유지, 강화하는 데 사신을 파견하는 의미를 부여하였다.

양국 간에 경제 교류가 활발하게 전개되는 시기에 발해국의 사신들이 일본에 문화적으로 큰 영향을 주었음은 이를 말해 준다. 일본 측의 역사 문헌에 실린 발해국의 문인, 학자로 양태사(758)·왕효렴 (814)·주원백(859)·이거정(861)·양성규(872)·배정(882, 895)·배구(908, 919) 등이 있는데, 이들은 자신들을 영접한 일본의 관리와 학자들에게 자랑스러운 발해국의 문화를 보여 주는 등 문화적으로 많은 영향을 주었다. 물론 일본은 발해국의 사신들을 영접하기 위하여 학식과 명성이 빼어난 인물들을 영접관으로 내세웠던 것이다.

758년 정사正使를 보좌하는 부사로서 일본을 다녀온 위덕장군 양태사는 일본에 머무는 동안에 시를 여러 편 지었는데 「밤에 다듬이 소리를 듣고」·「눈(泰和紀朝臣公詠雪詩)」은 지금도 전해지고 있다.

일본을 방문한 발해국의 사신들 가운데 주목할 인물은 배정과 배구 부자이다. 이들 부자는 남다른 재능에다 품위를 지니고 있어 파격적인 대우를 받았다. 일본은 발해국의 질 높은 문화를 접하는 것으로 만족하지 않고 관리와 그 자제들이 직접 발해국에 가서 발전된 문화를 직접 보고 전수해 오도록 하였다.

이렇듯 발해국의 사신들이 발전된 문화를 일본에 전해 주거나 일본인들이 발해국에 와서 그 문화를 섭취해 간 것은 발해국의 문화가 우수하기 때문인데 이는 고구려의 발전된 문화를 계승하였음을 보여 주는 것이다.

궁예의 발해관을 살핀다

세계 역사상 후세에 명성을 남긴 민족 또는 종족 가운데 지금까지 그 전모가 밝혀지지 않은 경우가 있다. 흉노와 발해가 바로 여기에 속한다. 흉노족의 경우 관련 학자들에 의해 다양한 견해가 나와 있다. 먼저 드기느De Guignes(프랑스)는 동양사의 흉노가 서양사의 Hunni(Hunnen)와 같다는 전제하에 흉노를 투르크족이라고 단정하고, 흉노어를 투르크어라고 해석하였다. 드기느와 견해를 같이하는 학자로는 팔라스Peter Simon Palls(독일, 1741~1811)를 비롯하여 베르크만Bergman(독일), 히야킨트Hyakinth(독일), 피쿠린Picurin(독일), 노이만Neumann(독일), 슈미트Issac Jacob Schmidt(러시아, 1779~1847), 하워드Sir Henry Hoyle Howorth(영국, 1842~1926), 시라토리 쿠라키치白鳥庫吉(일본, 1865~1942) 등이 있는데 이들은 모두 흉노(Hunnen)를 몽골족이라고 보았다.

한편 크라프로스Klaproth(독일)는 흉노를 투르크족이라 하고 Hunnen을 핀Finn족(현재 핀란드)이라는 색다른 주장을 하기도 했다. 색다른 견해를 주장한 면에서 레무사트Jean Pierre Abel Remusat(프랑스, 1788~1832)도 주목할 만하다. 그는 동양사의 흉노에 대해서만 언급하였는데 흉노가 투르크라는 크라프로스의 설에만 동의하였다.

위와 색다른 주장을 한 마틴Saint Martin도 주목할 만하다. 그는 동양사의 흉노가 서양사의 Hunnen이며 핀족에 속한다고 보았다. 대부분의 학자들이 흉노의 정체를 협의로 보고 있음에 반해 광의로 보는 학자도 있다. 카스트렌Matthias Alexander Castren(핀란드, 1813~1852)은 흉노가 전성기에 몽골족·투르크족·만주족·핀족 등 모두를 포함하였다는 것이다. 이와 유사한 논리를 편 라쿠페리Albert Etienne Jean Baptiste Terrien de Lacouperie(영국, 1845~1894)는 흉노가 정치상의 집단으로서 한 종족의 단체가 아니라고 주장하였다.

흉노의 정체에 관해 발표된 다양한 견해와 주장을 살펴보았듯이 지금으로서는 흉노의 종족 문제에 대해 정설을 내릴 수 없다. 이처럼 학자들의 견해가 엇갈리고 있는 것은 왜일까. 흉노족 당사자가 기록을 남기지 않았고 이들이 원래 거주하였던 몽골 땅 한군데에 뿌리를 내리지 않고 유럽으로 이동한 것 등이 주된 이유라고 하겠다.

앞으로 흉노의 민족성 문제를 밝혀 줄 새로운 자료가 나오지 않는 한 이 문제는 진전되기 어려울 것이다. 그러면 발해국의 민족성 문제는 어떠한가. 결론부터 말하면 고구려계와 말갈계 둘로 엇갈려 있다. 발해국은 흉노와 달리 한군데에 뿌리를 박아 어엿한 자주국가로서 존립해 왔으므로 발해국의 민족성이 문제로 부각될 수 없다. 그런데 중국인의 왜곡되고 편중된 발해관이라는 변수가 돌출하였다.

이들의 발해관에서 무엇이 문제인가. 여기서 말하는 중국인은 발해국 그 당시의 중국인이 아니고 후대 또는 지금의 중국인을 말한다.

발해국이 세워진 그 당시 당나라 사람들은 발해국의 건국에 대해 불만을 갖고는 있었으나 실체를 인정하여 국가 명칭을 '발해'라고 하였다. 발해란 어떤 의미를 갖고 있는가.

불행히도 어떤 문헌에도 이에 대한 언급이 나와 있지 않다. 그저 발해국이니까 발해려니 가볍게 생각하고 있다. 따지고 보면 발해국의 의미를 밝히지 않은 데서 빚어진 결과로 발해국의 민족성을 놓고 막연히 고구려계니 말갈계니 하는 엇갈린 주장이 대립하고 있는 것이다.

발해국의 연구에서 아직 유일하게 해결되지 않은 이른바 민족 구성 문제를 풀어 줄 수 있는 유일한 대안은 발해국이란 국호가 어디서 유래되었는지를 밝히는 것밖에 없다. 과거엔 만주였으나 지금 중국의 동북 지방에는 길이가 1,927㎞, 유역의 면적이 523,000㎢나 되는 송화강松化江의 여러 지류 중의 하나가 길이 670㎞의 목단강牧丹江이다. 이 강은 당나라 시대 홀한하忽汗河 또는 홀한수忽汗水라고 불렸다. 『요사』의 태조기太祖紀에 거란군이 함락시킨 발해국의 수도 홀한성忽汗城이 『신당서』 발해전에는 상경용천부上京龍泉府로 되어 있다. 『신당서』의 지리지가 인용한 가탐賈耽의 『도리기圖里記』에는 상경용천부가 홀한해忽汗海에 임해 있다고 적혀 있다. 홀한해는 홀한하와 어떤 관련이 있는가.

홀한하의 상류에 경박호鏡泊湖란 호수가 있는데, 당나라 사람들은 이를 홀한해라고 불렀다. 필이등호畢爾騰湖라는 별명을 갖고 있는 경박호는 길이가 약 35㎞, 폭이 약 10㎞의 타원형을 이루고 있어 바다처럼 여겨졌다. 그래서 홀한해라는 이름이 붙여진 듯하다. 『신당서』 발해전은 상경용천부가 홀한하 동쪽에 있다고 했으나 가탐이 『도리기』에서 홀한해에 임해 있다고 한 것은 실제 경박호(홀한해)에서 동북으로 몇 리 안 되는 곳에 지금은 동경성東京城으로 불리고 있는 상경용천부가 위치하고 있어서이다.

상경용천부를 달리 말하는 홀한성이란 이름은 홀한성이 홀한하보다 작은 바다처럼 연상되는 홀한해(경박호)와 가까운 거리에 위치하였다는 데서 붙여진 것이다. 그러면 발해란 국호는 홀한해와 어떤 관련이 있는가. 일반적으로 큰 바다는 창해滄海로 표현된다. 작은 바다를 말할 땐 발(孛, 浡)자와 해(海, 邂)자를 합성시켜 발해라고 한다. 발해국의 '발해'는 작은 바다를 나타내는 보통명사이다. 대조영이 세운 발해국의 수도 상경이 홀한해에서 가까운 곳에 자리를 잡았기에 홀한해가 발해로 불리게 된 것이다.

당나라 시대 사람들은 경박호를 홀한해라고 불렀으나 당나라 사람은 홀한해란 명칭이 국호로 부적당하다고 판단하여 홀한해라는 고유명사를 발해라는 보통명사로 바꾸고 대조영이 세운 국가의 명칭과 관련하여 부여한 것이 발해군왕渤海群王·발해국왕渤海國王 또는 홀한주도독忽汗州都督이란 작위였던 것이다. 따라서 발해군은 의미상 홀한주와 일치한다.

초기의 작위인 발해군왕 또는 홀한주도독은 당시 홀한해를 생활터전으로 삼고 있는 주민들, 즉 고구려계와 속말말갈계의 사람들을 중심으로 세워진 발해라는 다민족국가의 최고 통치권자가 대조영과 그 직계 국왕임을 당나라가 인정한 것을 의미한다. 발해국의 건국과정부터 방해한 당나라가 종전의 태도를 바꾸어 발해국의 실체를 인정할 수밖에 없었던 상황을 보여 준 것이 홀한해를 바다처럼 연상하고 부여한 발해라는 명칭이었던 것이다.

당나라는 국호로 홀한해라는 명칭의 사용을 의도적으로 피하고 대신 홀한해를 추상적으로 표현하는 발해를 일시적으로 국호처럼 사용할 수밖에 없는 고민 끝에 발해를 국호로 들고 나오게 되었다고 풀이할 수 있다. 따라서 발해란 어디까지나 다시 홀한해를 생활권으로 여기고 살고 있었던 고구려계와 말갈계의 연합국가를 나타내는 국가 명칭으로 보는 것이 옳다.

고구려의 멸망 후 그 옛 땅을 차지한 것은 당나라가 아니다. 고구려계의 사람들이 여전히 상당 부분을 차지하였으며 말갈의 옛 땅까지 아울러서 발해를 세웠다. 당나라는 그 발해라는 독립 정권을 정책상 인정할 수밖에 없었다. 그런데 북방 민족(거란)의 압도적인 군사력에 눌려 있던 송나라 사람들은 발해국의 뿌리인 고구려에 대해 불쾌감을 나타내곤 하였다. 그것은 무슨 이유에서인가.

요遼·금金 등 북방 민족국가들은 한족漢族에 대해 배타적인 감정을 품고 있었다. 고구려나 발해국에 대해서는 동질감을 느낀 게 사실이다. 말하자면 한족은 거란·여진 등 북방 민족의 범주에 고구려나 발해 사람까지 포함시켰으며 북방 민족에 대한 적대감에서 고구려나 발해국까지 강하게 거부하였던 것이다.

이렇게 보면 당나라 사람들은 발해국에 대해 불만을 품고는 있었으나 그 실체까지 부인할 수는 없었다. 다시 말하면 당나라 사람들은 발해국의 사람들이 어떤 종족에 속하였는지 정확히 알고 있었다. 그러면 당나라 사람 외에 발해국 사람들에 대해 정확히 알고 있었던 다른 사람들은 없었을까.

발해국이 존립했던 698~926년 사이에 존재했던 주변 민족 또는 주변 국가의 사람들이 모두 이를 알고 있었음은 재론할 필요가 없다. 이들을 민족별로 나누면 다음과 같다.

1) 한국 - 신라 사람, 후삼국 사람, 고려 사람
2) 일본 - 일본 사람
3) 중국 - 당나라 사람, 거란 사람, 동란국東丹國 사람, 오대 시대 사람
4) 말갈 - 말갈 사람
5) 돌궐 - 동돌궐 사람

이들은 모두 당시 발해국의 주변 민족이거나 주변 국가의 사람으로 발해국과 어떤 형태로든 관계를 맺었으므로, 발해국 사람들의 종족 문제를 잘 알고 있었을 것이다. 그것이 모두 오늘날 기록으로 남겨져 있지는 않지만 중국인의 왜곡된 발해관을 바로잡아 줄 만한 자료로서의 가치는 매우 클 것이다.

그러면 먼저 언급한 문제에 대해 누구보다 잘 알고 있었을 한반도의 사람들에 대해 알아보자. 신라 말기 한반도의 사회적 분위기는 반신라적이었고, 부패의 절정에 이른 신라 정권을 전복하려는 분위기가 전국적으로 넘쳐흐르고 있었다. 신라 정부와 전복 세력 간에는 공방전이 치열했다.

반신라적 분위기를 주도한 핵심 세력은 멸망한 고구려와 백제의 부흥을 공통적으로 주장했다. 이런 구호를 통해 반신라적 분위기를 자기편으로 끌어들일 수 있기 때문이다. 신라를 무너뜨리고 새로운 정권을 세우게 되면 국가 명칭을 정해야 한다. 반신라적 분위기를 주도한 세력은 신라를 멸망시키는 과정과 때를 같이하여 이미 자기 정권의 국호를 정하였다.

이들은 신라의 멸망이 전제되어야만 자신의 야망이 이루어질 수 있다는 판단에서 신라에 의해 멸망된 구정권, 즉 고구려와 백제라는 명칭을 자기 정권의 국호로 정하게 된 것이다. 여기서 정해진 것이

(후)고구려, (후)백제인데 이런 국호를 정함으로써 신라의 멸망이 그만큼 빨라질 수 있다고 판단했을 것이다.

이 반란세력의 주도자가 궁예와 견훤이다. 두 사람은 자신의 정권을 세우게 되었으나 후발주자인 왕건에게 밀려났다. 왕건은 고려를 세웠으나 그의 정치적 기반은 궁예가 마련해 준 것이었다. 왕건이 그후 견훤의 세력 기반까지 흡수한 것은 고구려에 대한 동경이 백제를 능가한 탓으로 여겨진다.

왕건은 원래 궁예 밑에서 정치적으로 성장한 만큼 궁예의 정치적 야망을 누구보다 잘 알고 있었다. 궁예는 최종 목표를 이루지 못하고 대업을 왕건에게 물려주고 말았지만 궁예가 운 좋게 (후)고구려를 세우거나, 왕건이 궁예의 기반을 답습하여 손쉽게 건국한 것은 아니었다. 궁예와 왕건은 모두 고구려 왕실의 후예라는 공통점을 가지고 있었다. 『삼국사기』 궁예 열전에 그의 출생과 가문에 대한 설명이 나와 있지 않고 신라의 왕실 출신으로 나오면서 왕실로부터 배척받은 것은 모순이다. 이에 비하면 『태백일사太白逸史』에 실려 있는 그의 가문을 보면 그가 왜 신라 왕실로부터 배척을 받아야만 했는지 그 전모가 상세하다.

『태백일사』에 실려 있는 그의 가문은 이러하다. 궁예의 선조는 평양 사람으로 가깝게는 보덕국왕 안승安勝의 먼 후손이다. 그러면 궁예는 고구려 왕실의 후예이며 본래의 성은 고씨가 분명하다. 그의 아버지가 고구려 왕실의 후예로서 남들한테 주목을 받을 만큼 의지력이 굳세 어머니의 성인 궁씨를 따르는 것이 좋겠다는 이의 충고대로 궁씨 성을 따르게 되었다.

궁예가 어머니의 성을 따른 것으로 보아 안승 등 고구려의 유민들이 신라 사회에서 적절한 대우를 받지 못하였음을 『삼국사기』 신라 본기에서도 볼 수 있다. 여기서 먼저 신라 사회로 들어온 수많은 고구려 유민의 정신적 지도자들에 대해 알아보자.

고구려가 멸망한 이후 처음 신라로 망명한 인물은 669년에 망명한 안승인데, 그는 4천여 호의 고구려 사람들을 데리고 왔다. 또한 고구려의 멸망을 앞두고 삶의 터전을 찾아 나선 연정토淵淨土(연개소문의 아우)는 신라로 망명할 때 3,543명(763호)을 데리고 왔다. 고안승과 연정토를 따라 신라로 찾아든 고구려의 유민들을 합산하면 23,100명이 넘는다. 이는 신라에서 공식적으로 확인한 것이고 확인되지 않은 유민은 이보다 더 많을 것이다. 신라로 들어온 이들 유민은 신라와의 지리적 관계상 고구려 남부 지방의 주민이 대부분이었다.

이렇듯 고구려의 유민을 가장 많이 데리고 온 인물이 안승인 만큼 그는 고구려에서도 비중 있는 인물이었다. 그런데 안승의 신분을 놓고 여러 가지 설이 있다. ① 고구려의 대신 연정토의 아들이라는 설 (『삼국사기』 권 6, 신라본기 문무왕 10년 6월조) ② 보장왕의 외손자라는 설(『신당서』 권 220, 고려전·『자치통감』 권 201, 唐紀 17, 함형 원년 4월조·『통전』 권 186) ③ 보장왕의 서자라는 설(『삼국사기』 권 22, 고구려본기, 보장왕 下, 총장 2년 2월조)이 그것이다.

②·③설에 의하면 안승은 고구려의 왕족임에 틀림없다. 연정토는 연개소문의 동생이므로 안승이 그의 아들이라는 것은 잘못이다. 안승은 670년(문무왕 10) 고구려왕에 봉해졌는데 그 책명문을 보면 안승이 보장왕을 계승한 유일한 인물[正嗣]이므로 선왕의 제사를 주관해야 한다는 것이 강조되어 있다. 원래 서자나 외손자에게는 사자嗣子나 정사正嗣라는 표현이 적절하지 않지만 문무왕이 그를 고구려왕에 봉

했기 때문에 이러한 표현을 쓴 듯하다. 전체적으로 보아 안승은 보장왕의 서자라고 보는 것이 옳을 듯하다.

이러한 안승은 670년 반당 투쟁의 횃불을 쳐든 대형大兄 벼슬의 검모잠劍牟岑에 의해 (후)고구려왕에 추대되어 당나라군과 싸우는 고구려 유민군을 지휘하다가 검모잠을 죽이고 신라로 들어왔는데 그를 따라온 사람은 2만 명 정도였다. 그후에도 고안승 휘하의 유민군은 안시성·평양성 등지에서 4년간 항전을 계속하였으나 여의치 않게 되자 평양의 유민군이 신라로 들어왔다. 그 수는 알 수 없으나 적지 않았을 것이다.

그런데 674년(문무왕 14) 문무왕은 고구려왕에 봉했던 안승을 보덕왕報德王으로 삼은 데 이어 680년(문무왕 20) 문무왕은 안승에게 누이동생을 시집보냈다. 1년이 지나 681년(신문왕 1) 보덕왕은 소판蘇判 벼슬의 김흠돌金欽突(신문왕의 장인)과 파진찬波珍湌 벼슬의 흥원興元 그리고 대아찬大阿湌 벼슬의 진공眞功 등의 반역이 평정되었음을 소형小兄 벼슬을 가진 사신 수덕首德을 통해 축하하였다.

김흠돌의 처형으로 소판 벼슬이 공석이 되자 683년(신문왕 3) 신문왕은 안승을 소판으로 삼고 김씨 성까지 줌으로써 거처를 수도[경주]로 옮기게 하고 큰 저택과 질 좋은 토지를 내려 주었다. 거처가 수도로 이전됨으로써 고안승의 활동 무대가 좁아졌는데 이는 고안승의 지위를 강등시키는 계기가 되었다. 이를 반영하듯 684년(신문왕 4) 고안승의 아들뻘 되는 고대문高大文은 장군직에 있음을 기회로 하여 금마저金馬渚(전북 익산)에서 반란을 일으켰다. 신문왕의 지시로 고구려 유민들의 반란은 평정되고 이들 유민은 남쪽의 주·군으로 거처를 이주당하였다.

고대문이 금마저에서 반란을 일으킨 것은 고구려 유민의 정신적 지주였던 고안승이 고구려왕에서 보덕왕으로 격하되었다가 소판 벼슬을 받음으로써 다시 그 지위가 격하된 것에 대한 고구려 유민의 불만 때문이었다. 고안승이 고구려왕으로서의 지위를 박탈당함으로써 전체 고구려 유민에게 미친 영향은 이들의 정신적 불안과 경제적 손실이었다.

고안승이 고구려왕에서 밀려나고 소판 벼슬을 받음으로써 고구려인에서 신라인으로 국적이 바뀌고 고구려 유민의 지도자적 지위와 권리를 박탈당하고 신라의 한 관리로 신분의 대변동이 있었다. 그만큼 토지 등 경제적 손실을 강요당하게 되었을 것이며 이로써 일반 고구려 유민이 받은 정신적·사회적·경제적 타격은 이루 형용할 수 없었을 것이다.

고안승이 소판 벼슬을 받은 이후의 행적을 보여 주는 기록은『삼국사기』에서 찾아볼 수 없다. 그는 신문왕의 관리로서 신분이 고정되었을 것이다. 더불어 그를 따르던 많은 고구려 유민들은 배신감으로 인한 허탈 상태에 빠졌을 것이다. 그리하여 이들은 신라의 고구려 유민들에 대한 통제 정책에 불만을 품고 반란을 일으켰으나 번번이 패하였다. 고구려 유민들의 신라에 대한 원한이 쌓일 대로 쌓인 그런 사회적 분위기에서 궁예는 태어났다.

『삼국사기』궁예전에는 궁예의 아버지가 47대 헌안왕 또는 48대 경문왕이라는 설만 있을 뿐 정확하지 않으며 태어난 시기도 나와 있지 않다. 궁예가 왕의 아들이라면 출생 시기가 언제이고 그 아버지가 누구라는 것이 확실히 밝혀져야 한다. 그런데 출생과 관련하여 밝혀져 있는 것은 오직 5월 5일 외가에서 태어났다는 사실뿐이다.

그런데 『태백일사』에는 그가 대진국大震國의 명종경황제明宗景皇帝의 천복天福 9년(878) 5월 5일 외가에서 태어난 것으로 적혀 있다. 이를 풀이하면 발해국의 경왕景王 즉위 9년, 즉 신라의 헌강왕 4년(878)이 궁예의 출생 연대라는 것이다. 『발해국지장편』의 연표에 따르면 878년은 발해국의 □왕□王 현석玄錫 7년이다.

『태백일사』에서 궁예의 출생 연대를 신라가 아니고 발해국의 연호에 맞춘 것은 사연이 있음을 암시한다. 즉, 발해국은 고구려 유민이 세운 나라이고 궁예는 고구려의 왕족이므로 신라 땅에서 태어났으나 태어난 시기를 발해국 연호에다 맞춘 것이라고 보는 것이 순리적이다. 궁예가 신라의 왕자라면 태어난 순간부터 신라왕의 배척을 받을 이유가 없는데도 배척을 받은 것이 사실이다. 그러므로 궁예는 신라의 왕자가 아니고 신라를 철저히 반대하는 요주의 가계 인물의 자손임을 감추기 위하여 엉뚱하게 신라의 왕자로 둔갑된 것이라고 보아야 한다.

그러면 과거부터 궁예의 출생 시기까지 신라에 손실을 안겨 준 반신라적 집단의 사람들 가운데서 궁예의 가계를 찾는 것이 옳다. 이 같은 집단이라면 신라에서 살아온 고구려의 유민들을 생각해 볼 수 있다. 그러면 궁예는 고구려 유민의 후손이라고 귀결할 수 있다. 그런데 『태백일사』는 궁예가 안승의 후예라고 밝히고 있다. 『태백일사』 기록의 신뢰성 문제와 관련하여 찬반양론이 있으나 『삼국사기』 궁예전에 그의 출생에 대해 실려 있는 애매모호한 기록들을 바로잡아 줄 수 있는 것이 『태백일사』라고 믿기에 궁예는 원래 고구려 왕실의 후예가 틀림없다고 본다.

궁예의 아버지가 누구인지 밝혀져 있지 않지만 신라의 경계를 받아 온 요주의 인물임에 틀림없다. 그래서 궁예는 외가에서 출생하게 된 것이다. 외가에서 태어났으나 거기까지 감시가 펼쳐져 있었기에 신라의 일관日官이 궁예 출생 시 외가의 지붕에 서린 서기를 오히려 신라의 입장에서 풀이하여 불길한 징조로 받아들이게 되었다. 참고로 서기를 소개하면, 궁예가 태어날 때 그 지붕 위에 달빛처럼 보이는 흰빛이 서리어 있는데 긴 무지개처럼 위는 하늘에 닿아 있었다는 것이다.

궁예의 출생과 관련하여 일관으로부터 보고를 받은 헌안왕은 이를 몹시 꺼려 사람을 보내 궁예를 죽이려고 하였다. 왕이 보낸 자객은 강보에 쌓인 궁예를 빼앗아 다락 밑으로 던졌는데 마침 유모가 다락 밑에 숨어 있다가 받았으나 손가락이 궁예의 눈을 찌르는 바람에 궁예는 애꾸눈이 되었다는 것이 궁예전의 기록이다.

『태백일사』는 그 어머니가 진귀한 보물을 자객에게 뇌물로 주고서 어린 궁예를 품에 안고 도망가 고생을 하면서 길렀다고 전해 주고 있다. 위기를 면한 방법이 두 책에 달리 적혀 있으나 열 살 남짓하여 머리를 깎고 중이 되어 이름을 선종善宗이라고 했다는 것은 일치한다. 여기서 중요한 것은 『삼국사기』 궁예전에 실려 있는 그의 애매한 출생 문제가 『태백일사』를 통해 산뜻하게 밝혀졌다는 것이다. 『태백일사』에 궁예의 출생 기록이 없다고 하더라도 『삼국사기』에 궁예의 활동이 신라를 철저하게 반대하는 투쟁에 선봉장으로 나섰던 그런 내용으로 비춰진 만큼 궁예는 신라에 원한을 품고 살아온 고구려의 유민이라고 보지 않을 수 없다. 궁예의 원래 국적이 고구려라는 것은 그의 반신라적 언동으로 보아 더 이상 의심할 문제가 아니다.

출생의 신비를 열 살 남짓하여 처음 알게 된 궁예는 신분을 감추기 위하여 승려 생활을 하다가 신라가 쇠해지고 어지러워진 틈을 타 고구려계의 유민들을 모아 조상(고구려)의 옛 땅을 회복하고 대대로 쌓아 온 신라에 대한 원한을 갚으려고 하였다. 『삼국사기』 궁예전은 궁예가 신라에 대해 복수를 다짐하는 말을 한 배경으로 그가 날 때부터 왕실에서 버림을 받은 원한이 있다는 것을 들고 있으나 버림을 받았다기보다 탄압을 받았다는 것이 올바른 표현이다. 궁예가 탄압을 받은 것은 고구려 왕실의 후손으로서 장차 신라에 대해 암적인 존재가 될 그런 인물로 풀이되었기 때문이다. 따라서 궁예전에 그가 신라에 대한 원수를 반드시 갚을 것이라고 다짐한 것은 출생 시에 버림을 받았기 때문이 아니고 고구려의 왕손이란 사실을 감추려는 불순한 의도에서 나온 왜곡된 표현이다.

『삼국사기』 궁예전에 그가 신라에 대한 복수를 말한 것이 901년(효공왕 5)으로 되어 있으나 출생 연대가 밝혀져 있지 않은 만큼 그의 나이는 알 수 없다. 그런데 『태백일사』를 보면 신라에 대한 복수를 다짐한 것이 천복 2년(897)으로 되어 있다. 그러면 궁예는 19살 때 원대한 포부를 밝힌 셈이다.

이처럼 궁예가 성숙하지 않은 나이에 원수의 나라인 신라를 멸하고 조국 고구려를 회복하고 말겠다는 의지를 다짐한 것은 고구려 왕실의 후예로서 고구려의 영광을 반드시 되살리려는 당찬 결의가 있었기 때문이다. 이렇듯 결의를 다진 그해에 궁예는 순행차 풍기의 부석사에 들렀다가 신라왕의 화상이 벽화에 그려져 있는 것을 목격하자 칼을 들어 이를 내리쳐 없앴다는 기사가 그의 열전에서 보인다.

궁예의 고구려에 대한 동경과 신라에 대한 적개심이 그의 마음속에 사무쳤음을 다시 확인할 수 있는 대목을 그의 열전에서 볼 수 있다. 열전에선 905년, 『태백일사』에선 901년 궁예의 나이 23살 때 평양의 성주와 안변安邊의 초적草賊이 항복함으로써 궁예는 신라의

최북단까지 차지하고 신라를 합병하려는 뜻을 세우면서 신라를 멸도
滅都라 부르게 하고 신라에서 투항하는 사람들을 받아들이지 않고 모
조리 처형하는 등 단호한 태도를 보여주었다.

　궁예가 고구려의 회복을 관철시킬 뜻을 세우면서 신라의 영토를
잠식해 들어가는 과정을 보면 궁예는 별반 힘을 들이지 않고 자신의
세력 범위를 순조롭게 넓혀 나갔음을 알 수 있다. 궁예가 원대한 포
부를 실현하기 위하여 첫 의기를 든 북원北原을 중심으로 하여 활동
한 지역은 과거 고구려의 통치권이다. 이 지역의 주민, 즉 고구려 유
민의 후손들은 궁예의 의거 목적이 고구려를 회복하는 데 있었음을
알고 있었기 때문에 궁예는 힘들이지 않고 이 지역 주민의 호응을
광범하게 얻어 순조롭게 세력을 넓힌 것이다. 여기에 한 가지를 더
추가한다면 궁예가 원래 신임하고 있는 인물이 왕건이었다는 것을
간과할 수 없다. 왕건의 근거지가 강화도를 중심으로 한 인근 지역
인데다가 그 역시 고구려 왕실의 후손이므로 궁예는 이러한 왕건의
명성을 토대로 하여 세력을 보다 순탄하게 확장할 수 있었다.

　특히 궁예는 자신과 왕건이 모두 고구려 왕실의 후예임을 최대한
이용하여 강원도의 회양·안변, 서북으로 황해도와 평안도의 평양까
지 빠른 속도로 세력 범위를 확장하여 드디어 발해국과의 접경 지역
에 도달하게 되었다. 이는 『삼국사기』의 기사를 바탕으로 정리한 것
인데, 『태백일사』(大震國本紀 제17)의 기사를 보면 발해국과 신라의 접
경지대가 이보다 훨씬 남쪽에 있었던 것으로 나와 있다. 서남쪽은
황해도의 암연현岩淵縣, 즉 암연은 지금의 옹진인데 발해국은 옹진 동
쪽에서 신라와 인접하고 있었다는 것이다. 그리고 동남쪽은 강원도
의 니하泥河, 즉 강릉 근교에 자리 잡고 있는 북니천北泥川(연곡천)을 사

이에 두고 신라와 접경하고 있었던 것으로 밝혀져 있다.

발해국과 신라의 접경 문제를 보면 『삼국사기』와 『태백일사』에서 일치하고 있는 것과 일치하지 않는 것이 있다. 일치하는 것은 니하이며 다른 것은 암연이다. 궁예는 같은 고구려 왕실의 후예인 왕건을 기용함으로써 옛 고구려의 통치력이 미쳤던 중부 이북 지방에 거주하는 고구려 유민들의 절대적 지지를 빠른 시일 내에 얻어 자신의 정치적 야망이자 포부인 고구려의 회복을 한반도 안에서 거의 이루게 되었다.

궁예가 만주 땅에 걸쳐 있었던 고구려의 영토까지 모두 회복하려면 발해국을 통합하는 길 이외에 다른 도리가 없다. 그러나 발해국도 고구려 유민의 나라인 만큼 궁예가 무력을 동원하여 이를 병합하는 것은 용납받을 수 없는 일이다. 왕건이 발해국에 대해 무력을 행사하지 않은 것도 이 때문일 것이다. 궁예는 신라 영토의 최북단까지 자신의 세력 범위로 만들고 난 뒤에도 인접한 발해국의 전체 영토 가운데서 압록강 이남의 발해 영토만을 차지하는 것으로 그치고 말았다. 이는 궁예가 무력을 동원하여 탈취한 것이 아니고 발해국의 변장이 손을 들고 투항해서 이루어진 것이었다.

이 점에 있어 몰락한 궁예를 계승하여 고려라는 국가를 세운 왕건도 마찬가지였다. 왕건은 국가적 위기에 놓인 발해국에 대해 무력을 동원하지 않고 오히려 냉담한 태도를 유지하였다. 그럼에도 불구하고 발해국의 멸망을 눈앞에 둔 시기에 발해국 사람들은 집단으로 고려에 망명해 왔던 것이다.

발해국 사람들이 고려 태조 왕건을 공식적으로 알게 된 것은 그들의 마지막 왕인 대인선이 왕건과 혼인 관계를 맺은 것이 유일한 기회였다. 양국의 혼인 관계를 알게 된 발해국 사람들은 아무래도 고위직의 관리였을 것이다. 그러므로 일반 사람들은 알기가 매우 힘들었을 것이다. 그런데도 수많은 발해국 사람들은 고려에 망명해 왔다. 과연 발해국 사람들은 고려와 왕건에 대해 무엇을 얼마나 알고 있었기에 이토록 고려를 망명처로 단정하게 되었는가.

발해국 사람들이 왕건의 통치 시기에 고려에 집단 망명을 한 것은 궁예의 발해관과 상당한 관련이 있다. 필자는 이 가설을 다각도로 논의해 보려 한다.

궁예는 자신이 고구려 왕실의 후손인 만큼 멀리 만주의 동북 지방에 중심지를 두고 있었던 발해국이긴 하지만 이 나라와 그 사람들에 대해 남다른 민족적 동질성을 느꼈을 것이다. 그가 입버릇처럼 신라를 멸망시켜야 한다고 했던 말은 조상의 나라인 고구려를 회복시켜야 한다는 고구려 유민 전체의 사무친 일념을 대변한 것이 분명하다. 『삼국사기』 신라본기에 발해국과 신라의 관계를 보여 주는 기록조차 없는 실정이니 궁예와 발해국의 관계를 말해 주는 기록이 없는 것이 오히려 낯설게 느껴지지 않는다.

『조선역사』에는 궁예와 발해국의 관계에 대한 짤막한 설명이 있어 눈길을 끌고 있다. 발해국의 남쪽 변경을 지키는 성주인 듯한 인물이 궁예에게 투항해 왔다는 것이다. 『조선역사』에 실려 있는 이 같은 상황의 진위를 가리기란 매우 힘들다. 고구려 왕실의 후손인 궁예가 고구려의 회복을 염원한 만큼 발해국의 남쪽 변장이 궁예에게 투항한 것은 민족의 동질성 면에서 있을 법한 일이다.

궁예 자신도 예상치 못한 정치적 몰락 이후에도 발해국 남쪽의 변장 또는 주민이 계속 투항해 왔는지 확인할 수 없으나 왕건의 시대가 열리면서 발해국 사람들의 투항은 새로운 국면을 맞이하게 되었다. 순망치한의 우호 관계를 유지해 온 거란의 야율아보기가 전제군주로 등장하면서 발해국을 침공한 것을 계기로 발해국의 멸망 이전부터 발해국 사람들은 왕건의 고려 품 안으로 대거 찾아들기 시작하였다. 왕건이 대의에 따라 고려를 창건하게 되었다는 소문이 북쪽의 발해국까지 퍼져서인지 발해국 사람들은 멸망을 전후하여 큰 집단을 이루면서 자발적으로 망명해 왔다.

왕건은 궁예처럼 고구려의 회복을 굳게 다짐하는 대의에 따라 일어섰다. 왕건이 발해국의 마지막 왕 대인선과 혼인 관계를 맺은 것은 고구려의 후손이라는 공통점과 궁예가 발해국과 그 사람들에 대해 느낀 동질감을 왕건이 답습한 것과 깊은 연관이 있다.

왕건도 발해국에 대해 느끼는 감정이 예사로울 수 없었으나 자신의 성장 기반이 되었던 궁예의 발해관이 왕건에게 지대한 영향을 주었을 것이다. 이는 지금까지의 상황 설명으로 보아 당연한 귀결이다.

만약 궁예가 시종 북쪽에 이웃한 발해국 사람들에 대해 냉담한 태도로 일관했다면 이들은 멸망하여도 고려로 망명할 생각을 쉽게 하지 못했을 것이다. 멸망하기 이전부터 발해국의 지도급 인물들이 망명에 성공함으로써 그후 더 많은 사람들이 망명하게 되었지만, 첫 망명의 물꼬를 튼 것은 궁예의 발해국에 대한 온정적인 태도로 보는 것이 순리적이며 합리적이다.

이런 관점에서 고려 태조 왕건 때 십만 명이 넘는 발해국 사람들이 멸망을 전후하여 고려에 망명한 것은 왕건의 정치적 성공보다 궁예의 온정적인 발해관에서 단서를 찾는 것이 옳을 것이다.

발해국 사람들의 세계관을 알아본다

　　대제국 고구려의 멸망으로 고구려 중심의 세계관이 무너졌다. 그 구체적 모습은 고구려의 지배를 받았던 말갈 제 부의 분해를 통해 잘 나타나고 있다. 고구려의 지배를 직접 받았거나 그 영향을 받았던 말갈의 각 부가 분해되거나 재집결되는 상황이 발생했다. 이것이 고구려 중심의 세계관이 무너진 구체적 상황이다.

　　문헌상 고구려의 주변 종족은 말갈족이었는데, 그중 고구려 중심의 세계관에 스스로 들어오기를 거부한 것은 속말말갈粟末靺鞨이었다. 백두산 북쪽의 속말수粟末水(현재 송화강)를 생활의 근거지로 하였다는 데서 유래된 속말말갈의 추장 돌지계突地稽는 수나라의 문제 개황 연간 (581~600) 고구려와의 싸움에서 패하자 휘하 8부의 군사 천여 명을 이끌고 부여성 서부에서 수나라에 투항하였다. 양제는 그에게 금자광록대부金紫光祿大夫라는 작위에다 요서태수遼西太守란 벼슬까지 주었으며 이로써 그는 생활 근거지를 영주營州에 두게 되었다.

그후 수나라의 고구려 침공에 그는 수나라군의 일원으로 참전하여 전공을 세웠고 더 높은 대우를 받았다. 그러다가 수나라의 뒤를 이어 당나라 시대가 열려 618년(무덕 1) 조공을 하자 고조는 그의 부락에 연주燕州를 두고 그를 총관에 임명하였다.

그후 4년이 지나 623년(무덕 5) 당나라의 성립기에 하북 지방의 대표적인 반당 세력이었던 유흑달劉黑闥이 반란을 일으키자 돌지계는 반란 진압에 전공을 세워 태종에 의해 기국공耆國公에 봉해진 동시에 그의 부락은 유주幽州의 창평성昌平城으로 자리를 옮겼다. 그후 고개도高開道 역시 반당 세력으로서 돌궐의 세력을 끌어들여 유주를 침공하자 돌지계는 참전하여 이들 반당 세력을 대파시켰다.

627년(정관 1) 돌지계는 우위장군右衛將軍에 임명되며 이씨 성을 받았지만 얼마 지나지 않아 사망하였다. 그의 아들 또한 무력에 출중하여 고종의 인덕麟德 연간(664~665)에 영주도독이 되었으며 그후 여러 차례 전공을 세워 연국공燕國公에 봉해졌다가 682년(영순 1) 사망하자 유주도독에 추증되었다.

한편 같은 부의 별추別酋인 걸사비우乞四比羽와 걸걸중상乞乞仲象은 고구려에 복속하고 있었는데 고종 총장 원년(668) 당나라가 고구려를 멸망시키자 가족들을 영주로 이주시켜 돌지계의 옛 부하와 합류하게 되었다. 이상의 설명은 『구당서』의 「발해말갈전」에 실려 있다. 위 설명은 고구려와 속말말갈의 관계 또는 걸걸중상과 고구려의 관계를 전해 주고 있다.

속말말갈의 반고구려적 태도와 달리 백산말갈은 본래 고구려에 복속하고 있었다. 결국 고구려의 멸망으로 이들은 대부분 중국으로 흘러 들어가고 백돌伯咄·안거골安居骨·호실號室 등의 말갈은 그 세력이 미약해져 문헌에 기록된 바가 없다가 발해국이 세워지자 여기에 모여들기 시작하였다. 그후 발해국의 무왕·문왕·선왕이 적극 북으로 영토를 개척하여 불열拂涅·우루虞婁·월희越喜·철리鐵利 등 여러 말갈부가 모두 발해국에 병합되었다.

이렇듯 발해국이 주변의 말갈 부족을 흡수, 통합함으로써 넓어진 영토 내의 주민은 모두 발해인으로 불렸다. 그러나『신당서』를 보면 발해국을 세운 부족이 속말말갈이라고 되어 있다. 그렇다고 해서 속말말갈을 비롯하여 발해국에 의해 통합된 말갈 부족만을 가리키는 것도 아니다. 발해국의 영토 안에는 이들 말갈족 외에 한족·거란족·고구려계의 사람들도 다수 있었던 만큼 이들 모두를 발해국 사람이라고 해야 맞는다.

고구려인의 세계관은 고구려의 멸망으로 무너진 것이 사실이나 고구려계의 대조영이 고구려에 도전적 태도로 일관해 온 속말말갈의 세력까지 영주에서 이끌고 읍루의 옛 땅인 동모산에 이르러 발해국을 세우고 동시에 주변의 여러 말갈 부족까지 통합시킴으로써 복구되었다. 그러나 이는 고구려인의 복구된 세계관이라 할 수 없고 발해인의 세계관이라는 표현이 합리적이다.

고구려인의 세계관과 발해국인의 세계관에서 차이점이 보이는가. 후자는 전자를 바탕으로 한 것이므로 본질적으로 차이점이 있을 수 없으나 후자가 전자보다 규모 면에서 확대되었다는 것이 다르다. 이에 따라 고구려의 영토보다 발해국의 영토가 더 확대되어 발해국은 한민족의 역사상 최대의 영토를 차지한 국가가 되었다.

일시 붕괴된 고구려인의 세계관을 발해국 사람들이 복구한 것은 고구려에 대한 저항적 태도로 일관해 온 속말말갈의 옛 땅에 발해국을 세우고 더 나아가 고구려의 멸망으로 분산된 말갈의 세력을 재집결시킨 외에 발해국에서 멀리 떨어진 거리에 있었던 말갈 부족까지 복속시켰기에 가능했다. 따라서 발해국의 세계관은 발해국이 말갈의 세력을 포용하거나 통합시킴으로써 이루어진 것이다. 그렇다면 발해국의 국가적 모습은 아무래도 말갈적인 요소와 관련 지어 보아야 할 것이다.

『구당서』에서 발해국을 발해말갈이라 하고『신당서』에서 속말말갈이라고 칭하고 있다. 『구당서』에서 대조영을 고구려의 별종이라 하고『신당서』에서 속말말갈 사람인 대조영이 후에 고구려에 복속했다고 한 것은 무엇을 의미하는가. 두『당서』의 표현은 발해국이 속말말갈의 옛 땅에 세워지긴 했으나 대조영은 민족적 계보상 고구려와 관련이 있음을 나타낸 것이라고 할 수 있다.

대조영이 고구려와 관련이 있음은『구당서』에 당나라가 대조영의 세자인 무예 및 무예의 맏아들인 도리행都利行을 계루군왕桂婁郡王에 봉하였다는 데서 알 수 있다.『위서』고구려전에 보면 5부의 하나가 계루부인데 두 인물을 계루군왕에 봉한 것은 대조영의 발해국이 계루부 땅에 세워졌기 때문이 아니고 대조영의 조상이 계루부에서 살았기 때문이다.

이와 관련하여『신당서』발해전을 보면 계루를 고쳐 읍루挹婁라고 표현하고 있다. 읍루란 숙신의 별명으로서 부족의 이름이며 이들이 거주하였던 지역은 길림 동북부에 걸쳐 있었다. 발해국이 세워진 곳은 이 읍루의 옛 땅이므로『신당서』에서는 계루 대신에 읍루라고 했던 것이다.

계루군왕이란 작위는 발해국을 세운 대조영의 조상이 어느 때인가 고구려의 계루부 땅에서 살았음을 보여 주고 있다. 그러면 당나라에서 대조영에게 준 발해군왕이란 작위는 어떻게 설명해야 옳을까.

대조영의 조상을 포함한 고구려 사람들이 당나라의 영토였던 중국 내의 발해군에서 거주한 사실이 있었는지에 대해 알아보는 것이 순서일 듯하다. 계루군왕이란 작위를 풀이했듯이 발해군왕이란 작위를 풀이하면 대조영의 조상이 발해군에서 거주한 사실이 있는 것으로 여겨진다. 기록상 대조영의 조상이 여기에 살았음을 보여 주는 자료는 없으나 북조 시대 고구려 사람들이 발해군을 포함한 북중국 일대에 광범하게 살았음을 보여 주는 기사가 수양제의 고구려 침공 조서에 나타나 있다.

발해만을 끼고 있는 발해군은 당나라의 지방 행정 구역이었으나 계루군은 고구려에서도 지방 행정 구역이 아니었다. 따라서 당나라가 대조영에게 봉한 발해군왕 또는 대무예와 대도리행에게 봉한 계루군왕이란 작위는 모두 허작虛爵이다. 이를 준 의미를 찾는다면 발해국을 세운 주된 종족과 세력이 고구려계였음을 당나라가 공식적으로 인정한 것이라고 하겠다.

그런데도 당나라는 왜 발해국을 처음부터 국가로 인정하지 않고 지방 정부를 뜻하는 군郡 정도로 보았는가. 그럴 만한 이유가 있었는가. 당나라는 고구려를 멸망시킴으로써 동아시아의 국제 질서를 자국 중심으로 개편하려 하였다. 그런데 대조영 등 고구려계와 말갈계의 세력이 당나라의 국제 질서 개편을 거부하면서 당나라의 세력이 닿지 않는 속말말갈의 옛 땅에 독립된 정권을 세우기에 이르렀다. 이곳은 당나라의 통치력이 미치지 않아 당나라 역시 영토적 야망을 둘 수 없는 지역이긴 하나 이곳에서의 발해국 건국은 당나라의 국가적 위상에 큰 흠집을 내어 당나라의 심기가 매우 불편했다.

이런 상황에서 당나라는 대조영에 의한 발해국 건국을 탐탁지 않게 여겼다. 시간이 흐르면서 당나라와 발해국의 불편했던 관계도 풀려 갔으나 그렇다고 해서 처음부터 발해국을 자주국가로서 인정을 한다는 것은 당나라의 국가적 위상과 관련이 있는 만큼, 한 단계 격을 낮추어 지방 정부를 의미하는 발해군왕이란 작위를 대조영에게 주었던 것이다.

당나라는 발해국의 건국을 인정할 수밖에 없는 상황이었다. 지방 정권 정도로밖에 인정할 수 없다는 것을 알려 온 것이 대조영을 발해군왕에 봉한다는 것이었다. 한편 대조영으로서도 계속 당나라와의 관계가 악화되는 것을 바라지 않아 이 정도로 타협하였던 것이다.

양국의 타협하에 발해국은 일시적으로 지방 정부에 준하는 인정을 얻게 되었다. 그러면 발해군은 앞에서 밝힌 대로 발해국이 고구려계의 사람들에 의해 세워졌음을 당나라가 인정한 그런 의미 정도로 보아도 좋은가. 당나라는 발해국을 지방 정부 정도로 인정한다는 것 외에 그 어떤 것도 발해국에 양보하지 않았을 것이다. 그렇다면 발해군왕이란 의미는 다른 각도에서 그 단서를 찾아야 할 것 같다.

당나라는 세수世讐인 고구려계의 사람들이 고구려의 계승국인 발해국을 세운 것을 불쾌하게 여기고 있었던 만큼 고구려적인 의미를 나타내지 않는 것이 발해군왕이란 작위였을 것이다. 과연 발해군왕이란 작위는 당나라의 발해국에 대한 정치적 음모를 나타낸 것이 아닐까. 고종의 황후인 측천무후의 집권으로 빚어진 장기간의 혼란이 극복되자 당나라는 발해국과의 불편한 관계를 청산하기 위하여 713년 (발해국의 고왕 16) 대조영을 발해국의 창건자로 인정하기에 이르렀다. 이

때 그에게 주어진 작위는 발해군왕, 홀한주도독이다.

당시 발해국에는 발해군과 홀한주라는 행정 구역이 있었던 것이 아니다. 그러면 이 두 명칭의 작위는 어디서 온 것일까. 당나라에는 한발해군漢渤海郡이란 것이 있었으나 홀한주라는 것은 존재하지 않았다. 그러나 그 단서를 발해와 홀한에서 찾을 수 있다.

발해국은 동해라는 큰 바다를 내해로 가지고 있었으나 나라가 세워진 곳은 여기가 아니라 백두산에서 발원하는 홀한하(지금의 목단강)라는 이름의 강이 흐르고 있는 내륙 지방이었다. 그러므로 발해국이 세워진 지역의 가까운 곳에는 바닷가가 없었다.

그런데 발해국의 발해渤海라는 두 글자는 모두 바다를 뜻한다. 바다를 말하는 글자로 동음이자同音異字가 있는데 '渤澥'라는 것이 그것이다. 큰 바다를 말할 때는 창해滄海라고 하지만 작은 바다는 흔히 '발해'라고 한다. 발해국의 역사 문헌에서는 발해국이 처음 세워진 지역을 구국舊國이라고 표현하고 있다. 발해국은 이 구국에서 동쪽으로 300리 되는 홀한하(지금의 목단강)의 상류에 있는 경박호鏡泊湖라는 호수에서 동북으로 얼마 안 되는 거리에 있는 상경용천부(수도의 이름)로 수도를 옮겼는데, 경박호는 당시 홀한해忽汗海란 이름으로 불리고 있었다.

당시 사람들은 이 호수를 바다처럼 생각하고 있었다. 이 호수는 폭이 약 10km, 길이가 약 35km에 이르는 타원형을 이루고 있었기 때문이다. 이 경박호는 마치 바다처럼 웅장한 모습을 하고 있어 당나라 사람들도 경박호를 작은 바다로 인식하여 홀한해라는 별칭을 붙였다. 홀한해(경박호)가 작은 바다처럼 인식되어 작은 바다를 말하는 발해라는 글자를 내세워 발해군이란 가상적인 하나의 군 이름이 만들어졌다.

그러면 홀한주는 어디서 유래되었는가. 지금의 목단강인 홀한하라는 강 이름에서 유래된 것이 홀한주라는 것은 누가 생각해도 자연스럽다.

그러면 당나라에서 대조영에게 준 발해군왕 및 홀한주도독이란 작위가 어떤 의미를 가지고 있는지 알아보자. 당나라에서 준 작위를 대조영이 받아들인 것에 대해 이는 당나라의 신하가 되기로 했음을 의미한다고 지금까지 여겨 왔다. 발해군왕과 홀한주도독의 올바른 의미를 제대로 이해하지 못하는 입장에서는 이렇게 생각할 수밖에 없을 것이다.

발해군의 바른 유래가 밝혀진 만큼 대조영이 작위를 수용한 것에 대한 바른 의미 해석이 내려져야 한다. 발해군왕이란 작위는 발해군의 통치자를 뜻하는 것이다. 발해국이 처음 세워진 구국에서 새로 옮겨진 상경용천부까지의 거리는 300리 정도 된다. 대조영이 세운 발해국 초기의 영토가 그다지 넓지 않으니 당나라에서 대조영에게 준 발해군왕이란 작위는 대조영의 통치자로서의 지위가 한 개 군의 통치자 정도에 지나지 않았음을 인정하였음을 보여 준 것이다. 그러나 당시 당나라가 이곳에 발해군이란 지방 행정 구역을 둔 것이 아니므로 대조영을 당나라의 지방 장관으로 보는 것은 설득력이 없다.

객관적으로 대조영이 발해군왕이란 작위를 받아들인 것은 통치자로서 자신의 지위가 이 정도에 그치지 않는다는 자기 판단에 따른 것이다. 대조영은 자신이 세운 국가가 작은 바다처럼 연상되는 경박호란 호수를 주변에 두고 있었던 것이 사실이므로 발해군왕이란 작위의 수용을 거부할 명분이 없었다. 발해군왕이란 작위의 타당성에 대해 대조영과 당나라는 의견을 같이하였던 것이다. 그래서 대조영은 이를 거부하지 않고 받아들이게 된 것이다.

대조영이 세운 발해국은 군 정도의 국가로서 공인을 받았으나 당나라의 통치력이 미치지 않는 홀한해 일대에 고구려계의 사람들이 새로 국가를 세웠음을 또한 인정받게 되었던 것이다.

다음은 대조영에게 준 홀한주도독이란 벼슬에 관한 것이다. 홀한하에서 유래되었음을 앞에서 지적하였으나 이 벼슬은 대조영과 어떤 관련이 있는가. 발해군의 발해란 것이 바다처럼 보이는 경박호를 상징하듯이 홀한주의 홀한은 홀한하라는 지금의 목단강을 말한다. 문제가 되는 것은 도독이란 것이다.

도독의 의미는 이보다 먼저 당나라가 들고 나온 웅진도독·계림도독·안동도독을 살피면 이해가 훨씬 빠를 것이다. 백제를 멸망시킨 당나라는 의자왕의 아들 부여융扶餘隆을 웅진도독부의 도독으로 삼아 백제의 유민을 통치케 했다. 한편 당나라는 신라에도 계림도독부를 두고 문무왕을 도독으로 임명했듯이 당나라는 고구려를 멸망시킨 후 보장왕의 아들 덕무德武를 안동도독부의 도독에 명해 고구려 유민을 다스리게 하였다.

백제·신라·고구려의 세 나라 땅에 도독부를 두고 현지인을 도독에 임명한 것은 같은 나라 사람을 내세워 같은 사람들을 다스려 보려는 속셈에서 비롯된 것이다. 이와 마찬가지로 고구려계의 유민들이 경박호 부근에 새로운 나라를 세운 것에 대해 당나라가 취할 수 있는 대안은 그 땅에 도독부를 두고 현지인을 도독에 임명하는 방법밖에 없다. 그러나 발해국의 영토 안에 도독부가 설치된 것은 아니다. 이는 형식상 도독부이므로 홀한주도독에 대조영이 임명된 것도 그야말로 허직虛職일 따름이다. 그러나 여기서 간과할 수 없는 것은 대조영이 경박호 일대에 살고 있는 고구려 또는 말갈계의 사람들을 실질적으로 통치하고 있는 인물임을 당나라가 인정하고 이를 승인하였다는 사실이다.

살펴보았듯이 대조영이 바다라는 의미의 홀한해(경박호) 인근에 발해국을 세운 동시에 여기에 거주하고 있는 고구려계와 말갈계의 사람들을 통치하고 있음을 당나라가 공인한 만큼 발해국을 말갈이라고 부르지 않고 발해라고 칭한 것은 당연한 처사다.

대조영이 다스린 백성들이 완전히 말갈 사람이었다면 당나라는 발해라 하지 않고 계속 발해말갈 또는 말갈이라고 칭하였을 것이다. 당나라는 대조영을 발해군왕으로 인정한 같은 해(713) 세자인 무예를 계루군왕으로 인정했다. 이는 대조영의 통치를 받는 주민들이 모두 말갈계가 아님을 당나라가 확인하였음을 보여 주는 것이다. 다시 말하면 대조영 자신이 고구려계인 동시에 주민들 중에 고구려계가 적지 않음을 당나라가 모두 인정하였음을 뜻하는 것이다. 720년 당나라는 무왕의 세자인 도리행을 계루군왕으로 인정하기도 하였다.

대조영이 고구려계였음은 『구당서』의 기록을 비롯하여 다른 관련 기록들이 보여 주고 있듯이 적대적 감정이 깔려 있는 발해말갈이란 명칭이 현종 천보(742~756) 말부터 발해라는 명칭으로 바뀐 것을 통해서도 알 수 있다. 알다시피 668년(총장 1) 당나라에 의해 멸망한 고구려의 유민은 속말·백산부의 두 말갈과 힘을 합해 전 예맥을 한 덩어리로 해서 698년(성력 1) 새로 나라를 세웠다. 중국인들은 이를 처음에 발해말갈이라고 하였다.

그후 발해국이 다른 퉁구스계의 말갈계를 모두 병합하려 하자 이들은 당나라와 긴밀한 관계를 맺었으며 특히 흑수말갈은 당나라의 관리까지 받아들였다. 이로써 말갈의 사정이 당나라에 알려지게 되었다. 알려진 것은 732년(개원 20) 무렵 백돌伯咄의 옛 땅에 달구達姤, 안거골安車骨의 옛 땅에 철리鐵利, 그 동쪽에 월희越喜의 말갈 외에 불열拂涅·흑수가 건재하고 흑수말갈의 동쪽, 즉 흑룡강 하류에서 상류에 걸쳐 사모思慕·군리郡利·굴열窟說·막예개莫曳皆 등의 여러 말갈이 있다는 것이다.

그후 흑수(흑룡강)의 여러 말갈은 돌궐에 복속하여 발해국의 북진을 견제하였으나 741년(개원 29) 돌궐의 와해로 그 보호를 받지 못하게 되자 발해국은 달구, 철리, 월희, 불열 등을 정복하여 이를 직할령으로 만들었으며 흑수말갈까지 굴복시켜 번속藩屬으로 만들었다.

위 말갈 가운데서 대표적인 것은 발해말갈, 흑수말갈, 속말말갈, 백산말갈 등이다. 발해·흑수·속말·백산이란 명칭은 순서대로 경박호·흑룡강·송화강·백두산의 옛 이름이거나 이칭異稱으로서 이들 말갈이 자리 잡고 살았던 강이나 산의 이름이다. 흑수·속말·백산 말갈은 모두 말갈이 분명하여 달리 불린 명칭이 없으나 발해말갈은 말갈 또는 발해라고도 불렸다. 왜 그랬을까. 발해말갈이 모든 말갈을 통합하여 굳이 다른 말갈과 구별할 의미가 없어져 천보 말부터 아예 발해인이라고 불리게 되었다는 것이 일반론이다.

그럴듯한 견해로 여겨지나 사실 그렇지 않다. 발해말갈이 정말 말갈이었다면 발해인 대신에 말갈이라고 불려야 온당하다. 그러나 결국 발해인으로 불리었는데, 이는 발해인이 순수 말갈 사람이 아니고 고구려계·말갈계·중국계·거란계 등 다양한 민족으로 구성되었음을 말해 주는 것이다.

발해말갈이 순수한 말갈이 아니듯이 속말말갈과 백산말갈도 순수한 말갈로 보기 힘들다. 대체적으로 속말말갈은 현재 농안農安(부여)·길림·통화 등지에 거주하였다. 한편 백산말갈은 서쪽으로 속말말갈과 접해 있었고 남쪽으로 태백산을 분수령으로 하여 고구려와 접했으며 동쪽은 동해, 서쪽은 두만강 하류의 훈춘琿春·함흥·간도·두만강 유역의 여러 평야를 포함하고 있었다. 따라서 속말말갈과 백산말갈은 부여 및 옥저의 후예로서 고구려족과 같은 예맥계였음을 알 수 있다.

그런데도 오늘날 중국 사람들은 『신당서』의 발해전 기록만을 맹종하여 대조영을 속말말갈 사람으로 우기고 있다. 속말말갈이 순수한 말갈이었다면 대조영을 말갈 사람으로 보아야 하겠으나 속말말갈을 과거 송화강을 생활 터전으로 살았던 부여 사람의 후예로 보는 만큼 대조영이 속말말갈이었다면 결국 부여의 후예로 보아야 할 것이다.

대조영이 속말말갈 사람이었다고 해서 그가 통치한 발해국 사람을 모두 속말말갈 사람이라고 보는 사람은 없다. 다시 말하지만 속말말갈이 부여의 후예이고 대조영이 속말말갈 사람이라면 이는 부여의 후예인 대조영이 부여의 옛 땅인 경박호(홀한해)에 부여의 후예를 중심으로 하여 고구려계와 말갈계를 한데 아울러서 발해라는 다민족국가를 세웠다는 표현이 설득력이 있다.

만약 발해국이 순수한 말갈 중심의 국가였다면 민족 동질성 면에서 다음과 같은 사건은 일어나지 말았어야 할 것이다. 흑룡강을 생활 터전으로 살았던 흑수말갈은 발해국에 저항하기 위하여 발해국과 관계가 나쁜 당나라와 군사 동맹까지 맺을 필요가 있었을까.

또한 발해국이 흑수말갈과 당나라의 군사 동맹 수립을 보고 신경질적인 반응을 나타낼 이유가 있었을까. 흑수말갈이 발해국을 경계하고 멀리 떨어진 당나라와 동맹 관계까지 맺은 것은 발해국을 세운 주된 민족이 순수 말갈족이 아니었음을 보여 주는 것 외에 달리 설명할 방도가 없다. 흑수말갈과 당나라의 발해국에 대한 군사 동맹이 결국 발해국의 당나라 등주 침공 사건으로 이어졌을 정도로 심각한 결과를 유발한 것은 잘 알려진 사실이다.

흑수말갈이 발해국을 의도적으로 멀리하고 당나라와 친근하려 했던 일련의 사건이 발생한 것은 발해국이 순수 말갈족만으로 구성된 국가가 아니었기 때문이다. 발해국의 주민 중에 순수 말갈계가 있었음을 부인할 수 없으나 이들은 발해국의 운영 면에서 주도권을 발휘하지 못해 흑수말갈은 이러한 고구려계 중심의 발해국에 대해 끝까지 저항한 것으로 풀이할 수 있다.

당나라가 발해국을 처음에 발해말갈 또는 말갈이라고 했다가, 발해국이 모든 말갈의 세력을 통합함으로써 발해라는 명칭만 사용하였다는 견해는 발해국의 주된 종족을 밝히는 데 도움이 되지 못한다. 경박호를 바다처럼 여긴 데서 작은 바다를 의미하는 발해라는 칭호가 유래되었으며, 발해인이라 함은 건국 초기에 고구려의 유민을 비롯하여 속말말갈(부여의 후예)·백산말갈(옥저의 후예) 등을 아우른 명칭이었다가 발해국이 흑수말갈을 완전히 정복함으로써 흑수말갈과 이에 예속되었던 모든 말갈 부족 등 발해국의 다양한 주민을 말하는 명칭이라고 보는 것이 타당하다.

고구려계와 말갈계는 발해국에서 공존하다

발해국의 건국 과정에 핵심적 역할을 맡아보았던 사람들이 있었다. 지금까지 발해국의 역사 연구에서 이 문제는 자료의 미비로 다루어지지 않았다. 발해국의 역사 기록에는 발해국의 개국에 활약한 사람이 누구인지 그 전모가 밝혀져 있지 않다. 그러니 건국에 활약한 민족도 밝혀져 있지 않다. 그러나 건국 이후 발해국의 외교관으로서 활약한 인물들을 보면 이름은 물론이고 어느 민족의 사람이었는지를 보여 주는 대목들이 눈에 띈다.

건국 이후 외교사절로 활약한 인물들을 보면 이들은 발해국왕의 측근 세력이거나 국왕과 공존 관계를 이루고 있는 세력이라고 할 수 있다. 발해국이 다민족 국가이듯이 그 외교관의 성명으로 볼 때 다민족이었음을 분명히 보여 주고 있다. 민족을 크게 구분하면 고구려계와 말갈계로 대변된다.

고구려계의 외교관은 대씨大氏와 비대씨非大氏로 구분되나 말갈계의 외교관은 뚜렷한 구분을 내릴 수 없다. 대씨는 국왕의 아들이거나 동생이며 비대씨는 주로 발해국의 저명한 성씨인 고高, 장張, 양楊, 최崔, 이李, 왕王씨 등을 말한다.

말갈 출신의 외교관 이름에서 조그만 특징이 될 만한 요소가 보이는데, 부분적으로 몽蒙자가 들어 있는 것이다. 이들 말갈 외교관의 이름에서 공통적인 특징을 든다면 수령首領이라는 벼슬을 지녔다는 것이다.

원래 (대)수령은 각 말갈의 부족장을 달리 표현하는 명칭으로 당나라와 독자적으로 정치적 관계를 맺으려는 (대)추장들은 한결같이 (대)수령으로 소개되고 있다. 그런데 발해국의 건국 초기부터 8세기 중엽(736)까지 발해국의 사신으로 당나라에 들어간 말갈 출신의 외교관들이 수령으로 소개되었다.

그런데 이 수령은 말갈의 추장들만을 가리키는 명칭이 아니다. 발해국의 고구려계 사람들도 수령으로 소개된 인물이 더러 있었다. 729년(무왕 인안 10) 발해국의 외교관으로 처음 일본에 들어간 사절단 가운데 고제덕高齊德이란 인물은 수령으로 소개되었다.

또한 809년(강왕 정력 15) 열다섯 번째로 일본에 들어간 발해국의 사절단 가운데 고다불高多佛도 역시 수령으로 소개되었다. 그리고 발해국이 망하자 일단 고려로 망명하였다가 다시 거란으로 망명하여 거란 태조의 총애를 받았던 대사리大舍利 벼슬의 고모한高模翰 역시 발해 수령으로 『송사宋史』(권 262, 宋琪)에 소개되었다.

이렇듯이 건국 초기부터 8세기 중엽까지 각 말갈의 추장이 수령으로 소개되고 아울러 같은 시기에 발해국의 말갈계 외교관 역시 수령으로 소개되었을 뿐 아니라, 8세기 초 고구려계의 고제덕과 9세기 초의 고다불 그리고 10세기 초의 고모한 등이 모두 수령으로 소개된 사실이 있다.

이로 보아 수령이란 것은 말갈계를 포함하여 고구려의 사회에서도 지역의 정치적 최고 지도자를 나타내는 명칭임을 알 수 있다. 발해 국의 건국 초기에 당나라에 들어가는 발해국의 사신들 가운데 말갈 사람인 (대)수령이 끼어 있는 것은 말갈족도 발해국의 건국에 참여하였음을 보여 준다. 여기서 말갈 수령이 발해국의 외교관으로 당나라에 들어간 것을 연대별로 알아보자.

1) 716년(고왕 19) - 대수령이 입당入唐
2) 720년(무왕 인안 2) - 대수령이 입당
3) 725년(무왕 인안 6) - 수령 알덕謁德이 입당
4) 728년(무왕 인안 9) - 수령 어부수계菸夫須計가 입당
5) 736년(무왕 인안 17) - 수령 율기계聿棄計가 입당
6) 736년(무왕 인안 17) - 수령 목지몽木智蒙이 입당
7) 737년(무왕 인안 18) - 대수령 다몽고多蒙固가 입당

이와 같이 말갈의 (대)추장을 의미하는 (대)수령이 발해국의 외교사절로 입당한 것은 고왕 19년(716)에서 무왕 인안 18년(736)까지의 19년 동안에 일곱 차례로 그쳤다(대수령의 입당은 세 차례, 수령의 입당은 네 차례). 같은 기간에 고구려계로 입당한 발해국의 외교관은 다음과 같다.

1) 724년(무왕 인안 5) - 하조경賀祚慶
2) 727년(무왕 인안 8) - 이진언李盡彦
3) 737년(무왕 인안 18) - 공백계公伯計
4) 725년(무왕 인안 6) - 대창발가大昌勃價(무왕의 동생)
5) 726년(무왕 인안 7) - 대도리행大都利行(무왕의 세자)

6) 726년(무왕 인안 7) – 대의신大義信(무왕의 아들)

7) 727년(무왕 인안 8) – 대보방大寶方(무왕의 동생)

8) 729년(무왕 인안 10) – 대호아大胡雅(무왕의 동생)

9) 729년(무왕 인안 10) – 대림大琳(무왕의 동생)

10) 730년(무왕 인안 11) – 대낭아大郎雅(무왕의 동생)

11) 731년(무왕 인안 12) – 대취진大取珍

12) 733년(무왕 인안 14) – 대성경大誠慶

13) 735년(무왕 인안 16) – 대번大蕃(무왕의 아들)

위의 13명 중에 하조경, 이진언, 공백계의 세 사람은 고구려계로 여겨지나 대씨 성을 가진 인물들은 무왕의 아들이거나 동생이다. 전자에 속하는 것은 대도리행(세자), 대의신(아들), 대번(아들)이며 대취진과 대성경 이외의 인물들은 후자(동생)에 속한다.

건국 초기에 해당하는 위 기간에 수령이 아닌 말갈계의 인물로 당나라에 들어간 외교관은 두 명이나 된다. 730년(무왕 인안 11)의 지몽智蒙과 오나달리烏那達利가 그들이다. 이제 발해국의 건국 초기 수령 또는 비수령 등 당나라에 외교관으로 들어간 말갈계의 인물이 총 9명이었음에 반해 고구려계의 인물은 대씨 성을 포함하여 모두 13명이나 된다.

이렇듯이 당나라에 들어간 발해국의 외교관을 고구려계와 말갈계로 구분하면 그 비율이 13:9 정도로 나타나고 있다. 그다지 큰 차이라고 할 수 없다. 이 비율이 보여 주는 것은 무엇일까. 발해국이 고구려계와 말갈계의 사람들에 의해 세워지고 구성된 만큼 두 계열의 사람들이 건국 초기에 외교 활동 등 국가 발전에 거의 동등하게 참여했음을 보여 주는 것으로 풀이할 수 있다.

발해국의 건국 자체를 분쇄하려던 당나라에 대해 발해국의 국왕이 외교관을 파견함에 있어 기준이 마련되었을 것이다. 고구려계와 말갈계의 정치적 지도층을 공평하게 발탁하는 것이 그것인 듯하다.

말갈계의 지도층이 외교관으로 선발되었음을 보여 주는 것이 대수령 또는 수령이란 정치적 지도자가 입당사신으로 파견된 것이다. 한편 고구려계의 지도층이 발탁되었음을 볼 수 있는 것은 대씨 성의 인물, 즉 무왕의 아들과 동생들이 역시 입당사신으로 뽑힌 것이라고 볼 수 있다.

전제 왕권국가 시대 외국에 파견되는 외교관은 국왕의 분신으로 여겨져 왔다. 따라서 파견된 외교관은 국왕의 신임을 받은 인물로 인식되었다. 특히 발해국의 건국 직후부터 당나라에 파견된 외교관이 말갈계의 (대)수령이었음은 발해국에서 고구려계와 말갈계가 국왕의 신임을 받은 동시에 정책적으로 갈등 없이 공존공영의 상호 의존관계를 잘 유지해 나가고 있음을 보여준다.

그러나 입당 외교 사신 중에 고구려계가 약간 더 많았음은 상호 의존 관계 체제의 유지를 원칙으로 하면서도 그래도 고구려계가 다소 우위를 점유하고 있었음을 나타낸다. 대씨 성이 발해국의 왕권을 쥐고 있었음은 이의 좋은 예라고 할 수 있다.

그런데 특히 제2대 무왕이 입당사신으로 동생들과 아들을 파견한 것은 무엇을 의미하는 것일까. 정치적으로 왕권 강화가 이루어지지 못하여 이를 성취하려는 의지의 표현으로 풀이하는 것이 좋을 듯하다.

말갈계의 (대)수령이 더 이상 입당사신으로 파견되지 않은 것은 739년(문왕 대흥 2)부터이다. 대씨 성의 인물들도 입당사신으로 파견되는 일이 없었다. 739년 대욱진大勖進(문왕의 동생)과 742년 대번大蕃(무왕의 아들)의 입당을 제외하면 790년(대흥 53)까지 입당사신은 모두 비대씨 성이다. 수복자受福子가 입당한, 같은 738년 처음 일본에 외교관으로 파견된 인물도 비대씨 성의 서요덕胥要德이었다. 서요덕과 함께 일본에 파견된 말갈계의 외교관은 이진몽己珍蒙, 741년(대흥 4)의 입당사신 실아리失阿利, 752년(대흥 15)의 모시몽慕施蒙, 776년(대흥 39)의 사도몽史都蒙이 전부이다.

비대씨 성의 인물로 중국과 일본에 파견된 외교관의 명단을 보면 위의 수복자·서요덕을 비롯하여 758년(대흥 21)의 양승경楊承慶(입당사신)·고남신高南申(입일본사신)·762년(대흥 25)의 왕신복王新福(입일본사신)·764년(대흥 27)의 왕언연王言延(입당사신)·771년(대흥 34)의 일만복壹萬福(입일본사신)·773년(대흥 36)의 오수불烏須弗(일일본사신)·778년(대흥 41)의 장선수張仙壽(입일본사신)·779년(대흥 42)의 고반필高泮弼(입일본사신)·786년(대흥 49)의 이원태李元泰(입일본사신) 등에서 보듯이 성씨가 다양하다.

문왕의 시대가 열리면서 고구려계의 비대씨 성 인물들만이 대對일본사신의 명단에 나타나 있는 것은 무엇을 의미하는가. 대씨 성의 인물들을 일본에 사신으로 파견하지 않아도 좋을 만큼 대씨 중심의 발해국 정권은 정치적으로 안정을 누리고 있었음을 보여준다.

그러다가 문왕 대흥 54년(791)에 들어와 대씨 성의 인물들은 다시 사절로 외국(당·후양·후당·일본)에 파견되기 시작하였다. 연대순으로 이를 보면 다음과 같다.

1) 791년(문왕 대흥 54) - 대상정大常靖(입당사신)
2) 791년(문왕 대흥 54) - 대정간大貞幹(입당사신)
3) 794년(성황 중흥 1) - 대청윤大淸允(입당사신)
4) 798년(강왕 정력 4) - 대능신大能信(입당사신)
5) 799년(강왕 정력 5) - 대창태大昌泰(입일본사신)

6) 810년(정왕 영덕 1) - 대연진大延眞(입당사신)

7) 814년(희왕 주작 2) - 대효진大孝眞(입당사신)

8) 815년(희왕 주작 3) - 대창경大昌慶(입당사신)

9) 815년(희왕 주작 3) - 대정준大庭俊(입당사신)

10) 816년(희왕 주작 4) - 대성신大誠愼(입당사신)

11) 821년(선왕 건흥 3) - 대공측大公則(입당사신)

12) 823년(선왕 건흥 5) - 대다영大多英(입당사신)

13) 824년(선왕 건흥 6) - 대총예大聰叡(입당사신)

14) 832년(□왕 함화 2) - 대명준大明俊(입당사신)

15) 833년(□왕 함화 3) - 대광성大光晟(입당사신)

16) 839년(□왕 함화 9) - 대연광大延廣(입당사신)

17) 846년(□왕 함화 16) - 대지악大之萼(입당사신)

18) 872년(□왕 현석 1) - 대진윤大陣潤(입당사신)

19) 907년(말왕 인선 1) - 대소순大昭順(입양사신)

20) 909년(말왕 인선 3) - 대성악大誠諤(입양사신)

21) 912년(말왕 인선 6) - 대광찬大光贊(입양사신)

22) 924년(말왕 인선 18) - 대우모大禹謨(입후당사신)

23) 924년(말왕 인선 18) - 대원양大元讓(입후당사신)

위 대씨 성의 인물들이 외교관으로 활약한 시기와 기간은 791~924년의 133년 동안이다. 이 기간에 23명의 대씨 성 인물들이 발해국의 외교 분야에서 활약하여 국위 선양에 기여하였다. 그러면 같은 기간에 비대씨 성의 인물들은 같은 분야에서 어느 정도 기여했는지 알아보자.

1) 792년(문왕 대흥 55) - 양길복楊吉福(입당사신)

2) 794년(성왕 중흥 1) - 여정림呂定琳(입일본사신)

3) 799년(강왕 정력 5) - 여부구茹富仇(입당사신)

4) 808년(강왕 정력 14) - 양광신楊光信(입일본사신)

5) 809년(강왕 정력 15) - 고남용高南容(입일본사신)

6) 810년(정왕 영덕 1) - 고재남高才南(입당사신)

7) 811년(정왕 영덕 2) - 고남용高南容(입일본사신)

8) 811년(정왕 영덕 2) - 고다불高多佛(입일본사신)

9) 813년(희왕 주작 1) - 신문덕辛文德(입당사신)

10) 814년(희왕 주작 2) - 고예진高禮進(입당사신)

11) 814년(희왕 주작 2) - 왕효렴王孝廉(입일본사신)

12) 815년(희왕 주작 3) - 인정수印貞壽(입당사신)

13) 816년(희왕 주작 4) - 고숙만高宿滿(입당사신)

14) 818년(간왕 태시 1) - 이계상李繼常(입당사신)

15) 818년(간왕 태시 1) - 모감덕慕感德(입일본사신)

16) 819년(선왕 건흥 1) - 이승영李承英(입일본사신)

17) 821년(선왕 건흥 3) - 왕문구王文矩(입일본사신)

18) 823년(선왕 건흥 5) - 고정태高貞泰(입일본사신)

19) 825년(선왕 건흥 7) - 고승조高承祖(입일본사신)

20) 827년(선왕 건흥 9) - 왕문구王文矩(입일본사신)

21) 833년(□왕 함화 3) - 고보영高寶英(입당사신)

22) 841년(□왕 함화 11) - 하복연賀福延(입일본사신)

23) 859년(□왕 도황 2) - 오효신烏孝愼(입일본사신)

24) 860년(□왕 도황 3) - 이거정李居正(입일본사신)

25) 871년(□왕 도황 14) - 양승규楊承規(입일본사신)

26) 872년(□왕 현석 1) - 최종좌崔宗佐(입당사신)

27) 876년(□왕 현석 5) - 양중원楊中遠(입일본사신)

28) 882년(□왕 현석 11) - 배정裴頲(입일본사신)

29) 891년(□왕 현석 20) - 왕구모王龜謨(입일본사신)

30) 894년(□왕 위해 1) - 배정裴頲(입일본사신)

31) 906년(□왕 위해 13) - 오소도烏炤度(입당사신)

32) 908년(말왕 인선 2) - 최예광崔禮光(입양사신)

33) 909년(말왕 인선 3) - 배구裴璆(입일본사신)

34) 919년(말왕 인선 13) - 배구裴璆(입일본사신)

35) 925년(말왕 인선 19) - 배구裴璆(입후당사신)

외국(당·후양·후당·일본)에 외교사절로 들어가 활약한 대씨 성의 인물들이 모두 23명이지만, 비대씨 성의 외교관들은 35명에 이르고 있다. 사신의 이름이 알려지지 않은 것은 여기에 포함되지 않는다.

위 숫자가 보여 주듯이 792년 이후 발해국의 국위를 선양하는 외교 분야에서 크게 활약한 것은 비대씨 성의 인물이었다. 그러면 같은 기간에 활약한 말갈계의 인물들이 있는지 알아보자. 어떤 자료에도 말갈계의 외교관 이름을 찾아볼 수 없다. 발해국의 초기에 외교 분야에서 활약했던 말갈계 사람들의 이름은 8세기 말엽 이후 어떤 자료에도 보이지 않는다. 이는 무엇을 의미하는가.

말갈계의 외교관으로 마지막 인물은 776년(문왕 대흥 40) 일본의 사신과 함께 귀국한 사도몽史都蒙이다. 고구려계와 말갈계의 사람들이 힘을 합해 발해국을 세웠기에 건국 초기 말갈계의 정치적 지도층도 발해국의 국가 발전에 참여하여 외교사절로 활동했으나 시간이 흐르면서 말갈계는 주도권을 고구려계에게 넘겨주게 되었다. 그래서 외교활동만 보더라도 8세기 말엽부터 말갈계의 외교사절을 찾아볼 수 없게 되었다. 발해국의 사람으로서 중국과 일본의 역사 문헌에 이름을 많이 남긴 것은 외교관이다. 다른 분야에서는 많은 인명을 찾아보기 힘들다. 그러므로 특히 외교 분야에서 말갈계의 인명이 8세기 말엽 이후 자료에 나타나지 않는다는 것은 전반적으로 발해국의 모든 분야에서 주도권을 차지한 것이 고구려계임을 분명히 보여준다.

이 같은 결론을 바탕으로 보면, 현재 중국인들은 발해국의 영토를 대부분 차지하고 있어 발해국을 말갈족이 세운 국가라고 주장하고 있다. 발해국의 건국에 말갈족이 참여했고 세워진 땅이 속말말갈의 땅인데다가 『신당서』가 유력한 역사적 단서라는 몇 가지 이유에서 중국인들은 이 같은 주장을 굽히지 않고 있다.

이 세 가지 이유가 다 맞는다고 해서 발해국을 말갈족의 국가라고 하는 것은 학문적이지 않다. 발해국의 외교사절을 민족별로 분석하는 것이 가장 학문적인 접근 방법이라는 판단에서 필자는 이 같은 방법을 시도했다.

필자의 접근 방법을 통해 밝혀졌듯이, 발해국이 고구려계와 말갈계의 연합국가로 출발된 것은 사실이다. 그래서 건국 초기 말갈계의 지도층인 (대)수령이 발해국의 외교사절로 활약하게 되었다. 건국 초기와 달리 말기로 갈수록 말갈계의 외교사절이 뜸해지는 것은 고구려계가 발해국의 모든 분야에서 주도권을 장악했음을 분명히 보여주는 것이다.

선진 문화는 대외 문물을 먼저 경험한 외교사절에 의해 도입된다. 말갈계의 외교사절이 시간이 흐를수록 자취를 감춘 만큼 말갈계는 선진 문화의 수용에서 멀어질 수밖에 없었다.

발해국에서 주도권을 쥔 것은 고구려계이며 이들 고구려계를 비롯하여 말갈계·중국계·거란계 등 여러 민족으로 구성된 것이 발해국의 사회였다. 다민족으로 구성된 사회에서 고구려계가 주도권을 쥐고 있었던 것이다.

발해국의 건국 직후 당나라 외교사절은 말갈의 지도층인 (대)수령이었음을 살펴보았다. 이 (대)수령은 모든 말갈부에 공통적으로 존재하고 있었다. 발해국의 건국 직후에 당나라에 들어간 외교사절이 (대)수령이었듯이 당나라에 사절로 들어간 여러 말갈부의 통치자 역시 (대)수령이었다. 발해국보다 31년 후인 714년(고왕 17, 당의 현종 개원 2)에 처음 당나라에 들어간 말갈의 사절은 불열부拂涅部의 수령 실이몽失異

蒙, 월희부越喜部의 대수령 오시가몽烏施可蒙, 철리부鐵利部의 대수령 달
허리闥許離였다. 속말갈의 각 부가 당나라와 긴밀한 관계를 맺으려 한
것은 정치·경제·문화적 욕구에서 비롯되었다. 그러므로 당나라에
외교사절로 들어간 말갈 각 부의 (대)수령은 각 말갈부의 제1인자로
서 (대)추장을 말한다. 다른 말갈부보다 8년 후인 722년 당나라에 들
어간 예속리계倪屬利稽는 흑수부의 추장으로 소개되었다. 같은 해 12
월에도 당나라에 사절로 들어간 그는 대추장으로 소개되고 있다. 신
분의 격상이 있었음을 알 수 있고, 그는 730년에도 사절을 이끌고
당나라에 들어갔는데, 이때는 대수령으로 소개되어 있다. 이로 보아
대수령이 대추장을 말하며 수령은 추장을 의미하는 것을 알 수 있다.

그러므로 말갈의 각 부를 대표하는 (대)수령이 당나라와 관계를 맺
거나 유지하기 위하여 사절의 대표자로 나선 것은 지극히 당연하다.
그런데 말갈부의 수령은 개별적으로 입당하거나 사절과 함께 입당하
기도 하였다. 발해국 사신의 입당에서처럼 말갈 각 부 수령의 입당
관련 기사에서도 입당자 이름이 밝혀지지 않은 경우가 많다. 그러나
이 경우의 입당자 역시 말갈부의 (대)수령임을 짐작해 볼 수 있다.

입당한 말갈부의 (대)수령의 이름에서 가장 흔한 글자는 몽蒙과 리利
자이다. 먼저 몽蒙 자가 들어 있는 이름을 보면 다음과 같다.

1) 실이몽失異蒙
2) 오시가몽烏施可蒙
3) 주시몽朱施蒙
4) 오지몽渼池蒙
5) 어가몽魚可蒙
6) 파지몽破支蒙

7) 파리몽破利蒙

8) 오소가몽烏素可蒙

9) 설리몽薛利蒙

10) 낙개몽落箇蒙

11) 낙직흘몽落職紇蒙

12) 실이몽失伊蒙

13) 무리몽茂利蒙

위와 같이 13명의 (대)수령은 '몽'자가 들어 있는 이름을 갖고 있었다. 이와 관련하여 리利자가 들어 있는 이름을 보면 다음과 같다.

1) 달허리闥許離

2) 매취리買取利

3) 예처리倪處利

4) 봉아리封阿利

5) 아포사리阿布思利

6) 오사리烏舍利

7) 노포리奴布利

8) 야고리野古利

9) 예처리倪處梨

위 9명의 (대)수령은 리利 자가 들어 있는 이름을 갖고 있었다. 입당자의 이름이 밝혀지지 않은 경우를 포함하여 모든 말갈부의 입당자는 말갈 사람이다. 다시 말해 말갈 사람이 아닌 자는 한 명도 없다.

말갈부의 (대)수령으로서 사신으로 나간 사람의 이름자에 '몽'자가 더 많듯이 발해국의 사신으로서 이름이 밝혀진 경우도 마찬가지이다. 입당한 사신의 이름부터 보면 이러하다.

1) 오차지몽烏借芝蒙(726년)
2) 지몽智蒙(731년)
3) 목지몽木智蒙(737년)
4) 다몽고多蒙固(738년)

한편 일본에 들어간 사신의 이름을 보면 ① 이진몽己珍蒙(740년) ② 모시몽慕施蒙(753년) ③ 사도동史都蒙(777년)이 그것이다.

모든 말갈부의 외교사절이 말갈계였듯이 발해국에서도 '몽'자의 이름을 가진 외교사절 역시 말갈계였음을 살펴보았다. 발해국에서 외교사절이 고구려계와 말갈계였던 것은 발해국이 고구려계와 말갈계에 의해 세워졌기 때문이다. 그러면 모든 말갈부의 입당사절 중에 비말갈계가 없었던 것은 무엇을 말하는가. 발해국은 고구려계와 말갈계에 의해 세워졌으나 모든 말갈부의 주민은 모두 말갈 사람이었음을 말한다.

발해국과 모든 말갈부를 대표한 외교사절의 민족성 문제를 비교, 검토한 결과 당나라와 일본에 들어간 발해국의 사절은 고구려계와 말갈계였음을 알아보았다. 발해국의 건국 직후 입당사절이 모두 말갈족의 (대)수령이었으나 점차 대씨 성을 포함하여 고구려계의 비대씨 성 인물들이 외교의 주도권을 쥐게 되었다. 결국 고구려계가 외교의 주도권을 차지한 것은 발해국의 어떤 상황을 보여 주는 것인가. 말갈계가 발해국의 건국에 적극 참여한 것은 숨길 수 없는 사실이나 발해국의 멸망까지 이들이 발해국의 모든 분야에서 고구려계와 동등하게 지분을 유지하지 못하였음을 보여 주는 것으로 이해해야 할 것이다.

지금까지 발해국의 민족 구성과 관련하여 발해국의 역사에 관심이 있는 나라마다 국익 차원에서 고구려계다 말갈계다 하는 식으로 엇갈린 주장을 해 왔다. 민족 구성 문제와 관련된 애매모호한 중국 측의 기록만을 편 가르는 식으로 맹종하다 보면 이 같은 엇갈린 주장을 할 수밖에 없다. 이런 식으로는 발해국의 민족 구성 문제가 해결될 수 없다. 이의 해법을 찾으려면 아직 시도된 적이 없는 연구방법을 도입해야 할 것이다.

필자의 연구에 의하면 발해국의 민족 구성은 고구려계와 말갈계로 되어 있다. 발해국에서 외교사절로 나선 (대)수령은 말갈계가 틀림없다. 이 문제와 관련하여 간과하지 말아야 할 것은 고구려계와 말갈계가 발해국의 건국 과정에서부터 줄곧 상호 마찰 없이 공존 관계를 유지하였다는 사실이다.

다시 말해 발해국은 고구려계와 말갈계의 공존 바탕 위에서 번영을 누렸다는 점이다. 양자의 공존 관계가 처음부터 순조롭지 못했다면 발해국은 오래가지 못했을 것이다. 발해국의 말갈계 문제에서 새롭게 인식해야 할 것은 말갈계를 고구려계와 편 가르는 식으로 보지 말고 양자의 공존공영 문제를 주목하는 쪽으로 눈길을 돌려야 한다는 것이다.

그러면 자료에 나타난 양자의 공존공영의 기록을 찾아보자. 모든 말갈부에서는 말갈식의 이름이 계속 사용되어 왔으나 발해국에서는 말갈식의 이름이 고구려식으로 바뀌어 가는 것을 볼 수 있다. 가장 좋은 예는 당나라와 일본에 들어간 말갈계 사람의 이름에서 찾아볼 수 있다. 일본에 파견된 발해국의 외교사절에 말갈계는 9명이나 된다. 이들의 이름은 다음과 같다.

1) 오나달리烏那達利(731년) - 입당사신

2) 이진몽己珍蒙(740년) - 입일본사신
3) 모시몽慕施蒙(753년) - 입일본사신
4) 오수불烏須弗(774년) - 입일본사신
5) 사도몽史都蒙(776년) - 입일본사신
6) 고다불高多佛(811년) - 입일본사신
7) 모감덕慕感德(819년) - 입일본사신
8) 오효신烏孝愼(859년) - 입일본사신
9) 오소도烏炤度(906년) - 입일본사신

위와 같이 말갈식의 순수한 이름은 이진몽·오나달리·모사몽·사도몽이며 고구려식의 이름으로 바뀐 것은 오수불·고다불·모감덕·오효신·오소도이다. 말갈 사람의 이름에서 가장 흔한 것이 '몽'자이다. 그러면 순수한 말갈식의 이름이 왜 고구려식으로 바뀌게 되었는가.

사람의 성명에서 바뀌지 않는 것이 있다. 그것은 성씨이다. 그래서 오烏·모慕란 성씨는 바뀌지 않고 말갈식의 이름자만 고구려식으로 바뀌었던 것이다. 일본에 파견된 말갈계의 외교사신이 고구려식의 이름을 쓰지 않고 계속 말갈식의 이름을 사용한 것은 무엇을 의미하는가. 말갈식의 이름을 쓰기까지 고구려계와 말갈계의 사람은 공존공영의 관계를 유지해 왔음을 말한다. 고구려계가 말갈계에 대해 창씨개명을 강요한 것으로 보이지 않는다. 만약 강요하였다면 고구려계의 국왕은 창씨개명을 따르지 않고 말갈식의 이름을 사용하고 있는 말갈의 지도층을 외교사절로 파견하지도 않았을 것이다. 이로 보더라도 발해국에서 고구려계는 말갈계에 대해 창씨개명을 강요하지 않았음을 알 수 있다.

창씨개명의 강요가 없었다는 것은 발해국에서 고구려계와 말갈계가 공존공영의 유대 관계를 잘 유지했음을 보여 주는 또 다른 예라고 하겠다. 그러나 위에서 살폈듯이 말갈계의 사람들이 고구려식으로 이름을 바꾸었다. 이는 발해국에서 문화가 고구려계로 단일화되었음을 의미한다. 문화의 단일화는 역시 강요가 아니라 말갈계의 자의적 판단에 따른 것이다.

811년에 외교사절로 일본에 들어갔다가 그곳에 정착하여 고정高庭이라는 성씨를 받아 일본에서 고정씨의 시조가 된 고다불은 원래 정왕 때의 수령이었다. 그러므로 그는 말갈계의 지도층이 분명하다. 그러면 그는 말갈식의 이름을 갖고 있다가 고구려식으로 창씨개명을 하였을 것이라는 결론에 이르게 된다. 고다불이란 성명이 창씨개명된 것이라고 한다면 확인할 수 있는 유일한 예라고 할 수 있다.

모든 말갈부에서 볼 수 없는 개명 또는 창씨개명이 발해국에서 이루어진 것은 말갈족이 발해국에서 고구려계와 공존공영의 관계를 유지한 가운데 고구려계의 문화가 발해국의 문화를 주도하였기에 가능한 것이다. 그런데 고구려계와 말갈계의 공존 관계는 발해국 시대는 물론 그 이전의 고구려 시대에도 형성된 듯하다. 고구려의 시조는 이름이 고주몽高朱蒙으로 되어 있다. 주몽에 대한 풀이를 보면 고구려 사회에서 활을 잘 쏘는 사람, 즉 명궁을 주몽이라고 한다는 것이다. 그러면 주몽의 '몽'자는 말갈부의 (대)수령의 이름자인 '몽'자와 어떤 관련이 있는가.

주몽을 말갈식으로 표현하면 대수령인 것이다. 대수령이라 하면 말갈부의 최고 통치권자이며 국가로 치면 국왕에 해당된다. 고주몽은 대수령으로 그치지 않고 고구려라는 국가의 첫 통치권자로서 국왕이었던 것이다. 고주몽이 국왕의 자리에 오를 수 있었던 것은 대수령의 자리를 차지하고 있었기 때문이다. 대조영도 대수령이 됨으로써 고주몽처럼 발해라는 국가의 국왕이 되었던 것이다.

새로운 왕조를 연 국왕은 활쏘기 등 출중한 무예를 배경으로 모든 군사력을 뜻대로 장악함으로써 스스로 창업주의 영광을 누렸던 것이다. 발해국의 강성한 군사력에 눌려 당당한 말갈국가를 열지 못하고 주저앉은 철리부·월희부·불열부·흑수부의 대수령 역시 출중한 활 솜씨를 통해 이 자리에까지 오른 것이 틀림없다. 말갈부의 대수령이 탁월한 활 솜씨를 통해 최고의 통치권자가 될 수 있었음은 그들의 이름과 분석을 통해 알 수 있다.

고구려계와 말갈계는 생활 문화의 유사성으로 상호 영향을 주고받을 수밖에 없는 공존 관계를 유지하고 있었다. 양자가 공유한 생활 문화란 무엇을 말하는가. 양자가 생활한 지역의 기후·지형 등 비슷한 자연 현상의 영향으로 사냥이라는 같은 생활 문화를 가지고 있었다. 고구려인들의 우수한 문화 예술 분야를 말하는 화려한 무덤 벽화에 말을 탄 무사들이 사냥을 하고 있는 장면이 많이 그려져 있으며 발해국의 주변 말갈부의 대수령들이 당나라와의 관계를 맺기 위하여 또는 이를 유지하기 위하여 바친 조공품 가운데 주종을 이룬 것이 모피 종류였음이 이를 잘 보여 주고 있다.

이렇듯 양자는 생활 문화의 공유자로서 서로 영향을 주고받는 가운데 유일하게 확인이 가능한 것은 고구려계와 말갈계의 지도층이 이름자에 '몽'자를 사용하였다는 것을 들 수 있다. 말갈부 대수령의 이름자에 들어 있는 '몽'자는 주몽의 '몽'자와 문화적인 배경을 같이 하고 있다. 문헌상 '몽'자를 이름자로 널리 사용한 것은 말갈계이고 고구려계는 그렇지 않았으나 이의 연원은 고구려에서 찾아야 한다.

왜냐하면 고구려계와 말갈계를 통틀어 고주몽이 '몽'자의 이름에서 첫 인물이기 때문이다. 고주몽을 첫 인물로 보는 것은 두 가지 근거가 있다. 첫째 그가 대수령이 된 것은 활 솜씨가 탁월해서였으며, 둘째 그는 어떤 말갈부의 대수령보다 먼저 대수령에서 고구려의 개창자가 되었기 때문이다.

주몽이란 의미 풀이로 보아 이름에 '몽'자가 들어 있는 수령을 포함하여 말갈부의 모든 수령들이 명궁이었음을 의심할 필요가 없다. 이처럼 말갈부의 수령들도 명궁이었다면 이들도 주몽처럼 '주몽'이라는 글자를 이름에 사용했어야 한다. 그러나 말갈부의 수령들이 가진 이름을 보면 '주몽'이란 이름을 가진 인물은 한 명도 없고 시몽施蒙·이몽利蒙·지몽池蒙·가몽可蒙·이몽異蒙·지몽支蒙·흘몽紇蒙·이몽伊蒙·개몽箇蒙 등의 이름만 보인다.

이처럼 말갈 수령의 '몽'자 이름 중에 '주몽'이란 이름은 하나도 없다. 다만 '주몽'이란 발음과 유사한 발음의 이름자가 있다. 지몽支蒙·지몽池蒙이 그것이다. 주몽의 주朱는 중국음으로 chu이며 지몽의 지(支·池)는 chih이다. chu와 chih가 중국 발음으로 멀다고 볼 사람은 없을 것이다. 그런데 chih와 유사한 발음의 글자가 shih(施)인 듯하다. 따라서 '주몽'과 유사한 발음의 이름자는 '시몽' 또는 '지몽'이라고 할 수 있다.

고구려 건국 초기의 주몽이란 이름이 발해국 주변의 말갈 사회 또는 발해국의 사회에서 시몽 또는 지몽으로 된 것과 어떤 관련이 있는가. 두 가지로 풀이가 가능할 것 같다. 원래 주몽·시몽·지몽은 발음이 같았을 것이라고 보거나 고주몽의 시대로부터 상당한 시간이 흐름으로써 주몽이 시몽 또는 지몽으로 바뀌었을 것이라는 추측도 배제하기 힘들다.

말갈의 (대)수령이 가진 이름 중에 '몽'자가 있는 것 외에 끝 자가 '리(利·離)'자로 된 이름도 많았음을 앞에서 보았는데, '몽'자가 고구려계의 영향이듯이 '리'자도 역시 고구려계의 영향인지에 대해 알아보자. 이와 관련하여 『삼국사기』 고구려본기와 열전을 보면 고주리高朱利와 창조리倉助利라는 두 인물의 이름이 있다.

먼저 고주리에 대해 알아보면 그는 동해 사람으로 47년(민중왕 4) 특이한 모양의 고래를 임금에게 바친 인물로 소개되고 있다. 그는 어부로 여겨지나 진상품이 고래라는 점에서 그는 평범한 어부는 아니다. 고주리라는 것이 성이고 이름이라면 그는 물고기나 잡아 생활을 꾸려 나가는 천한 신분의 어부가 아니고 고구려 왕실의 사람으로 고래 같은 특수한 바닷고기를 잡는 어로집단의 우두머리로 보아야 할 것이다. 이름 없는 무명의 어부였다면 고주리라는 성명이 본기에 실릴 수 없다.

그러므로 고주리는 『삼국사기』 고구려본기에 '리利'라는 끝 자를 가진 첫 번째 인물이라고 보는 것이 온당할 것이다. 이의 두 번째 경우는 봉상왕 때의 국상인 창조리라는 이름의 인물이다. 그는 300년 국왕이 주도한 궁정 수리를 반대하는 간언을 올림으로써 국왕의 폐위 여론을 주도하여 결국 국왕으로 하여금 자살케 하였던 인물이다.

고주리와 창조리의 신분을 보았듯이 고구려에서 신분이 좋은 인물들이 이름의 끝 자에 리利 자를 사용하였음을 알 수 있다. 따라서 말갈부의 (대)수령들이 이름 끝 자에 리 자를 가진 것은 역시 고구려계의 영향이라고 보아야 할 것이다.

『삼국사기』 신라본기를 보면 신라 사람 중에도 리자를 이름의 끝

자로 사용한 인물이 있다. 311년(흘해 이사금 2) 아찬이 되어 신라의 나랏일과 내외병마까지 겸임하였던 급리急利라는 인물이다. 그의 성이 무엇인지 밝혀져 있지 않았으나 나랏일을 맡아본 점에서 그는 신라의 토착인으로 보이지 않는다. 신라는 개국 때부터 삼국 중에 가장 개방적인 국가로 외국 사람의 귀화를 받아들이고 이들을 중용하였다.

신라의 건국 초기 개방 정책에 따라 외국 사람의 귀화를 허용하여 수상에까지 기용된 인물이 호공瓠公과 석탈해昔脫解이다. 특히 호공은 일본에서 귀화하였는데 대보大輔라는 국상의 자리까지 오르기도 하였다. 박혁거세도 마한에서 망명한 사실이 있듯이 신라는 건국 초기부터 개방적 국가였다.

급리라는 인물 역시 성씨가 알려지지 않은 것으로 보아 외래인으로 보이는데, 그는 이름 끝 자에 리利 자가 있어 고구려에서 온 것으로 짐작된다. 급리가 고구려에서 왔다면 그는 고구려 사회에서 높은 신분의 인물이었을 것이다. 그래서 그는 신라에서도 병권까지 다스리는 중책을 맡게 된 것이다. 이 같은 신라의 개방적 흐름이 지속되어 4세기 초에 급리라는 인물이 고구려에서 신라로 망명하게 되었다.

말갈부의 대수령의 이름 끝 자에 리利 자가 많았으나 고구려에서 리利자 이름을 가진 사람들의 이름이 많이 보이지 않는 것은 말갈부의 (대)수령 이름에서 흔한 '몽'자가 고구려에서 고주몽이란 인물 한 사람밖에 보이지 않는 것과 마찬가지이다.

이와 같이 말갈에서 신분이 높은 인물의 이름에 '몽'과 '리'자가 많은 것은 고구려계의 영향을 많이 받았기 때문임을 알 수 있다. 그 영향은 고구려가 망하고 발해국이 세워진 이후에도 계속되어, 발해국의 말갈수령 또는 말갈부의 (대)수령들의 이름에 '몽'과 '리'자를 많이 사용하게 되었다.

　발해국 시대 발해국이나 말갈부의 대수령들이 고구려식의 이름을 가지고 있었던 것은 전통적으로 고구려 생활 문화의 영향을 받았기 때문이다. 이와 유사한 경우를 지금도 찾아볼 수 있다. 19세기 러시아로 삶의 터전을 옮긴 한인 또는 20세기에 미국에 이민 간 한인의 이름을 보면 러시아 또는 미국식으로 바뀌었음을 많이 볼 수 있다.

　경제적인 이유로 러시아 또는 미국으로 이민을 간 한인들은 현지인의 생활 문화에 적응하게 되어 이름을 바꾸었다. 발해국과 그 주변 말갈부의 수령들이 고구려식의 이름을 오래 사용해 왔듯이 러시아 또는 미국에 뿌리를 내린 한인들도 계속 현지인의 이름을 사용하게 되었다.

　발해국과 그 주변 말갈부의 통치권자인 대수령의 이름에 공통적으로 나타나는 '몽'자와 '리'자에 대해 집중적으로 살핀 결과, 말갈 사람들은 선진 문화의 보유자인 고구려계의 영향을 강하게 받아 고구려 시대부터 이름에 '몽'자와 '리(利 · 梨 · 離)'자를 즐겨 사용하여 발해국 시대에도 같은 양상이 나타났던 것이다.

　이렇듯 발해국 시대에도 말갈부의 수령들이 계속 고구려식의 이름을 사용하였음은 고구려계의 영향이 그만큼 강했음을 의미한다. 그런데 말갈 사람들이 고구려 사람보다 이름에 '몽'자와 '리'자를 즐겨 사용한 것은 어떻게 해석해야 하는가. 문화사적인 면에서 선진 문화의 보유자보다 이를 나중에 수용한 자가 더 지속적으로 보유하려는 경향이 컸다. 선진 문화의 보유자는 더 참신한 문화를 추구함으로써 옛 문화는 효용 가치를 상실하는 반면, 이의 수용자는 새로운 문화를 만날 때까지 수용한 구문화를 마치 신문화처럼 알고 오래도록 생활화하였던 것이다.

발해국의 말갈계 대수령 또는 발해국 주변의 말갈부 수령들이 모두 고구려계의 이름을 계속 사용한 것은 위의 설명에 따르면 매우 타당한 문화 현상이다. 특히 발해국의 말갈계 수령들이 점차 구고구려계의 이름은 멀리하고 신고구려계의 이름으로 바꾼 것은 고구려계의 사람들과 문화적으로 접촉하면서 이름도 신고구려계의 것을 따랐음을 의미한다. 그러나 발해국 주변의 순수 말갈부의 대수령들이 계속해서 구고구려의 이름을 그냥 사용하였는데 이는 이들이 신고구려계의 사람들과 접촉하지 않은 탓이다.

결론적으로 발해국은 고구려계와 말갈계에 의해 세워져 말갈계도 고구려계처럼 발해국의 발전을 위해 외교적으로 크게 활약하였으나 발해국이 발전함에 따라 국가 발전에 나섰던 말갈계는 신고구려계의 이름으로 자신들의 이름을 바꾸는 등 점차 고구려화되었다. 따라서 이후 발해국의 발전을 주도한 것은 말갈계가 아니고 완전히 고구려계였다.

문화사상 조상의 것을 따르는 것이 성씨이고 조상이 지어 주는 것이 이름이다. 그런데 이보다 선행하는 것이 있다. 창씨개명이 그것이다. 다시 말하면 조상이 속한 민족이 다른 민족의 선진 문화를 받아들임으로써 빚어지는 대표적 문화 변이 현상이 창씨개명이다. 성씨가 바뀌는 일은 드물지만 이름이 바뀌는 것은 허다하다. 예를 들면 말갈부의 수령들이 고구려계의 이름으로 본래 이름을 바꾸거나 아예 고구려식으로 성씨와 이름을 바꾼 것이 그것이다.

이른바 창씨개명이 강요가 아니고 자발적이었다면 이는 고급문화의 자연스러운 파급 현상이라고 할 수 있다. 그러므로 자발적인 창씨개명은 고급문화의 민족과 저급문화의 민족이 같은 생활권에서 공존할 경우 자연스레 이루어지는 문화의 질적 향상인 것이다. 고구려 시대와 발해국 시대의 말갈족이 그 예이다.

만약 발해국에서 말갈계가 고구려계보다 선진 문화의 보유자였다면 문화적 변이는 고구려계에서 일어났어야 한다. 그러나 누누이 지적하였듯이 말갈계는 고구려 시대 문화적으로 낙후되어 고구려계에 가담하여 발해국의 건국에도 참여하였던 것이다. 그리하여 『신당서』의 발해전은 발해국이 말갈계의 주도하에 세워진 것으로 오판하였다. 한편 『구당서』 발해말갈전은 대조영을 고구려의 별종이라고 하였는데, 이를 냉정하게 풀이하면 고구려의 선진 문화를 많이 수용한 지역에 살아온 말갈계 출신이라는 말로 풀이할 수 있다.

여기서 더 검토해야 할 것은 『구당서』 발해말갈전이다. 고구려계와 말갈계가 동일한 문화의 공유자라는 면에서 본다면 대조영의 민족 출신과 관련된 『구당서』 발해말갈전의 기록은 이해를 구할 수도 있으나 대조영은 고구려계가 분명하므로 고구려의 별종이라는 표현은 옳지 않다. 대조영이 고구려의 별종이 아니고 완전한 고구려계의 사람이라는 것은 그의 후손들이 대당對唐·대일본對日本 외교에서 외교사절로 활약한 기록들이 허다하지만, 말갈계의 외교사절은 점차 감소하더니 마침내 한 명도 이 분야에서 활약한 예를 찾아볼 수 없다는 것에서 알 수 있다. 이것이 대조영이 고구려계의 사람임을 보여 주는 유력한 증거라고 본다.

돌이켜 보면 발해국의 민족 구성 문제라든가 발해국의 중심 세력에 대한 일련의 문제는 발해국의 역사 연구에서 큰 장애였다. 중국에서 발해국의 역사 연구는 이런 문제의 해결을 금기시하였다. 오늘날 중국의 역사계는 발해국의 역사 연구에서 이런 문제는 간과하고 연구를 계속 진행시켜야 한다는 입장을 견지하고 있다. 즉 아직 해결되지 않은 역사 문제를 다각적인 방법을 동원하여 밝혀 보려는 학문적 태도를 취하지 않고 그대로 덮어 두자는 것이 중국 역사계의 기본 방침이다. 중국은 왜 이런 태도를 고수하는가. 한국 측과의 불필요한 외교 마찰을 의도적으로 피하려는 데서 이런 입장을 견지하는 것이 아니라 자신들의 국익을 지키기 위함이다. 이런 문제의 연구를 공론화시키면 중국의 국익에 유해하다는 판단에서 관제 학설을 고수하고 있는 것이다.

중국 사람들은 발해국의 민족 구성 문제 또는 중심 세력과 관련하여 중국 정부의 관제 연구 결과와 반대되는 신연구를 원천적으로 차단하기 위하여 일련의 문제 연구를 후일의 몫으로 돌리자는 반학문적 태도를 한국 측에 대해 공표하기도 했다.

발해국의 역사 연구에서 중국 사람들이 덮어 두려는 난제일수록 능동적 자세로 합리적·과학적인 연구방법을 총동원하여 반드시 밝혀내야 한다. 발해국의 실체가 사실대로 밝혀진다고 해서 이를 영토 분쟁의 방편으로 이용하려는 것은 아니다. 다만 역사계가 얻는 것은 제대로 된 발해국의 모습을 보게 된다는 점이다. 발해국의 역사에 대한 실사구시적인 연구 태도에서만 이 같은 결과를 얻을 수 있다.

그러면 발해국의 역사 연구에서 가장 핵심적인 문제를 파헤치려는 학문적 태도를 멀리하는 것은 중국의 어떤 집단을 대변하는가. 역사적으로 보면 오랜 혼란을 극복하고 중국을 통일한 통일 왕조에서 가장 민감한 부분은 국가가 역사를 장악하는 것이다. 여기서 나온 것이 관제 역사이다. 수와 당나라가 중국의 통일 왕조로 등장하면서 개인이 역사를 쓰는 것은 금지되고 국가 주도의 역사 편찬이 나타나기 시작하였다. 특히 당나라 때부터 역사의 관찬은 확고부동해졌다. 당나라 시대의 역사 관찬으로 왜곡된 것이 고구려와 발해국의 역사이다. 가장 큰 피해의 실상은 두 나라가 당나라의 지방 정권으로 둔갑된 것이다. 발해국의 역사가 받은 피해는 이로 그치지 않고 발해국은 말갈족이 세운 나라라는 것이다.

중국의 역사상 통일 왕조가 출현하면 혼란이 사라지고 안정을 회복했다. 그러나 상당한 손실도 자초하게 된다. 역사의 관찬이 그것이며, 이로 말미암아 고구려와 발해국의 역사는 왜곡되었던 것이다. 현재 중국 정부는 과거의 봉건 정부와 차별화하려고 많은 힘을 기울인 것이 사실이나 차별화되지 않은 부분이 있다. 정부가 역사를 장악하고 있다는 것이 그것이다.

이로 말미암아 발해국의 민족 구성 문제에 대한 개인적인 연구는 원천적으로 봉쇄를 당하고 있다. 발해국의 예민한 역사 문제와 관련하여 중국의 발해국 역사가 중에는 정부 주도의 연구 결과에 반대 입장을 취하고 있는 사람들도 있으나 다만 침묵하고 있을 따름이다.

중국은 영토가 넓어 국론의 분열을 막기 위하여 국가 주도의 역사 연구 또는 역사 편찬이 발을 붙일 수 있음을 이해하지만, 이로 말미암아 그 주변 국가는 많은 왜곡을 당한다. 고구려에 이어 발해국의 역사가 중국인에 의해 심한 상처를 입은 것도 이들의 자기중심적인 역사 인식의 부산물이다.

고구려사와 발해국의 역사 연구에서 중국이 지금까지의 자기중심적인 역사 인식의 틀을 바꾸지 않는 한 참신한 연구를 기대할 수 없다. 이런 면에서 중국의 비틀린 역사 인식을 바로잡아 주어야 하는 것은 우리의 몫이다. 이는 민족 감정에 호소하여 이루어질 수 있는 것이 아니다. 과거 중국인들이 써 놓은 발해국의 역사 관련 자료들을 냉철하게 분석, 검토하는 방법을 동원하여 얻은 성과만이 중국의 왜곡된 발해사관을 제자리에 갖다 놓을 수 있다.

발해국은 고구려의 계승 국가이다

발해국의 역사 문헌 인멸로 그 역사의 많은 부분이 가려 있다. 그 중 최대의 난제는 과연 발해국은 어떤 종족의 주도하에 세워졌는가 하는 것이다. 발해국의 역사에 관심을 갖고 있는 나라마다 국익 차원에서 고구려계다 말갈계다 하는 식으로 주장하다 보니 이 문제는 시간이 흘러도 풀리지 않고 있다.

관련 당사국들은 하나같이 아전인수 격으로 일방적인 주장을 하고 있을 뿐 학문적인 연구 결과를 바탕으로 하고 있지 않다. 필자는 과거의 그 같은 민족 감정적인 연구 태도는 이 문제의 해결에 아무런 도움도 주지 못한다는 판단에 따라 상대방의 이해를 구할 수 있는 합리적이고 과학적인 연구방법으로 이 문제에 접근하고자 한다.

필자는 발해국의 역사 문헌을 섭렵하는 과정에 발해국의 건국에 주도적인 역할을 담당한 것은 고구려계와 말갈계의 두 종족이라는 것을 믿게 되었다. 그렇다고 해서 발해국이 이 두 종족의 협력으로 계속 발전해 나가는 것이 아니고 건국 이후 일정 기간에만 그러했다는 것이다. 두 종족의 협력이 말기까지 나타나지 않은 것은 낙후한 문화를 가진 말갈계가 고구려계의 문화에 흡수·동화됨으로써 결국 말갈계는 계속 남지 못하고 고구려계의 옷으로 갈아입었기 때문이다.

이렇듯 말갈계가 본래의 모습을 유지하지 못하고 고구려계에 흡수됨으로써 발해국의 성격은 고구려계와 말갈계의 양면성에서 고구려계의 단일성으로 바뀌었다. 그것은 발해국이 고구려의 계승 국가로 그 성격을 완전히 드러내 보인 것이다. 이런 상황을 두고 발해국은 고구려의 계승 국가라는 것이 가장 잘 어울리는 표현이다.

발해국 관련 중국의 역사 문헌에 고구려계와 말갈계가 혼재混在하였음을 보여 주는 기록들은 많다. 이들 역사 문헌을 연구한 결과 발해국이 고려처럼 고구려의 계승 국가임을 알 수 있다. 발해국의 멸망을 전후하여 많은 유민들이 고려에 망명한 것이 이를 잘 보여 주는 증거다. 그런데 유민들은 고려만을 망명처로 정한 것이 아니고 여진 사회로도 망명하였다. 그러므로 발해국 유민의 고려 망명 사건은 발해국이 고구려의 계승 국가라고 하기에는 증거가 미약하다고 할 수 있다.

이와 관련하여 『통전』을 보면 발해는 본래 속말말갈이라는 기사가 있다. 이 기사는 내용상 발해국의 땅이 과거 속말말갈의 옛 땅임을 말하는 동시에 대조영의 선조가 속말말갈부의 사람으로서 속말말갈의 옛 땅에 거주한 사실이 있었음을 의미하는 것으로 볼 수도 있다. 그러면 대조영의 선조를 속말말갈족으로 보아도 좋은가.

중국의 발해국 관련 역사 문헌이 거의 대조영을 고구려의 별종으로 소개하고 있는 것으로 보아 대조영의 선조를 속말말갈족으로 보는 것은 무리이다. 그렇다면 대조영과 그의 선조는 고구려계의 사람으로 한때 속말말갈의 옛 땅에 거주한 사실이 있는 그런 가계로 보는 것이 옳을 듯하다. 대조영의 가계 사람들이 고구려계가 아니고 진정 속말말갈계의 사람이었다면 이처럼 종족상 고구려의 별종이라는 표현을 쓰지 않았을 것이다.

대조영을 고구려의 별종이라고 한 역사 기록이 있는가 하면 아예 발해국 자체를 고구려의 별종이라고 다룬 기사들도 있다(『당회요』·『문헌통고』·『송사』·『송회요』). 대조영의 종족별 가계 또는 발해국의 종족이 고구려의 별종으로 되어 있는 것은 발해국이 고구려와 뗄 수 없는 밀접한 관련을 맺고 있음을 보여 주는 것이다. 이것은 발해국이 고구려의 계승 국가라는 필자의 견해에 도움이 될 만하나 미진하다.

이처럼 중국의 발해국 관련 기록들이 한목소리를 내지 않는 것은 무슨 이유에서인가. 그것은 발해국을 보는 관점이 일치하지 않아서이다. 『무경총요』(前集, 16 下)를 보면 발해국은 부여의 별종이며 예맥의 옛 땅이 발해국의 땅이라는 것이다. 이른바 속말말갈의 속말은 지금의 송화강을 말하는 속말수를 가리키는 말이다. 부여족의 부여라는 국가가 자리를 잡은 곳은 송화강 일대였다. 부여가 망한 이후 부여족이 사방으로 흩어져 살았으나 송화강 일대에서는 여전히 거주하였을 가망성을 부인하기 힘들다. 이런 관점에서 보면 발해국은 부여의 별종이라고 할 수도 있다.

발해국의 종족 문제와 관련하여 견해를 달리한 역사 기록들은 중국 측의 것이다. 발해국의 멸망으로 그 역사 문헌이 인멸하여 부득이 중국 측의 기록에 기대게 되었다. 한편 눈을 일본으로 돌리면 발해국 관련 역사 기록들이 적지 않게 남아 있다. 중국 측의 문헌들은 발해국을 보는 관점을 달리하였으나 일본 측의 기록들은 하나의 관점을 유지하였음이 우선 주목된다. 이를 결론적으로 보면 발해국을 옛 고구려와 완전히 동일시하였다는 것이다. 729년 발해국의 수령 고제덕 등 8명이 첫 사신으로 일본에 들어갔는데, 이때 일본인은 발해국을 옛 고(舊)려국과 동일시하였다(『속일본기』 10).

『일본일사日本逸史』는 대조영이 세운 '발해국은 고(舊)려의 옛 땅이다'라고 하였다. 표현이 좀 어색하여 이를 달리 풀어 보면, '발해국의 영토는 옛 고구려의 땅과 같다'거나 '발해국은 옛 고구려의 땅에 세워졌다'는 의미로 보아야 할 것 같다. 이 두 가지 표현으로 보면 발해국을 세운 사람은 고구려의 유민이며 발해국의 영토는 옛 고구려의 영토와 동일하다고 할 수 있다.

당시 일본은 발해국 사신의 입국으로 고구려의 멸망 아래 고구려와 일본의 단절된 외교 관계가 복구되었음을 직접 확인한 셈이다. 『일본일사』에서 고구려와 일본의 대외 관계를 보면, 고구려가 일본에 조공을 바치면 일본은 조공을 받는 그런 관계로 묘사하고 있는데 발해국 사신의 입경入京으로 끊어진 조공이 재개된 것으로 여겼다.

고구려와 일본의 관계를 이런 식으로 표현한 것은 일본 측의 오만한 태도에서 빚어졌으므로 길게 탓할 바가 아니나 이 기사가 우리에게 보여 주고 있는 것은 당시 일본에서는 발해국을 고구려의 후신(계승 국가)으로 단정 짓고 있었다는 것이다. 고구려가 일본에 조공하였는지 알 수 없으나 일본은 발해국을 고구려의 계승 국가로 단정 지은 만큼 입경한 발해국의 사신으로부터 조공을 받으려고 하였다.

중국적인 조공 개념에 비추면 일본은 발해국의 사신으로부터 조공을 받았다고 할 수 없다. 일본은 조공을 받으려고 하였으나 입경 사신이 일본에 선진 문물을 소개·보급한 것이 사실이다. 그러므로 조공을 받겠다는 일본의 태도는 오만의 소치라고 할 수 있다. 일본은 국익 차원에서 발해국을 고구려의 계승 국가로 본 것이 아닌가라는 생각을 할 수도 있다. 그러나 그렇지 않다. 일본이 발해국을 고구려의 후신으로 본 것은 발해국의 사신이 휴대한 발해국왕의 국서 내용을 직접 확인하였기 때문이다.

일본은 발해국이 고구려의 계승 국가라는 사실을 확인하면서 발해국 사신이라고 표현할 경우에도 으레 고(句)려 사신이라고 칭하였다. 일본이 입경하는 발해국의 사신 위에 군림하려 한 것은 사실이나 발해국을 고구려와 동일시하거나 고구려의 계승 국가로 본 것은 틀림없다.

일본은 당시 중국 대륙을 지배하고 있는 당나라에 대해 그다지 영향을 받지 않아 당나라의 발해관에 구애를 받지 않고 사실에 입각한 발해관을 소신 있게 견지하고 있었다. 이에 비하면 한반도의 고려는 자의적인 발해관을 견지하지 못하였다. 『고려사』(세가)에서 발해국을 속말말갈이라고 하였는데, 이는 고려에 대해 정치적 영향력을 행사하고 있었던 금·원나라의 정치적 간섭에서 자유롭지 못한 탓이다. 그러면서도 발해국을 세운 대조영을 종족상 고구려 사람이라고 하였는데 이 점은 고려가 자의적인 발해관을 견지하지 못하였으나 결국 발해국이 고구려적인 문화 요소를 많이 지닌 국가였음을 여실히 보여 주는 것이다.

특히 발해국에 문자·예악·관부 제도가 있었다고 하였는데 만약 발해국이 말갈족 위주의 국가였다면 이런 문화 요소를 가지지 못했음은 재론의 여지가 없다. 이런 문화적 요소야말로 발해국이 고구려의 계승 국가임을 보여 주는 문화적 설명이다. 말갈인들에게 문화 요소가 있었는지 여부는 뒤에서 상세히 논할 예정이므로 여기서는 접어 두지만 한마디만 하면 말갈인들에게서는 고구려적인 문화 요소가 발견되지 않는다.

고려가 자의적인 발해관을 견지하지 못하도록 견제한 것으로 보이는 금나라의 역사책인 『금사』를 보면 발해국에 대한 설명은 발해전이 아니고 고려전에 실려 있다. 금나라는 말갈족의 후예인 여진족에 의해 세워졌으므로 발해국이 고구려계에 의해 세워졌다는 것을 금기시하여 고려는 자의적인 발해관을 견지할 수 없었다. 말하자면 금나라는 고려가 발해국에 대해 동족 관념을 갖지 못하도록 막았다. 금나라의 태조 아골타는 여진과 발해인의 뿌리가 같다고 일찍이 공언한 바가 있다. 그러면 『금사』는 발해국 기사를 세가편에서나 아니면 부록편에서라도 다루어야 마땅한데 고려전에다 실었다. 금나라는 여진과 발해의 동족 관념을 인위적으로 부각시키기 위하여 발해와 고려의 동족 관념을 철저하게 금기시하였다. 『금사』 고려전에 기록되어서는 안 될 발해국의 기사가 결국 고려전에 실리게 된 것은 과오라고 하겠으나 고려와 발해의 동족 관념을 끝까지 숨길 수 없었음을 자인한 셈이다.

지금까지 발해국과 동시대인 당나라 때 만들어진 『통전』, 역시 같은 시대에 한반도의 고려 역사를 엮은 『고려사』 또는 같은 시대 일본의 역사를 대표하는 『속일본기』·『일본일사』 그리고 발해국의 유민들이 살았던 금나라의 역사책인 『금사』에 실린 발해국 관련 기사를 검토한 결과, 발해국은 고구려의 문화 요소를 고스란히 보유한 고구려의 계승 국가였다.

그러면 발해국에서 권력의 중심에 있었던 왕실 사람들은 자신들이 포함된 발해국을 과연 어떤 나라라고 생각하고 있었는지 알아보자. 발해국에 복속해 있던 흑수말갈(발해국과 북쪽으로 접함)은 발해국과 동돌궐의 친교 관계를 잘 알고 있었다. 그래서 흑수말갈은 당나라와 교류할 때도 발해국에 길을 빌렸듯이 당나라에 벼슬을 요청할 때에는 으레 먼저 발해국에 알리거나 발해국 사람과 함께 동돌궐에 들어가는 것이 관례였다. 그러나 흑수말갈은 발해국과 동돌궐의 친교 관계가 해체되었음을 알고부터 발해국의 영토를 통과하여 당나라에 들어가 벼슬을 청하고도 이를 발해국에 알리지 않는 등 종전과 다르게 행동하였다.

당나라가 흑수말갈의 추장에게 벼슬을 준 것은 고구려 유민의 반당 기지였던 영주營州 땅을 당나라가 회복한 지 5년 후인 722년(무왕 인안 3)이었으며 흑수말갈을 자국의 예속 밑에 두려 하였기 때문이다. 이러한 책략은 725년에 더욱 본격화되어 발해국과 동돌궐의 관계가 해체된 직후, 당나라에 들어간 흑수말갈의 추장이 사전 통고 없이 벼슬을 청했다. 이에 무왕은 발해국에 대한 배반으로 판단하여 흑수말갈과 당나라의 세력 연합 더 나아가 발해국에 대한 양면 침공 행위라 단정하고, 먼저 흑수말갈을 치고 당나라까지 치려고 하였다.

마침 당나라에 인질로 있다가 돌아온 문예(무왕의 동생)는 당나라의 실정을 누구보다 잘 알고 있어 당나라의 침공을 반대하였다. 당나라를 침공하는 것은 멸망을 스스로 불러들이는 행위나 다름없다고 판단한 그는 전쟁터에서도 대對당 투쟁을 반대하는 글을 올렸으나 무왕이 그를 죽이려 하자 당나라에 망명하였다. 무왕이 구상하는 당나라 침공은 영토를 점령하려는 것이 아니라 자국에 대한 흑수말갈과 당나라의 견제를 사전에 분쇄시키려는 데 있었다. 그러나 이것 말고 혹 다른 의도는 없었는가.

이와 관련하여 『책부원구』(권 999, 請求)를 보면 931년(후당의 명종 장흥 2) 흑수와 와아부瓦兒部가 산동반도의 등주에 와서 말을 팔았다는 기사가 있다. 이 기사는 발해국이 망한 지 5년째 되는 해에 흑수말갈이 후당의 등주에 와서 말을 팔았다는 사실을 전해 주고 있다. 이로 보아 발해국이 당나라의 등주를 침공한 것은 흑수말갈과 당나라의 발해국에 대한 견제를 분쇄하는 외에 등주가 당시에도 흑수말갈이 당나라에 말을 파는 교역 장소로서의 역할을 하고 있었기 때문이 아닌가 한다. 말은 전쟁 때에 기마의 목적 외에 교통·운반 수단으로서 역할을 하였음을 감안하면 발해국이 이러한 등주를 침공함으로써 당나라의 말 구입에 적지 않은 경제적 손실을 입혔을 것이다.

발해국의 당나라 침공과 관련하여 문예가 침공을 반대한 글 가운데서 주목할 것은 고구려와 당나라의 전쟁 결과를 거론하고 있는 점이다. 즉 당나라의 군사력은 막강하고 병력은 발해국보다 만 배나 많으므로 발해국이 당나라와 전쟁을 하게 되면 멸망을 자초한다는 우려에서 당나라 침공을 그토록 반대하였던 것이다.

문예는 침공 반대를 이 정도로 그치지 않고 고구려와 당나라의 병력을 비교 설명하기도 하였다. 즉 고구려는 전성기에 30여만의 병력을 보유하였으나 당나라와 전쟁을 함으로써 멸망을 자초하였음을 상기하고, 지금 발해국이 보유한 병력은 고구려에 비해 수배나 적으므로 당나라와의 전쟁은 피해야 한다는 것이다.

문예의 전쟁 반대 이유를 통해 밝혀진 것이 있다. 그것은 국세가 강한 무왕 시대의 발해국이 병력 면에서 전성기의 고구려보다 매우 미약하다는 것이다. 그럼에도 불구하고 무왕의 강경한 태도로 732년

(무왕 인안 13) 장문휴張文休가 이끄는 발해국의 해군은 산동반도의 등주를 기습하여 당나라에 막대한 손실을 주었다. 말의 구입에 적지 않은 손실을 입었을 것은 언급한 바 있다. 여기서 유의할 것은 발해국이 당나라에 손실을 입혔다는 것이 아니고 문예가 당나라 침공이 감행될 경우 발해국이 입을 손실이 자명하다고 보아 발해국보다 훨씬 많은 병력을 보유한 고구려도 당나라에 의해 패망한 역사적 사실을 의도적으로 거론한 이유가 무엇인지에 관한 것이다.

문예가 발해국의 병력을 고구려의 그것과 비교한 것은 당나라가 고구려와 발해국 모두의 숙적이라기보다 발해국이 고구려의 문화 요소를 그대로 간직하고 있는 등 고구려의 계승 국가임을 자인했기 때문인 것으로 여겨진다. 고구려와 발해국의 입장에서 당나라는 두 나라의 숙적이 분명하다. 그런 의미에서 문예는 발해국을 고구려와 비교하였다고 할 수도 있겠으나 사실은 그것이 아니다. 고구려와 발해국의 관계는 혈연상 조상과 후손의 혈연관계임을 잊지 않고 있었기 때문이다.

고구려와 발해국이 혈연상 아무런 관련이 없다면 문예가 고구려와 발해국의 세력을 비교한 것은 단순 비교에 지나지 않는다. 문예가 취한 비교는 단순 비교를 넘어 조상의 과오를 후손이 피해야 한다는 그런 취지의 비교이다. 고구려의 전성기에 병력이 30만 명이었다는 문예의 지적은 역사 기록을 통해 알게 된 지식이 아니고 고구려의 멸망으로부터 64년이란 시간이 흐른 가운데 조상의 구전을 통해 얻은 지식으로 보아야 할 것이다. 그렇다면 문예의 전쟁 반대 이유를 통해 알 수 있는 것은 발해국이 고구려의 계승 국가라는 것이다.

역사상 조상은 후손의 장래를 예견할 수 없다. 그러나 후손들은 조상의 과거를 역사라는 거울을 통해 훤히 뚫어보고 있다. 발해국의 후손들이 조상인 고구려의 대對당 항전을 알고 있는 것은 지극히 당연한 일이다. 그래서 문예는 건국된 지 얼마 안 되는 조국 발해국의 안위를 염려하여 발해국의 병력을 고구려의 그것과 비교하였던 것이라고 해석할 수 있다.

위에서 발해국은 고구려의 계승 국가라는 표현을 자주 썼는데, 무엇을 계승하려는 것인가. 한마디로 표현하면 과거 고구려에 의해 이루어진 맥족의 영광 시대를 재현함을 뜻한다. 이에 고구려의 광활한 영토를 회복하는 것이 급선무일 것이다. 발해국은 한반도를 넘어 만주 땅에 세워진 국가이므로 한반도 쪽으로 영토를 넓히는 것이 영토상 급선무이다. 발해국의 한반도에로의 진출은 이러한 맥락에서 이루어진 것이다.

고려도 고구려의 계승 국가임을 누구나 잘 알고 있다. 고려는 한반도의 허리인 중부 지방에서 일어나 고구려의 영토를 회복하려면 만주 대륙으로 진출하는 것이 급선무이다. 그리하여 고려에서 내건 정책 중에 하나가 북진 정책인데 이는 만주 대륙으로의 진출을 시도하는 정책이다.

문예가 발해국과 당나라의 전쟁을 막으려고 한 것은 발해국이 고구려의 계승 국가로 확실히 성장하지도 못하고 중도에 주저앉는 것이 아닐까 염려하였기 때문이다. 만약 불행하게 발해국이 당나라와 전쟁을 함으로써 무너진다면 발해국은 고구려의 계승 국가가 되지 못하는 것은 물론이고 고구려의 영광을 재현할 수도 없게 된다. 결국 무왕이 당나라 침공을 감행한 것은 당나라와의 전쟁에서 승리함으로써 고구려의 영광을 재현할 수 있다는 신념이 확고하였기 때문이다. 무왕의 대당 강경 태도로 말미암아 오히려 발해국은 고구려의 영광을 재현한 것은 물론 고구려의 계승 국가로서 자리를 굳혔다.

무왕이 고구려의 영광에 대해 알게 된 것은 아무래도 그 아버지 대조영을 통해서라고 판단된다. 대조영은 고구려에 대해 다양하게 알고 있었을 것이다. 그런데 문헌상 확인할 수 있는 것은 별로 없다. 유일하게 확인할 수 있는 것은 고구려와 동돌궐이 친교 관계를 맺고 있었음을 대조영이 알고 있었다는 것이다. 대조영은 갖은 역경 끝에 발해국을 세우자마자 첫 사신을 동돌궐에 파견한다.

그러면 대조영은 왜 첫 사신을 하필이면 동돌궐에 파견하게 되었는가. 그럴 만한 까닭이라도 있었단 말인가. 대조영은 탁월한 전략가여서 건국 초기에 부족한 병력을 강화하는 데 부심한 듯하다. 이 점은 그가 신라에 와서 대아찬 벼슬을 받았다는 사정으로도 충분히 이해할 수 있으며 병력을 강화하려는 노력의 하나가 동돌궐에 사신을 파견한 것이다. 대조영으로서는 당나라의 추격을 집요하게 받은 경험이 있으므로 동돌궐의 침공으로 고전을 하고 있는 당나라와 분쟁을 일으킬 이유도 없었다. 대조영이 사신을 동돌궐에 파견한 것은 두 가지 목적에서이다. 건국을 알림과 동시에 발해국을 분쇄하려는 당나라의 제2차 침공을 막는 데 필요한 병력을 강화하는 문제와 깊은 관련이 있다.

건국 이후에도 고구려의 유민과 말갈 사람들이 계속 발해국으로 들어와 발해국은 10여만 호에다 수만의 병력을 보유하게 되었다. 그러나 동돌궐의 강성으로 형성된 완충 지대가 갑자기 무너지면 당나라의 제2차 침공이 일어나리라고 대조영은 예상하였을 것이다. 과거 동돌궐은 고구려와 친교 관계를 맺은 바 있고, 또 당시 그곳에는 망명해 온 많은 고구려 유민들이 생활하고 있었다. 그러므로 동돌궐은 발해국을 침공해 올 염려는 없다 하겠으나 당나라는 그렇지 않았다. 이런 사실을 잘 알고 있었던 대조영은 병력을 강화할 뜻에 따라 사신을 동돌궐에 파견하였다.

발해국의 첫 사신이 동돌궐을 다녀온 후 동돌궐 내의 고구려 유민들이 발해국으로 들어왔음을 보여 주는 기록은 없다. 발해국으로 들어오기를 마다할 그럴 만한 까닭이라도 있었는가. 이들 유민들은 고구려의 멸망으로 동돌궐에 망명하여 30년 이상 생활하는 동안 어느 정도 경제적 생활 기반을 쌓아 삶의 터전을 마련하였다. 대조영이 고구려를 계승하여 새로운 국가를 세웠다고 하더라도 쌓아 온 안정된 생활 터전을 버리고 다시 발해국에서 생활 기반을 닦는다는 것은 아무래도 무리가 아닐 수 없다. 이러한 까닭으로 이들은 끝내 발해국으로 들어오지 않았던 것이다.

유민들의 귀환 거부로 대조영의 희망은 이루어지지 못하였으나 동돌궐의 군사 면에서 이들 유민들이 차지하고 있는 비중이 어떠했는지 대조영이 모를 리 없다. 유민들이 동돌궐에 망명하기 이전만 해도 동돌궐은 당나라의 영향 밑에 있었다. 이들의 망명을 계기로 갑자기 막강해진 동돌궐은 거란족과 해족을 제압한 데 이어 거란족을 부추겨 당나라에 대해 반란을 일으키도록 했다. 이처럼 유민들이 동돌궐의 군사력 강화에 이바지한 것이 사실이므로 대조영이 이들 유민들을 발해국으로 데려오려 하였던 것은 당연하다.

유추하면 동돌궐이 당나라와 좋은 관계를 맺지 못하고 있었기 때문에 대조영은 이러한 동돌궐에 사신을 파견한 이유가 있었다고 판단된다. 그러나 사실은 그보다도 대조영이 고구려와 동돌궐의 기존

우호 관계를 아주 생생히 기억하고 있었기 때문에 선뜻 사신을 파견할 마음을 먹게 되었을 것이다. 그렇다면 대조영으로서는 동돌궐에 사신을 파견할 명분이 충분히 있는 것이다. 대조영이 보낸 사신이 동돌궐에서 활약한 내용이 무엇인지 확인되지 않고 있다.

앞에서는 여기에 살고 있는 고구려 유민들의 발해국 귀환 문제를 가상의제로 제기하기도 하였으나 사신은 발해국이 고구려의 계승 국가임을 공식적으로 통고하였을 것이다. 이는 마치 처음 일본에 들어간 발해국의 사신이 발해국의 건국 및 발해국이 고구려의 계승 국가임을 알린 것과 동일하다. 동돌궐에 들어간 사신이 동돌궐에 고구려 유민의 송환 문제를 거론하였을 개연성을 배제할 수 없다.

문예가 발해국의 당나라 침공을 반대한 것이나 대조영이 첫 사신을 동돌궐에 파견한 것은 모두 발해국이 고구려의 계승 국가로서 자처하였음을 말해 준다. 무왕이 일본에 보낸 사신은 발해국의 건국과 발해국이 고구려의 계승 국가임을 국서를 통해 일본의 천황에게 알렸듯이 대조영이 보낸 사신도 동돌궐의 황제에게 같은 내용을 알렸음에 틀림없다. 대조영이 동돌궐의 황제에게 소식을 알린 수단은 역시 국왕의 친서, 즉 국서가 분명하다. 일본에 전달된 국서는 동아시아의 국제 공용 문자인 한문으로 작성되었는데 동돌궐에 전해진 국서 역시 한문으로 작성되었을 것이다.

이와 같이 대조영과 무왕이 발해국의 국가적 위상을 다지기 위하여 대외적으로 노력, 활약하였음이 사실로 판명되었다. 이 점을 중시한다면 발해국에서 주도권을 쥐고 있었던 사람들은 고구려계였음을 쉽게 이해할 수 있다. 발해국이 동돌궐과 일본에 사신을 파견하고 국서를 전달할 수 있었던 것은 고구려계의 사람들이 문자와 서기를 이해하였기 때문이다. 발해국의 역사 관련 문헌에 발해국에 문자와 서기가 있었다는 대목이 있는데, 이는 발해국에서 고구려계의 사람들이 주도권을 쥐고 있었음을 의미하는 것이다.

고구려계 사람들이 발해국에서 주도권을 쥐게 된 것은 이들만이 문자를 이해하고 있었기 때문이다. 발해국에서 고구려계 사람들이 말갈계 사람들보다 수적으로 우세하여 주도권을 쥐게 된 것이 절대 아니다. 고구려 시대에도 발해국이 세워진 속말말갈의 땅에는 고구려 사람들이 그다지 많지 않은 듯하다. 그런데다 고구려의 멸망으로 이곳의 고구려 사람들도 정치적으로 동요하여 전보다 감소하였을 것은 당연하다. 발해국의 건국 초기 고구려계와 말갈계 사람들의 거주 분포 상황을 보여 주는 기록이 『유취국사』에 있다. 이를 보면 곳곳에 산재하고 있는 촌리村里의 부락은 모두 말갈부락이며 여기에 거주하고 있는 사람들은 단연 말갈 사람이 많고 고구려계 사람들은 매우 적으며 촌장은 모두 고구려 사람이었다는 것이다.

지금까지 발해사 연구자는 이 『유취국사』의 기사에 근거하여 발해국에서 말갈계가 고구려계 사람보다 훨씬 많은 걸로 여겨 왔다. 그러나 북한의 발해사 연구자는 이 기사가 고구려계의 사람들이 별로 살지 않는 변경지방의 종족 분포를 말해 주는 것으로 파악하고 있다. 따라서 변경지방이 아닌 중앙에는 고구려계의 사람들이 훨씬 많았다고 봄으로써 결과적으로 발해국에서 인구의 다수를 차지한 것은 고구려계의 사람이라는 것이다. 무리가 없어 보이는 견해라고 본다.

아무튼 말갈계보다 수적으로 적은 고구려계의 사람들이 살고 있는 변경지방에서도 고구려계의 사람을 촌장으로 삼은 것은 이들 고구려계 사람들만이 문자를 자유자재로 이해하고 있어서였다. 이를 달리 표현하면 문자가 문맹을 지배하였다는 것이 적절한 표현일 것이다. 고구려계 사람들이 말갈계 사람을 다스리는 등 발해국을 주도한 것은 이의 좋은 예라고 할 수 있다.

발해국은 고구려의 돌궐 정책을 계승하다

대조영은 거란의 추장 이진충이 영주에서 당나라에 대해 폭동을 일으켰을 때 속말말갈족과 고구려의 유민들을 모두 이끌고 동쪽으로 도주하여 발해국을 세웠음은 잘 알려진 사실이다. 동돌궐이 당시 당나라를 견제하지 않았다면 발해국의 건국은 훨씬 더 힘들었을 것이다. 이런 면에서 동돌궐은 대조영의 발해 건국을 도와주었다고 할 수 있다. 이 사실을 대조영이 모를 리 없었을 것이며 이후 발해국과 동돌궐의 양국 관계는 선린에 입각하여 친선이 유지될 것이다. 당나라의 발해국에 대한 비우호적 태도가 바뀌지 않는 한 양국 관계는 유지될 수밖에 없다.

당나라는 발해국의 건국 과정부터 진국을 봉쇄하려 하였으나, 발해국과 동돌궐이 밀착 관계를 형성하여 자국을 위협하는 세력임을 알고, 발해국의 배후에 있는 흑수말갈을 반발해국 세력권으로 끌어들여 이용하였다. 반발해국 세력권과 반당 세력권 간에 상대방에 대한 견제가 어떻게 전개되고 있었는지 중국 측의 문헌을 통해 알아보자.

1) 『책부원구』 – 722년(발해국 무왕 인안 3) 흑수추장 예속리계倪屬利稽가 당나라에 내조하자 당나라는 그에게 자사 벼슬을 주었다.
2) 『구당서』(발해말갈전) – 무왕(무예)이 말하기를 흑수(말갈)가 예전에 토둔吐屯을 (동)돌궐에 청할 때 먼저 이 사실을 우리에게 알려 함께 (동)돌궐에 들어갔다고 하였다.
3) 『신당서』(발해전) – 흑수(말갈)는 (동)돌궐에 토둔을 청하였으며 모두 먼저 우리에게 알렸다고 하였다.
4) 『통감』 – 흑수(말갈)가 (동)돌궐에 토둔을 청하면 먼저 우리에게 알려 우리와 함께 갔다.
5) 호삼성胡三省의 주注 – (동)돌궐은 토둔을 두어 여러 부종국附從國을 거느렸다.

위의 토둔은 우리말로 감독관을 말하며 돌궐어로는 tuduin이라고 하였다. 위의 여러 기록에 근거하여 중국인들은 발해국과 흑수말갈이 모두 동돌궐에 의지하였다는 주장을 내세우고 있다. 즉 대개 발해국은 당나라의 책봉을 받았으나 아직 (동)돌궐과 관계를 단절하지 않아 흑수말갈과 함께 토둔을 돌궐에 청하였다는 것이다.

흑수말갈이 돌궐에 토둔을 요청한 것은 돌궐의 정치적 영향에서 벗어나지 못하였음을 의미한다. 흑수말갈은 돌궐에 토둔을 요청하기 이전에 먼저 이를 발해국에 통고하곤 하였다. 사전에 통고한 것은 흑수말갈이 두 가지 사실을 알고 있었기 때문이다. 발해국의 영토를 거치지 않고서는 돌궐에 들어갈 수 없고, 발해국과 돌궐이 우호 관계를 맺고 있음을 알고 있었기 때문이다.

발해국은 흑수말갈이 돌궐의 정치적 간섭을 받는 것은 원하지 않았을 텐데도 토둔의 파견을 요청할 시에 이를 적극 지원하고 나섰던 것은 나름대로 외교적 실익을 챙기기 위함이라고 본다. 흑수말갈은 아직 발해국에 복속하고 있었던 것이 아니므로 돌궐이 흑수말갈을 정치적으로 감시해 주기를 바라는 뜻에서 흑수말갈의 토둔 요청을 적극 지원하고 나섰던 것으로 판단된다.

그러면 발해국은 왜 흑수말갈이 돌궐의 정치적 감독을 받기를 허용한 것일까. 발해국이 대외적으로 경계하고 있었던 상대국은 당나라였다. 반당 세력권이 확대되기를 염원하는 입장에서 발해국은 흑수말갈의 토둔 요청에 나섰던 것이다. 흑수말갈이 돌궐의 정치적 간섭을 받게 된다면 발해국·돌궐·흑수말갈의 삼국은 반당 세력으로서 당나라의 세력 팽창을 견제·저지할 수 있게 된다.

중국 학자들은 발해국도 돌궐에 토둔을 요청한 바 있다고 주장하고 있으나 문헌 어디에도 그 같은 기사는 없다. 발해국이 돌궐에 토둔을 요청한 것이 사실이라면 흑수말갈이 돌궐에 토둔을 요청하여 돌궐의 정치적 감시하에 놓이기를 바랄 수 있으나 발해국은 돌궐과 함께 반당 세력권의 핵심 세력이므로 돌궐에 토둔을 요청할 이유가 없다.

발해국이 흑수말갈의 토둔 요청에 적극 나섰던 것은 흑수말갈이 반당 세력의 일원이 되기를 바라서였다. 흑수말갈은 돌궐에 토둔을 요청함으로써 발해국·돌궐과 함께 당나라의 세력 팽창을 막는 데 동참하게 되었다. 그러다 보니 흑수말갈은 당나라와 첫 교섭을 할 때에도 돌궐에 토둔을 요청할 때처럼 그 같은 사실을 사전에 발해국에 알렸다.

그러던 흑수말갈이 722년(무왕 인안 3) 갑자기 태도를 바꾸어 당나라에 대해 벼슬을 달라고 요청하였다. 물론 흑수말갈은 이 사실을 발해국에 미리 알리지 않았다. 당나라의 현종은 그간 반당 세력권의 일원인 흑수말갈의 추장 예속리계의 요청을 수용하여 그에게 발리주자사勃利州刺史란 벼슬을 주고 흑수말갈의 땅에 흑수주를 설치한 동시에 이를 감시하기 위해 장사長史라는 명칭의 감독관을 두기로 하였다.

흑수말갈이 갑작스레 태도를 바꾸어 발해국에 알리지 않고 입당하여 친당적 태도로 돌변한 것에 대해 극도의 불쾌감을 나타낸 것은 발해국의 무왕이었다. 무왕은 당나라와 흑수말갈이 앞뒤에서 발해국을 협공하는 침략 행위로 간주하고 먼저 당나라의 등주를 기습하고 흑수말갈을 정복하기로 결심하였다.

무왕이 흑수말갈의 친당 노선에 대해 군사적 행동으로 응징하려는 것은 반발해적인 당나라 중심의 세력권이 확대되는 것을 원치 않았기 때문이다. 발해국이 추구하는 것은 반당적인 세력권을 확대시키는 데 있었는데, 흑수말갈의 뜻하지 않은 그 같은 친당적인 노선 추구는 반당 세력권의 와해를 의미하기도 하지만 당나라를 중심으로 한 반발해 세력권의 확대에 큰 도움이 된다는 판단에 따라 발해국은 당나라와 흑수말갈에 대해 즉각적인 군사행동을 단행했다.

발해국이 흑수말갈의 사신이 돌궐에 들어갈 때 편의를 최대한 돌봐준 것은 될 수 있는 한 흑수말갈을 반당 세력권의 한 축인 돌궐의 정치적 영향 밑에 두기 위해서였다. 『통감』의 난해한 부분을 쉽게 이해하도록 달아 놓은 호삼성의 주석에 돌궐은 토둔을 둠으로써 여러 부종국附從國을 거느렸다는 대목이 있다. 중국 학자들은 여기에 근거하여 발해국도 돌궐에 토둔을 요청하였다거나 부종국이었다고 주장하고 있으나 전후 사정을 충분히 살피지 않은 데서 빚어진 단견이다.

발해국이 반당 세력권의 형성에 적극 나섰던 것은 당나라가 발해국에 대해 적대적으로 나왔기 때문이다. 당나라는 고구려를 최대의 적국으로 단정 지은 결과 고구려를 멸망시켰으나 그 유민들이 다시 발해라는 국가를 세우려 했기 때문에 발해국의 건국 과정부터 건국을 적극 방해하였던 것이다. 이에 비하면 (동)돌궐은 고구려의 건재 시에 우호적 행동을 보여 준 바 있는데다 당나라와의 관계가 원만하지 않았기 때문에 발해국은 동돌궐을 대당 문제의 파트너로 성하게 된 것이다.

흑수말갈이 반당 노선에서 친당 노선으로 입장을 바꾸었다가 발해국의 정벌을 받음으로써 오히려 반당 세력권은 더욱 공고해진 결과이다. 말갈은 고구려에 복속하거나 돌궐에 신속하였다는 것이 『구당서』(발해말갈전)에 보이지만 발해국이 돌궐에 복속하였다는 기사는 없다. 『통감』에는 발해국이 돌궐에 부종하였다는 기사가 있으나 이는 복속이 아니다. 이를 복속으로 보아야 한다면 고구려도 돌궐에 복속했다는 기사가 나타나야 하는데 없다. 고구려가 돌궐에 복속하지 않았는데 계승 국가인 발해국이 돌궐에 복속할 이유가 없다.

당나라가 고구려나 발해국의 강력한 적대국가로 각인된 점에서 볼 때 두 나라는 반당적인 돌궐을 대당 문제의 파트너로 삼는 것이 현명하다. 고구려와 발해는 대당 문제란 차원에서 돌궐에 접근한 것이 사실이다. 이를 두고 발해국이 돌궐에 부종하였다고 운운하는 것은 잘못이며 어디까지나 중국적인 표현이다. 흑수말갈은 돌궐에 토둔 파견을 요청한 만큼 돌궐에 부종한 것이 사실이나 발해국이 토둔을 요청한 기록이 없으므로 돌궐의 부종국이라는 것은 타당하지 않다.

발해국이 당나라에 복속하기를 거부하고 있는데 돌궐에 부종할 이유가 있었을까. 발해국이 동돌궐에 접근한 것은 고구려 시대부터 돌궐과의 관계가 친근했으며 동족이 망명자로서 다수 이곳에서 새로운 삶을 시작하였기 때문이다. 동돌궐은 망한 고구려의 유민을 다 수용하여 세력이 강대해져 당나라를 견제하고 있었기 때문에, 발해국은 동돌궐과 연합할 수 있으나 부종할 것까지는 없었다.

발해국은 고구려의 해외 지리 지식을 활용하다

발해국은 주변 국가와 교류 관계를 원활하게 하기 위하여 다섯 개의 도로망을 개설하였다. 『신당서』(발해전)는 이를 5도道라고 하였는데 이를 보면 용원동남빈해 일본도龍原東南瀕海 日本道·남해 신라도南海 新羅道·압록 조공도鴨淥 朝貢道·장령 영주도長嶺 營州道·부여 거란도扶餘 契丹道가 그것이다.

일찍이 서상우徐相雨(1831~1903)는 그의 저서 『발해강역고渤海疆域考』(권 1)에서 조공도의 유래를 설명하였다. 즉 발해국이 당나라에 조공품을 전하는 교통로는 발해국의 사신이 압록강 입구에서 배를 타면 산동반도의 등주登州 어귀에 도달하므로 조공도라는 이름이 붙게 되었다는 것이다. 이에 대해 황유한黃維翰은 조공이란 조선을 잘못 표기한 것이라고 지적하였다.

압록 조선도란 말은 『만주원류고滿洲原流考』(권 10)에서도 보인다. 이 책은 조선이 조공으로 와전되었다고 지적하고 근거 기사는 『문헌통고

文獻通考』(四裔考)에 있다고 밝혔다. 그러나 『문헌통고』에는 『신당서』(발해전)처럼 조공으로 되어 있다. 김육불은 오히려 압록 조선도가 틀리고 압록 조공도가 맞다는 견해를 내놓았는데, 그 근거로 제시한 것을 보면 발해국의 대당 조공사는 상경에서 중경을 거쳐 압록강 상류에 이르러 배를 타고 내려와 압록부를 경유, 압록강 하구로 나와 등주에 이르렀으므로 조공도라고 이름을 붙였다는 것이다.

김육불의 압록 조공도에 대한 해설에서 설득력이 부족한 면이 있다. 압록부에서 등주에 이르는 교통로는 발해국 사신의 조공로만으로 이용되지 않았다. 발해국의 장문휴張文休 장군에 의한 당나라 등주 기습도 이 교통로를 따라 전개되었던 것이다. 일본도·신라도·거란도는 모두 교류하려는 상대 국가의 명칭을 붙였으며 장령 영주도는 당나라 또는 동돌궐과의 교류를 위한 교통로로서 장령부에서 영주에 이르는 도로망이었으나 압록 조공도는 압록부에서 어느 지점까지 연결시켜 주고 있는 교통로인지 명칭만으로는 알 수 없다. 장령 영주도처럼 압록 조공도에도 압록부에서 목적지의 이름이 들어가는 것이 마땅하다. 목적지는 등주이므로 압록 조공도는 압록 조선도가 아니라 압록 등주도가 맞다. 그렇다면 압록 등주도는 발해국의 대당 조공로였다고 할 수 없다. 압록 조공도란 명칭은 『구당서』에 없고 『신당서』에 처음 실렸다는 점에서 『신당서』 편찬자의 의도적인 표기라고 해야 할 것이다. 압록 등주도라고 표기해야 할 것을 압록 조공도라고 함으로써 발해국을 당나라에 조공을 바친 국가로 인식하도록 만들었던 것이다.

홀한주忽汗州에서 장안까지의 거리는 8천 리가 된다. 먼 거리가 아닐 수 없다. 그럼에도 불구하고 발해국의 사신은 한 달에 두 번 또는 1년에 몇 차례 들어갔다. 단순히 당나라에 특산물을 바치기 위해 먼 거리를 내왕하였는가. 당나라는 조공 이외에 다른 명목으로 입당하는 것을 허용하지 않아 발해국 등 주변 국가들은 이를 따를 수밖에 없었다. 이른바 하정사賀正使·사은사謝恩使·단오사端午使·동지사冬至使·진봉사進奉使·기청사祈請使 등의 명칭은 당나라가 정해 준 것이다.

사신의 명칭이 어쨌든 간에 발해국에서 자주 사신을 당나라에 파견한 것은 조공보다 비중을 더 무겁게 두는 판단 기준이 있었기 때문이다. 그것은 교역의 확대이다. 발해국에 주변 국가와 교류하는 도로망이 다섯 개나 있었다는 것은 그만큼 발해국이 교역에 비상한 관심을 두고 있었음을 말해 준다. 특히 당나라와 교통하는 도로망이 두 개였다는 것은 발해국이 당나라를 최대의 교역 상대국으로 여겼음을 입증한다.

말갈족도 당나라에 조공을 바친 사실이 있다. 이들의 조공은 국가 단위의 것이 아니라 추장 정도의 것으로 그쳤다. 『신당서』(발해전)는 속말말갈족이 발해국을 세웠다고 주장하고 있으나 기록상 발해국의 조공은 국가를 배경으로 한 것이다. 흑수말갈도 국가를 세우지 못하였는데 속말말갈이 어떻게 발해라는 나라를 세웠을까. 속말말갈도 말갈의 하나이므로 흑수말갈처럼 국가를 세울 수 없는데도 발해국을 세웠다고 하니 아이러니하다. 속말말갈이 나라를 세웠다는 기록은 믿기 어렵다.

발해국에서 두 개의 대당 교통로를 개설한 것은 교역의 증대를 해결하기 위한 경제적 조치였다. 『신당서』의 기사와 달리 발해국은 고구려 유민이 세운 국가이므로 고구려 시대보다 대당 교역량의 증대를 해결하기 위해 육상과 해상의 두 교통로를 만들게 되었다. 고구려 사람들도 대중국 교류에 육로와 해로를 적절히 이용하곤 하였다. 기록상 고구려 사람들이 해상 교통로를 이용한 것은 대량의 물자를 남중국에 수송할 때였다.

836년 발해국의 교역선이 숙동熟銅(정제된 구리)을 싣고 등주에 들어왔다는 기록이 있다. 이는 발해국에서 생산한 다량의 질 좋은 구리를 등주에 내다 팔았음을 보여 주는 증거이다. 이와 관련하여 『고려도경』을 보면 고려에는 금과 은의 생산량이 적으나 구리가 많이 생산된다는 기록이 있다. 또한 『오대사』(四夷附錄)에는 후주의 세종 때 상서수부원외랑尚書水部員外郎 한언경韓彦卿이 고려에 들어와 비단 수천 필을 팔고 대신 구리를 들여와 동전을 만들었다는 기사가 있다. 발해의 멸망 후 남쪽 땅이 고려의 영토로 편입되어 고려에서 생산된 구리가 중국에까지 팔려 나갔던 것이다.

등주에 들어온 발해국의 숙동은 남부의 영토에서 생산된 것이며 질이 우수하고 양이 많다는 소문이 중국에까지 알려져 후주에서 많은 양을 사다가 동전을 만드는 데 사용하게 되었다. 따라서 발해국이 교역선을 동원하여 등주에 운송한 숙동의 양이 적지 않았을 것으로 판단된다. 이처럼 발해국은 대량의 교역물을 운송할 때 이른바 해상 교통로(등주도)를 이용하였다.

위와 같이 발해국이 등주도를 개설하고 이를 육로와 함께 교역로로 이용한 것은 발해국의 사람들이 고구려 사람들의 후예이기 때문이다. 말갈족이 발해국을 세웠다면 다섯 교통로를 개설하지 못했을 것이다. 일본이 동해 저편에 있음을 발해국 사람은 어떻게 알 수 있었을까. 고구려 사람들은 신라에 쳐들어온 왜군과 싸워 이들을 몰아낸 사실이 있지 않은가. 또한 고구려는 거란을 복속시킨 바 있고 한반도의 중부 이남과 이북 지역에서 신라와 장기간 싸운 일도 있다. 이들의 후손인 발해국 사람들로서는 일본도·거란도·신라도를 개설하는 데 지리적으로 큰 어려움이 없었을 것이다. 그래서 발해국 사람들은 이른바 다섯 개의 교통망을 개설하여 이를 교역로로 적절하게 이용하였던 것이다.

발해국의 풍속은 고구려계이다

발해국 관련 중국의 역사 문헌을 보면 발해국과 거란(요)은 세수관계世讐關係(대를 잇는 적대 관계)인데도 발해국의 풍속이 거란의 그것과 동일하다는 대목의 기사가 있다. 왜 양국의 풍속이 같았을까. 두 민족이 같아서 풍속이 같은 것이 아니고 국경을 접하게 되고서부터이다. 영토가 인접한 시기는 둘로 나누어 보아야 한다. 대조영이 홀한해에 발해국을 세우기 이전 이곳 땅은 고구려의 옛 땅이었으며 고구려는 이미 서쪽으로 거란과 영토를 접했다. 그러니 고구려 시대에도 거란의 풍속이 고구려에 들어왔을 것은 자명하다. 그런데다 고구려 사람들이 발해국을 세우는 데 적극 참여함으로써 거란의 풍속은 자연스레 발해국에 들어왔을 것이다.

발해국 시대가 전개되는 기간에 발해국은 거란과 접하게 되었다. 언제부터 영토가 인접하였는가. 당나라는 말기에 접어들어 정치·경제 등 여러 면에서의 기존 질서가 파괴되면서 요동 지방 통치에서 물러서게 되었다. 발해국은 때를 놓치지 않고 이 지역으로 진출하여 이를 통치하게 되면서 거란과 영토를 접하였다. 이로써 두 나라 간에 문물 교류가 자연스레 이루어져 역사 문헌에 발해국의 풍속이 거란의 그것과 같다는 기사가 실리게 되었다. 두 나라 간에 문물 교류가 있었음을 보여 주는 것은 발해국이 주변 국가와 교류하였음을 보여 주는, 다섯 교통 도로망을 말하는 5도道 가운데 '부여거란도'이다.

원래 발해국과 거란은 세수 관계가 아니고 순망치한脣亡齒寒의 관계, 즉 서로 의존적인 평화 관계를 유지하고 있었다. 그러다가 아보기가 전제군주로 등장하면서 거란 사회에 대한 통치권을 장악하고서부터 기존의 순망치한 관계가 깨지고 세수 관계로 바뀌었다. 아보기가 전제 권력을 확보하기 이전에는 거란 사회에 민주적 귀족제에 기반을 둔 부족 연맹체가 기존 질서이고 체제였다. 이 기간에 양국 간에는 평화적인 문물 교류가 자연스레 이루어져 교역도 빈번하였다. 발해국의 풍속이 거란의 그것과 같다고 할 정도이고 보면 양국의 교류가 아주 순탄하였음을 알 수 있다.

순수한 바탕 위에 이루어진 양국의 평화적 교류가 깨진 것은 중국적인 전제제국의 건설을 꿈꾸는 아보기의 정치적 야망에서 비롯되었다. 이에 따라 구상된 중국 본토에 대한 정벌의 전 단계로 갑자기 추진된 것이 20년간에 걸친 발해국 침공이고 더 나아가 숙명적으로 빚어진 발해국의 멸망이었다.

발해국의 풍속이 거란의 그것과 같다는 것은 거란의 풍속 중에서 발해국에 들어온 것이 있다는 것을 말한다. 그런데 발해국의 풍속이 고구려의 그것과 같다는 기사로 보아 발해국은 고구려적인 풍속과 거란적인 풍속을 동시에 가지고 있었음을 알 수 있다. 발해국의 풍속이 거란의 그것과 같다는 말을 뒤집어 보면 거란의 풍속에도 발해국에서 들어온 풍속이 있다는 것을 의미한다. 말하자면 풍속은 일방적인 것이 아니라 상호 영향을 주고받는 것이 풍속인 것이다. 이런 면에서 풍속은 문화의 원리와 같은 성격을 지니고 있다고 할 것이다.

민족이 다른 국가인데도 풍속이 같다는 것은 문화가 같다는 말과 똑같다. 그러므로 풍속과 문화를 구분하기란 힘들며 발해국과 거란은 풍속과 문화 면에서 영향을 주고받은 것이 적지 않았을 것이다. 그런데 문헌상 이를 확인할 수 있는 것은 극히 제한되어 있는 실정이다. 발해국에 거란의 풍속이 들어왔다는 인식하에 주목할 것은 발해국에서도 장막帳幕 생활을 즐긴 명족名族들이 적지 않았다는 대목이다. 『송막기문』을 보면 아보기가 발해국을 멸망시키고 나서 장막 생활을 하는 천여 호戸에 이르는 명족을 북경 지방을 말하는 연燕 지방으로 강제 이주시켰다는 기사를 만날 수 있다.

장막 생활을 즐긴 민족은 유목민이다. 유목 생활을 하는데 가장 적합한 주택 구조가 장막이다. 거란족은 유목민이다 보니 선배·후배 유목민처럼 장막 생활을 이상적인 생활로 여겨 왔다. 밝혀진 바에 의하면 발해국을 구성하고 있는 민족은 고구려계와 말갈계이다. 어느 계열의 민족을 보더라도 유목민은 아니다. 그러므로 이들에게는 장막 생활이 적합지 않다. 그런데 발해국에서 장막 생활을 한 명족 천여 호의 사람들은 여러모로 볼 때 고구려계라고 할 수 있다.

고구려계 사람들의 장막 생활은 순수한 고구려의 풍속이 아니고 거란 풍속의 영향을 받은 것이다. 물론 장막 안에서의 생활도 거란식으로 이루어졌음을 연상해야 한다. 이들은 연 지방으로 강제 이주당한 후 더 이상 거란식의 장막 생활을 할 수 없게 되었다. 계속해서 『송막기문』의 관련 기사를 보면 아보기 등 이주 정책의 입안자들은 이들 천여 호의 유명한 장족帳族에게 논과 밭을 지급하고 무역과 장사에 종사하도록 배려를 아끼지 않았다는 기사가 있다. 장막 생활을 하던 사람들에게 논밭을 지급하고 장사 등을 할 수 있도록 배려한 것으로 보아 이들은 거란식의 상막에서 생활하였지만 본연의 농업과 상업을 영위해 왔음을 알 수 있다. 이런 면에서 아보기에 의해 연 지방으로 강제 이주당한 발해국의 명장名帳 천여 호는 수렵 생활에 익숙한 말갈계가 아니고 고구려계의 사람임을 알 수 있다.

다음에는 거란에 들어온 발해국의 다른 풍속도 알아보자. 이와 관련하여 『요사』(권 53 예지)를 보면 거란의 세시풍속이 있는데 거란적인 것과 외래적인 것으로 나눌 수 있다. 4월 8일 싯달悉達 태자의 탄신을 경축하는 석탄제와 5월 5일의 단오놀이가 외래적인 풍속이다. 원래 단오놀이는 농경 사회의 고유한 여름 풍속세시이다. 거란에서는 단옷날 오시(오후 2~4시)에 쑥잎을 따다가 무명옷을 고르게 하며 군신들은 함께 연회를 즐기며, 발해 출신의 남자 요리사가 쑥으로 떡을 만들어 연회 음식물을 제공한다. 이로 보아 단옷날 거란의 군신이 쑥떡[애고艾鰈]을 먹었음을 알 수 있다. 또한 거란 사람들은 단옷날에 다섯 가지 고운 색실을 가지고 끈을 만들어 팔에 감는데 이를 합환결合歡結(기쁨을 함께하는 매듭)이라고 하였다.

이 외에도 고운 색실을 가지고 인형을 만들어서 머리에 꽂는데 이를 장명루長命縷(오래 사는 실)라고 하였다. 거란어로 단오를 '토새이아討賽咿呢'라고 하는데 '토'는 5五, '새이아'는 달月을 말한다.

단옷날 먹는 쑥떡을 발해 출신의 요리사가 만든 걸로 보면 발해 사람들도 전통적으로 단옷날에 쑥떡을 먹은 것은 물론이다. 발해국에는 쑥이 무성하게 자라는 초원 지대가 많아 발해국 사람들은 쉽게 쑥을 채취하였다. 거란 사람들이 쑥떡을 먹었다는 기사로 보아 거란의 단오 풍속은 중국에서 들어온 것이 아니라 발해국에서 들어왔음을 알 수 있다. 조선 시대의 단오 풍속이 우리가 알고 있는 단오의 전모인데, 거란 사회의 단오 내용으로 보아 발해국 더 나아가 고구려에서도 단오를 큰 명절로 지켰을 것이다. 발해국이 고구려의 계승 국가인 만큼 발해국의 단오는 고구려의 것을 답습한 것이 분명하다.

조선 시대 단오를 큰 명절로 여겼던 곳은 북쪽 지방이었다. 고구려·발해국·거란 등 북방의 국가가 단오를 큰 명절로 지켜 온 유습으로 보인다. 참고로 조선 시대의 단오 장면을 보면 임금이 단옷날 쑥으로 만든 호랑이[애호艾虎]를 신하들에게 하사하면 갈대처럼 나풀거리게 하기 위하여 호랑이를 비단 조각으로 묶으며 다시 쑥잎을 붙여 머리에 꽂았다고 한다. 『열양세시기洌陽歲時記』를 보면 단옷날에 쑥꽃[애화艾花]을 하사한다는 기록도 있다. 쑥으로 만든 호랑이와 쑥꽃을 하사하는 것은 액을 막아 준다는 믿음에서였다.

거란에서 고운 색실로 만든 인형을 머리에 꽂은 것은 조선 시대 쑥으로 만든 호랑이를 머리에 꽂는 풍속과 내용상 다를 바가 없다. 쑥떡을 만들어 먹는 풍속이 거란 사회에도 있었던 것은 발해국의 단오 풍속 영향을 받았기 때문이며 그 연원은 고구려 시대로 잡을 수 있다. 고운 색실로 만든 끈을 팔에 감는 풍속은 현재 우리 사회에 존재하지 않지만 이것 역시 발해국 또는 고구려 시대의 풍속으로 보아야 한다.

단옷날에 쑥떡을 먹고 쑥꽃, 쑥으로 만든 호랑이를 임금이 신하들에게 하사하는 것은 액을 막기 위해서인데, 거란 사회에서 고운 색실로 만든 인형을 머리에 꽂는 것을 장수실이라고 하는 것으로 보아 액을 막는다는 것은 장수를 뜻하는 것임을 알 수 있다. 또한 고운 색실로 만든 끈을 팔에 감는 것이 기쁨을 함께하는 매듭이라고 한 걸로 보면 이런 것이 액막이의 구체적 예임을 알 수 있다.

발해국에 연원을 두고 있는 쑥잎을 가지고 무명옷을 고르게 한다는 것도 액막이의 좋은 예다. 단오 풍속이 거란 사회의 5월 명절인 것으로 보아 이에 영향을 준 발해국에서 큰 명절이었음을 알 수 있다. 이와 관련하여 『책부원구』(권 997, 悖護)를 보면 발해국에서 당나라에 단오사까지 파견하였음을 보여 주는 기사까지 있다. 일본에서는 883년 천황이 단옷날에 어전에서 발해국의 사신과 함께 말 타고 활 쏘는 장면을 관람하기도 하였다. 일본에서도 단오 풍속을 지켰음을 보여 주는 대목인데 특히 단옷날을 택해 말 달리고 활 쏘는 장면을 발해국의 사신이 관람한 것은 발해국에서 단오가 큰 명절이므로 특별히 배려한 것으로 여겨진다. 발해국에서 단오가 국가적인 큰 명절이므로 단오 풍속이 거란 사회에서도 역시 큰 명절로 자리를 잡은 것이다.

중국도 농업을 주업으로 삼고 있는 만큼 단오 명절을 즐기고 있었으나 거란 사회가 발해국의 단오 풍속을 받아들인 것은 북쪽 지방의 국가들이 단오를 큰 명절로 성대하게 지켜 왔기 때문이다. 농업에 바탕을 둔 발해국의 단오가 거란 사회에 들어옴으로써 유목적인 거란은 발해국의 농경문화를 받아들였다. 이와 관련하여 『요사』를 보면 1087년(거란의 도종 대안 3) 거란 치하의 서북 발해부가 거란에 소를 바쳤다는 기사가 있다. 바친 소의 용도는 농업에 있었으니 도종 시대 거란은 완전히 농경화되어 있었다. 이 기사로 미루어 발해국 사람들은 농업을 주업으로 삼았음을 짐작할 수 있다. 발해국 사람들이 주로 농경민이었음은 거란이 태종 때 유민들을 한법漢法으로 다스렸다는 『요사』의 기록으로 분명해진다.

그러면 발해국을 세울 때 참여한 수렵 위주의 말갈족은 생활 방법의 어떠한 변화가 있었나 수렵에서 농업으로 생계 수단이 바뀌었을 것이다. 말갈계 사람들이 생계 수단을 농업으로 바꿈으로써 결국 단오가 발해국에서 국가적 명절로 자리를 잡게 되었다.

거란 사회는 발해적인 농경문화만 받아들인 것이 아니고 중국적인 농경문화도 아울러 받아들여 거란 사회의 농업화가 촉진되었다. 발해국의 유민이 거란 사회의 농업화에 한몫을 담당한 것은 농업적인 고구려계의 사람들이 발해국을 주도한 탓이다. 발해국의 풍속 가운데 상당 부분을 차지한 것은 고구려계의 것이었는데, 이는 고구려의 수도 평양이 발해국의 서경이 되는 등 발해국 영토의 상당 부분이 고구려의 영토와 겹쳤기 때문이다. 그래서 발해국의 풍속이 고구려의 그것과 같다는 기사가 중국 문헌에 실리게 되었다.

그러면 수렵적인 말갈계 사람들이 고유한 수렵 문화를 왜 끝까지 지키지 못했을까. 말갈계 사람들이 발해국의 건국에 참여한 초기에는 말갈의 수렵 문화도 발해국의 한 문화 요소인데, 실제 발해국의 문화를 설명한 기사를 보면 말갈적 문화 요소를 찾아보기 힘들다. 이는 무엇을 말하는가. 저급한 말갈계의 문화가 우수한 고구려계 문화와의 경쟁에서 압도되거나 동화되었음을 의미한다.

잘 알려져 있듯이 발해국은 북쪽의 말갈 지역으로 영토를 넓혀 나갔다. 그 결과 발해국은 흑수·불열·우루·월희·철리 말갈 등을 무력으로 정복하여 복속시킨 바 있으나 발해국의 풍속이 말갈의 그것과 같다는 기사는 없다. 오히려 거란과 접함으로써 발해국의 풍속이 거란의 그것과 같다는 기사가 보인다. 발해국의 풍속을 구성하는 요소로 마땅히 존재해야 할 말갈 풍속에 대한 언급이 없는 것은 말갈의 풍속이 발해국의 풍속과 같아서가 아니고 고구려계의 풍속에 가려졌기 때문이다. 고구려계 사람들이 문사를 알고 있었으나 말갈계 사람들은 알지 못하였다는 것이 발해국에서 말갈 풍속의 현주소를 극명하게 보여 준다.

발해국의 풍속을 주도한 것이 고구려계 사람이었음은 『송막기문』의 다음과 같은 기사가 증명한다. 야율아보기에 의해 연燕(북중국) 지방으로 강제 이주된 천여 호의 발해 유민이 시간의 흐름에 따라 번성하여 5천여 호에 이르게 되자 금나라 정권은 이들을 통제하기 힘들다는 이유로 산동지방으로 또 이주시켰다. 이들이 마지막으로 이주된 것은 1141년(금나라 희종 황통 1)이었는데 두 차례나 강제 이주되었으나, 생활 기반이 파괴되지는 않았다.

먼저 연 지방으로 이주된 후 부자들은 200년이 넘는 객지 생활이지만 여전히 번영을 누려 집 안에다 정원과 연못을 만들고 모란을 수십 그루나 심는 등 생활의 여유를 마음껏 누리고 있었다. 이들의 호화 생활은 연 지방의 중국인에게서도 찾아볼 수 없는 그런 여유 있는 생활이었다.

집 안에 정원과 연못을 만들고 정원에 모란을 그토록 많이 심고 생활의 여유를 즐긴 발해 유민이고 보면 이들은 계통상 농경 위주의 고구려계 사람임에 틀림없다. 고구려의 무덤 벽화에도 연못 풍경이 있는데 진파리 제4호 무덤의 벽화가 그것이다. 무덤의 벽화에는 겹겹이 에워싸인 산 한가운데 연못이 있고 여기에 연꽃이 활짝 피어 있으며 물결은 잔잔하다. 연못을 에워싸고 있는 산에는 곳곳에 바위가 널려 있으며 소나무가 울창하다. 산으로 에워싸인 이 연못 그림은 여러 무덤 옆에 실제로 존재하고 있는 듯한 착각을 불러일으킬 만큼 뛰어나다는 평을 받고 있다.

위 무덤의 벽화에 그려진 정원의 연꽃은 가상이 아니라 실제 상황을 그림으로 표현한 것이다. 그렇게 보는 것은 연못을 에워싼 산에 소나무가 울창하게 그려져 있어서이다. 고구려 사람들은 소나무를 마치 나라를 상징하는 나무처럼 여겨 무덤의 가장자리에도 소나무를 심는 풍습이 있었다. 그래서 고구려의 산에는 소나무가 울창했다. 연못 주변에 울창한 소나무가 그려져 있는 만큼 이 연못 그림은 사실화로 본다. 이러한 예술적 감각을 지닌 고구려 사람들의 후예인 발해국 사람과 그 유민들도 그림의 소재로 소나무와 바위를 삼았던 것이다. 이와 관련하여 한치윤은『해동역사』(발해국)에서『화사회요畵史會要』를 인용하여 이르기를, 대간지大簡之(금나라 시대의 발해 유민)는 소나무와 바위 그림을 그리는 데 뛰어났다고 지적하였다. 이는 발해의 화가에 관한 하나뿐인 기록이거니와 대간지가 이런 그림을 잘 그렸다는 것은 조상인 고구려 사람들의 그림 감각과 일치함을 보여 주고 있다.

위 벽화의 연못에 연꽃이 그려져 있는 것으로 보아 연 지방의 발해 유민이 만든 정원에도 연꽃이 피었을 것이다. 이들이 유독 정원에 모란을 그토록 많이 심은 것은 본래 모란의 산지가 중국이기 때문이다. 발해 유민들이 생활의 여유를 즐기기 위하여 만든 정원의 연원은 진파리 제4호 무덤의 벽화에 그려진 연못과 정원에서 찾을 수 있다. 그러므로 아보기에 의해 연 지방으로 강제 이주되고 여기서 살면서 잘 꾸민 정원과 연못의 주인공인 발해 유민은 계통상 고구려계이다.

발해 유민의 정원과 연못을 고구려인의 벽화에 그려진 연못과 비교한 결과 발해국의 풍속과 문화를 주도한 것은 고구려계 사람이었음을 알 수 있다. 발해국의 주민을 구성한 것이 고구려계와 말갈계인데 전자가 발해국의 풍속과 문화를 주도한 원인을 알아보자.

발해국은 두 계열의 사람들로 구성된 만큼 발해국 사람들의 기질은 다양하다. 먼저 고구려 사람들은 학문과 예술을 좋아하며 성품이 유순하고 부드러운 기질의 소유자이다. 말갈 사람들은 굳세고 사나우며 전투를 좋아하여 학문·예술하고는 거리가 멀었다. 이중 우수한 문화를 소유한 고구려계 사람들이 발해국을 주도하였다. 고구려 시대의 학문과 문화가 당나라와 비등할 정도로 우수했던 것은 당태종이 인정하였으며, 발해국에 문자와 책이 있었던 것은 발해국에 고구려인의 후손들이 있었기 때문이다.

발해국의 풍속과 문화가 성숙한 이러한 배경으로 고구려인의 풍속이 발해국에서 다시 꽃을 피우고 열매를 맺었다. 말갈의 풍속은 고구려계 사람들의 풍속에 완전히 압도되거나 동화되었기에 역사책에 발해국의 풍속이 말갈의 풍속과 같다는 기사가 실리지 않았다고 해석할 수 있다.

발해국의 말갈뿐만 아니라 통치권 밖의 말갈도 문자와 책을 모르기는 마찬가지였다. 따라서 당나라와 200년간 교류 관계를 맺은 흑수말갈과 관련된 어떤 기사를 보더라도 이들이 문자와 책을 알고 있었다는 기록이 없다. 이로 보아 말갈은 거주 지역의 구분 없이 문자를 이해하지 못하였음을 알 수 있다.

발해국의 문화 수준은 고구려와 동일하다

해동성국이란 당나라에서 전성기의 발해국을 높여서 이르는 아름다운 명칭이자 별칭이다. 『신당서』 발해전은 해동성국의 배경을 설명하고 있다. 발해국왕이 당나라의 수도 장안에 있는 태학에 자주 유학생을 파견하여 고금의 제도를 배우고 익힘으로써 해동성국이 되었다는 것이다. 그러나 이것만 가지고는 해동성국이 된 상세한 경위를 살피기 힘들다.

제도란 사회의 시대적 필요에 따라 만들어진다. 그러므로 한번 만들어진 제도는 시대와 사회의 변화에 따라 변한다. 그런데 발해국의 유학생들이 중국의 제도를 학습하였다는 것은 중국 제도의 변천사를 공부하였음을 말한다. 이들 유학생들이 중국의 제도 변천을 공부함으로써 고대 중국의 사회 변천사를 체계 있게 공부한 셈이다.

이러한 상황이라면 발해국의 지식층들은 중국에 대한 거부감보다 친밀감을 느꼈을 것이다. 그런 의미에서 발해국은 중국의 적대국이 아니고 우방국으로서 확고한 위치를 차지하였을 것이다. 이러한 문화적 배경을 가지고 있는 발해국을 가리켜 중국인들은 해동의 성국이 되었다고 표현하였다.

중국인들의 발해국 관련 기록에 발해국 사람들이 중국의 제도 변천을 학습한 내용이 구체적으로 나와 있지 않아 이를 알 수 없다. 따라서 해동성국이란 표현이 지니는 문화적 의미를 파악하는 것으로 만족할 수밖에 없다. 마치 당나라의 태종이 고구려의 학문이 중국의 학문 수준에 있음을 솔직히 인정하였듯이, 같은 당나라가 고구려의 계승 국가인 발해국의 학문과 문화 역시 중국의 수준에 올라와 있었음을 인정하였다는 정도로 의미를 찾아야 할 것이다.

그러므로 발해국 관련 문헌에서 발해국의 학문과 문화 면을 살피는 것이 해동성국으로서 발해국의 면모를 밝혀 줄 것이다. 발해국의 이러한 면모는 중국인 중심의 역사 기록에서 부수적이다 보니 체계적으로 나와 있지 않다. 그러나 단편적인 기록들을 보면 발해국의 학문과 문화의 진면목을 다소 그려낼 수 있다.

중국과 일본에 파견된 발해국 사신들의 모습을 통해 발해국의 학문과 문화 수준을 살펴보자. 사실 해동성국으로서 발해국의 진면목을 보여 주는 것은 사신들의 활약보다 더 중요한 자료는 없다. 이들의 활약상이 문헌에 나와 있지 않다면 해동성국의 모습을 어디에서도 찾을 길이 없다. 그런 면에서 문헌에 실려 있는 해외 사신들의 활약상은 소중한 자료로 평가받는다.

먼저 발해국의 문화 수준을 말해 주는 해외 사신들의 활약 중 당나라에서 벼슬을 받은 것을 꼽을 수 있다. 특히 이들이 받은 벼슬과 말갈부의 사신들이 받은 벼슬을 비교함으로써 발해국의 학문 수준을 살필 수 있다. 또한 당나라에 유학하여 과거시험에 급제한 발해국 사람과 신라 사람의 학문적 실력을 비교하는 것도 해동성국으로서의 모습을 보여 주는 새로운 연구방법이 될 것이다. 이 밖에도 흩어져 있는 기록들을 관련지어 분석함으로써 발해국이 해동성국이란 명성을 어떻게 얻게 되었는지 종합적으로 살펴보고자 한다.

발해국은 해동성국이란 명성을 중국 사람들로부터 얻은 만큼 학문이 발달하였고, 많은 책을 보유하였을 것이다. 뒤에서 살펴보겠지만 발해국은 당나라에 대해 특정한 역사책의 복사를 요구하였으며 당나라는 이를 허가하였다. 당나라의 허가로 발해국은 필요할 때마다 번번이 책의 복사를 요구하지 않아도 되었으니, 이 같은 허가를 요구하는 기사가 자주 눈에 띄지 않는다.

그러므로 발해국은 신지식에 대한 왕성한 욕구에 따라 다양한 종류의 서적을 많이 보유하였다. 그런데 발해국 관련 어느 기록을 보아도 발해국에 서적이 많이 있었음을 보여 주는 대목은 없다. 그러나 발해국에 많은 책이 소장되었음을 엿보게 하는 자료들이 발견되고 있다.

아보기는 926년 발해국을 멸망시킨 다음에 그 옛 땅에 동란국을 세웠으며 황태자 야율배耶律倍를 인황왕에 임명하고 동란국의 왕으로 삼았다. 동란국이 발해국의 옛 땅을 통치하므로 아보기는 국왕에게 천자의 관복을 하사하고 감로甘露라 건원시킨 동시에 옛 발해국의 선조宣詔·정당政堂·중대中臺의 3성省을 합해 중대성中臺省으로 하였다. 관료로 거란인·발해인을 함께 기용하여 마치 독립국가 같았으나 포布와 말을 거란에 조공품으로 바치게 하였다.

거란의 발해 유민 포섭에도 불구하고 발해국의 유민은 거란의 통치에 복종하지 않아 각지에서 반란을 일으켰다. 아보기가 개선 도중 급사하자 동란국왕은 급히 시신을 수도 임황臨潢으로 옮겼다. 이에 발해국 유민의 세력은 걷잡을 수 없이 봉기하였으며 동란국은 발해 국 옛 땅을 포기하기로 정함에 따라 928년 동란국을 요양으로 옮겼 다. 야율배는 제위帝位를 동생인 태종에게 양보하였으나 이와 상관없 이 태종과의 알력으로 의무려산醫巫閭山에 은거하였다.

인황왕은 사냥을 즐기지 않고 학문과 독서를 즐겨 동란국에 있을 때 북중국의 유주幽州에 사람을 보내어 금은보화로 구입한 수만 권의 서적을 의무려산 위에 지은 망해당望海堂이란 서당에 비치하였다(『거란 국지』, 동란왕). 요양으로 옮겨진 인황왕은 태종의 감시하에 독서와 시 짓기로 세월을 보내는 등 무기력한 상태에 있었다. 이를 알게 된 후 당의 명종이 인황왕에게 밀정을 보내 망명을 종용하자 그는 수천 권 의 책을 갖고 산동반도의 등주에서 배를 타고 후당으로 망명하였다. 특히 그가 갖고 간 책은 당시 중국에서도 볼 수 없는 이서(異書)와 의 학서적 또는 경서였다(『요사』 義宗倍·『거란국지』 東丹王, 『구오대사』·『책부원구』 技術寸·『오대회요』).

이렇듯 아보기가 멸망한 발해국을 동란국으로 고침과 동시에 자신 의 여러 아들 중에 문학적 재질이 많은 맏아들 배倍를 인황왕에 책 립하고 동란국의 통치를 맡긴 것은 고도의 문화를 간직하고 있는 발 해국 유민의 강력한 저항정신을 무력화시키려는 정치적 의도에 따른 것이다. 그는 후당으로 망명한 뒤에도 갖고 온 서적을 망해당에 비장 하고서 학문에 깊이 몰두하여 음양에 정통하고 음율을 알았을 뿐 아 니라 의약과 침·뜸에도 정통하였다. 또한 거란과 중국의 문장에도 뛰어나 『음부경陰符經』을 번역하고 송나라의 비부祕府에 수장된 「사기

射騎」·「엽설도獵雪圖」·「천록도千鹿圖」 같은 그림과 인물화에도 남다른 재능을 가지고 있었다.

이처럼 인황왕은 중국의 모든 문물에 크게 심취하고 있었기에 당나라로부터 해동성국이란 자랑스러운 명성을 얻었던 발해국의 문화에 대해서도 남다른 관심을 가졌을 것이다. 인황왕이 발해국 출신의 대씨와 고씨를 왕비로 맞아들인 것은 이를 입증하는 것으로 후에 대씨와 고씨가 거란황제의 황비 또는 관료의 부인이 되는 길을 터놓았던 것이다.

동란왕이 독서를 즐기고 학문을 좋아한 만큼 발해국에서 심혈을 기울여 수집, 보관해 온 서적들을 모두 섭렵하고 보관하였을 것은 자명하다. 또한 금은보화를 가지고 중국에서 수만 권의 서적을 구입하였다고 하는데 구입에 쓰인 그 금은보화는 멸망한 발해국에서 획득한 것이 틀림없다.

태종에 의해 동란국이 요양으로 옮겨질 때 노획한 발해국의 서적들도 함께 옮겨져 거란의 수중에 들어갔거나 망해당에 비장되었을 것이다. 만약 망해당에 비치되었다면 인황왕이 중국으로 망명할 때 가져간 서적 중에 포함되었을 것이다. 발해국의 멸망 이전부터 요직자들이 대거 고려에 망명한 사실이 있는 만큼 이들도 고려에 서적을 가져왔을 것이다.

고대 시대 전승국은 패전국과 그 유민을 자국의 국가 이익을 위해 희생시켰다. 특히 거란은 발해국을 멸망시킨 후 동부의 땅이 유목생활에 적합하지 않아 영유권을 스스로 포기하여 사실상 얻은 것이 없다. 영유권의 포기를 잘 보여 주는 것이 동란국의 서천이며 이의 서천 시에 유민을 강제 이주시킨 것은 역사적 사실로 밝혀졌으나 서적에 대한 언급은 기록에 나와 있지 않다. 기록상 유일한 것은 인황왕이 발해국의 금은보화로 중국에서 수만 권의 서적을 구입하였다는 것이다. 인황왕이 중국의 서적 수입에 열을 올렸다면 쉽게 주운 발해국의 서적이 모두 그의 수중으로 들어갔을 것은 당연하다.

문화와 학문적으로 낙후한 거란이 유목적 기질에서 벗어나 농경화의 길로 접어들어 문명화되었음은 잘 알려진 사실인데, 이렇게 된 것은 중국 문화의 영향 때문이 아니라 발해 문화의 영향도 적지 않았음을 살펴야 할 것이다. 또한 인황왕이 중국 망명에 가지고 간 서적 중에 발해국 관련 서적 또는 발해국에서 보관해 온 서적들도 들어 있음으로써 오대 시대 중국에 발해 관련 정보가 많이 전해졌을 것으로 판단된다.

『구당서』의 발해말갈전에 대조영이 고구려의 별종으로 되어 있는데 『오대회요』와 『오대사』에는 발해국이 고구려의 별종으로 되어 있다. 대조영만을 고구려의 별종으로 보는 기존의 관점에서 발해국을 고구려의 별종으로 보는 기록은 오대 시대 발해국 관련 서적 등 정보가 인황왕의 망명으로 중국에 많이 전해졌기 때문이 아닌가 한다.

발해국이 신학문과 신지식을 많이 축적하였음을 보여 주는 것이 서적이다. 고대 시대 서적을 통해 얻어지는 신학문과 신지식의 첫 수용자는 사신이다. 당나라를 이의 보고로 여기고 있는 발해국은 738년(문왕 대흥 1) 사신편에 『당례唐禮』·『삼국지』·『진서晉書』·『36국 춘추三十六國春秋』의 복사(필사)를 요구하자 당나라는 이를 허락하였다. 발해국이 특정한 책의 복사를 요구한 것은 무슨 의미가 있을까. 이번 요구와 허락은 첫 번째지만 제2, 제3의 복사 요구가 있다고 하더라도 번번이 기록에 올릴 필요는 없었을 것이다. 그리고 언급한 책의 복사를 요구한 것은 이런 책이 소장되지 않았기 때문인 듯하다.

학문과 지식의 수용과 관련하여 책의 반입보다 더 중요한 것은 유학생의 파견이다. 837년 발해국의 사신 대준명大俊明을 따라 당나라에 들어간 학생 16명의 유학을 요구하였는데 10명에게만 유학의 기회가 주어졌다. 발해국 인근의 말갈부가 당나라와 인적 교류를 하였으나 이처럼 서적의 복사를 요구하거나 학생들의 유학을 구한 적이 없다. 이것으로 보아 발해국에서 서적의 복사와 유학을 요구한 것은 고구려계 사람의 신문화의 수용 운동이라고 할 수 있다.

발해국의 사신과 말갈부의 사신이 각기 입당한 후의 행동에서 나타나는 큰 차이점은 이러하다. 발해국의 사신은 당나라에 요구사항을 제시하였으며 당나라는 이를 모두 들어주었다. 발해국이 당나라에 처음 요구한 것은 712년(고왕 16) 발해국의 사신이 당나라의 시장에 가서 교역을 할 수 있도록 허락해 달라는 것이었다. 또한 절에 들어가 부처님에게 예배할 수 있도록 허락해 달라는 것이었다(『책부원구』 조공).

당나라의 현종은 위 두 가지 요구를 들어주었다. 그런데 말갈부의 사신들은 당나라에 무엇을 요구한 적이 없다. 이들 사신은 가지고 간 비단·우황·금은·인삼·머리카락 등 조공품을 바친 것이 역할의 전부이다(『책부원구』 조공).

발해국의 사신들은 당나라에 대해 당당히 요구사항을 제시하여 이의 관철을 요구하였으나 말갈부의 사신들은 무엇이든지 요구하는 일이 없었다. 발해국의 사신들이 요구한 것은 신학문과 지식에 대한 열망에서 비롯되었으나 말갈부는 이런 면에서 개안된 상태가 아니므로 요구할 만한 입장이 아니었다.

748년 흑수말갈의 사신은 위 금은을 당나라에 진상하는 것으로 그쳤으나 발해국은 금과 은으로 만든 불상을 814년에 당나라에 전한 사실이 있다. 이는 무엇을 말하는가. 흑수말갈은 불교를 몰라 금은으로 불상을 만들지 못했으나 발해국은 부처님의 존재를 알고 금은으로 불상을 만들어 당나라에 전하였던 것이다. 이로 보아 흑수말갈 등 말갈부는 불교를 알고 있지 못했음이 명백하다.

발해국 사람들이 불교를 알고 있었던 것은 언제쯤인가. 712년(고왕 16) 당나라에 사신으로 들어간 왕자가 절에 가서 예배를 볼 수 있도록 선처해 달라는 요망이 있었던 것으로 보아 발해국의 사람들은 건국 당시, 아니 그 이전부터 알고 있었음을 알 수 있다. 건국 이전 시기라면 고구려 시대로 올라갈 수 있다. 이 같은 사실로 보아 발해국의 개국이 고구려계 사람들에 의해 주도되었음을 알 수 있다.

발해국의 불상과 관련하여 흥미 있는 것은 부처님의 목에 십자가가 달린 목걸이가 있다는 것이다. 누구나 짐작하겠으나 불교와 기독교의 만남이라고 할 수 있는데, 구체적으로 경교景敎(네스토리우스교)가 중국에까지 들어와 유행하여 마침내 발해국까지 들어왔음을 보여 주는 증거가 아닐 수 없다. 이로 보아 발해국 사람들도 경교를 믿었음을 알 수 있다.

발해국의 사람들은 건국 이전부터 불교를 믿고 있었기에 사신들이 장안의 절에서 예배를 볼 수 있도록 선처해 달라고 청하였던 것이다. 이들 사신들은 필요할 때마다 문화적 욕구를 떳떳하게 요청하였지만 말갈부의 사신들이 아무것도 요청한 사실이 없는 것으로 미루어, 발해국이 해동성국으로서의 면모를 갖추어 나가기 시작하였음을 알 수 있다.

발해국은 여기에서 그치지 않고 본격적으로 서적을 수집하여 문적원文籍院을 설치하고도 젊은이들을 교육하기 위하여 주자감胄子監을 설치하였다. 이로써 과거를 되돌아보고 학문을 존중하는 문치주의적 풍조가 발해국에 자리 잡기 시작하였다.

이렇듯 학문을 숭상하는 분위기의 성숙으로 사대부 계층이 나타났다. 이들은 대부분 문학과 예술에도 밝아 당나라의 시인과 교류하였다. 당나라의 유명한 시인 온정균溫庭鈞은 발해국의 왕자에게 시를 지어 준 일이 있으며 한횡韓翃 역시 발해국의 사신 왕탄王誕에게 시를 지어 주기도 하였다.

발해국의 유학생들이 당나라의 태학에서 고금의 제도를 익히는 등 학문에 매진한 보람이 있어 당나라의 과거시험에 급제하기도 하였다. 고원고高元固는 발해국의 제13대 왕인 현석玄錫 때 당나라의 빈공賓貢 시험에 응시하여 급제하였는데 그 시기는 당나라의 소종昭宗 건영乾寧 연간(발해국의 제14대 왕 瑋瑎 원년~4년, 894~897)이다. 당나라에서 받은 벼슬은 비서성의 정자正子이며 그후 귀향하였다.

오소도烏炤度와 광찬光贊 부자는 현석 때 신라의 빈공 이동李同과 함께 당나라의 빈공 시험에 응시하여 급제하였는데, 성적이 이동보다 우위였으며 귀향하여 벼슬길에 나서 재상까지 올랐다. 906년(제14대 瑋瑎 13) 그의 아들 광찬 역시 신라의 빈공 최언위崔彦와 함께 빈공 시험에 급제하였으나 최언위의 성적보다 낮았다.

『고려사』 최언위전은 최언위의 유학과 급제에 대해 주목할 기사를 담고 있다. 처음의 이름이 신지愼之이며 경주 사람인 최언위는 어려서부터 글을 잘하여 18세 때 당나라에 유학하여 예부시랑 설정규薛廷珪 밑에서 급제하였는데 당시 발해국의 재상 오소도의 아들 광찬이 함께 급제하였다. 아들의 이름이 최언위보다 아래에 있음을 확인한 오소도는 입당하여 최언위보다 이름을 앞에 넣어 달라고 청하였으나 당나라는 최언위의 재주가 우수하고 학문이 넉넉하여 끝내 허락하지 않았다.

오소도의 요구가 거부되었으나 발해국의 유학생이 당나라의 과거 시험에 합격할 정도라면 발해국 사람들의 학문 수준이 매우 높았음을 알 수 있다. 그 이유는 무엇인가. 당나라의 학문 수준에 오른 고구려 사람들의 후예가 바로 발해국 사람이었다는 설명 외에 적절한 표현이 없다.

살펴보았듯이 서적의 수입을 전담하는 기관과 교육 기관을 설치하고 젊은 문사들이 당나라의 과거시험에 급제한 것은 발해국의 해동성국으로서는 면모를 잘 보여 주고 있다. 그런데 이러한 면모는 어느 말갈부를 보더라도 찾아볼 수 없는 특이한 것으로서 문화와 학문의 대국인 고구려적인 면모와 다름없다.

당나라와의 문화적 교류 못지않게 발해국이 문화 교류 관계를 맺은 대상은 일본이다. 발해국과 일본의 문화 교류는 주로 일본에 파견된 발해국의 사신과 이를 영접하는 접반사신 간에 주고받은 시문의 교류 형태로 이루어졌다. 발해국의 문치주의적 경향에 따라 사대부 계층의 폭이 넓어져 일본 등 외국에 파견되는 사신은 모두 학문·예술·문장·시 등 탁월한 재주를 지녀 일본의 조야로부터 칭송과 존경을 받았다. 일본 측의 문헌에 실린 대표적 인물은 양승경楊承慶·양태사楊泰師·왕효렴王孝廉·주원백周元伯·양성규楊成規·배정裵頲·배구裵璆 등이며 시로 일본의 접반사를 응대하여 이들을 크게 감동시켰다.

757년(문왕 대흥 21) 발해국을 방문한 일본의 내빙사來聘使가 귀국하려

하자 문왕은 양승경 등 23명으로 하여금 접대하고 시를 지어 서로 주고받았다.

양승경이 일본에 갈 때 부사副使인 양태사는 귀국할 때 일본의 문사가 시를 지어 송별하자 양태사는 시를 지어 화답하였다. 왕효렴은 814년(희왕 주작 2) 발해국의 정사로 일본에 가서 정왕定王의 사망 소식을 전하였으며 5월 귀국길에 풍랑으로 표류하다가 구출되었으나 6월에 사망하여 시신으로 귀환하였다. 그의 죽음에 대해 쇼우무 천황聖武天皇은 조의를 표하였거니와 그는 시문에 능하여 일본의 승려 공해空海와 시를 주고받았으며 그가 사망하자 공해는 글을 지어 위문하고 예를 갖추어 시를 지어 조의를 표하였다.

주원백은 859년 정월 오효신烏孝愼과 함께 사신으로 일본에 갔는데 부사였다. 천황은 그가 문장에 뛰어난 인물임을 알고 문사인 시마다노타다오미島田忠臣로 하여금 글을 주고받게 하였다. 양성규는 871년 (현석 즉위년) 105명을 이끌고 일본에 정사로 갔는데 문장이 뛰어났다. 일본의 세이와 천황淸和天皇은 문학사인 미야코노요시카都良香·나오도우노우지모리直道氏守·오오에노오톤도大江音人·코세노후미오巨勢文雄·후지와라노스게오藤原佐世·타치바나노히로미橘廣相·다카시나노시게노리高階茂範 등으로 하여금 그를 극진하게 접대하도록 하였다. 양성규가 시를 지어 이들을 응대하자 미야코노요시카는 시의 아름다움에 감탄하여 칭송하였으며 특히 그는 귀국할 때 별서別書를 남겼는데 일본인이 이를 암송할 정도였다.

882년 겨울에 문적원의 소감少監(정4품)으로 150명을 이끌고 일본에 온 배정은 문적을 담당하고 글재주가 많고 풍채가 멋진 석학으로, 요우제이 천황陽成天皇은 그를 환영하는 뜻에서 풍락전豊樂殿 안의 교방敎坊(가무를 가르치는 관아)에서 무녀舞女 138명으로 하여금 춤을 추게 하였으며 어의御衣 한 벌을 주었다. 다음 해 단옷날에 천황은 어전에서 그와 함께 말타기와 활쏘기를 관람하고 그의 글재주가 뛰어나 문학박사인 스기와라노미치자네菅原道眞·시마다노라다오미 등 30명으로 하여금 그를 섭대하게 하였다. 특히 스기와라노미치자네는 학문이 넓고 문장에 밝았으며 벼슬은 우대신右大臣 겸 우근위대장右近衛大將에 이르는 등 유학자로서 덕망과 명성이 일본에 널리 알려져 있었다.

그와 배정은 연배가 같아 정이 남달리 돈독하였으며 그는 배정의 글재주를 자주 칭찬하였다. 배정 역시 그의 시가 백거이百居易의 문체를 갖고 있다고 칭찬하였다. 백거이의 『장경집長慶集』[(백거이의 시문집이 『白氏文集』(75권)인데 앞의 50권은 『白氏長慶集』이라 한다)]이 처음 일본에 전파되면서 문인이 많이 배출되었는데 그중 스기와라의 시 명성이 자자하였다. 천황은 시를 좋아하는지라 배정의 시 짓는 재주가 뛰어남을 칭송하였다.

894년 겨울에 문적원의 감監으로 150명을 이끌고 다시 일본에 온 배정은 다음 해 5월 홍려관鴻臚館에서 열린 환영식에서 스기와라노미치자네·키야노오사오紀長谷雄 등과 시를 주고받는 등 그간의 회포를 마음껏 풀었다.

배구는 배정의 아들로 907년(끝왕 원년) 문적원의 소감으로 일본에 온 다음 해 4월 스키와라노아츠시게菅原淳茂·후지와라노모리마藤原守眞 등과 글을 주고받았다. 배정과 스기와라노미치자네가 연배가 같아 서로 뜻이 통했듯이 배구도 스기와라노미치자네의 아들 아츠시게와 같은 연배로 글을 주고받았다. 특히 배구는 두 사람의 아버지가 글을 주고받은 적이 있었던 사실을 알고 크게 기뻐하며 선인의 일을 회상하기도 하였다. 배구는 이역異域의 두 사람이 두 세대에 걸쳐 해후한 것을 감격하여 눈물까지 흘렸으며 이 광경을 보고 있던 주위의 사람들은 기이한 만남이라며 부러워했다.

다이고 천황醍醐天皇은 배구가 유명한 배정의 아들이고 글재주가 탁월함을 알고 극진하게 보살펴 주었다. 6월 배구가 귀국하려 하자 후지와라노히로부미藤原博文는 여러 문사와 함께 홍려관에서 시로 배구를 전별하고 오오에노아사츠나大江朝綱는 시로써 헤어짐을 못내 아쉬워하였다.

920년 겨울 배구는 신부信部의 소경少卿으로 105명을 이끌고 다시 일본에 왔다. 다음 해 귀국하려 하자 문사들이 홍려관에서 모여 시로써 전송하였는데 배구는 오오에노아사츠나의 글재주를 칭찬하였다. 귀국 후 배구는 일본의 사신을 만났을 때 오오에가 국상國相이 되었느냐고 물었는데 안 되었다고 답하자 "귀국은 어찌 글재주를 중시하지 않느냐"라고 하였다. 발해국의 사신들 가운데 일본에서 글과 시로 가장 명성을 떨친 인물이 배씨 부자였다고 한다.

이렇듯 일본에 파견된 사신 중에 뛰어난 시문의 재주로 천황 이하 일본에서 시문과 학문으로 명성이 자자한 접반사와 시문을 주고받았을 뿐 아니라, 이들을 감격시킨 사신들의 문학적 면모를 통해 나타났듯이, 이들은 고도의 학문과 시문으로 발해국에서 두각을 나타낸 명사임에 틀림없다. 이들 발해국 사신들의 성과 이름이 보여 주듯이 이들은 말갈식의 성명이 아니라 고구려식의 성명을 가지고 있었다.

가령 이들 사신들이 민족상 말갈계로서 고구려식의 성과 이름을 가졌다고 가상해 보자. 그러면 무엇이 고구려식으로 성과 이름을 바꾸게 만들었는가. 왜 고구려식으로 성과 이름을 바꾸었는가. 발해국을 이끌어 나가는 주체 세력이 고구려계였다면 고구려계가 발해국을 주도하는 시대적 흐름이 그렇게 만들었다고 할 수 있다.

문학적 재질이 풍부한 발해국의 사신들을 살펴본 바에 의하면 말갈계가 아니라 고구려계 사람들이라고 보는 것이 합리적이다. 당나라와 일본에 온 말갈부의 사신들에게서는 이 같은 문학적 재질의 소유자와 관련된 기사가 어디에서도 보이지 않는다. 가령 발해국의 사신들이 말갈계였다면 다른 말갈부의 사신들에게도 문학적 재질이 있었음을 보여 주는 기사가 문헌에 나와야 하는데, 나와 있는 기사가 없다. 이는 무엇을 말하는가. 발해국에는 학문과 문학에 밝은 문인과 학자가 많았으며 그들은 민족적 계보상 고구려계였음을 알려 주고 있다. 고구려 사람들의 학문 수준이 당나라의 수준에 올라 있었음을 당태종이 인정한 걸로 보면 발해국 사람들의 학문과 문학적 재질이 풍부하고 탁월했음은 자연스럽다고 할 것이다.

당나라 또는 일본으로부터 학문과 문학적 재질이 우수하고 풍부함을 인정받은 발해국의 사신은 이에 걸맞은 벼슬을 중국(당·후당)으로부터 받았다. 물론 각 말갈부의 사신들도 벼슬을 받기는 했으나 발해국의 사신들이 받은 벼슬과는 많은 차이점이 있다. 차이점을 알아보기 위해 발해국과 말갈부의 사신이 받은 벼슬을 시대순으로 알아보자.

발해국의 사신이 중국에서 받은 벼슬

	연대	벼슬 받은 사람	받은 벼슬
1	721년(당, 개원 9)	이름 모름(대수령)	절충(折衝)
2	722년(〃, 〃 10)	미발계(味勃計, 대신)	대장군
3	724년(〃, 〃 12)	하조경(賀祚慶)	유격장군
4	725년(〃, 〃 13)	대창발가(大昌勃價, 무왕 동생)	좌위위장군(左威衛將軍)
5	726년(〃, 〃 14)	대도리(大都利, 무왕 동생)	좌무위대장군(左武衛大將軍)
6	727년(〃, 〃 16)	어부수(菸夫須)	과의(果毅)
7	729년(〃, 〃 17)	대호아(大胡雅, 무왕 동생)	유격장군
8	729년(〃, 〃 17)	대림(大琳, 무왕 동생)	중낭장(中郎將)
9	730년(〃, 〃 18)	지몽(智蒙)	중낭장
10	730년(〃, 〃 18)	오나달리(烏那達利)	과의
11	731년(〃, 〃 19)	이름 모름	장군
12	731년(〃, 〃 19)	대취진(大取珍) 등 120명	과의
13	736년(〃, 〃 24)	대번(大蕃, 무왕 아들)	중낭장
14	736년(〃, 〃 24)	대번	태자사인(太子舍人)
15	737년(〃, 〃 25)	공백계(公伯計)	장군
16	737년(〃, 〃 25)	다몽고(多蒙固)	좌무위장군
17	739년(〃, 〃 27)	대욱(大勖, 무왕 동생)	좌우위대장군
18	739(〃, 〃 27)	우복자(優福子)	과의
19	743년(〃, 천보 2)	대번	좌령군위장군(左領軍衛將軍)
20	791년(〃, 정원 1)	대상정(大常靖)	위위경(衛尉卿)
21	794년(〃, 〃 10)	대청윤(大淸允, 성왕 아들)	우위장군(右衛將軍)
22	798년(〃, 〃 14)	대능신(大能信, 간왕 조카)	좌효기위중낭장(左驍騎衛中郎將)
23	908년(후양, 개평 2)	최예광(崔禮光)	작위·봉록을 받음
24	924년(후당, 동광 2)	대원겸(大元謙, 마지막왕 조카)	국자감(國子監)의 승(丞)
25	925년(〃, 〃 3)	배구(裴璆)	우찬선대부(右贊善大夫)
26	929년(〃, 천성 4)	고정사(高正詞)	태자세마(太子洗馬)

말갈의 사신이 중국에서 받은 벼슬

1. 흑수말갈

	연대	벼슬 받은 사람	받은 벼슬
1	722년(당, 개원 10)	예속리계(倪屬利稽, 추장)	발주자사(勃州刺史)
2	722년(〃, 〃 10)	예속리계(대추장) 등 10명	중낭장
3	724년(〃, 〃 12)	옥작개(屋作箇, 대수령)	절충(折衝)
4	725년(〃, 〃 13)	오낭자(五郎子, 장군)	장군
5	725년(〃, 〃 13)	오소가몽(烏素可蒙)	과의
6	725년(〃, 〃 13)	낙개몽(諾箇蒙)	과의
7	725년(〃, 〃 13)	직흘몽(職紇蒙)	중낭장
8	730년(〃, 〃 18)	예속리계(대수령) 등 10명	중낭장
9	741년(〃, 〃 29)	아포리계(阿布利稽)	낭장

2. 불열말갈

	연대	벼슬 받은 사람	받은 벼슬
1	718년(당, 개원 6)	이름 모름	중낭군
2	721년(〃, 〃 9)	대수령	절충
3	722년(〃, 〃 10)	여가(如價)	절충
4	722년(〃, 〃 10)	매취리(買取利)	절충
5	723년(〃, 〃 11)	주시몽(朱施蒙)	낭중
6	724년(〃, 〃 12)	어가몽(魚可蒙, 대수령)	낭장
7	725년(〃, 〃 13)	설리몽(薛利蒙)	절충
8	730년(〃, 〃 18)	올리(兀異)	좌우위절충(左武衛折衝)
9	737년(〃, 〃 25)	올리(수령)	중낭군

3. 철리말갈

	연대	벼슬 받은 사람	받은 벼슬
1	718년(당, 개원 6)	이름 모름	중낭군
2	721년(〃, 〃 9)	대수령	절충
3	722년(〃, 〃 10)	이름 모름	절충
4	722년(〃, 〃 10)	가루계(可婁計)	낭장
5	723년(〃, 〃 11)	예처리(倪處利)	낭장
6	724년(〃, 〃 12)	오지몽(澳池蒙)	장군
7	724년(〃, 〃 12)	이름 모름	절충

	연대	벼슬 받은 사람	받은 벼슬
8	725년(〃 , 〃 13)	봉아리(封阿利, 대수령)	절충
9	727년(〃 , 〃 15)	미상(米象)	낭장
10	727년(〃 , 〃 15)	실이몽(失異蒙, 수령)	과의

말갈의 사신이 중국에서 받은 벼슬

4. 월희말갈

	연대	벼슬 받은 사람	받은 벼슬
1	723년(당, 개원 11)	발시계(勃施計)	낭장
2	724년(〃 , 〃 12)	노포리(奴布利) 등 12명	낭장
3	725년(〃 , 〃 13)	필리몽(苾利蒙)	절충
4	741년(〃 , 〃 29)	오사리(烏舍利)	낭장

발해국과 말갈부의 각 사신이 중국에서 받은 벼슬 통계 및 비교

벼슬	발해국	흑수말갈	불열말갈	철리말갈	월희말갈
자사		1회			
장군	6회	1회		1회	
유격장군	2회				
대장군	3회				
낭장	1회	1회	2회	3회	3회
중낭장	3회	3회	2회	1회	
절충	1회	1회	5회	4회	1회
과의	4회	2회		1회	
위위경	1회				
우찬선대부	1회				
태자사인	1회				
태자세마	1회				
국자감승	1회				
총계	25회	9회	9회	10회	4회

발해국과 각 말갈부의 사신이 중국에서 받은 벼슬을 통해 볼 수 있듯이 발해국의 사신은 문무 양면의 벼슬을 받았음을 알 수 있다. 이와 비교하면 각 말갈부의 사신은 무관 벼슬만 받았음을 알 수 있다. 먼저 발해국의 사신이 중국에서 받은 벼슬을 보면 문무 양면의 벼슬 중에 무관 벼슬이 21회인 반면, 문관 벼슬은 4회로 그쳤다. 전자는 당나라에서 받은 것이고 후자는 당나라가 망한 후 이어진 오대시대의 후양과 후당에서 받은 것이다. 무관 벼슬을 보면 장군(6회) - 과의(4회) - 중낭장(3회) - 대장군(3회)의 순으로 되어 있고 나머지(절충·위위경)는 각기 1회로 그쳤다.

각 말갈부의 사신이 받은 무관 벼슬을 보면 흑수말갈의 경우 중낭장(3회) - 과의(2회)의 순서로 되어 있고 나머지(자사·장군·절충)는 각 1회로 그쳤으며, 불열말갈의 경우 절충(5회) - 낭장(2회) - 중낭장(2회), 철리말갈의 경우 절충(4회) - 낭장(3회)이고 나머지(장군·과의·중낭장)는 각기 1회로 그쳤으며 월희말갈의 경우 낭장(3회) - 절충(1회)으로 되어 있다.

말갈부에서 가장 빈번한 것은 절충이며 낭장과 중낭장이 그 다음으로 차지하고 있다. 발해국에서 가장 빈번한 장군 벼슬이 각 말갈부에서는 흔하지 않다(철리말갈과 천리말갈의 1회를 제외하고). 그러면 당나라는 무엇 때문에 각 말갈부의 사신에게 장군·유격장군·대장군 벼슬을 주지 않았을까.

발해국과 각 말갈부의 사신이 받은 무관 벼슬은 당나라의 것이다. 그래서 언급한 각 벼슬의 성격과 역할에 대해 먼저 알아볼 필요가 있다. 장군과 대장군은 병부의 관할하에 수도인 장안의 황성 수비를 주로 담당하고 있는 금군禁軍의 12위衛, 즉 좌우위左右衛·좌우효위左右驍衛·좌우무위左右武衛·좌우위위左右威衛·좌우영군위左右領軍衛·좌우금

오위左右金吾衛에 설치된 관속이며 대장군·장군 밑에 많은 관원이 속해 있었다.

한편 각 지방에는 병사의 훈련·번상番上·동원 등 제반 군사무를 관장하는 군부軍府가 설치되었는데 이를 절충부折衝府라 하였다. 절충부의 장관이 절충도위折衝都尉이며 차관이 과의도위果毅都尉였다. 그리고 동궁東宮의 각 관속부官屬府의 장관이 중낭장이고 그 밑에 2명의 차관이 좌우낭장이었다.

각 말갈부의 사신이 거의 대장군과 장군을 받지 못하였으나 발해국의 사신이 빈번하게 받은 것을 보면 어떤 이유 때문인가. 발해국의 사신이 우위장군 벼슬을 맨 마지막에 받은 것은 794년인데, 각 말갈부는 741년 또는 그 이전에 발해국에 의해 병합되었으므로 당나라로부터 장군 벼슬을 받을 기회를 상실하였다고 하겠으나 발해국의 사신은 이미 722년에 대장군 벼슬을, 725년에 흑수말갈은 장군 벼슬을 받았다. 그후에도 발해국의 사신들은 장군·대장군·유격장군 벼슬을 더 받았으나 각 말갈부의 사신들은 이런 벼슬을 받지 않았다.

당나라가 발해국을 말갈족이 세운 국가로 보았다면 발해국의 사신들에게도 장군·대장군 등의 벼슬을 더 많이 주지 않았을 것이다. 다시 말해 당나라는 발해국을 말갈족의 국가로 보지 않고 고구려계 사람들이 세운 국가로 보았기 때문에 각 말갈부의 사신에게 주기를 꺼린 장군·대장군 벼슬을 발해국의 사신에게 빈번하게 주었다고 하겠다.

위 설명을 바탕으로 발해국의 사신은 중앙의 금군에 속해 있는 최고의 벼슬인 대장군을 위시하여 장군 벼슬을 받았음이 분명한 사실이나, 각 말갈부의 사신은 지방군을 말하는 절충부의 장관인 절충도위 자리를 주로 받는 등 발해국의 사신보다 차별 대우를 받았음을 알 수 있다.

그러다 보니 각 말갈부의 사신은 황제보다 격이 낮은 동궁의 관속 중 장관인 중낭장 또는 차관인 낭장 벼슬을 받았으나 발해국의 사신은 중앙군인 금군은 물론 지방군인 절충부의 장관인 절충도위 벼슬도 받았다. 이처럼 발해국의 사신은 각 말갈부의 사신과 달리 무관 벼슬을 광범하게 받아 무기·무기고·궁문의 수비를 전담하는 위위시衛尉寺의 장관인 위위경衛尉卿 벼슬도 받았다. 각 말갈부의 사신은 위위경 벼슬에서도 제외되었다.

이처럼 각 말갈부의 사신이 당나라의 무관 벼슬을 받음에 있어 발해국의 사신보다 제한되었던 것은 당나라가 각 말갈부를 발해국과 동일시하지 않았기 때문이다. 그러면 무엇 때문에 동일시하지 않았는가. 발해국은 말갈족에 의해 세워진 나라가 아니고 고구려계 사람들의 주도하에 세워졌음을 인정한 것은 물론이고 발해국이 고구려 못지않게 우수한 학문과 문화를 소유하였음을 인정했기 때문이다. 발해국에 이런 문화적 면모가 없었다면 발해국이 말갈족의 국가였더라도 그 사신에게는 각 말갈부의 사신에게 주었듯이 제한된 무관 벼슬만 주었을 것이다.

그런데 말갈부의 사신이 받은 벼슬 중에 이채로운 것이 있다. 그것은 흑수말갈의 대추장인 예속리계倪屬利稽에게만 준 자사刺史 벼슬이다. 거란으로부터 영주營州 땅을 회복한 당나라는 5년 뒤인 722년 예속리계가 입당하여 조공을 바치자 그를 발리주자사勃利州刺史에 임명하고 725년에는 흑수말갈에 흑수군黑水軍을 두고 가장 큰 부락에 흑수부府를 두었을 뿐 아니라 그 부락의 우두머리를 도독都督 또는 자사에 임명하였다. 자사 벼슬을 준 것은 흑수말갈을 자국의 예속

밀에 두려 했기 때문이며 이러한 책략은 725년부터 본격화되었다.

발해국과 동돌궐의 친교 관계가 해체된 직후 흑수말갈의 추장이 발해국에 대해 사전통고 없이 당나라에 벼슬을 요청하였다. 이를 발해국에 대한 배반이나 다름없다고 판단한 발해국의 무왕은 흑수말갈과 당나라의 세력 연합 더 나아가 발해국에 대한 양면 침공 행위라 단정하고, 먼저 흑수말갈을 치고 나서 당나라까지 치려고 하였다.

당나라는 발해국에 대한 견제를 흑수말갈과 힘을 합해 추진하려 하여 흑수말갈의 추장에게만 자사 벼슬을 주었다. 흑수말갈의 추장이 자사 벼슬을 받은 것과 성격상 유사한 것은 대조영이 발해국을 세운 후 당나라로부터 홀한주도독 발해군왕에 책봉된 것이다. 도독과 군왕이란 것은 흑수말갈의 추장에게서 찾아볼 수 없다. 그러면 당나라는 왜 대조영에게만 이런 벼슬을 주었는가. 발해국은 정정당당한 국가였으나 흑수말갈은 그렇지 않았기 때문이며 또한 대조영은 고구려계였음에 반해 예속리계는 순수한 말갈 사람이었다는 것이 크게 작용하였기 때문이다. 예속리계에게 자사 벼슬을 주었으나 대조영에게 도독·군왕을 준 것은 발해국이 말갈족의 주도하에 세워지지 않았음을 당나라가 인정하였음을 보여 주는 것이다.

발해국과 각 말갈부의 사신이 받은 무관 벼슬을 비교 검토한 결과, 당나라는 확실히 각 말갈부와 차별화하여 발해국의 사신에게 다양한 무관 벼슬을 주었으며 각 말갈부의 사신에게 주지 않은 금군의 벼슬과 위위시의 벼슬을 주었다.

기록상 발해국의 사신이 당나라에서 받은 문관 벼슬로 유일한 것은 태자사인太子舍人이다. 태자사인은 선발된 양가의 자제들에게 동궁의 숙위·숙직을 맡기는 벼슬을 말한다. 진·한 이래 역대 왕조가 이를 답습하였으며 남북조 시대부터 문기文記와 시종侍從까지 담당하였다. 북제北齊의 것을 답습한 수나라의 양제는 태자사인을 관기사인管記舍人으로 고쳤으며 당나라에도 존재하였다.

이것이 선례가 되어 후당後唐은 발해국의 사신에게 이와 유사한 태자세마太子洗馬·우찬선대부右贊善大夫란 벼슬을 주었다. 후당에 입국한 발해국의 사신이 태자세마에 임명된 것은 6조 시대부터 귀족 중의 귀족이라고 할 수 있는 최고의 귀족이 임명을 받는 관례를 따른 것으로 후당은 발해국의 사신을 최고의 귀족으로 여겼음을 알 수 있다. 또한 진晉나라 때부터 태자의 도서·석전釋奠·강경講經 따위를 맡아 본 태자세마에 발해국의 사신이 임명된 것을 보면 후당은 발해국 귀족의 학문이 뛰어났음을 인정한 셈이다.

원래 찬선대부는 당나라 때 태자의 시종·정치 보좌를 맡은 벼슬인데 발해국의 사신이 찬선대부에 임명된 것을 보면 후당은 발해국의 귀족이 역시 학문적으로 우수하였음을 인정하고 있었던 것이 분명하다. 따라서 후당은 발해국의 사신에게 국자감의 승丞 벼슬을 주기도 하였다.

발해국의 사신은 문관 벼슬을 무관 벼슬처럼 자주 받지 못하였으나 중국의 태자와 관련된 벼슬을 받았다는 것은 간과할 문제가 아니다. 태자의 관속 벼슬을 받은 발해국의 사신이 인질이 아니면 장기 체류가 불가능하다. 인질 또는 인질이 아니든 간에 장기 체류한 사신이 전혀 없었던 것은 아니지만 대부분은 단기 체류자였다. 그러므로 발해국의 사신에게 태자의 관속 벼슬을 준 것은 어디까지나 상징적인 의미 외에 다른 의미를 찾을 수 없다. 그것은 무엇일까.

발해국의 사신이 당나라 또는 후당에서 태자 관속 벼슬을 받았다고 해서 태자 밑에 예속되었다고 하기보다 태자의 도서 등 학문 분야를 담당한 것이며, 이방인으로서는 중국의 태자를 학문적으로 가르칠 수 있는 임무를 담당한 것으로 보아야 한다. 그러나 발해국의 사신이 장기간 중국에 머문 것이 아니므로 실제 중국의 태자를 학문적으로 가르쳤다고 할 수 없고 가르칠 수 있는 자질과 능력이 있음을 인정받은 셈이다. 즉 발해국의 사신이 직접 중국의 태자를 가르치지는 않았다고 하더라도 가르칠 수 있는 능력이 있음을 인정받았다는 상징적 의미이다.

이처럼 발해국의 사신과 각 말갈부의 사신이 중국에서 받은 무관 벼슬에 차이가 있었듯이, 말갈부의 사신은 발해국의 사신이 받은 문관 벼슬을 받지 못하였다. 중국은 왜 각 말갈부의 사신에게 문관 벼슬을 주지 않았는가. 말갈 사람들은 글을 모르므로 그들 사신에게 문관 벼슬을 주려고 하지 않았다. 중국에서 흔치않게 발해국의 사신에게만 문관 벼슬을 준 것은 발해국 사람들이 글자와 학문을 이해하고 있으며 학문 수준이 높은 경지에 이르렀음을 중국의 당국자들이 인정하고 있었기 때문이다.

발해국과 각 말갈부의 사신이 중국에서 받은 벼슬을 내용상 검토하여 살폈듯이 발해국을 세운 사람들이 말갈족이었다면 이들 사신은 무관 벼슬만 받았을 것이다. 그러나 발해국 사람들이 무관 벼슬 외에 문관 벼슬까지 받은 것은 발해국이 말갈 사람에 의해 세워진 국가가 아니었음을 중국에서 알고 있었기 때문이다.

그럼에도 불구하고 송나라 때 편찬된 『신당서』의 발해전은 아예 발해국을 속말말갈이라 전제하고 대조영을 다만 고구려에 의존한 인물이라고 기술하고 있다. 그러나 발해국은 속말말갈 사람들이 세운 국가가 아니며 고구려계 사람들이 건국을 주도하고 이후 계속 학문상 큰 발전을 이루었음을 중국에서 잘 알고 있었기 때문에 말갈부의 사신에게 주지 않은 문관 벼슬을 발해국의 사신에게 주었던 것이다.

발해국이 속말말갈에 의해 세워진 국가라는『신당서』발해전의 기사는 사실이 아님을 위의 설명을 통해 확신할 수 있다. 따라서『신당서』의 발해전 기사는 사실을 밝히지 않았음을 알 수 있다. 그러면 송나라 사람들은 왜곡된 기사를 왜『신당서』의 발해전에 집어넣게 되었는가.

통일제국인 당나라가 멸망하고 오대십국이라는 혼란기를 맞이한 중국은 거란족 등 북방 민족의 세력이 한족보다 월등히 강해짐으로써 한족은 중국 땅을 거란족의 통치에 맡기지 않을 수 없게 되었다. 뿐만 아니라 한족 중에는 거란의 세력을 등에 업고 중원의 황제가 되려는 자도 많았다. 이렇듯 실추된 한족의 체면을 보상받고자 하는 열망이 한족 중심의 역사의식으로 나타나 거란족 등 북방 민족의 역사를 한족 역사의 한 부분으로 흡수하기에 이르렀다.

이러한 맥락에서 보면 만주와 한반도의 북부에 걸쳐 자주국가의 면모를 갖춘 고구려 유민의 나라인 발해국이 세워졌음을 송나라 사람들은 알면서도, 발해국의 건국이 한족의 민족적 자존심을 건드린 것으로 생각하고, 원래의 나라 이름과 고구려계 사람들이 발해국을 세운 역사적 사실을 역사 기록에서 제외시켰다.

한족의 고구려에 대한 반감이 어느 정도였는가는 고구려 시대뿐만 아니라 고구려 멸망 후에도 계속된 강렬한 배타의식에서 잘 나타나 있다. 예컨대『삼국사기』(권 49, 개소문전)에 "論曰 宋神宗與王介甫 論事曰 …… 男生獻誠 雖有聞於唐室而以本國言之 未免爲叛人者

矣"라는 기사가 실려 있다. 이는 송나라의 신종이 왕안석(자가 介甫)과 함께 당태종이 고구려와의 싸움에서 이기지 못한 까닭을 둘러싸고 군신 간에 주고받은 대화 가운데 나오는 대목이다.

이때 신종은 당나라에서 연남생과 연헌성 부자의 이름을 들었으나 본국(송나라)에서 이 부자의 이름을 말하는 사람은 모두 반역자로 낙인이 찍힐 것이라 하여 고구려에 대한 강한 거부감을 나타냈다. 고구려에 대한 신경질적 거부 반응으로 『신당서』의 편찬자는 고구려 유민이 홀한해(경박호, 발해)에 세운 자주국가가 발해국임을 『신당서』에서 삭제시켰던 것이다.

한족의 배타적 태도와 좋은 대조를 보여 주는 것이 『요사』이다. 발해국의 멸망 후 요동 지방에 살았던 고구려계(발해계) 유민 중 거란족이 세운 요나라에 협력한 인물들의 전모가 상세히 실려 있다.

당나라와 후당이 발해국의 사신에게 문관 벼슬을 준 것은 발해국 사람들이 중국인의 학문 수준에 도달하였음을 인정하였기 때문이며 발해의 사신 일행 중에는 중국어를 구사하는 통역관이 분명 있었을 것이다. 통역관의 활약상이 문헌에 나오지 않지만 발해국과 일본 사신 간의 의사소통은 한문 외에 발해국어가 큰 비중을 차지하였음은 일본 측의 기록을 통해 확인할 수 있다. 762년(문왕 대흥 26) 발해국에 와서 음성을 공부하던 일본의 우치오(內雄)라는 유학생이 학업을 마치자 귀환한 사실이 있다. 일본 사람이 발해국에서 공부한 음성이란 고구려어의 음성이라고 추측된다.

일본 사람이 음성을 공부한 것은 양국의 문화 사절이 빈번하게 교류하였음을 보여 주는 좋은 예지만 일본은 발해국의 음성을 배울 이유가 있었는가. 발해국의 사신이 빈번하게 일본에 입국한데다가 이들 사신은 일본 시장에서 장사까지 하는 등 일본인과의 접촉으로 발해국의 언어 등 음성을 배울 이유가 있었다. 발해국이 일본을 교역의 상대로 여겼음은 745년(문왕 대흥 9) 철리부鐵利部의 말갈 사람 등 발해 사람 1,100여 명이 일본에 들어와 장사를 하려 했다는 사실로 알 수 있다. 발해국의 사신이 귀찮을 정도로 자주 일본에 들어오니 825년(선황 건흥 8) 일본은 12년에 한 차례 사신을 보낼 것을 종용한 바 있다.

이렇듯 발해국과 일본의 잦은 교류와 접촉으로 일본인의 발해어 학습은 필수적이었다. 일본인의 발해어 학습은 9세기에 들어와서도 그 열기가 수그러지지 않고 계속 이어져, 810년[사가 천황嵯峨天皇 코우닌 弘仁] 발해국의 사신으로 들어온 고다불高多佛을 에츄우국越中國에서 융성하게 대접하였는데 사생史生인 하쿠리노우마오사羽栗馬長와 발해어 교습생 등이 발해어를 학습하도록 하기 위해서였다. 고다불이 동명성왕의 후예이므로 고다불을 통해 배우려는 발해어는 고구려어가 분명하다.

이로써 발해국과 일본의 문물 교류에 통용되었던 언어는 발해어였음을 알 수 있다. 일본 사람이 발해어를 학습함으로써 해동성국인 발해국을 통해 우수한 선진 문물을 받아들이려고 하였음은 더 이상의 설명이 필요 없다. 이와 관련하여 발해국의 사신이 자주 일본에 오는 것을 일본 측에서 귀찮게 여길 정도였다는 것은 무엇을 의미하는가. 발해국이 일본에서 선진 문물을 도입하기 위함이 아니고 발해국의 사신이 일본의 시장에서 교역 기회를 확대하려는 것에 대해 제동을 걸려는 이른바 일본의 쇄국주의적 경향을 반영한 것으로 본다.

발해국의 사신이 당나라에도 빈번하게 들어갔는데 이는 일본에 자주 들어간 것처럼 중국인 상인과 직접 교역을 하기 위해서였다. 발해국이 당나라와 일본을 상대로 교역을 할 수 있는 기회는 상대방 국가에 들어가는 것밖에 없으므로 발해국은 당나라와 일본에 자주 사신을 파견하였던 것이다. 그러므로 발해국은 해상 교역의 강대국이란 인상을 주변 국가에 새겼을 것이다.

발해국의 학문과 문학 등 문화가 우수하였음을 주변 국가인 당나라와 일본에서 인정한 것이야말로 해동성국으로서 발해국의 면모를 보여 주었다고 할 수 있다. 해동성국으로서의 면모는 반드시 문화 면에서만 나타나는 것이 아니다. 무력이 강하지 않으면 문화에 대한 욕구도 충족될 수 없다. 그런데 발해국의 경우 해동성국으로서의 면모가 마치 문치주의인 것처럼 오해를 일으키는 경우가 종종 있다. 무력이 허약하면 정권의 존립 자체가 위협을 받거나 붕괴하고 만다. 그러므로 해동성국의 면모는 문무 양면의 동시 발전을 통해서 꽃피울 수 있다.

문왕과 선왕 때에는 발해국이 학문 등 문화의 전성기를 맞이하였다. 그러나 그 직전의 상황을 보면 발해국은 군사 면에서 고구려보다 열세인 듯하나 북으로 흑수말갈을 침공하고 남으로 당나라의 등주와 내주를 정벌하는 등 발전을 위한 토대를 마련하였다. 이 시대의 국제적 상황을 표현하면 만주 대륙의 대제국이었던 고구려는 이미 소멸된 지 많은 시간이 흘렀고 신라는 겨우 명맥만 유지하고 있었다. 해동의 유일한 강국으로서 면모를 유지하고 있었던 것은 발해국이었다.

국력의 신장을 발판으로 발해국은 문왕과 선왕 때에 학문 등 문화의 전성 시기를 맞이하였다. 예를 들면 문치주의가 치국의 유일한 방편으로 자리를 잡게 되면서 무력의 사용은 그만큼 줄어드는 경향이었다. 그리하여 다방면에 걸쳐 무기력과 나태가 속출하면서 발전을 저해하는 어두운 그림자가 드리워지기 시작하였다. 당나라의 붕괴 조짐으로 국가 발전에 호기를 얻은 대인선이지만 문치주의의 폐해가 지속적으로 나타나 국가를 진작시키는 데 실패하면서, 이 시기를 틈타 침공한 거란군과의 싸움으로 발해국은 붕괴하였던 것이다.

문왕 시대 발해국의 문치주의가 절정을 이루었음은 773년(문왕 대흥 37) 당나라에 인질로 있으면서도 그 이름이 밝혀지지 않은 인물이 대종代宗의 용곤龍袞(용을 수놓은 천자의 옷)을 훔치려다 발각된 사건을 통해 알 수 있다. 중국 문물을 사모하여 이를 훔치게 되었다는 자백으로 그 용곤을 내줌으로써 이 사건을 더 이상 확대하지 않고 조용히 처리하였다.

이 용곤 사건을 통해 어떠한 의미를 찾을 수 있는가. 훔치려 하였던 용곤은 그야말로 중국의 문물을 상징하는 요소인 것이다. 이로써 발해국은 문왕 시대 해동성국의 절정기에 이르렀음을 살필 수 있다. 당나라에서 이 용곤 사건을 문제 삼지 않은 것은 양국 간의 외교관계 때문이 아니고 발해국이 당나라의 문화를 적극적으로 받아들여 문치주의의 발로를 당나라가 충분히 이해하였기 때문으로 판단된다.

당나라는 이 용곤 사건을 계기로 발해국의 문치주의적 면모를 알았을 것으로 여겨지지만 841년(□王 함화 12), 발해국으로부터 마노(옥)로 만든 함 궤짝과 자주색 사기동이를 선물로 받음으로써 이를 확인하였을 것이다. 옥함과 사기동이가 발해국의 문치주의를 대변할 정도라는 견지에서 두 물건의 예술적 가치는 뛰어났다. 네모진 옥함은 크기가 3자 정도로 붉은색을 띠고 있으며 정교하게 만들어져 이와 견줄 만한 것이 없었고 무종武宗은 이를 장막 옆에 두고 애지중지하였다.

자주색 도자기는 반 말 정도의 용량으로 안팎이 아름답고 투명하여 무종은 이를 약 담는 그릇으로 사용하였는데 무종의 보비寶妃가 실수로 옥가락지를 떨어뜨리는 바람에 콩알만 한 부분이 떨어져 나가자 무종이 오래 탄식을 금하지 못하였다.

당나라의 임금이 사용할 용도로 정교하게 옥함과 도자기가 만들어졌으니, 발해국의 공예 기술은 그 문치주의를 당나라가 확인하는 데 더할 나위 없는 유력한 단서임에 틀림없다. 특히 발해국 사람들이 옥으로 공예품을 만드는 기술은 계통상 고구려의 옥공예로 거슬러 올라간다.

이와 같이 당나라는 용곤 사건으로 발해국의 문치주의를 이해하였을 것이고, 선물받은 옥함과 도자기를 통해 발해국의 문치주의 실체를 확인하였음에 틀림없다. 발해국의 문치주의를 당나라가 확인한 것은 발해국 문화의 주역이 고구려계 사람이었음을 인정한 것이다.

발해국의 공예 기술은 고구려와 동일하다

발해국은 732년 처음 사신 편에 당나라에 선물을 보냈다. 유감스럽게도 그것이 어떤 물건인지 알 수 없다. 발해국에서 당나라에 보낸 선물 중에 품목이 처음 밝혀진 것은 무왕 인안 10년(728)에 전해 준 사냥매였다. 이후 발해국은 문왕 대홍 42년(778) 매와 송골매를 해마다 선물로 제공하지 않아도 좋다고 할 때까지 55년 동안 사냥매를 7차례, 송골매를 3차례 선물로 전해 주었다.

기록상 발해국이 당나라에 매를 선물로 제공한 것은 10차례밖에 안 되지만 해마다 이를 가져오지 않아도 된다는 통고가 있었던 것으로 보아 발해국은 721~776년의 55년 동안 해마다 매를 당나라에 선물로 제공했음을 알 수 있다.

이 밖에도 발해국은 숭어·마노瑪瑙(옥의 일종)로 만든 궤짝·바다표범 가죽·금은 불상·담비털 가죽·마른 문어 등도 선물로 주었다. 숭어·바다표범 가죽·마른 문어는 동해에서 얻은 해산물이며 담비털 가죽은 매와 함께 내륙 산지에서 얻은 산물이다.

이처럼 발해국이 초기에 당나라에 보낸 선물은 주로 자연에서 얻어진 산물로 가공품은 아니었으나 당나라에서 구하기 힘든 것으로 당나라 사람들이 애호하였을 것이다. 특히 담비털 가죽은 한꺼번에 1천 장을 보냈는데, 이는 당나라 사람들이 무척 애호하였음을 보여 준다. 따라서 이들 선물은 당나라에서 요긴하게 여겨졌을 것이다.

발해국은 당나라에 자연산물만 선물로 보낸 것이 아니고 예술적인 조각품도 보냈다. 문헌상 발해국이 당나라에 보낸 예술 가공품은 841년(선왕 함화 11, 당의 무종 회창 1)에 보낸 마노궤짝과 사기동이였다. 이것은 아주 진귀한 물건이라는 호평을 받고 있다. 마노란 옥의 일종이다. 704년(고왕 7) 말갈의 한 부인 불열부拂涅部가 당나라에 마노 잔을 선물로 바친 일이 있다. 이로 보면 발해국도 마노 잔을 가공하는 기술을 보유하고 있었다고 할 것이다. 기록상 발해국에서 마노 잔을 당나라에 선물로 준 기록이 없으나 마노궤짝을 준 사실이 있다.

건국 초기 발해국의 마노 가공 기술은 계통상 고구려의 그것에 속한다. 일찍이 고구려의 집안 땅에서 백옥으로 만든 귀 달린 잔이 나온 일이 있다. 양쪽에 큼직한 귀가 달린 잔은 안팎을 잘 다듬은 아름다운 모양에다 부드러운 색깔을 머금고 있어 고구려의 옥돌 가공 기술 수준이 매우 높았음을 보여 주고 있다(『고구려문화사』 제5장 미술, 제2절 조각과 공예, p.239). 그러므로 발해국에서 옥돌로 잔을 만드는 기술은 고구려 사람들의 기술과 같다고 본다.

선왕 때 선물로 주었다는 마노궤짝은 발해국의 옥돌 가공 기술의 우수함을 분명히 보여 주는 예술품이다. 옛 문헌을 보면 말갈의 선조와 후손 시대에 만주 땅에서 질 좋은 옥이 나온다는 기록이 있다.

마노의 색깔은 붉은색을 띠고 있는데, 『태평어람』에는 읍루에서 옥이 나온다고 했으며 『거란국지』는 여진 땅에서 옥이 난다고 하였다. 발해국에서 옥이 나옴을 알 수 있는 것은 마노궤짝을 당나라에 준 외에 930년(동란국 감로 5) 인황왕人皇王이 옥피리를 거란의 태종에게 바쳤다는 기록이 확인시켜 주고 있다. 인황왕은 발해국의 멸망 후 그 자리에 세워진 동란국의 통치권자였다.

『진장기본초陣藏器本草』라는 문헌을 보면 마노는 붉은색을 띠고 있으며 마노라는 이름이 생긴 것은 이 옥이 말의 머리 같기 때문이다. 또한 『단연록丹鉛錄』과 『성경통지盛京通志』라는 문헌에 의하면 보통 마노는 크기가 밤알 정도이며 투명한 것이 특색이다. 그러면 당나라에 보낸 마노궤짝은 크기가 얼마나 되었는가. 『두양잡편杜陽雜編』이란 문헌을 보면 한 변의 길이가 3자(90㎝)나 되며 색깔은 자색을 띤 적황색에다 정교하게 만들어져 무엇과도 비교할 수 없을 정도였고, 신선에 관한 서책을 보관하는 데 쓰였으며 항상 황제의 장막 옆에 두었다고 한다.

마노궤짝의 제작이 이처럼 정교하였다면 감탄을 금할 수 없다 하겠으나 이보다 더욱 우수하게 만들어진 것이 있었으니 자색 자배기가 그것이다. 역시 『두양잡편』을 보면 이 자배기의 안팎은 투명하며 색깔은 순자색이었다. 용량은 반 말 정도이며 두께가 3㎝ 정도인데도 기러기 털처럼 매우 가벼웠다. 그 깨끗한 빛깔을 아름답게 여긴 당나라의 무종은 이를 궁중의 보물창고에 두었는데, 차와 약을 혼합하던 무종의 보비寶妃 왕씨가 옥가락지를 던져 콩알 반쪽만 한 부분이 떨어져 나가자 오래도록 탄식하였다고 한다.

위에서 보았듯이 정교하게 제작된 마노궤짝과 자배기가 당나라의 무종을 감탄시켰다는 점으로 보아 이의 예술적 가치는 계통상 오랫동안 우수한 문명을 내외에 과시한 고구려의 예술성에서 찾는 것이 순리인 듯하다. 발해국은 당나라에 정교한 선물을 준 같은 해에 화옥火玉과 송풍석松風石이란 것도 선물로 준 바 있다. 이 둘의 자세한 설명은 역시 『두양잡편』이란 문헌에 실려 있다. 이를 보면 화옥의 색은 붉고 길이는 1.5㎝, 윗부분은 뾰족하며 아랫부분은 둥근 모양을 하고 있다. 빛이 수십 보까지 나오며 이 화옥을 쌓아 두면 솥을 뜨겁게 데울 수 있고 방 안에 두면 몸에 솜옷을 걸칠 필요가 없었다고 한다.

무종의 보비 왕씨는 항상 징명주澄明酒를 데울 때 이를 사용하곤 하였다. 어느 나라에서 바친 이 술은 자주색이며 이를 마시면 마신 사람의 뼈에서 향내가 난다고 한다.

『두양잡편』은 송풍석에 대해 자세하게 설명하고 있다. 841년 당나라에 선물로 준 송풍석은 한 변이 10자(3m)나 되고 옥처럼 투명하며 가운데 나무 모양의 무늬가 있는데 늙은 소나무가 누운 듯한 모양이다. 송풍석에서 한 번 바람이 불면 돌 사이에서 찬바람이 세게 나온다. 그래서 무종은 한여름에 이를 실내에 놓아 두었으며 가을바람이 솔솔 불면 치웠다고 한다.

이처럼 화옥과 송풍석이 하도 신기하여 발해국은 이를 당나라에 선물로 주었다고 판단된다. 발해국에서 이처럼 진귀한 옥돌이 다양하게 생산되므로 그 가공 기술이 매우 발달하였을 것이다. 그러면 공예품에 대해 조금 더 알아보자.

『일본삼대실록』(권 31)을 보면 877년(요우제이 천황 원경 1, 발해국 □왕, 현석 6) 발해국의 사신 양중원楊中遠이 대모玳瑁로 만든 잔을 개인적으로 선물로 주려 하였으나 일본의 통사인 카스가노타구나리春日宅成는 이를 거부했다는 기사가 있다. 그러면 대모란 무엇인가. 『계해우형지桂海虞衡志』란 문헌을 보면 대모는 깊은 바다에서만 사는 바다거북이다. 등에는 조금 긴 딱딱한 12조각의 껍질이 있으며 검고 흰 반점이 서로 섞여 있다고 한다. 일본의 통사는 이를 거부했으나 대모잔의 진귀함을 보고 이런 감탄의 말을 남겼다. "예전에 대당大唐에 가서 진귀한 보물을 많이 보았으나 이런 진귀한 것은 없었다."라고 하였다. 이 말은 과장인 듯하나 그 정교함이 우수하였음을 솔직히 인정한 것으로 생각된다.

한편 『진장기본초』란 문헌을 보면 부채만 한 크기의 대모는 남중국의 바다 가장자리의 산과 물 사이에서 살고 있는데, 거북의 등껍질처럼 가운데 무늬가 있다. 그런데 『발해국지장편』을 엮은 김육불은 발해국의 사신 양중원이 일본 천황에게 준 대모잔은 진짜 대모로 만든 것이 아니고 발해국에서 나오는 보석으로 만들었으며 그 무늬가 대모 같아서 이런 명칭이 붙었다는 의견을 내놓은 바 있다. 김육불은 무슨 근거에서 가짜 대모잔이라고 하였는가.

발해국의 동해에서 대모가 산다는 얘기를 듣지 못했다는 것을 근거로 내세웠으나 이것이야말로 근거가 없다. 현재 동해를 바라다보고 있는 일본에서 대모가 많이 남획되고 있는 실정을 감안하면 발해국에서 대모를 가지고 잔을 만든 것은 사실로 인정할 수 있다.

발해국에서 당나라와 일본에 준 선물이 정교한 가공품이었음은 고구려의 가공 기술을 그대로 물려받았음을 보여 준다. 발해국이 당나라에 준 선물 중에는 금은 불상도 들어 있는데 그 제조 기술은 역시 고구려계통으로 여겨진다. 말갈족은 불교를 알지 못하여 문헌에서 불상을 만들었다는 기록을 찾아볼 수 없다. 발해국의 옛 땅에서 나온 불상 가운데 십자가 목걸이를 걸고 있는 불상도 있다. 이는 당나라에 들어온 경교景敎(네스토리우스교)가 발해국까지 들어왔거나 영향을 주었음을 보여 주는 것이다. 그러므로 발해국의 이 불상은 이채롭다고 하겠으나 제조 기술의 기본적인 틀은 고구려의 것을 답습한 것이라고 할 수 있다.

위에서 설명한 것은 주로 문헌을 통해 발해국의 공예가 고구려의 그것을 계승, 발전시켰음을 알아본 것이다. 다음에는 실제 출토된 유물을 통해 발해국의 계승성에 대해 알아보자.

발해국의 도자기·기와·벽돌·금속·돌 등의 유물을 보면 공예가 발전했음을 알 수 있다. 그것은 발해국 사람들이 고구려의 공예 기술을 계승, 발전시켰기 때문이다. 먼저 도자기 공예부터 보면, 질그릇과 사기그릇의 명성이 당시 이웃 나라에 자자하였다. 발해국의 질그릇은 형태가 세련되고 살이 얇으나 단단하며 사기물을 발라 매우 화려하다.

이런 발해 질그릇은 고구려의 집안 마선구 1호 무덤에서 나온 황색풍로, 황록색의 자배기와 단지, 무순시에서 나온 황록색의 단지, 무순시 13호 무덤에서 나온 푸른 사기 단지와 모양, 질, 색깔이 같아 고구려의 질그릇을 계승한 것이다.

발해국에서는 사기그릇(자기)의 종류도 다양하여 보시기·접시·병 등이 있다. 특히 안악 3호 무덤 등 고구려의 무덤벽화에 그려진 구름무늬와 유사한 구름 모양의 자배기는 매우 우수하다. 사기그릇은 상경을 비롯하여 오동성터와 연해주에서도 나왔는데 이는 사기가 너른 지역에서 여러 계층 간에 널리 사용되었음을 의미한다.

발해국의 사기는 고려에 계승되어 고려자기란 우수한 자기(사기그릇)가 만들어지는 바탕이 되었다. 발해국의 자기가 우수하였음은 앞에서 지적한 바 있다.

기와와 벽돌 역시 공예에 속하거니와 기와의 종류부터 보면 암키와, 수키와, 암키와막새, 수키와막새, 치미, 괴면기와, 기둥밑치레기와 등 모양과 용도가 다양하다. 그중 공예의 아름다움을 잘 나타낸 것은 수키와막새이다. 이 수키와막새는 수법과 무늬 장식 면에서 고구려의 것과 계통을 같이한다.

발해 기와 장식의 다양함과 웅건함은 지붕을 장식하는 괴면기와와 치미에서도 잘 나타나 있다. 추녀마루를 장식하는 괴면기와는 괴상하게 생긴 짐승의 머리를 닮았다. 상경의 절터에서 나온 괴면기와를 보면 부릅뜬 눈알이 좌우로 튀어나오고 그 사이에 코가 우뚝 솟았으며 아가리에는 긴 혀와 이빨이 있다. 이러한 지붕 장식으로서의 괴면은 발해국 시대부터 처음 나타나기 시작하였으며 고구려의 괴면기와를 계승하여 발전시킨 것이다.

건물의 용마루 양끝을 장식하는 큰 기와로 치미가 있는데, 상경의 절터에서 나온 치미는 풀색의 사기물을 입혀서 보기가 좋다. 곡선을 이루면서 펼쳐진 두 나래와 그 가운데 밖으로 내민 주둥이로 구성된 치미의 나래 가장자리에는 깃을 여러 개 돋게 하고 깃 아래쪽에 구멍을 여러 개 뚫은 다음 여기에 꽃 모양의 장식을 꽂았다. 외형상 치미는 용맹스러운 날짐승의 기백을 띠고 있는 것이 특징이다.

연꽃과 넝쿨무늬가 아름답게 장식된 기와, 풀색 나는 사기물을 입혀 광택이 나는 막새에다 괴면과 치미 등 장식 기와를 이은 지붕이고 보면 건물은 조형상 아름다운 동시에 매우 웅장하였을 것이다.

발해 기와 중에는 기둥 밑을 장식하는 큰 고리 모양의 기둥밑장식 기와도 있다. 이 기와의 용도는 기둥 밑이 썩는 것을 막는 동시에 건물을 전체적으로 아름답게 보이게 하는 데 있었다. 이 기와는 삼국시대 연꽃 모양의 주춧돌을 더욱 발전시킨 것으로서 발해국의 고유한 건축 장식이며 그후 고려에 계승되었다.

이렇듯 발해국의 기와는 형태, 색깔, 수법, 장식무늬 등 여러 면에서 고구려와 계통을 같이하며, 또한 수키와막새 무늬는 장군총과 태왕 무덤의 주변에서 나온 연꽃무늬와 유사하다. 특히 암키와 앞부분에 톱날무늬, 연꽃무늬를 새긴 것은 고구려의 그것과 공통성이 있음을 보여 주고 있다.

게다가 무늬를 간결하게 하면서 불룩 내밀게 한 점이라든가 고구려의 괴면기와를 더 발전시킨 발해국의 괴면은 발해국 사람들이 고구려 사람들의 기백과 의지, 감정과 정서 등을 계승하였음을 보여 주고 있다. 고구려의 기와·기와무늬는 발해국 사람들에 의해 더욱 세련된 모습을 띠게 되었다.

고려에서도 벽돌이 건축에 이용되었듯이 발해국에서도 마찬가지였다. 형태별로 보면 네모벽돌·긴네모벽돌·한끝이 뾰족한 벽돌·멈추개벽돌 등 다양하다. 그중 가장 흔한 것은 네모형과 긴네모형의 벽돌이며 여기에 꽃무늬 등 다양한 무늬가 양각되었다. 긴네모형 벽돌의 측면에 겨우살이꽃 덩굴무늬가 양각되었으며 네모형 벽돌에는 윗면에 활짝 핀 당초唐草(덩굴)무늬가 아름답게 양각되었다.

멈추개벽돌은 길바닥에 깔기도 하고 쌓은 벽돌이 밀려 나가지 않도록 하기 위하여 쓰이기도 하였다. 뾰족한 벽돌의 용도는 알 수 없으며 무늬 없는 긴 벽돌의 한쪽을 뾰족하게 만든 것이다.

발해국 사람들은 돌 다루는 기술이 뛰어나 돌공예도 매우 발달하였다. 유명한 것은 높이가 약 8㎝ 정도에 지나지 않은 짐승의 머리가 대리석으로 조각된 것이다. 형상을 보면 긴 혀를 내밀어 땅에 대고 머리로 그릇을 떠받들고 있다. 이로 보아 그릇 밑에 달린 다리인 듯하다. 이런 짐승머리를 한 다리가 있는 그릇이야말로 발해국의 공예 수준을 말해 준다. 이처럼 짐승의 모습을 딴 그릇의 다리를 비롯하여 손잡이 뚜껑 등을 만드는 기술은 고려에 계승되어 고려자기에서 흔하게 볼 수 있다.

발해국의 유명한 공예품으로 청동으로 만든 말 탄 사람이 있다. 높이가 5.2㎝ 정도이므로 장식품이지만 말·말장식·사람을 생동감 있게 표현하였다. 이 공예품이 자그마한 점으로 보아 발해국의 청동공예 기술의 우수성을 알 수 있다.

위에서 보았듯이 발해국 사람들은 고구려 사람들이 이룩한 우수한 공예 기술을 계승하여 더욱 세련된 경지로 발전시켰으며 이를 고려에 넘겨주는 등 문화 전파의 역할을 담당하기도 하였다.

청동공예 기술 못지않게 발전된 것이 돌조각 기술이다. 상경 터인 동경성(영안현)에 남아 있는 석등은 이의 대표적인 작품에 속한다. 8각 평면의 정자 건물 모양을 띠고 있는 석등은 목조건물처럼 발해국의 건축 구조와 조각 수준을 보여 주고 있어 귀중한 걸작이다. 각 부분이 전체적으로 조화를 이루고 있어 우아한 느낌을 주고 있다. 아랫부분을 크게 하고 윗부분을 섬세하게 배려하여 안정감을 준다.

석등의 조각 수준이 우수한 만큼 사찰에서 가장 중요한 부처의 제작 기술 역시 우수하였다. 부처를 만드는 재료에 따라 돌부처·쇠부처·도금부처·오지부처·소조부처 등 종류가 다양하며 형상에 따라 앉은 부처・선 부처・홀부처・네부처 등 형태도 각기 다르다.

가장 큰 부처는 상경의 절터에서 나온 돌부처이다. 앉은 부처의 형상이지만 키가 2.35m이며 받침돌까지 합하면 3.3m나 되는 거구이다. 팔련성 터에서 나온 돌부처는 부드러운 미소를 머금고 있으며 주름이 잡힌 옷을 걸쳤으며 체구가 균형 잡혀서 우수한 부처 작품으로 꼽히고 있다.

같은 팔련성의 절터에서 나온 돌부처와 그 위의 연꽃 속에 있는 네부처, 동경성에서 나온 도금부처와 쇠부처 등은 모두 부드러운 얼굴 표정을 하고 있어 역시 우수한 작품에 속한다.

발해국의 부처 조각은 고구려와 계통을 같이하고 있어 고구려의 부처 조각을 계승하였음을 쉽게 느낄 수 있다. 그러면서도 발해국의 부처는 독특한 면모를 지니고 있었다. 발해국 사람들의 호탕하고 소박한 모습이 반영되어 부처에서 세속적인 요소가 강하게 풍긴다. 예를 들면 많은 부처가 푸른색・풀색・자주색・검은색 등 여러 가지 색깔을 하고 있는 것이 그것인데, 이는 신비롭고 위압적인 느낌을 느끼지 않도록 하기 위함이었다.

정혜공주의 무덤 안에서 나온 두 마리의 돌사자도 발해국의 우수한 조각 기술을 보여 준다. 돌사자는 받침돌 위에 앞발을 버티고 앉아 있는 모습이며 높이는 51㎝로 크지는 않지만, 머리를 쳐들고 입을 벌려 사나운 이빨을 드러내 보이면서 울부짖는 맹수의 기상을 나타내고 있다. 돌사자를 조형적으로 보면 억센 목덜미와 앞으로 내민 가슴, 힘차게 버티고 있는 앞발이 사자의 위용을 생동감 있게 표현하였다. 석등과 돌사자를 통해 발해국 사람들의 강인한 투지와 굳센 기백을 실감할 수 있다.

정혜공주의 무덤 안에서 나온 비석도 우수하다. 700여 자의 해서체 문자가 새겨져 있는 비문의 둘레에는 덩굴무늬를 둘렀으며 비문의 윗부분에는 구름무늬를 새겼다. 간결한 이 무늬는 고구려의 여러 무덤 벽화에서 나타나는 그 무늬와 비슷하다.

　이처럼 발해국의 공예와 조각품을 보았듯이 발해국은 고구려의 그것을 계승한 후예임을 알 수 있다.

발해국은 고구려의 음악을 발전시키다

발해국의 음악에서 나타나는 특징은 대중음악이 많이 만들어지고 널리 불렸다는 점이다. 발해국의 사람들은 고구려 사람들이 물려준 가요를 계승하고 이를 소리라는 장르로 발전시켰다. 관련 기사에 따르면 발해국에는 '납소리 · 진소리 · 신소리 · 소리고'라는 것이 있었다 하는데, 이는 흔히 민간음악을 말하는 소리와 상통하는 것으로서 대중음악이 다양했음을 보여 주는 것이다.

과거 우리나라에서 만들어진 노동민요 가운데 '낫소리'가 있는데 이는 한자로 된 발해국의 납소리를 번역했거나 발해국의 소리 형식을 바탕으로 새로 만들어진 듯하다. 이는 발해국의 소리가 우리의 전통적인 민요의 하나로 자리가 잡혔음을 의미한다.

발해국 사람들은 소리란 민요를 부를 때 피리 반주를 받았다. 『화한삼재도회和漢三才圖會』에 따르면 납소리는 고려악(발해악)이며 피리가 이를 조화시킨다는 대목의 기사가 있다(『해동역사』 권 22, 악지 · 악가 · 악무).

발해국의 음악에서 또한 주목할 것은 전문 음악이 발전했다는 것이다. 기악으로 연주되는 농절·부수·팔선 등은 전문 악단이 연주한 무용음악이다. 발해국 사람들은 고구려의 음악을 계승하여 민족악기를 발전시켰는데 전문 악단이 이 민족악기를 가지고 연주하는 장면은 성효공주 무덤의 벽화에서도 보인다. 무덤의 서쪽 벽에 그려져 있는 첫 번째 사람은 비파를, 두 번째 사람은 공후를, 세 번째 사람은 박판을 쥐고 있는데 당시 연주 악기를 보여 주는 생생한 자료이다.

『신당서』(권 21, 예악지)를 보면 연주 악기의 이름이 있다. 탄쟁·추쟁·봉수공후·수공후·와공후·비파·오현·의취적·저·생·호로생·소·소피리·도피피리·요고·제고·담고·구두고·철판·패·대피리 등이 그것이다. 이들 악기 중에 어떤 것은 고구려 때부터 사용된 것도 있었을 것이고 또 발해국 시대에 처음 만들어진 것도 있었을 것이다. 탄쟁·추쟁·봉수공후·와공후·수공후·비파 등은 고구려 때부터 쓰인 악기인 듯하다.

발해국에서 궁중음악을 담당한 교방敎坊에는 20여 종의 악기를 연주하는 악공들로 편성된 대관현악단과 가무인들이 속해 있었다. 이들 직업적인 전문 음악가들인 악공들은 통치자에게 예속되어 음악 활동상 제약을 받았으나 이들의 활동은 발해국의 기악 발전과 대중음악의 발전에도 적지 않은 역할을 하였음은 물론이다.

고구려의 음악을 계승하여 발전시킨 발해국 음악의 면모는 이웃 나라의 음악에 영향을 준 면에서 찾아볼 수 있다. 일본과의 국교 수립에 따라 음악의 교류도 활발해졌다. 발해국 사절단의 일원인 음악인들은 곳곳에서 음악을 공연하여 절찬을 받았으며 이를 계기로 일본의 음악 발전에 영향을 주었다.

일본에 미친 발해국 음악의 영향은 사절단의 일원인 발해국 음악인 외에 고구려 유민 출신의 유학생에 의해 확산되었다. 이의 실례를 들면 우치오內雄란 사람은 고구려 유민의 후손으로서 발해국에 와서 유학하면서 음악을 배우고 763년 일본으로 돌아갔다(『속일본기』 권 32, 光仁 寶龜 4년 6월 병진). 우치오의 아내와 자식의 유모가 발해인이므로 그는 오랜 기간 동안 발해국에 머물렀을 것이다. 대개 사신들은 일본 체류 기간이 짧아 음악적 영향을 많이 줄 수 없으나 유학생들은 발해국에서 음악을 배우고 돌아와 평생 음악 활동을 했으므로 영향을 많이 주었음을 알 수 있다.

8세기 무렵 일본의 궁중에서는 발해·백제·신라·당·임읍(베트남)·오吳·도라(타이) 등 여러 나라의 음악이 연주되었다. 그런데 발해악처럼 그 나라 음악인이 연주하였거나 발해국에 유학생까지 보내어 배워 가지고 돌아와 보급한 음악은 없었다. 일본의 음악사에서 대륙 음악의 수입 시대였다는 7~8세기 중 8세기는 발해국의 음악이 일본에 전파되어 일본의 음악 발전에 크게 기여한 시기라고 할 수 있다.

이처럼 발달된 발해국의 음악은 일본은 물론 당과 금나라의 음악 발전에도 큰 영향을 주었다. 고구려 음악을 10부악의 하나로 자리매김한 당나라는 발해국에서 악공·악기·악곡 등을 받아들였다. 금나라 시대가 되면서 발해국의 음악은 궁중음악으로 자리를 잡는다. 이를 살펴보면 금나라는 건국 초기부터 발해국의 음악을 자국의 음악과 함께 궁중음악의 하나로 고정시켰으며 교방인들에게 발해국의 음악을 연주케 하였다(『금사』 권 39, 志 20, 음악 上, 아악, 산악).

발해국에서도 무용은 음악과 함께 발전하였다. 그러나 아쉽게도 무용 관련 기사가 많이 전해지지 않고 있다. 기록상 확인할 수 있는 춤은 답추踏鎚라는 것이다. 춤추는 모습을 보면 노래를 잘 부르고 춤을 잘 추는 몇 사람이 소리를 하면 여러 사람들이 뒤를 따라 소리를 먹이고 흥겹게 춤추며 돌아가는 일종의 군중가무였다(『발해국지장편』 권 16, 족속고). 답추라는 가무놀이를 할 때 불린 소리가 답추가踏鎚歌였다. 이 답추와 답추가가 발해국의 가무를 대표하다시피 되어 일본에도 전파되어 조정에서는 답가라는 이름으로 연주되었다. 물론 답추도 진행되었을 것이다.

발해국은 고구려의 문학을 발전시키다

발해국 사람들이 고구려의 문학을 계승한 부분에 대해 알아보자. 발해국 문학의 특징적 요소는 예술성·서정성·서사성 등이 강하게 묘사되어 있다는 점이다. 그러므로 작품 중에 긴 형식을 취한 것도 있다. 이는 고구려나 신라의 문학과 비교하면 발해국의 문인들이 문학 면에서 훨씬 뛰어났음을 보여 주는 것이다.

문학적 재능이 우수한 발해국 사람들은 많은 작품을 창작하였으나 지금 전해지고 있는 것은 그다지 많지 않으며, 그것도 중국이나 일본의 문헌에 실려 있는 정도이다. 이웃 나라에 전해지고 있다는 것은 작품성이 우수하다는 것을 말한다. 이런 작품을 남기고 있는 문인은 양태사·왕효렴·배정 등 몇 사람밖에 없다.

당나라 말기의 유명한 시인 온정균溫庭筠(812~870)은 당나라를 방문하고 돌아가는 성명 미상의 발해국 사람을 전송하는 송별시에서 다음과 같이 읊었다.

크나큰 위훈을 세우고
고국으로 돌아가는 그대
그대가 남긴 아름다운 시구들은
온 중국 땅에 오래도록 남아 전해지리라

현재 전해지고 있는 발해국의 문학작품 중 우수한 것은 양태사의 「밤에 다듬이소리를 듣고(夜聽擣衣詩)」라는 시이다. 그는 8세기의 문인으로서 문왕 때 위덕장군이란 벼슬을 하였으며 758년 부사로 일본을 다녀왔다. 그는 일본에 머무는 동안 시로써 일본의 명사들로부터 존경을 받았다. 「밤에 다듬이소리를 듣고」라는 시는 그가 귀국할 때 일본의 명사들로부터 시·부와 함께 송별의 정을 받은 것에 대한 답례 형식의 시였다.

그는 이 시에서 이국땅에서 맞은 달 밝은 밤에 적막을 가르며 어디선가 들려오는 다듬이소리를 계기로 고국과 고향 사람들에 대한 애틋한 감회를 표출하였다. 12연으로 된 이 시는 이렇게 시작을 장식하였다.

서리 찬 가을 달밤에
은하수 별나게 빛나는데
나그네 고향생각
시름 더욱 깊어가는구나

시인은 밤의 적막을 가르며 들려오는 여인의 다듬이소리를 타고 시적인 환상을 마음껏 펼친다. 시는 다음과 같이 이어진다.

긴 밤 지샐 줄 모르고
시름은 쌓여 미칠 듯한데

문득 적막을 가르며 들려오는
이웃집 아낙네의 다듬이소리
그 소리 바람 타고
들려왔다 끊어졌다 하며
밤이 깊어 별은 기울었어도
다듬이소리 그칠 줄 모르는구나

고국을 떠난 후로
못 들은 지 오래더니
타향에서 듣고 보니
감회도 깊어지는구나

다듬이소리를 들으며 고향생각에 깊이 잠긴 시인은 다듬이질하는 여인의 모습을 그리면서 자신을 그리워할 아내의 모습도 그리고 있다. 시는 다음과 같이 끝을 맺는다.

무슨 일로 그 소리는
커졌다 작아졌다 하는가
그 무슨 그리운 정을 하소연이나 하듯
생각하니 연약한 몸에
진땀이 송골송골
깊은 밤 두 팔인들
오죽이나 힘이 들랴

떠나가신 님의 옷 다듬기
바쁘기도 하련만
규중의 차디찬 방에
그대 견디기 어려워라

가신 님은 소식이 묘연하고
안부마저 물을 길 없으니

아마도 님에 대한 그리움
한없이 애달프구나

그대 혹시 이내 탄식
듣는지 못 듣는지
뜬눈으로 새운 이 밤을
아는지 모르는지

그립고 그리워라
간절한 이내 마음
그러나 그 소리를
찾아갈 길 없구나

차라리 잠이 들어
꿈에서 볼까 하나
하그리 긴 수심에
잠인들 차마 오리

이와 같이 시인은 고향생각에 묻혀 있다가 다듬이질 소리를 들음
으로써 고향생각을 더 하게 되고 다듬이질하는 여인을 상상함으로써
아내에 대한 그리움을 한없이 펼쳤다.

당시의 시는 대개 짧은 형식을 취하고 있는 것이 관례인데 이 시
는 긴 형식을 취하고 있는 것이 특징이다. 이처럼 시인은 자신의 서
정을 우수한 시적 기교로 담아 긴 형식의 시가로 표출하였는데 이는
당시 한시문학의 새로운 지평을 연 것으로 발해국의 시문학이 발전
하였음을 유감없이 보여 주었다.

양태사의 뛰어난 시적 재능은 역시 일본에 머무는 동안에 쓴 「눈」
이란 시를 통해 다시 볼 수 있다.

어젯밤 하늘에 용구름 피어오르더니
오늘 아침에 함박눈이 펄펄 내린다
수림은 만발한 꽃속에 잠겨 안겨 오는데
봄을 알리는 새의 노랫소리는 들리지 않구나

시인은 「눈」이란 시를 통해 겨울과 봄의 교차 순간을 서정적으로 그려냄으로써 이역에 머물고 있는 나그네의 고국에 대한 그리움을 정감 어리게 표현하였다. 이러한 표현은 발해국의 서정시 장르를 잘 보여 주었다고 여겨진다.

발해국 시문학의 특징은 그보다 뒤에 활동한 왕효렴의 시가에서도 잘 나타나고 있다. 왕효렴(8세기 말~9세기 초)은 814년 정사로서 일본에 머무는 동안에 시 작품을 많이 지었다. 일본의 고위 관료와 명사들은 그의 시적 재능에 감탄하여 그를 존경하는 것은 물론 그와 함께 시를 짓는 것을 다시없는 영광으로 생각할 정도였다.

현재 전해지고 있는 그의 시는 「달을 보고 고향을 생각하며(和坂領客對月思之作)」·「출운주에서(出雲州書情寄兩勅使)」·「궁중 연회에 참가하며(奉勅陪內宴)」·「비 오는 봄날에(春日對雨待情字)」·「꽃을 관상하며(在邊亭賦得山花戲寄兩領客使幷滋三)」 등 5편이 있다. 모두 일본에 머무르는 동안에 지은 것이다.

왕효렴의 시적인 서정을 잘 표현한 「달을 보고 고향을 생각하며」라는 시는 양태사의 「밤에 다듬이소리를 듣고」라는 시와 공통점이 많다. 다만 차이가 있다면 전자가 장시이고 후자는 절구체絶句体의 단시라는 것이다.

왕효렴은 이 시에서 이역에서의 여름밤에 고요히 내민 달을 보는 순간 사무치는 고향생각, 집을 떠난 후 지아비의 무사귀환을 빌고 있을 처와 고향 사람들에 대한 그리움을 정감 있게 표현하였다.

적막한 여름밤은 깊어만 가고
둥근 달은 푸른 하늘에 밝기도 하며
산마다 들마다 달빛은 스며들고
이 세상 모든 것이 새롭게 안겨 든다
외로운 아낙네는 님을 그리고
고향 떠난 나그네도 심사 설레네
고국은 천리만리 먼 곳이건만
저 달은 우리를 함께 비춰주리

이처럼 달은 서로 그리워하는 사람들의 애틋한 서정을 매개시켜 주는 역할을 하고 있다. 예로부터 우리 조상들은 달을 소재로 많은 시 작품을 남겼다. 즉 둥근달 또는 조각달을 바라보면서 빼앗긴 나라와 민족에 대한 그리움, 고향과 가족에 대한 생각, 만남의 기쁨과 이별의 괴로움을 표현한 시 작품을 많이 남겼다. 왕효렴의 이 시도 이런 작품 중의 하나이다.

왕효렴의 정감 어린 시적 재능은 「출운주에서」라는 시에서 다시 잘 나타나 있다. 먼저 그의 시부터 살펴보자.

바닷길 아득히 불어오는 마파람에
고향 그리는 이내 마음 붙여볼까
하늘 끝으로 날아가는 기러기
나그네 시름을 이끌고 가네

다행히도 두 분의 칙사가
나를 이처럼 위로해주니
이역 땅에 오래 머물러도
내 그다지 시름겹지 않구나

이 시는 왕효렴이 일본의 출운이즈모주[현재 시마네현 동쪽]에서 고향과 그 산천을 잊지 못하는 자신을 두 칙사가 위로해 준 고마움에 대해 지어 준 것이다. 그는 출운주에서 고국으로 타고 갈 배를 기다리는 동안에 남풍, 기러기 소리를 들으면서 고국으로 달려가는 심정을 표현한 것이다.

왕효렴의 시문학에서 나타나는 망향의 상념은 「꽃을 관상하며」라는 시에서도 찾아볼 수 있다. 시인은 일본에 머무는 동안에 일본인들이 꽃을 꺾어 준 데 대해 감사의 뜻을 표하였다. 시는 이러하다.

꽃나무 봄을 맞아 곱게도 피었구나
갓 피어 웃는 듯 소리만은 안 들리는구나
주인이 날마다 꽃가지 꺾어주어
나에게 안겨줄 꽃이 남아 있겠는지

이렇게 날마다 시인은 아름다운 꽃가지를 받음으로써 넘치는 기쁨을 표현하고 있다.

발해국의 문학작품 가운데는 배정의 시 「산꽃을 노래하며」·「봄비」 그리고 인정仁貞의 시 「궁중에서 이레 동안 연회를 받고(七日禁中陪宴)」 등도 있다. 배정(9세기 말~10세기 초)은 882년과 895년 두 차례나 정사로서 일본에 머무는 동안에 스기와라노미치자네菅原道眞와 시마다노라다오미島田忠臣 등의 문인들과 친분 관계를 맺고 작품을 교류함으로써 융숭한 대우와 존경을 받는 등 명성을 크게 떨쳤다.

전해지고 있는 것은 절구시 한 구절밖에 없으나 일본의 문인 명사들이 그의 시작을 호평한 글을 통해 그의 시적 재능을 엿볼 수 있는 것은 다행이다. 당시 일본의 시단과 학계를 대표하고 있었던 스기와라노미치자네는 그의 시에 감탄하면서 '칠보지재七步之才(일곱 걸음을 걷는 사이에 훌륭한 시를 짓는 천재적인 시인이라는 뜻)'라고 칭송을 아끼지 않았다.

스기와라노미치자네와 쌍벽을 이룬 듯한 시마다노다다오미는 배정의 시에 화답하여 써 준 시에서 배정의 시는 날카로운 맛이 마치 적진으로 육박해 들어가는 병사의 서릿발 같은 칼날을 연상시킨다고 하였고 그의 시 짓는 솜씨는 마치 번개가 번득이듯 날래다고 평하였다.

위에서 본 몇 편의 시만 가지고 발해국 문학의 전반적 흐름과 특징을 알아보았다고 할 수 없으나 발해국 문학의 높은 예술성을 엿볼 수 있다. 발해국의 뛰어난 문학이 이웃 나라 사람들의 호평을 받은 것은 발해국 사람들이 우수한 고구려의 문학을 이어받았음을 보여주는 것이다. 그러나 이들이 남긴 시와 산문이 많지 않아 아쉬움을 남긴다.

발해국은 유적·유물 면에서
고구려의 계승 국가이다

발해국이 고구려를 계승하였음은 유적을 통해 살필 수 있다. 발해국이 상경 등 도성을 건설하게 된 것은 고구려의 도성 건설 경험을 바탕으로 하였기 때문이다. 궁궐을 성벽으로 둘러싼 안학궁의 건축 양식을 비롯하여 수도 전체를 성벽으로 둘러싼 평양성의 축조 등 고구려인의 궁성 건축 경험은 발해국 사람들이 견고하고 정연한 도성을 쌓는 데 귀중한 밑바탕이 되었다.

평양성과 상경에서 차이점이 없는 것도 아니다. 평양성은 금수산·만수대·남산·창광산 등 산과 언덕을 이용하는 등 지형 조건에 어울리게 쌓았으나 상경 등 발해국의 도성들은 대부분 너른 벌판에 쌓은 평지성으로 지형은 그다지 고려하지 않았다. 이런 점만 다를 뿐 양자에서는 계승 관계가 뚜렷이 나타나고 있다.

평양의 성 안이 내성·중성·외성으로 구분되듯이 상경도 마찬가지였다. 이는 발해국이 고구려의 도성 제도를 계승하였음을 보여 주는 것이다. 고구려의 국내성·안학궁성 등 평지성에서 보듯이 모두 방형인데 발해국의 경우도 마찬가지였다. 이는 발해국이 고구려의 도성 제도를 계승했기 때문이다. 이뿐 아니라 성벽의 축조 양식에서 도 유사성이 보인다. 안학궁성 등 고구려 성벽의 바깥 부분은 잘 다듬은 큰 돌로 쌓고 안쪽 벽은 돌과 흙을 다져 쌓았다. 이런 축조 방법은 발해국의 상경 성벽 축조에도 적용되었다. 이 또한 발해국이 고구려의 성벽 축조 양식을 계승하였음을 말해 준다.

고구려와 발해국의 계승 관계는 건축에서도 나타나고 있다. 이의 좋은 예가 구들인데, 발해국 사람들의 주택 구조의 하나가 구들이다. 이런 구들은 이미 고구려 사람들의 주택 구조이기도 하였다. 지금까지 알려진 고구려 사람들의 주택 자리에서는 어김없이 구들이 나온다. 당시 구들을 쓴 사람들은 고구려 사람들밖에 없었다. 그러므로 고구려 사람들의 구들이 발해국 사람들에게 계승되었음은 재론의 여지가 없다.

주택의 전반적인 구조 면에서도 공통성이 있다. 발해국의 상경 궁성의 주택을 보면 방이 3개인데 동쪽과 서쪽의 방이 크고 가운데 방은 작으며 집 밖은 회랑으로 돌려졌다. 쪽마루를 놓을 수 있는 처마 밑의 땅, 즉 토방土房은 낮으며 집은 남향을 하고 있는데 이런 구조는 고구려의 주택과 똑같다. 이는 역시 발해국 사람들의 주택 구조가 고구려의 그것을 계승하였음을 보여 주는 것이다.

발해국이 고구려의 건축 기술을 계승하였음을 잘 보여 주는 것은 성벽의 축조이다. 발해국은 수도를 방위하기 위하여 그 주변에 성벽을 많이 축조하였다. 돈화의 오동성 주변에는 성산자산성·통구영산성·흑성고성 등 성벽을 여러 개 쌓았으며 상경 주변에는 성장습자

산성, 우장성, 승리천 강변보루 등을 쌓았다.

이렇듯 수도 주변에 성을 많이 쌓는 위성성제도衛星城制度는 이미 고구려 시대부터 존재하고 있었다. 평양성 주변에 있는 황룡산성·자모산성·흘골산성 등이 이를 말해 준다. 그러므로 발해국의 위성 성제도는 고구려의 것을 계승한 것이다.

발해국의 산성에 대해 살펴보면 역시 고구려의 산성을 계승하였다. 발해국의 산성은 고구려의 산성처럼 남쪽이 낮고 북쪽에 두개 이상 의 골짜기가 있는 능선에 성벽을 쌓은 이른바 고로봉식 산성이다. 발해국의 산성은 돌 또는 흙으로 쌓은 것도 있는데 고구려도 마찬가 지이다. 다만 고구려의 산성은 대부분 돌로 쌓은 것이지만 개중에는 흙으로 쌓은 산성도 있다.

고구려와 발해국의 계승 관계는 무덤의 종류와 구조에서도 나타나 고 있다. 발해국의 무덤 양식으로 횡혈식 무덤과 수혈식 무덤이 있 는데, 고구려에도 후기에는 이런 두 양식이 있었다. 당시 당나라의 무덤 양식이 벽돌무덤이었음을 감안하면 발해국이 고구려의 무덤 양 식을 계승하였음을 알 수 있다.

석실과 널길[羨道]로 이루어진 발해국의 횡혈식 무덤의 천정은 평행 삼각고임천정인데 고구려 후기의 횡혈식 무덤과 같은 구조이다. 특 히 고구려의 강서 큰 무덤과 발해국의 정혜공주 무덤의 구조에서 공 통점이 나타나고 있다. 규모가 큰 횡혈식 무덤과 작은 규모의 횡혈 식 무덤 역시 고구려의 것과 같다.

일제 식민사가와 중국의 사가는 삼령 무덤에 지붕이 있음을 알고 물길(말갈)족의 무덤 위에 지붕이 있다는 『위서』 물길전의 기사를 끌 어내어 이 무덤을 말갈족의 무덤이라고 주장하였다. 그러나 집안의 장군총 위에 전각을 지은 흔적이 있는 것으로 보아 이런 풍습이 고구려에도 있었음이 분명하며 삼령 무덤에 지붕이 있는 것은 고구려의 풍습을 계승하였음을 알 수 있다.

이와 같이 발해국의 유적은 어느 것이든 고구려의 유적과 같다. 이는 발해국 사람들이 고구려의 문화를 고스란히 계승한 후계자임을 보여 주는 것이다. 발해국 사람들은 고구려의 문화를 계승하는 것으로 그치지 않고 이를 더욱 발전시켰다. 먼저 도성 제도부터 살펴보자.

고구려는 6세기 후반에 처음 수도 전체를 성벽으로 둘러쌓았으나 지방 도시는 그렇지 않았다. 그러나 발해국의 경우 상경을 비롯하여 화룡의 서고성 등 지방에도 도시를 많이 세우되 성벽으로 쌓았다. 이는 발해국이 고구려의 도시 성곽 제도를 한 걸음 발전시켰음을 보여 주는 것이다.

발해국은 건축술 면에서도 고구려보다 발전하였다. 고구려의 외고래 구들이 두 고래 구들로 크게 전환되었거나 구들 면적이 넓어지고 구들 구조가 개선된 것 등이 이를 말한다. 발해국 사람들은 구들을 방안 전체에 까는 단계 직전까지 발전시켰다.

발해국 사람들은 주택의 방 구성에서도 큰 변화를 일으켰다. 고구려 사람들의 주택 구조를 보면 방과 방 사이의 가운데 칸이 통로로 쓰였으나 발해국 사람들은 그 가운데 칸을 넓히고 가운데 벽을 두어 두 부분으로 나누었으며 한 부분에는 구들까지 설치하기도 하였다.

이뿐 아니라 발해국 사람들은 고구려 시대보다 건물을 화려하게 꾸몄다. 즉 건물에 녹색 유약을 바른 기와·치미·괴면·기둥밑치레 등 건축 자재를 많이 써서 화려하게 꾸몄다. 이 역시 고구려 시대의 건물보다 훨씬 화려하게 발전하였음을 보여 준다.

발해국 사람들이 고구려의 도성 제도를 발전시킨 예는 평지성의 축조에서 잘 나타나 있다. 즉, 산성 말고 평지성을 많이 축조한 것이 이를 말한다. 발해국 사람들은 중심지였던 목단강 유역에 넓은 벌이 많고 돌이 적어 평지성을 흙으로 축조할 수밖에 없었다. 발해국 사람들은 강변에 보루를 만들기도 하였는데 고구려 시대에는 존재하지 않았다. 발해국 사람들은 자국의 중심 지대이며 중요한 수상 교통로인 목단강을 따라 쳐들어오는 적을 막기 위하여 강변에 많은 보루를 축조하였던 것이다.

발해국 시대부터 구전되어 오는 한 민간 전설에 의하면 발해국은 목단강을 지키기 위하여 홍장자紅墙子 일대의 목단강 물속에 금으로 만든 쇠[金牛]를 집어넣어 누구라도 소뿔을 만지거나 건드리면 순간적으로 천둥 같은 소리가 나면서 땅이 꺼지는 듯하고 삽시간에 온 하늘과 땅이 캄캄해지면서 비바람이 세차게 휘몰아치게 하는 그런 폭발 장치를 고안, 설치하였다는 전설이 지금도 전해지고 있다 한다(『발해사 연구』 3집, 송덕윤의 「발해의 속담과 전설」, 1992, 연변대학 출판부).

발해국의 격구 뿌리는 고구려이다

역사상 나라가 망하면 정치적 탄압과 경제적 착취도 패망한 민족을 슬프게 하지만, 이보다 더 큰 슬픔은 민족의 고유한 정신과 풍속 등 정신적 유산을 간직할 수 없는 것이다.

거란에게 패망한 발해국 유민들의 민족적 슬픔은 과연 어떤 것이었는가. 발해국 유민들의 기록이 없으니 이들의 민족적 슬픔은 『요사』를 통해 알아볼 수밖에 없으나, 『요사』 자체가 엉성하기 짝이 없다. 그 가운데 『요사』를 통해 알 수 있는 발해국 유민의 민족적 슬픔 중 눈에 띄는 것은 홀한성 일대에 살아온 유민들을 거란이 서쪽의 양수梁水로 강제 이주시킨 것이라고 할 수 있다.

유민의 강제 이주를 구상한 거란의 우차상右次相 벼슬을 갖고 있는 야율우지耶律羽之의 건의문에 따르면, 양수가 이들 유민의 고향이므로 이들은 이곳으로 강제 이주된 이후 차라리 다른 낯선 지역으로 이주됨으로써 느낄 마음의 고통을 덜 느꼈을 것이다. 그러면 이들 유민은 이른바 고향 땅에 모여 살기 시작함으로써 그들 본연의 풍속과 관습을 지키면서 평안하게 살 수 있었는가. 이들이 자발적으로 이주한 것이 아니고 강제적으로 이주하여 온 양수는 고구려 사람이나 마음에 묻어 둔 고향이지 발해국 유민의 고향이라고 하기에는 인연이 너무 짧기만 하다.

거의 낯선 곳이나 다름없는 곳으로 삶의 터전을 옮겼으나 동족끼리 모여서 살아 그들 본연의 생활을 할 수 있었으나 그들만의 민족정신·단결심·협동심을 함양하거나 배양하는 것은 거의 봉쇄당한 것 같다. 이들 유민은 고구려인의 후예로 조상들의 여유 있는 정원 생활에서 보듯이 정원을 꾸미고 모란을 듬뿍 심어 가꾸면서 생활의 여유를 즐기는 것은 거란의 통치하에서도 여전하였다.

그러면 『요사』를 통해 이들 유민의 민족정신 함양과 관련된 기사를 찾아보자. 거란은 이들 유민을 양수로 강제 이주시킨 후 격구擊毬를 하지 못하도록 금지시켰다. 격구란 말을 탄 사람이 숟가락 모양의 막대기로 공을 몰아 상대방의 문에 쳐 넣는 경기를 말한다. 우리나라에서는 이를 공치기 또는 장치기라 하였으며 중국과 일본의 문헌에서는 타구打毬라고 하였다. 우리나라에서 가장 오래된 격구 기록은 『요사』(권 81, 蕭孝忠)에서 보인다. 발해국 사람들이 격구를 즐겼다는 내용이다. 그러면 이들은 왜 격구를 즐겼는가. 말타기와 활쏘기 같은 무술을 연마하는 데 격구가 필수적인 훈련으로 인식되었기 때문이다.

『고려사』에도 격구 관련 기사가 보인다. 918년(태조 1) 상주尙州의 적수賊師인 아자개阿字蓋의 투항을 환영하는 식순의 연습을 구정毬庭(격구 경기장)에서 하였다는 것을 보면 격구는 이미 고구려 시대에도 행해졌음을 짐작할 수 있다. 특히 고구려에 축구가 있었던 점으로 미뤄 발해국과 고려의 격구는 고구려에 연원을 둔 듯하다.

고려에서 의종 이후가 되면 격구는 국가적인 경기로 자리가 잡혔으며 궁중에서는 단오절에 성대하게 치러졌다. 그리하여 조선 시대에도 격구가 말타기와 활쏘기를 능숙하게 하는 데 필수적인 훈련으로 여겨져 열병식에서도 빠지지 않았으며 무과 시험의 하나가 되기도 하였다.

경기하는 장면을 보면 경기장에 선수들이 두 줄로 늘어서 있으며 한 선수가 경기장 안으로 달려 들어가 공을 공중으로 쳐 올리면 경기가 시작된다. 이어서 선수들은 제각기 말을 타고 달려 나가 상대방의 문전을 향해 막대기로 공을 몰고 나간다.

선수들은 상대방의 문전에서 공을 구문毬門에 쳐 넣는다. 그래서 구문을 세우지만 안 세우기도 한다. 세운다면 한쪽에 세우거나 양쪽에 세우기도 한다. 한쪽에 세웠을 경우 선수들은 다른 한쪽에서 말을 달려 나가 공을 구문에 몰아넣고 돌아온다. 양쪽에 세우면 두 기둥 사이의 윗부분 가운데 구멍이 뚫린 널을 대고 아래에는 그물이 쳐져 있는데 공이 구멍에 빠지면 1점을 얻는다. 대신 구멍에 못 빠진 공은 그물에 걸린다.

대개 공을 몰거나 치는 막대기는 1m 정도이며, 끝은 숟가락 모양으로 우묵하게 만들었다. 막대기에 상모를 달기도 하며 단청을 하기도 한다. 나무를 둥글게 깎아 만든 공의 표면에 옻칠을 메기거나 수놓은 비단으로 싼다. 그리고 선수들의 복장은 눈에 잘 띄도록 하기 위해 색깔을 달리한 것이 이채롭다.

위의 격구 설명으로 보면 격구는 운동경기인 동시에 무술을 연마하는 한 방법이다. 더군다나 격구가 고려 시대 궁중에서 단오절에 성대하게 벌어진 것으로 보면 국가적 무술 행사임을 알 수 있거니와 이같은 전통은 발해국 시대로 거슬러 올라갈 수 있다. 일본의 『본조통감本朝通鑑』(권 20)을 보면 822년(발해국의 선왕 건흥 4, 사가 천황 코우닌 13) 발해국의 사신 왕문구王文矩 등이 궁성에서 타구의 시범 경기를 보여 주었는데 사가嵯峨 천황은 직접 관람한 소감을 시로 남겼다.

발해국 사람들이 격구를 즐겼음을 보여 주는 것은 『요사』와 『본조통감』의 기사가 전부이다. 특히 발해국의 사신이 일본의 천황 등 고위 관료들에게 격구의 시범 장면을 보여 준 것을 보면 발해국에서 고위 관료들이 격구를 즐겼음을 알 수 있다. 그래서 격구에 익숙한 발해국의 사신은 이를 천황 등 고위 관료들에게 보여 주었던 것이다.

왕문구 등의 시범 경기로 말미암아 일본에 발해국의 격구가 처음 도입되어 성행되기에 이르렀을 것으로 보인다. 발해국의 격구가 요나라와 일본에서 성행된 까닭은 무엇인가. 그것은 한마디로 발해국의 격구가 국제적 보편성을 띤 운동경기라는 데서 찾을 수 있다.

격구의 보편성을 찾아보면 ① 체력을 단련하는 경기이면서 발해국 사람들의 민족정서가 듬뿍 배인 전통적인 민속놀이였다. ② 말 타고 활 쏘는 이른바 기사 훈련과 똑같은 훈련 효과를 기대할 수 있는 대체 훈련 종목이었으며 ③ 집단을 이루고서 하는 경기이므로 선수 간의 협동심을 최대한으로 배양하는 효과를 거둘 수 있다. ④ 왕실을 비롯한 고위 관료들 간의 인기 있는 운동경기인 만큼 격구는 자연히 하층민 사이에서도 큰 인기가 있었던 것은 의심되지 않는다. 그러면 격구는 발해국의 민족정신을 함양하는 데 어떤 것과도 비교할 수 없는 민족적인 경기였음에 틀림없다.

이처럼 격구의 보편성으로 일본에 도입되었으나 거란에서는 한때 이를 금지시킨 일도 있었다. 여기서 설명이 필요한 것은 왜 거란에서 이를 금지시켰는가 하는 문제이다. 지적했듯이 격구는 무술을 연마하는 최상의 방법 중 하나로 인정을 받고 있었다. 『요사』를 보면 거란인의 경우 사냥을 할 수 있는 지역에서는 사냥을 통해 무술을 연마하였으나 지형상 사냥을 할 수 없는 지역에서는 대신 격구를 함으로써 무술을 연마하는 효과를 거두었다.

그런데 『요사』를 보면 거란은 요양으로 강제 이주당한 발해국의 유민들이 격구를 하지 못하도록 금지시켰다가 이의 해금을 단행하였다. 동경성의 행정·군사 등 모든 권한을 갖고 있는 소효충은 동경 유수로서 동경성의 거란군이 사냥을 통해 군사 훈련을 할 수 없다는 지리적 애로사항을 들어 차선책으로 발해국 사람들이 즐겼던 격구를 통해 군사 훈련을 시킬 수밖에 없다는 절박한 이유를 내세워 설득함으로써 성종聖宗은 격구의 해금을 단행하기에 이르렀다.

동경성의 거란군이 지형상 사냥을 통해 무술 훈련을 할 수 없었던 것으로 미뤄 발해국이 요양성(동경성)을 차지하였던 기간에도 발해국 사람 역시 사냥을 못 하는 대신 격구를 함으로써 무술을 연마하였을 것으로 판단된다. 그렇다면 요양성의 발해국 사람들은 다른 지역의 사람보다 격구를 더 열심히 해 왔을 것이다. 다시 말하면 발해국에서 격구가 가장 성행되었던 지역은 요양성 일대가 아닌가 한다.

이처럼 요양성이 발해국 시대 격구가 가장 성행된 지역으로 거란으로서는 이 지역 발해국 유민의 격구를 금지시킬 수밖에 없었을 것이다. 더군다나 격구가 발해국 사람들의 민족정신을 함양시키는 최상의 방법이었음을 감안하면 거란의 격구 금지는 타당한 조치였다고 할 것이다.

그럼에도 불구하고 거란은 발해국 사람들의 격구 금지를 풀게 되었다. 그것은 두 가지 이유에서였다. 거란은 처음에 발해국 유민들을 적대 세력으로 여겼으나 더 이상 적대 세력으로 보지 않는다는 자신감의 발로가 해금의 첫 번째 이유이다. 거란은 성종 시대 최전성기를 맞이하여 적대 세력으로 간주해 온 발해국의 유민을 사해동포四海同胞로 포용하여 이들의 민족정신을 함양하는 수단으로 여겼던 발해 격구를 해금하기에 이르렀던 것이다.

거란의 발해 격구 해금은 이것 외에 동경유수 소효충의 말대로 동경성에서는 격구를 하지 않고서는 거란군이 무술 연마를 대체할 수 있는 마땅한 훈련 방법이 없었다는 것이 두 번째 이유이다. 아무리 대체 훈련 방법이 없다고 하더라도 거란이 계속 발해국의 유민을 적대 세력으로 보고 있었다면 발해국의 격구는 해금되기 힘들다. 거란이 발해 격구를 금지한 것은 무엇보다 발해 민족정신의 함양을 원천적으로 차단하려는 정치적 차원에서 결정되었다. 그러면 발해 민족정신의 뿌리는 어디서 찾아야 할까. 중요한 문제가 아닐 수 없다.

발해 격구가 발해인들의 간단한 오락·놀이가 아니고 민족정신을 담은 그릇으로 거란인들에게 각인되지 않았다면 이를 금지시키지 않았을 것이다. 거란 정권이 발해 유민 가운데 동명성왕의 후예들을 등용한 사실이 『요사』에 실려 있다. 이로 보아 거란 정권은 격구를 통해 나타나는 발해 민족정신의 뿌리가 고구려 민족정신임을 알고 있었다.

발해국의 풍속이 거란의 그것과 같았으나 원래 거란에는 격구가 존재하지 않았다. 격구가 발해국과 인접한 거란에 존재하지 않은 것으로 보면 발해 격구는 발해인이 스스로 창안한 것이 아니라 고구려에서 전해 내려온 것이 분명하다.

발해 격구가 발해국 전역에서 성행하다 보니 일본에 사신으로 간 왕문구가 일본의 고위 관료들에게 시범을 보여 주게 되었다. 이를 좀 더 논하면 발해국에서 종류가 다양하였을 운동경기 및 놀이 중에 격구를 보여 준 것은 격구가 발해인들이 거족적으로 즐기는 운동경기 겸 놀이인 동시에 무술 훈련의 훌륭한 방법이었기 때문이다. 이로써 격구는 발해국을 대표하는 스포츠이면서 가장 보편적인 무술 연마 방법이었음을 알 수 있다.

격구가 발해국에서 민족경기가 될 수 있었던 것은 그만한 까닭이 있어서이다. 민족경기가 되려면 경기의 전통이 깊어야 한다. 발해국의 풍속이 거란·고구려의 그것과 같다고 하면서 격구가 거란에 없었던 것을 보면 발해 격구의 뿌리는 거란이 아니라 고구려에 있었다고 볼 수 있다. 더군다나 고구려에는 격구와 여러 면에서 유사한 축구가 있었다는 것도 이의 유력한 증거가 된다. 축구가 아니라 해도 고구려의 격구가 발해국에 답습되었기에 발해국에서 격구는 역사와 유래가 오래된 민속경기로 자리를 잡게 되었다고 보는 것이다. 따라서 발해 격구의 뿌리는 고구려에 있었다는 견지에서 고구려 유민이 곧 발해인이며 발해국은 고구려의 유민에 의해 세워졌다는 결론에 이른다.

발해국의 농업 뿌리도 고구려이다

발해국은 옛 고구려의 땅을 대부분 회복하고 새로 영토를 넓힘으로써 사방 5천 리의 강역을 갖는 제국이 되었다. 넓어진 영토 안에는 농사를 지을 수 있는 지역도 적지 않았다. 동해안의 바닷가를 비롯하여 내륙의 큰 강 유역에 펼쳐져 있는 평야는 그야말로 농사를 짓기에 적합하였다.

발해국에서 농업이 경제의 기본이므로 발해국의 통치자들은 농업에서의 생산수단인 모든 토지를 장악한다는 의미에서 토지세를 부과하는 등 토지 정책을 건국 초기부터 실시하였다(『협계태씨족보』 권 1, 「발해국왕세략사」 고왕). 국가에서 토지를 관할했다고 해서 왕실 소유의 토지 형태만 존재한 것이 아니고 관료와 지주의 자주적 토지 소유 형태, 소농민의 토지 소유 형태 등 여러 가지 소유 형태가 있었다.

국가가 농업에 관심을 기울이는 만큼 농기구의 개선과 경작 기술의 발전은 필수적이다. 발해국에서도 농기구의 개선이 있었으니 철제 농기구의 보편적 사용이 이를 말해 준다. 상경용천부에서 나온 철제 보습은 두 마리의 소나 말이 끌 정도의 크기이며, 이런 보습은 연해주에서도 나왔는데 보습이 널리 사용되고 있었음을 보여 주는 것이다.

발해국에서 사용된 철제 농기구는 이 보습 외에 낫·호미·괭이·삽·쇠스랑·가래 등 종류도 다양하다. 이런 농기구들은 과거 고구려에서도 널리 사용되었다. 고구려의 농기구에 대해 좀 더 알아보자. 중국의 주周나라와 진秦나라 시대에 해당하는 시기의 고구려 사람들은 혼강과 압록강 유역을 생활 터전으로 삼아 집을 짓고 농사를 지으면서 고기잡이와 사냥을 병행하며 생활을 영위하였다. 건국 전의 고구려 사람들이 살았던 집안의 거주지에서는 농기구로 돌괭이와 돌칼 등이 나왔다. 최근 연대가 떨어진 고구려의 유적지와 무덤에서도 돌괭이가 나왔는데 이는 건국 후 일정 기간 고구려 사람들이 이런 농기구를 사용했음을 보여 준다.

건국 후 중국에서 철제 농기구가 들어옴으로써 고구려에서도 제철업이 발전하여 철제 농기구가 생산에 이용되었다. 집안에서 출토된 철제 농기구는 보습·낫·삽·칼 등 10여 가지나 된다. 특히 보습이 큰 것으로 보아 사람이 끌기 힘들었을 것이다. 씨름무덤과 춤무덤의 벽화를 보면 소가 수레를 끄는 장면이 있는데 이로 보건대 보습은 고구려 사람들이 소나 말의 힘을 빌려 경작할 때 쓴 농기구였을 것이다.

발해국에서 대표적인 농기구는 삽과 낫이다. 삽은 청해토성터와 상경용천부터에서 출토되었으며 낫은 청해토성터·상경용천부터·연해주의 니콜라이에프스크 그리고 수분하綏芬河 유역 등 여러 지역에서 나왔다. 낫의 형태는 반달 모양이며, 지금의 낫과 별 차이가 없다.

이처럼 발해 사람들이 철제 농기구를 널리 사용한 것은 고구려의 우수한 농사 경험을 이어받았기 때문이다. 발해국 사람들이 계승한 농사 경험이라 하면 소나 말을 경작에 이용한 것을 비롯하여 철제 농기구를 농사에 널리 이용한 경험을 계승한 것이라고 하겠다. 그리하여 발해국 사람들은 여기서 한 걸음 더 나아가 농업 생산에 능률을 훨씬 높여 주는 철제 농기구를 생산, 사용하였던 것이다.

그런데 발해국 사람들이 철제 농기구를 널리 사용할 수 있었던 것은 제철수공업이 발전했기 때문이다. 발해국은 고구려의 우수한 제철수공업을 계승 발전시킨 결과 다양한 농기구를 생산하게 되었다. 발해국에서 제철수공업이 발전했음은 이름난 철산지가 많았다는 기록으로 알 수 있다. 중경현덕부의 철주鐵州는 철의 생산으로 이름난 곳이며 철리부鐵利府에 속한 광주廣州도 철산지로 유명한 곳이었다.

원래 발해국의 철리부에 속해 있던 광주는 요나라 때 철리주로 이름이 바뀌었으나 계속 철의 생산지였다(『요사』 권 60, 식민지 下). 철제 농기구의 보급으로 많은 황무지가 개간되고 농경지가 그만큼 확대되었다. 이미 발해국의 통치자들이 건국 초기부터 권농 정책을 실시한 결과가 농기구의 보급과 이에 따른 농경지의 확대라고 하겠다. 대조영은 나라를 세운 이듬해 10분의 1 세제를 실시하여 좋은 토지에서 곡식 3되를 바치게 하되 농민들은 3년간 면제해 준다(『협계태씨족보』 권 1, 「발해국왕세략사」, 고왕)고 공표하였다.

이러한 조치로 농민들의 생산 의욕은 매우 높아졌을 것이다. 이렇게 되면 농민들의 황무지 개간 사업도 활발하게 추진되었을 것이다. 이는 철제 보습 등 농기구와 우경牛耕으로 더욱 촉진되었을 것이다.

발해국이 해동성국으로서의 명성을 얻은 것도 농업의 발달이 뒷받침되었을 것이다.

농경지의 확대와 농기구의 개선으로 농업 생산량 증대는 물론 농작물의 품종도 다양해졌다. 발해국에서 재배된 주요 곡물은 벼와 잡곡이다. 벼 재배가 성행했음을 보여 주는 것은 「노성盧城의 벼」라는 문헌의 기록이다. 이는 노성이 벼의 생산지로 유명하다는 뜻이다. 다시 말해 여기서 우량 벼 품종이 재배되었다는 의미이다. 그렇다면 발해국에서는 노성을 비롯하여 여러 지역에서 벼농사가 이루어지고 있었음을 알 수 있다.

벼농사에서 필수적인 것은 관개수리 사업이다. 이를 「노성의 벼」와 연결시키면 발해국 시대 관개수리 사업에 관한 기록이 보이지 않지만, 신라에서 벽골제 증축 공사가 벌어진 사실(『삼국사기』 권 10, 신라본기, 원성왕 6년 정월조)로 보아 발해국에서도 관개수리 사업이 본격화되었음을 짐작할 수 있다.

발해국에서 벼농사가 대규모로 이루어진 곳은 중경현덕부 등 큰 강을 끼고 있는 평야 지대였을 것이다. 노성은 중경현덕부에 소속된 노주를 말하며 지금은 통화·화룡·연길 등 길림성 일대이다. 이곳은 지금도 벼 산지인데, 그 연원은 고구려 또는 발해국이었다고 할 수 있다.

주요한 잡곡으로 콩을 들 수 있다. 콩은 지금도 우리 민족의 부식물 가운데 하나이다. 『신당서』 발해전에 「책성의 메주」라는 기록이 있다. 이는 이 지방이 콩의 생산지로 유명하며 콩이 발해국의 여러 지역에서 재배되고 있었음을 짐작게 한다. 콩의 재배가 일반화되었음은 탄화된 콩이 발견된 것으로 알 수 있다(『학습과 탐색』(중문), 1981년 2기. 『러시아 원동의 역사』(노문), 1989년 과학출판사, p.197).

이 밖에 발해국에서 널리 재배된 잡곡으로는 조·보리·수수·기장 등을 들 수 있다. 이와 관련하여 『북사』(권 94, 물길족)를 보면 물길족의 땅에서 조·밀·기장 등 잡곡이 재배되었다는 기록이 있다. 물길족이 발해국 사람과 갈래가 다르지만 이런 잡곡을 재배한 물길족이 발해국의 땅에서 살았으므로 이런 잡곡이 발해국에서 재배되었음을 알 수 있다. 또한 이러한 알곡(콩·메밀 등) 유물이 발해국의 땅이었던 연해주의 니콜라이에프스크에서 적지 않게 나오고 있다(『러시아 원동의 역사』(노문) 1989년, 과학출판사, p.196).

이처럼 발해국 사람들이 잡곡을 재배, 생산한 것은 고구려 사람들의 잡곡 재배 경험을 이어받았기 때문이다. 고구려 사람들이 어떤 잡곡을 생산하였는지 알아보자. 고구려 사람들의 삶터는 주로 메마른 산지였다. 이 때문에 여기서 재배된 농작물은 조·옥수수·밀·수수·콩 등과 같이 대개 척박한 땅에서도 잘 자라는 작물이었다. 이들 작물의 생산량은 농기구의 발전과 3세기 이후 보편화된 우경, 4세기 이후 널리 응용되기 시작한 우차牛車의 보급과 함께 크게 늘어났다. 생산량이 크게 늘어나자 이들 고구려 사람들은 잉여 생산물을 창고에 저장하기 시작하였다. 마선 제1호 무덤의 남쪽 벽에는 네 기둥이 있는 창고가 그려져 있는데 지붕 위에는 구름이 떠 있다. 이는 창고 지붕이 높고 창고에 양식이 많이 쌓여 있음을 상징한다. 지금도 집안 일대의 농가에서는 이런 모양의 창고를 볼 수 있는데 현지인들은 이를 '강냉이집'이라고 부른다. 이와 관련하여 고구려에는 집집마다 창고가 있으며 이를 부경桴京이라 부른다는 기록이 있다. 아마 위에서 지적한 창고를 가리킬 것이다.

그런데 벽화에 그려진 창고는 농민들의 작은 창고와는 견줄 수 없을 만큼 상당히 크다. 통구의 우산禹山 적석무덤에서는 흙으로 빚은 창고가 나왔으며 동대자東臺子의 유적에서도 이러한 창고의 조각이 나오기도 했다. 벽화에 그려진 높다란 큰 창고는 귀족의 소유이고 창고에 쌓인 곡식은 생산자인 하호들이 공급한 것이다. 문헌에도 대가大家는 농사를 짓지 않고 앉아서 먹는 사람[坐食者]이 만여 명이나 되었고 하호들이 양식·고기·소금을 날라 와 공급한다는 기록이 나오는데 그 기록과 잘 맞아떨어진다.

발해국의 영토는 콩 등 잡곡을 저장하는 부경이란 창고를 집집마다 소유한 고구려의 옛 땅과 일치하는 만큼 발해국 사람들도 이런 창고를 집집마다 소유하였을 것이다.

이처럼 발해국 사람들은 고구려 사람들처럼 주식인 벼와 부식인 콩 등 다양한 종류의 잡곡까지 재배, 저장함으로써 식량의 자급자족을 해결하여 인간다운 문화생활을 영위함으로써 이른바 해동성국이란 자랑스러운 명예를 누렸던 것이다.

발해국 사람들이 농사를 주업으로 삼았던 것은 고구려 사람들의 후손이기 때문이다. 발해국이 거란에 의해 멸망된 이후 그 유민들이 야율아보기에 의해 북경 지방을 표현하는 연燕 지방으로 강제 이주되었다는 기록이 『송막기문』에 보인다. 이들 유민의 강제 이주와 관련하여 주목해야 할 것은 야율아보기 등 이주 정책을 입안한 당사자들이 천여 호의 이주민에게 논과 밭을 지급하고 무역과 장사에 종사하도록 배려했다는 대목이다. 특히 논과 밭을 지급했다는 것은 원래 이주민들이 농업에 종사했음을 말한다. 농사짓는 것을 모르는 유목민에게 농지를 지급한다고 해서 이들이 농사를 짓는 것은 아니다.

그러므로 야율아보기에 의해 연 지방으로 강제 이주된 발해국의 유민은 본국인 발해국에서 농업을 주업으로 삼고 살았음을 알 수 있다.

이처럼 이들 유민이 농업과 상업을 본래의 주업으로 삼았던 것은 조상인 고구려 사람들의 경험을 계승했기 때문이다. 그러므로 발해국 사람들의 주업인 농업의 뿌리가 고구려에 있음을 알 수 있다.

발해국 유민들의 농사 생활을 통해 발해국 농업의 연원이 고구려였음을 살펴보았다. 『요사』(권 53, 예지)를 보면 발해국 사람들의 주업이 농업이었음을 보여 주는 기사가 있다. 그것은 앞에서 말했듯이 5월 5일 단옷날에 거란의 임금과 신하들이 발해 출신의 요리사가 만든 쑥떡을 즐겨 먹는다는 기사이다. 이 밖에도 단옷날에 거란 사람들은 액을 막고 무병장수하기 위해 고운 색실로 만든 인형을 머리에 꽂기도 하였는데 이런 농업 풍속은 거란의 고유한 것이 아니라 발해국에서 들어온 것이다. 발해국이 고구려의 계승 국가인 만큼 거란 사회에 영향을 준 발해국의 단오 풍습은 연원상 농업 국가인 고구려의 것을 답습한 것이 분명하다.

거란 사회는 발해적인 농경문화만 받아들인 것이 아니고 중국적인 농경문화도 아울러 받아들여 거란 사회의 농업화는 그만큼 촉진되었다. 발해국의 유민이 거란 사회의 농업화에 한몫을 담당한 것은 농업적인 고구려계의 사람들이 발해국을 세우고 주도했기 때문이다.

발해국의 매사냥 뿌리 역시 고구려이다

발해국 사람들이 고구려 사람들로부터 답습한 것으로 마노 가공·사기그릇 제조·불상 제조 기술 외에 민속놀이로는 매사냥을 손꼽을 수 있다. 매사냥은 근대까지만 해도 우리나라 민속놀이의 하나로 자리를 잡았음은 물론 역사상 거란·여진·몽골족 등 북방 민족 사이에서도 성행되었던 전통적인 민속놀이였다. 문헌상 매사냥에 관한 전모가 비교적 상세하게 알려져 있는 것은 거란의 매사냥이다. 이와 관련하여 『거란국지』(권 10, 천조제 천경 4년 9월조)를 보면 거란에서 상류 지배층이 전통적으로 즐겼던 놀이로서 매사냥은 큰 인기를 끌고 있었다.

그런데 매의 공급 장소는 여진족이 동해를 끼고 살고 있는 만주의 동북 지방이었다. 이곳은 매의 서식지로 환경이 적합하여 매가 비교적 많았으며 이곳의 매는 동쪽 바다에서 날아온다 하여 해동청海東靑이라고 하였다. 해동청은 몸이 작지만 날쌔어 거위와 따오기 등을 잘 사냥하며 거란의 귀족들이 좋아하였던 것은 발톱이 흰 매였다.

거란의 귀족들에게 매를 공급하는 여진 사람들은 이런 매를 구하기 위하여 오국五國이란 곳에까지 가서 그곳 사람들과 전투까지 했으므로 매 수집에 염증을 느끼기 시작하였던 것이다.

거란 제국에 천조제가 마지막 황제로 즉위하면서 매의 조공 독촉이 더욱 심해졌다. 거란의 사신은 여진 땅에 이르는 곳마다 매를 구하기 위하여 부락을 뒤지고 부락의 추장을 심하게 매질하여 죽게 하자 여진 사람들은 점차 거란의 매 조공 명령을 따르지 않게 되었으며 더 나아가 여진의 모든 부락은 거란에 원한을 품고 반란을 일으켰다.

마침내 모든 여진 부락은 금나라의 태조가 된 아골타를 중심인물로 하여 비밀리에 거란을 정벌하기에 이르렀다(『거란국지』). 지금까지 온순한 민족만으로 여겨 왔던 여진의 본격적인 저항은 여진에 대해 매우 소극적인 태도를 보인 천조제 때 나타났다. 발해국이 멸망당한 직후부터 거란에 대해 장기간 끈덕지게 항전해 온 발해국 유민들은 여진의 본격적인 저항을 반가운 사건으로 받아들였다.

이렇듯 거란의 귀족층이 크게 즐겼던 매사냥에서 없어서는 안 되는 매의 공급 독촉 문제가 전체 여진족의 거란에 대한 민족적 저항을 유발하는 도화선이 되었다. 여진족이 거란에 대해 해동청이란 매를 공급한 것으로 보아 여진족도 매사냥을 즐겼음을 알 수 있다. 그런데 매사냥에 관한 가장 오래된 증거는 고구려의 무덤벽화(안악 제1호 무덤·감신무덤·삼실무덤·장천 제1호 무덤)에서 찾아볼 수 있다.

안악 제1호 무덤의 서쪽 벽면에 매사냥 장면이 그려져 있고 장천 제1호 무덤의 전실 북쪽 벽면에는 사냥꾼들이 집단적으로 사냥하는 장면이 있는데 먼 곳의 한 사냥꾼의 팔 위에 매가 앉아 있고 다른 매 한 마리는 꿩을 뒤쫓고 있다.

집안에 있는 삼실三室무덤의 제1실 남쪽 벽면에 그려져 있는 매사냥 그림을 보면 말을 탄 남자의 왼쪽 어깨에 매 한 마리가 앉아 있으며 앞쪽 가까운 곳에 꿩인 듯한 날짐승 한 마리가 달아나고 있다. 사냥감보다 매가 훨씬 작아 보이지만 전형적인 매사냥 모습을 보여 주는 장면이다.

무덤벽화에 매사냥 그림이 있는 것은 고구려에서 일찍부터 매사냥이 성행했음을 보여 주는 것으로 고유한 사냥 풍속의 하나였음을 시각적으로 보여 주고 있다. 매사냥은 사냥꾼이 말을 타고 큰 짐승을 활로 쏘면서 잡는 사냥을 보조하는 역할을 하였다.

고구려의 무덤벽화가 한결같이 보여 주고 있듯이 무덤의 주인공은 모두 귀족이다. 따라서 고구려에서도 매사냥을 즐긴 무덤벽화의 주인은 귀족이 분명하다. 고구려의 매사냥 그림으로 알 수 있듯이 고구려 이후 만주에서 부침했던 거란·여진·몽골 사회에서도 매사냥은 귀족들이 즐겼던 민속놀이로 자리가 잡혔던 것이다.

무덤의 벽화를 통해 볼 때 매사냥의 효시였던 고구려의 매사냥이 거란과 여진 사회에서 인기 있는 민속놀이가 되었던 것은 발해국 사람들이 이를 즐겼기 때문이다. 발해국의 매사냥은 어떤 모습이었는지 보여 주는 기록과 그림이 없어 구체적으로 알 수 없으나 발해국이 건국 초기에 당나라에 송골매를 포함한 매를 선물로 주었다는 기록으로 보아 발해국에서도 매사냥이 성행되었으며 그것은 고구려나 거란에서처럼 귀족들이 즐겼던 민속놀이였다고 본다.

발해국과 당나라의 수교 후 발해국의 사신이 해마다 당나라에 매를 선물로 제공한 이래 오히려 당나라 쪽에서 해마다 매를 제공하지 말라는 당부까지 나올 정도였음을 감안하면 당나라에서도 매사냥은 상류 지배층 사이에서도 인기 있는 놀이로 자리가 잡혔을 것으로 여겨진다.

고구려의 멸망 이후 만주에서 매사냥이 인기 있는 놀이로 계승된 것은 발해국의 사람들이 고구려의 매사냥을 답습했기 때문이다. 발해국 사람들이 고구려의 매사냥을 답습한 것은 그들이 고구려 사람들의 후예였기 때문이다.

고구려 삼실무덤의 벽면에 그려져 있는 매사냥 그림, 『거란국지』에 실려 있는 거란 사람들의 매사냥에 관한 설명은 시기적으로 다르긴 하나 이 둘을 종합해 보면 매사냥의 전모를 알 수 있다. 따라서 매사냥의 효시를 이루었던 고구려의 매사냥을 답습한 발해국의 매사냥은 살펴본 자료의 범위 안에서 이루어졌다고 볼 수 있을 것이다.

이상의 자료를 바탕으로 하여 다음과 같이 얘기할 수 있다. 동북아시아에서 매사냥의 효시는 고구려이며, 고구려 이후 만주와 한반도에서도 매사냥이 민속놀이로 자리가 잡힌 것은, 발해국 사람들이 고구려 사람들의 후예로서 이를 답습하여 거란과 여진 사람들에게 전해 주었기 때문이다.

발해국의 유민은 고려를 동족으로 인정하다

거란은 발해국을 멸망시킨 직후 발해국의 중심부 지역 사람들을 서쪽의 요양 및 임황臨潢(거란의 수도)으로 강제 이주시켜 그 세력을 약화시켰다. 거란의 발해국 유민 이주 정책은 당시 상황에 비춰볼 때 불가피하다고 하겠으나 후일을 내다본 현명한 정책은 아니었다.

이 사민정책徙民政策으로 홀한忽汗·속말의 두 강 유역의 땅이 텅 비게 되자 이틈을 타고 북쪽의 흑수말갈이 남으로 이주하였는데 역사상 생여진이 이들이다. 200년이 지나자 이들은 점차 강대해져 결국 상전인 요나라를 멸망시켰다.

발해국 중심 지역에서 주민의 공백 상태가 심하게 된 것은 많은 유민의 고려 이주·망명도 관련이 있다. 중심 지역에서 일어난 주민의 공백화 현상으로 발해국의 변방에 살았거나 외번外蕃(울타리) 역할을 해 온 말갈족 가운데 흑수말갈이 대거 중심 지역으로 들어오는 등 동북 지방에서 연쇄 반응이 일어나자 많은 말갈족(여진 사람)이 고려로 이주하거나 동해안에 자주 출몰, 약탈을 자행하였다. 이는 발해국 유민의 대이동에 따라 말갈의 여러 부족 또는 여러 부락 간에 이해관계가 얽히고설켜서 발생한 것이다.

피해 당사국인 고려의 역사책인 『고려사』(세가)는 이들 말갈(여진)족을 발해국의 유민과 분명히 구분을 지었다. 동번인東蕃人·북번인北蕃人이란 것이 그것이다. 약탈을 자행한 여진과 달리 고려에 이주·망명한 발해국의 유민들은 육로와 해로를 이용하였는데 고려의 동북 지방을 경유하였다. 발해국의 영토 가운데서 압록강 이남은 고구려의 멸망 후 발해국의 건국 시에도 주민의 거주가 매우 희박하였으며 함흥 지방 이남 역시 마찬가지였다.

이런 경향은 발해국 말기로 접어들면서 더욱 심해져 비어 있는 지역에는 발해국의 통제에서 벗어난 말갈족이 거주하게 되었다. 한편 고려는 받아들인 발해국의 유민들을 각 지방에 분산, 거주하게 하였다. 그중 중요한 거주지는 대동강 이북 지방이었다. 이 지방은 고구려의 멸망 후 인구 분포가 희박하여 힘을 기울여 개척할 지대로서 많은 유민들을 수용하기에 적절해서였다. 고려가 유민들을 이 지역으로 보내어 거주시키는 것은 고구려의 옛 땅을 회복해야 할 고려의 국가적 염원과 부합되는 일이었다.

그리고 발해국의 유민들이 다수 고려에 들어온 것은 고려가 동족의 나라인데다가 거란의 침략 세력을 물리치고 고구려의 옛 땅을 회복하는 것을 국가적 과업으로 삼고 있음을 잘 알고 있었기 때문이다. 여기서 고려와 발해국의 유민은 거란에 대해 인식을 같이하고 있었다. 세 차례에 걸친 거란의 고려 침공 중 제1차 침공의 후속으로 고려와 거란 양국 간의 영토 분쟁 회의가 열리게 만든 안융진 전투를 지휘한 중낭장 대도수大道秀(대광현의 아들), 제2차 침공 시 곽주 방어 전투에서 용맹을 떨친 장군 대회덕大懷德 등은 이의 좋은 예가 된다.

고려는 망명·이주한 발해국의 유민들을 그들의 발해국에서의 지위에 따라 장군 등 벼슬을 주고 등용한 만큼 20여 년간의 대거란 전쟁에서 발해국 출신의 무장들이 많이 참전, 활동하였다. 멸망한 발해국의 유민들이 고려를 망명처로 결정한 것은 고려에서 망명을 거부하지 않으리라는 신념에 따른 것이다. 수십만 명에 달하는 유민들의 고려 이주 가운데 비중 있게 다루어야 할 것은 대광현大光顯(발해국의 마지막 왕 대인선의 세자)의 망명일 것이다. 그가 망명할 때 수만 명을 이끌고 왔다고 해서가 아니고 왕세자 신분이기 때문이다.

그의 망명 사건에서 수수께끼 같은 대목이 있는데 발해국의 멸망 후 8년이 지난 934년(고려 태조 17)에 고려에 들어왔다는 것이다. 『고려사』를 통해 본 발해국 유민의 고려 망명 기사 중에 관심을 끌 만한 것이 있다. 그것은 발해국이 멸망하기 1년 전인 925년에 발해국 사람들이 많이 고려에 들어온 것이다. 이 두 망명 사건이 일어난 연대에 대해 북한에서는 착오라는 말로 인정하지 않고 있다. 멸망하기 1년 전에는 발해국 사람들이 적들과 싸워야 하므로 망명이란 있을 수 없다는 주장을 펼치고 있다.

대광현의 망명도 실제적으로는 발해국의 멸망 직후에 있었다는 주장을 하고 있으며 논거를 내세우고 있으나 설득력이 없다. 거란의 침략자들이 발해국의 왕과 왕후, 많은 고위 관료들을 붙잡아 가면서 세자를 여러 해 방치할 수 없을 뿐 아니라 세자는 8년 동안 발해국의 그 어디에도 은신해 있다거나 어디서든 발해국의 회복을 도모할 형편도 못 되었다는 두 가지 이유를 들어 연대가 착오라는 것이다.

이어서 거란의 역사책인 『요사』 등 어느 역사책에도 세자의 행방을 전해 주는 기사가 남아 있지 않다는 것도 망명 연대를 착오라고 보는 근거의 하나이다.

북한에서는 세자의 거취 문제에 대해 이렇게 주장하고 있다. 세자는 926년 정월 홀한성(상경용천부)의 함락이란 급박한 위기 상황을 맞이하여 왕실과 정부의 대응책에 따라 급히 도성을 탈출하여 최단 시일 내에 남쪽에 있는 동족의 나라인 고려의 개경에 도달한 것으로 보고 있다.

대광현의 고려 망명 시기가 착오라는 북한 측의 견해는 그 자체만 본다면 그럴듯하다 하겠으나, 발해국의 멸망 후 여기저기서 일어난 유민들의 발해국 회복 운동과 함께 보아야 망명 시기를 정확히 가려낼 수 있다. 우선 고려 태조는 대광현을 직접 만나보았을 것이다. 그러므로 양인의 만남과 고려 태조의 대광현에 대한 특별한 배려를 다룬 연대가 착오를 일으킬 수 없다. 태조가 베푼 배려를 보면 태조는 동족의식을 느낌에 따라 왕계王繼라는 성명을 새로 지어 주어 종적宗籍에 올려 주고 원보元甫라는 벼슬까지 내려 주었을 뿐 아니라 경제적 배려로 백주白州, 즉 황해도 백천白川 땅을 주어 멸망한 발해국의 종묘 제사를 받들도록 배려해 주는 동시에 따라온 관료와 군사들에게 집과 땅을 내려 주어 그들의 생계 문제를 보살펴 주었다.

태조의 사성賜姓 정책은 국내적으로 강력한 반대 집단의 세력을 회유하기 위한 목적에서 널리 행해졌음은 잘 알려져 있으나 대광현에게 성명을 내려 준 것은 그 때문만은 아니다. 발해국 사람과 고려 사람이 같은 뿌리에서 나왔다는 이른바 민족의 동질성을 확신한 데서 비롯된 것이다. 이는 금나라의 태조 아골타가 발해 사람들을 의

도적으로 관대하게 포용한 것과 근본적으로 다르다.

대광현의 고려 망명 사건에서 쉽게 이해되지 않는 것은 발해국의 멸망 8년 뒤에 그가 망명하였다는 대목이다. 그를 따라서 망명해 온 발해국 사람들이 수만 명이었음은 발해국의 멸망 이후 8년간이나 거란에 의해 점령되지 않은 지역이 있었던 것은 물론이고 그가 그러한 지역에 살고 있는 발해국 사람들의 정신적 지주였음을 느끼게 해 주고 있다.

그는 발해국의 옛 땅에서 8년 동안 무엇을 하였을까. 이 기간에 그는 자신을 따르는 사람들을 규합하여 거란이 점령하지 못한 지역에서 거란에 대한 항전을 계속한 듯하다. 그렇다면 그는 발해국의 멸망 직후 흑룡강 동쪽을 거점으로 거란에 대한 항전을 전개한 정안국과 연합하였을까. 정안국을 이끌어 온 인물이 오현명烏玄明의 가문에서 나온 것으로 보면 대광현은 이들과 손을 잡지 않고 따로 거란 항전을 전개한 것으로 보인다. 또 정안국의 발해 유민들이 고려에 망명하지 않았던 것으로 보아 연합하였다고 한다면 대광현도 고려에 망명하지 않았을 것이다. 그러므로 대광현이 중심이 된 거란 항전은 정안국의 세력이 미치지 않고 있었던 지역에서 전개되었다고 보아야 할 것이다.

정안국의 세력이 미치지 않았거나 거란의 통치력이 강하게 침투되지 않은 남경 남해부南海府·동경 용원부龍原府·중경 현덕부顯德府·서경 압록부鴨淥府 등지가 대광현에 의해 주도된 거란 항전의 근거지인 듯하다. 특히 중경현덕부를 이의 근거지로 보는 것은 중경도의 관할하에 있는 철주鐵州가 중경에서 서남쪽으로 60리 정도 떨어진 가까운 거리에 있었을 뿐 아니라 질이 좋은 철이 생산되었으며 발해국이 멸망한 지 6개월 만에 자사刺史 위균衛鈞이 거란에 항전한 바가 있기 때문이다.

남경남해부 역시 철주보다 한 달 먼저 거란에 반기를 든 사실이 있다. 철주와 남경에서 일어난 반란을 비롯하여 발해국의 유민들이 일으킨 모든 반란이 태종으로 즉위한 대원수 요골堯骨에 의해 평정되었다는 기록이 있으나 발해국의 유민들이 거란의 멸망 시까지 계속 저항한 것을 보면 철주와 남경 등지에서도 거란 항전이 다시 일어날 가능성은 상존하였을 것이다. 이렇듯 항전의 물결이 끊이지 않았던 관계로 대광현은 8년 동안 옛 땅에서 항전할 수 있었다고 본다.

정안국과 별도로 항전을 전개한 대광현의 고려 망명이 갖는 의미는 발해국의 국통을 배경으로 한 조직적인 대규모 항전이 그의 망명으로 거의 종지부를 찍었다고 하는 것이다. 이는 그의 망명 이후 발해국의 망명자가 뜸해지리라는 것을 암시하는 것으로 실제로 그 이후에 망명한 유민은 같은 해 12월 161명을 이끌고 망명한 벼슬 미상의 진림陣林, 다시 4년 뒤에 3천여 호를 거느리고 망명한 박승朴昇이 마지막을 장식하였다.

대체적으로 고려 태조 때에 망명한 발해국 사람은 세 가지 유형으로 볼 수 있다. 첫째는 발해국 내부 분열로 거란의 결정적 침공을 3개월 앞두고 수도 상경에 있던 고위 문무 관료가 망명한 것이고, 둘째는 멸망 직후 거란의 발해국 유민 강제 이주 정책을 반대한 사람들이 망명한 것이고, 셋째는 발해국의 옛 땅에 남아 있으면서 거란에 항전하다 여의치 않게 된 저항 집단이 최대 규모로 망명한 것이 그것이다. 대광현의 망명은 세 번째에 해당하는 것이다.

발해국의 멸망 직전 또는 발해국의 멸망 후 발해국 사람들이 지도급 인물의 인솔하에 다수 고려에 망명·이주한 것은 고려를 단순한 피난처로 보았기 때문이 아니고 동족의 국가라고 확신하였기 때문이다. 이는 태조가 이들에게 베풀어 준 남다른 정책적 배려를 통해 알 수 있다.

발해국의 유민이 거란과 여진 정권에 참여하다

발해국을 주도한 사람들이 고구려계였다면 이들은 조상인 고구려 사람들과 같은 생활을 하게 된다. 같은 음식물을 먹고, 같은 토산물을 생산하게 된다.

발해국의 토산물이 품목 면에서 다양하다는 것은 잘 알려졌으며, 『통전』(권 110, 州郡典)에도 발해국의 토산물이 고구려와 같다는 기사가 있다. 토산물이 같다는 것은 고구려와 발해국의 생활환경이 같음을 의미하는데 발해국의 영토가 고구려의 그것과 일치하고 있음을 보여주는 것이다.

같은 품목의 토산물이 생산되는 땅에서 살았던 고구려인과 발해국의 고구려계 사람들은 성품도 유사했다. 중국의 문헌(『후한서』·『삼국지』·『양서』·『남사』·『북사』의 고구려전)에 고구려 사람들의 성질이 급하며 노략질하기를 좋아한다는 기사나 『발해국기』(下)에 발해국 사람들이 평소 사납고 용맹하다는 기사는 일맥상통한다. 발해국을 멸한 거란의 태조 아보기는 발해인들의 효용驍勇함을 잘 알고 있어 발해 포로를 심복궁心服宮에 편입시키기도 했다.

고구려 사람들과 발해국의 고구려계 사람들의 같은 성품을 통해 알 수 있듯이 발해국에서 고구려계 사람들이 모든 면을 주도한 것은 결코 우연이 아니다. 고구려계는 발해국 시대뿐만 아니라, 발해국의 멸망 직후부터 전국적으로 일어난 거란에 대한 독립 전쟁에서도 전쟁을 주도하였다.

발해국에는 말갈계도 존재하고 있었는데, 고구려계 사람들만이 발해국 멸망 후 거란에 대해 저항한 이유는 무엇일까. 이 문제는 고구려계 사람들이 거란에 저항한 전모를 밝혀 주는 동시에, 발해국의 건국부터 멸망까지 이들이 모든 면에서 주도권을 쥐고 있었음을 극명하게 보여 줄 것이다.

거란은 발해국을 멸망시키고 그 옛 땅에 동쪽 거란을 줄여서 말하는 동란국東丹國이란 식민지 정권을 세웠다. 첫 통치자는 야율아보기의 맏아들인 인황왕人皇王 배倍였다. 발해국의 정권이 소멸되면서 그 관리들은 동란국의 관리로 흡수되었으나 대씨의 발해국이 회복되기를 염원했다. 발해국의 수도였던 홀한성忽汗城에 세워진 동란국은 발해 유민들의 저항에 부딪쳐 서쪽 요양遼陽으로 옮겨졌다. 거란의 세력이 밀려난 옛 발해국의 동북 지방은 진공 상태가 되어 발해국의 유민들은 반사적으로 정안국定安國이란 정권을 세워 거란에 대한 보복을 준비하고 있었다.

정안국은 동란국의 서천으로 빚어진 거란 세력의 진공 상태를 틈타 세워진 정권이므로 거란의 통치권 밖에 있는 고구려계 유민들의 활약을 잘 보여 주고 있다. 흑룡강의 동쪽에 거점을 확보하고 있는 정안국을 세운 사람이 누구인지 밝혀진 바 없으나 성씨가 오씨烏氏인 것은 분명하다. 오씨라면 발해국의 저명한 우성右姓에 속한다. 정안국의 초기 국가 형태는 부락의 모습을 띠고 있었으며, 정안국은 907년 여진을 통해 개국 사실을 반거란적인 송나라에 처음 알렸다. 이때 정안국의 왕은 그 이름이 열만화烈萬華로 밝혀져 있다.

다음 왕으로 즉위한 오현명烏玄明과 전왕의 관계는 알 수 없으나 혈연이 다른 타성의 인물임이 틀림없다. 송나라로부터 군사 협력을 요청받은 그는 981년 송나라의 요청을 수락하였다. 오현명은 송나라에 보낸 국서에서 자신을 본래 고구려의 옛 땅에 있었던 발해국의 유민이라고 소개하였다.

거란을 공동의 적국으로 두고 있었던 정안국과 송나라는 거란에 대한 군사행동을 약속하였지만 송나라의 무반응으로 정안국 역시 아무런 군사행동을 취하지 않았다. 오소경烏炤慶이 오현명의 뒤를 계승하였으나 정안국은 쇠약해져 거란에 조공을 하기에 이르렀다. 정안국의 건국이 갖는 역사적 의미는 발해국이 거란에 의해 멸망하였으나 거란의 발길이 미치지 않는 발해국의 옛 땅, 즉 흑룡강 동쪽에서는 발해국의 고구려계 유민들이 옛 발해국의 회복을 위하여 거란에 강력하게 항전하였다는 것으로 요약할 수 있다.

발해국의 유민들은 거란의 강제 이주 정책에 따라 서쪽의 요양 지방으로 이주하거나 남쪽의 고려 땅으로 망명하기에 이르렀다. 한편 거란이 포기한 발해국의 동북 지방에 잔류한 고구려계 유민들은 정안국을 세워 거란에 저항하기도 했다. 또한 서쪽에 잔류하거나 요양 지방으로 이주당한 고구려계 유민들은 거란의 통치하에서 벼슬을 하기도 했다.

옛 발해국의 고구려계 지식인이 거란의 관료로 등용될 수 있었던 것은 거란 사람에게는 응시 자격이 주어지지 않는 진사과라는 과거 시험 때문이다. 그 가운데 발해국의 고구려계 관료들은 무장 독립전쟁을 전개하였다. 먼저 대표적 인물을 살펴보면, 1029년 동경에서 반기를 들고 흥요국興遼國을 세운 대연림大延琳을 비롯하여, 1115년 요주遼州에서 반란을 일으키고 대왕이라고 자칭한 고욕古欲과 이듬해 동경에서 반란을 일으켜 대발해황제를 칭한 고영창高永昌 등 세 사람이다.

『고려사』에 따르면 흥요국을 세운 대연림은 대조영의 7대 손이다. 그가 동경에서 거사할 때 벼슬은 동경사리군상온東京舍利軍詳穩이며 동경유수東京留守 소효선蕭孝先 등 중요 관료들을 살해하고서 왕위에 올라 국호를 흥요라고 하였다. 흥요국의 건국은 발해국이 망한 지 103년 만의 일이며 정안국이 자취를 감춘 후 25년이 흘러 이루어졌다. 정안국의 영향을 받아 흥요국을 세운 대연림은 요양 지방을 중심으로 인근 지역에 거주하고 있던 다수의 유민들로부터 큰 호응을 얻었으며 이를 배경으로 흥요국을 세웠다.

원래 발해국 통치하의 요동 지방에는 술·소금·누룩의 판매를 국가가 전담하는 전매법이 없었을 뿐 아니라 관세 징수도 매우 관대하였다. 심지어 요동 지방이 거란의 통치하에 들어간 뒤에도 이곳의 유민들은 종전처럼 전매법의 적용을 받지 않다. 그런데 중국인 경제 관료가 부임해 오면서 북중국에서 중국 사람을 대상으로 시행하던 전매법을 요동 지방에 도입함으로써 이 지역에 거주하고 있는 유민들의 불평이 극에 달하였다. 더불어 북경 일대에 대기근이 발생하자 중국인 경제 관료는 이의 구제책을 거란 조정에 건의하였다. 배를 만들어 요동 지방의 유민들로 하여금 곡식을 북경 지방으로 운반 케 하자는 것이었다.

구제책에 따라 배로 식량을 운송하는 강제 노역에 내몰린 발해 유민들 중에 풍랑을 만나 바다에 빠져 죽는 사람들이 속출하자 이러한 사정을 호소하였으나, 거란은 이를 믿지 않고 오히려 유민들에게 채찍질 등 심한 육체적 고문을 가하였다. 대연림이 유민의 불평과 불만이 극에 이른 것을 확인하고 즉시 경제 관료를 살해하자 유민들은 매우 기뻐하였다. 이로써 대연림은 다수의 지지 세력을 확보하여 반란의 범위를 확대시켜 나갔다.

각지에서 온 거란의 군사가 요양성에 이르자 대연림은 결사적으로 저항하였다. 한편 대연림은 1029년 대부승大府丞 벼슬의 고길덕高吉德을 고려에 파견하여 흥요국의 건국 사실을 알리고 군사적 도움을 청하였다. 고려는 군사를 출동시켜 거란의 압록강 동변을 공격하였으나 이기지 못하였다. 또 대연림의 아우인 대연정大延定도 여진군을 이끌고 거란을 공격하였으나 역시 굴복시키지 못하였다. 자구책으로 대연정은 사신을 고려에 파견하여 구원을 간청하였으나 고려는 이에 응하지 않고 오히려 서북면판병마사西北面判兵馬使인 유소柳韶에게 명하여 북진北鎭으로 가서 흥요국의 남침을 대비케 하였다. 다시 대연정은 고려에 사신을 파견하여 원조를 청하였으나 고려는 거절하였다.

이듬해에도 대연림은 고길덕을 고려에 파견하여 구원병의 파견을 간청하였으나 아무 반응도 없었다. 고려의 무반응으로 대연림이 더욱 곤경에 빠지게 되자 영주자사寧州刺史 대경한大慶翰을 고려에 파견하여 구원을 또 간청하였지만 결과는 마찬가지였다.

이렇듯 대연림이 간절하게 기대하였던 고려의 구원병이 오지 않고 사태는 점점 흥요국에 불리하게 전개되는 가운데, 대연림의 부하 양상세楊祥世가 비밀리에 거란군과 내통하고서 거란군을 성 안으로 끌어들였다. 이로써 대연림은 사로잡히고 흥요국은 멸망하고 말았다.

대연림과 연정 형제가 주축이 되어 세운 흥요국은 1년(1029~1030) 만에 멸망하긴 했으나 거란에 의해 집단적으로 강제 이주당한 요양 지방에서 발해국의 고구려계 유민들이 최초로 일으킨 무장 독립 세력이었다는 점에서 주목해야 할 것이다. 거란은 중국 사람들을 수용하여 통치한 이래 거란인보다 중국 사람 위주의 경제 정책을 실시하여 발해국 유민의 희생이 컸다. 이는 흥요국의 건국 배경을 통해 다시 한 번 확인할 수 있다.

흥요국이 요양 일대에 거주하던 발해국 유민의 절대적 지지를 받았는데도 이처럼 쉽게 무너지게 된 것은 요양을 에워싼 주변 지역의 협력을 받지 못한 것이 가장 크다. 즉 요양의 주변에는 여전히 거란의 막강한 세력이 상존하고 있었을 뿐 아니라 심지어 대연림이 크게 기대하였던 보주(保州: 의주)의 발해 세력이 대연림에게 전혀 가담하지 않은 것은 대연림에게는 결정적 타격이 아닐 수 없다. 또한 고려가 군사적으로 도와주지 않았던 것도 큰 타격이었다.

가장 아쉽게 여겨지는 것은 보주의 발해 세력이 오히려 대연림의 방해 세력이 되었다는 점이다. 만약 보주의 발해 세력이 대연림에게 적극적으로 협력하였다면, 보주 동쪽의 흑룡강에서 자생으로 거란에 항전했던 정안국의 잔여 세력과도 연결되었을 가능성이 높다. 그렇게 되었다면 흥요국은 발해국의 옛 땅에 동서로 흩어진 발해 유민을 하나로 결집하여 그들이 그토록 갈망해 오던 발해국을 회복시킬 수 있었을 것이다.

고려가 흥요국의 군사 요청에 소극적 입장을 취할 수밖에 없었던 것도, 발해국 옛 땅의 동서를 이어 주는 보주의 발해 세력이 대연림에게 가담하지 않고 오히려 거란에 협조하는 등 석연치 않은 행동을 취했음을 간파하였기 때문인 듯하다.

대연림이 일으킨 무장 독립 투쟁의 기반과 배경은 요양 지방에 분포, 거주하고 있었던 발해 유민의 거란에 대한 저항에 있었다. 비록 흥요국이 거란의 무력 진압으로 멸망했다고 하더라도 거란에 대한 저항의식은 계속 발해 유민의 가슴속에 깊이 남아 있다. 발해 유민에 대한 거란의 통치가 가혹하다거나 차별이 심할 경우 항전의 불씨는 언제나 다시 타오를 것이다.

거란의 통치를 받은 민족 중에 온순한 민족으로만 여겨져 왔던 여진족이 거란의 마지막 황제인 천조제 때부터 나타나기 시작한 사냥매의 조공을 독촉받게 되면서, 여진의 모든 부락이 거란에 원한을 품고 반기를 들었다. 발해국의 멸망 직후부터 거란에 대해 장기간에 걸쳐 끈덕지게 항전해 온 발해 유민은 여진의 본격적인 저항을 반가운 사건으로 받아들였다. 동쪽의 여진이 거란을 정면으로 침공하면서 거란이 군현의 반을 빼앗기는 등 위기에 처하자 1115년 발해 유민까지 가세하여 반란을 일으켰다. 반란을 일으킨 인물은 고욕古欲이다.

고욕은 반란을 일으킴과 동시에 자칭 대왕이라고 하였다. 이를 보면 국호를 정한 듯한데 밝혀져 있지 않고 이후 거란과의 교전 상황 및 그의 최후가 알려졌을 뿐이다. 고욕에게 거듭 패하기만 한 거란군은 고욕을 생포하였고, 결국 대연림의 뒤를 이은 고욕의 무장 독립 투쟁은 다섯 달 만에 진압되고 말았다.

고욕을 중심인물로 하여 일어난 독립 투쟁은 대연림의 흥요국이 멸망한 지 85년, 발해국이 멸망한 지 189년 이후의 일이며, 대연림의 의거처럼 거란의 통치권 안에서 일어났다. 고욕이 항거한 까닭은 알 수 없으나 정안국이나 흥요국이 내건 정신과 조금도 다를 바가 없는 듯하다. 거란이 고욕의 무장 독립 투쟁을 진압하였다 하더라도 거란 정복을 최종 목표로 삼고 있는 여진의 서침이 늦춰질 가망이 없는 한 발해 유민의 독립 투쟁은 계속 일어날 것이다.

거란제국 말기 국내외 정세가 혼란을 거듭하자 발해국의 유민들이 가장 많이 밀집하여 거주하고 있었던 동경 일대에서 또다시 거란의 차별적 억압 통치에 항거하는 유민들의 무장 투쟁이 발생하였다. 고욕이 일으킨 의거가 진압된 다음 해, 즉 1116년 독립 투쟁의 민족적 횃불을 높이 쳐든 인물은 고영창高永昌이다.

발해국의 우성右姓인 고영창의 가계에 대해서는 기록이 없어 알 수 없으나 발해국의 멸망 후 요양 땅으로 강제 이주된 이래 고영창에 이르기까지 대대로 살아온 것만은 분명하다. 고영창도 고구려계 유민의 지식층처럼 거란에서 벼슬하여 공봉관供奉官으로 발해의 무용군武勇軍 2∼3천 명을 이끌고 여진군의 서침을 막는 데 임하였다.

그가 의거를 일으킨 것은 동경에 거주하고 있는 발해 유민과 중국인 사이의 마찰로 다수의 발해 유민이 살해된데다가 동경유수 소보선蕭保先이 발해 유민을 심하게 탄압하였기 때문이다. 특히 발해 유민 중에 범법자라도 나오면 추호도 용서하지 않는 등 거란의 관료로부터 심한 차별 대우를 받았다. 이것이 도화선이 되어 고영창은 평소 소보선의 학정虐政에 시달려 온 발해 유민의 민족적 불만과 불평을 등에 업고 소보선을 처단하였다.

이로써 동경성을 완전히 장악한 고영창은 대발해황제라 칭하고 국호를 대원大元, 융기隆基라 건원하였다. 의거를 일으킨 지 10일 만에 요동의 50여 주를 휩쓴 고영창은 다른 지역으로 세력을 확장하였다. 동경도의 관할하에 있는 총 79주 가운데 고영창이 공략한 지역이 50여 주에 이르렀다는 것은 고영창의 의거에 요동의 발해 유민이 대거 가담하였다는 증거이다. 동경성에서 두 차례나 발해 유민의 민족적 독립 전쟁이 일어난 것은 동경이 발해국의 옛 땅이며 발해국의 멸망 이후 다른 지역에 거주하고 있던 발해국의 유민들이 이곳으로 이주해와 밀집해 살았기 때문이다.

거란의 태조 야율아보기가 동경 등 요동 지방을 차지하기까지 발해국과 20년 동안 혈전을 해 왔다는 것은 여기가 발해 사람들의 영원한 고향임을 보여 주는 것이다. 그러므로 이들이 고향 땅에서 이민족인 거란의 학정에 항전한 것은 당연하다. 흥요국에 비하면 고영창의 대원국은 여진군의 서침으로 거란의 국가 기반이 뿌리째 흔들린 시기에 세워졌으므로 존립 면에서 유리한 듯하다.

고영창은 거사한 지 10일 만에 동경의 50여 주를 휩쓸어 거란 사람들을 공포로 몰아넣었으나 이는 여진군이 동경에 이르기 이전의 상황이다. 여진군이 동경에 이르기 이전부터 고영창은 거사에서 불리하였다. 거란족의 사촌뻘인 해족을 탄압하고 중국 사람의 지지뿐 아니라 여진의 지지조차 얻지 못하였기 때문이다.

거란의 마지막 황제인 천조제 즉위 초부터 수요가 급증하기 시작한 해동청海東靑(사냥매)의 조공 강요를 결정적 계기로 흑룡강 동쪽에 거주한 여진 부족의 모든 추장들이 아골타를 구심점으로 단결함으로써 이 일대의 발해 유민들도 아골타에게 흡수당하였다. 단결된 여진의 세력은 드디어 거란에 대해 정면으로 도전하여 동경성까지 이르렀다. 거란의 세력은 고영창에게 큰 위협이 되지 못하였으나 동경성에 이른 여진은 고영창의 민족적 의거에 위협적인 방해 세력이 되었다. 대원국을 세운 직후만 해도 고영창은 여진의 세력이 자신에게 위협적 존재라고 보지 않아 '대발해황제'라는 제호帝號를 사용하지 말라는 아골타의 요구를 거부하고 오히려 여진에서 붙잡아 둔 발해 유민의 송환을 요구하였다.

고영창의 의거는 여진군의 파상적인 공격으로 다섯 달 만에 실패로 돌아갔다. 이는 여진의 세력을 고영창이 과소평가하여 사전에 여진군 서침에 대해 효율적인 대책을 세우지 않은 데서 기인한다. 여진군이 동경성에 이르렀다는 것은 요동과 그 동쪽에 분포한 발해 유민들이 이미 여진의 세력에 흡수당했음을 말해 준다. 요동 동쪽의 발해 유민들로부터 전혀 도움을 받지 못함으로써 고영창의 거사는 단명하였다.

고영창의 의거와 관련하여 주목할 것은 대연림과 달리 고영창은 고려에 사신을 파견하여 구원병을 요청한 사실이 없다는 것이다. 만약 구원병의 파견을 요청하는 임무를 띠고 고려에 간 고영창의 사신이 있었다면 그 사신의 벼슬 이름 정도는 밝혀졌을 것이다. 기록이 없으니 고영창의 대원국이 국가로서의 체제와 면모를 갖추었는지 알길이 없다. 대원국이 단명으로 그쳤으므로 흥요국처럼 이렇다 할 국가 체제를 갖추었다고 보기는 어려울 것이다.

고영창은 거사 초기에 국호와 연호를 정하였다고 하나 그 측근의 인물을 볼 때 국가다운 면모를 갖추지 못하였음을 알 수 있다. 여진군이 심주瀋州에 입성하였다는 소식을 접하고 고영창이 가노家奴인 탁자卓刺를 여진군의 진영으로 파견한 것으로 보면 고영창은 국가 체제보다 가신 체제를 중심으로 이끌어 나간 것이 틀림없다. 고영창이 생포됨으로써 여진에 항복한 13명이 모두 족인族人이었다는 것은 이를 뒷받침해 준다.

이와 관련하여 대연림과 고영창의 역량을 비교하면 대연림이 고영창보다 훨씬 탁월하였다고 보인다. 대연림은 거사 직후에 실패하긴 하였으나 발해 사람 하행미夏行美의 관할 밑에 있는 보주에 주둔하고 있는 발해군과 협력 관계를 이루기 위하여 하행미에게 협력을 요청하는 사신을 보냈을 뿐 아니라, 멀리 동쪽으로 황룡부黃龍府(부여부의 개칭)의 발해 사람으로부터 협력을 얻어 내기 위하여 황룡부에 대해서까지 세심한 주의를 기울였으며, 동족의식을 느끼고 여러 차례 고려에 구원병의 파견을 간청하기도 하였다.

이에 반해 고영창은 동쪽으로 멀리 떨어져 있는 발해 사람과 협력을 맺으려 시도하지도 않고 또한 고려에 대해서도 구원병의 파견을 요청한 사실조차 없었다. 이는 고영창의 역량이 대연림에 비해 크게 미치지 못하였음을 단적으로 보여 주는 것이다.

고씨의 발해국, 즉 대원국의 패망은 금나라 태조 아골타와 고영창이 벌인 패권 다툼의 결과라고 할 수 있다. 아골타가 승리할 수 있었던 것은 발해 사람과 여진 사람은 이질적 민족이 아니고 뿌리를 같이한다는 "여진발해본동일가女眞渤海本同一家"라는 태조의 말과 그 실천에 있었다. 이 말은 아골타가 정복당한 모든 이민족을 여진의 넓은 품 안으로 끌어들여 포용하겠다는 뜻으로 풀이할 수 있다. 사실상 아골타는 그의 말처럼 모든 이민족을 포용하였다.

이에 비하면 고영창은 오로지 발해라는 민족의식에만 사로잡혀, 그것도 대씨 발해국의 전 영토에 흩어져 살고 있는 전체 발해 사람들을 대상으로 하지 않고, 오직 요동 일대에 밀집되어 거주하고 있는 발해 사람만을 의식하였다. 이것이 아골타를 승리자로 고영창을 패배자로 갈라놓게 만들었던 것이다. 고영창의 몰락 이후 나타난 발해 사람의 저항은 규모 면에서도 작았을 뿐 아니라 비조직적이었다. 더욱이 신흥 금나라의 건국으로 발해 사람의 저항 정신은 점차 사라지기 시작하였다. 거란의 시대가 지나가고 새로 열린 여진의 시대에 발해 사람의 저항이 나타나지 않았다는 것은 이를 단적으로 말해 주고 있다.

발해국의 존립 시기부터 발해국의 발전을 위하여 적극 노력한 인물들이 왕실의 대씨 성이었듯이, 발해국의 멸망 이후 거란의 학정에 저항하여 반란을 일으킨 핵심 세력 또한 발해국의 우성에 속하는 오씨烏氏・대씨・고씨 성의 인물이었다. 발해국에는 우성만 해도 위의 3성姓 외에 다른 성씨도 있었지만, 발해 민족의식을 바탕으로 망한 발해국을 회복하려는 무장 독립 전쟁, 즉 광복 운동에 대씨와 고씨가 적극 나섰던 것은 고구려계의 사람들이 발해국 시대는 물론 유민 시대에도 모든 것을 주도하였음을 사실적으로 보여 주는 것이다.

발해국의 광복 운동에 적극 나선 대연림・고영창의 예에서 보듯이 발해국의 멸망 후 고려로 망명하지 않고 잔류한 유민 중에 거란의 정계에 진출하여 벼슬을 얻은 지식층도 있었다. 건국 초기 거란은 발해국의 멸망 이후 중국 진출을 국가 목표로 삼으며 유민 가운데서 지식층을 기용하여 체제를 정비하는 것이 시급하다는 판단에 따라 옛 발해국의 기성 관료들을 대거 기용하였다.

거란은 자국의 통치하에 있는 다수의 유민들에게 영향력을 미칠 수 있는 인물들을 우선 관료로 기용하였는데 대표적인 예가 발해국의 명문인 대씨와 고씨의 가문 출신이었다. 그러나 무조건 기용된 것이 아니고 발해 유민들을 요동으로 옮기는 이주 정책에 따른 사람들로 국한되었다. 거란의 태종 때 관료로 기용되어 크게 성공한 대표적 인물은 고모한高模翰이었다.

일명 송松이라고도 불린 그는 고구려 동명성왕의 후예로 체격이 좋고 남달리 말타기와 활쏘기에 뛰어났으며 군사에 관한 것이라면 모두 좋아하였다. 아보기가 발해국을 멸하자 그는 고려로 망명하여 태조 왕건의 주선으로 고려 여자와 혼인까지 하였다. 그런데 불미스러운 일을 저질러 거란으로 탈출하였고 아보기가 그를 관료로 기용하였던 것이다.

천부적으로 무인의 기질을 타고난 고모한은 술을 마시고 살인을 저질러 한때 감옥에 갇히기도 하였으나 무인으로서의 탁월한 기질을 가상히 여긴 태종이 방면하여 그는 거란의 관료로 크게 성장할 수 있는 기회를 다시 얻었다. 그의 활약상은 거란에 칭신하기를 거부한 후진後晉을 정벌할 때 여러 차례 세운 전공에서 나타났다.

중국 진출과 후진 정벌에 직접 참여한 거란의 태종은 고모한의 전공을 높이 평가하여 거란의 용장으로 "거란이 중국을 통일한 것은 그의 힘이며 그의 공이 누구보다 크므로 어떤 명장도 그를 따를 수 없다"라고 칭찬하였다. 태종은 고모한의 전투 장면을 마치 매가 어린 토끼를 쫓는 모습으로 형용하면서 그림으로 그려 인각麟閣에 비치하여 그의 공적을 후세에 남기게 하였다. 태종 때 시중侍中과 검교태사檢校太師의 벼슬을 받은 그는 개국공에 봉해지고 세종 때에는 개부의삼사開府儀三司, 목종 때에는 중대성中臺省의 우상右相을 거쳐 좌상 벼슬을 받았다.

특히 그가 우상이 되고 나서 고향 땅 동경에 이르자 고향에서는 그가 입신양명한 것을 고향 사람 모두의 영광으로 여겼다. 이처럼 아보기에 의해 기용되어 태종·세종·목종에 이르는 4대 35년간 거란의 통치하에서 발해의 고구려계 관료로 크게 성장한 것을 고향 사람들이 자신들의 영광으로 받아들였다는 것은, 거란의 건국 초기 동경에 남아 있었던 발해 유민들이 거란의 통치에 협조하였음을 보여 준다.

고모한은 거란의 중국 진출에 가장 많은 전공을 세워 중국의 간담을 서늘하게 만들고 태종으로부터 최대의 칭찬을 받는 등 거란 사람이나 중국 사람에게 잘 알려진 인물이었다. 이는 발해수령대사리渤海首領大舍利라는 그의 벼슬에서 잘 알 수 있다. 고모한은 거란식으로 머리를 깎고 거란 복장을 하는 등 머리와 옷을 거란식으로 치장하였다. 그는 거란화된 발해 사람이었다.

이처럼 고모한을 대표로 하는 동명성왕의 가계는 발해국과 거란에서 면면히 계승되어 거란인은 동명성왕의 가계를 무시할 수 없었다. 이 점은 여진 정권 시대에도 마찬가지였다. 여진 시대 동명성왕의 후예로서 관료로 크게 성장한 대표적 인물은 장호張浩였다. 장호의 조상이 고구려의 옛 땅에 살아온 점으로 보면 발해국의 지배층이 역시 고구려계의 사람이었음을 알 수 있다.

고영창의 패망과 동시에 요양이 여진군에게 함락당함으로써 장호는 아골타를 처음 만나자 정책에 대해 건의하였다. 장호는 아골타로부터 승응어전문자承應御前文字라는 벼슬을 받아 태조 아골타의 대외 문서를 작성하는 등 중요한 임무를 맡았다. 태조 시대 장호가 남긴 업적은 어전문자를 관리하고 의례를 처음 맡아 정한 것이다. 태조의 사망 이후에도 장호는 희종·해릉왕·세종 시대까지 벼슬을 계속하여 예부상서가 되기도 하였다.

여진은 발해 출신의 고구려계 관료를 남송 정책과 한족 통치에도 투입시켰다. 이는 발해 사람들이 여진 사람에 비해 학식과 통치 능력이 뛰어났기 때문이다. 다시 말하면 여진 정권의 위정자들이 한족에 앞서 발해 유민과 접촉한 것은 그들이 처음부터 여진에 적극 협조하였을 뿐 아니라, 자신들의 능력으로 감당하기 어려운 한족 통치에 필요한 학식과 재능을 갖추고 있기 때문이다.

거란 시대처럼 여진 시대에도 대씨와 고씨는 발해 출신의 명족이었다. 그런데 동명성왕의 후예인 장호는 왜 고씨 성을 유지하지 않고 장씨로 행세를 하였는가. 그의 증조부가 고씨를 장씨로 바꾸었는데, 다른 성씨로 바꾸면 고씨와 혼인할 수 있어서이다. 장호의 어머니가 고씨이고, 그의 사촌 동생 장현징張玄徵과 장연징의 아들 장여필張汝弼의 처 역시 고씨인 것을 보면 장씨 일가의 처족이 고씨임이 분명하다.

이렇듯 고씨가 장씨로 성을 바꾸면 같은 고씨끼리 혼인할 수 있으므로 바꾼 것이다. 거란 시대부터 여진 시대까지 대씨도 마찬가지지만 고씨가 발해계의 명족이므로 가급적 같은 성씨끼리 혼인 관계를 맺으려 하였음을 알 수 있다. 이 두 성씨는 발해국의 명족으로서 발해국을 움직인 고구려계의 핵심 세력이었음을 확인할 수 있다.

여진 시대에도 고씨에서 바뀐 장씨·이씨 성을 가진 남자들은 여진 정권을 움직여 나갔으며 여인들은 여진 정권의 황실 또는 종실과 혼인 관계를 맺었다. 이들 여인들은 모두 요양이 고향인 명문·명족·사족士族의 딸로서 학식과 재능을 겸비하고 외모도 단정하였을 뿐 아니라 일가친척과 황실 또는 종실의 종친과도 원만한 관계를 맺은 것이 공통적 특징이다. 여진 정권의 황제를 낳은 이들 발해 출신의 생모는 중국의 전통적 문물을 이해하고 있어 사실상 여진 황제의 정실인 황후가 될 수 있는 자질을 충분히 갖추고 있었다. 그런데도 이들 여인은 정실로 책봉되지 못하였다. 황실과 종실의 경우 반드시 여진 여자를 정실로 맞이해야 한다는 여진의 전통적 혼인 관습의 제약 때문이었다. 종실의 차실로 들어온 발해 출신의 고구려계 여인이 낳은 아들 중에 황제의 자리에 오른 인물은 해릉왕·세종·위소왕·선종이며 특히 주목할 것은 세종 이후의 다섯 황제는 모두 발해 여인이 낳은 세종의 직계 후손이라는 사실이다.

세종은 금나라의 발상지를 잊고 사는 종실과 여진 사람들에게 태조 아골타가 금나라를 세울 때 겪었던 역경을 들려주고, 여진 민족정신을 재발견하여 일깨워 주고 북돋아 주었다. 이는 그가 고향 땅 요양을 못 잊어 요양으로 들어가 비구니로 생을 마친 그의 생모로부터 직접적인 영향을 받았기 때문이다.

금나라에서 성군으로 추앙받은 세종이 해릉왕 시대를 청산하고 새로운 시대를 열어, 여진 사람보다 문화적으로 뛰어난 발해·거란·해·중국 등 여러 민족을 화합시켜 나가면서도 여진의 민족정신을 끝까지 지키려 하였던 정신도 그의 생모에게서 물려받은 것이었다. 여진 정신이 금나라의 유일한 민족정신이었다면 그 뿌리는 세종의 생모가 갖고 있던 발해 정신에서 비롯된 것이었다. 세종 이후의 모든 황제가 그의 직계자손이란 관점에서 생모의 발해 정신은 세종을 매개체로 이어졌으며 그것은 계속 여진 정신으로 이어져 나타났다고 보아야 할 것이다.

여진 시대 고씨에서 갈라진 장씨·이씨의 발해 여인이 황실 및 종실과 혼인 관계를 맺었듯이 이미 거란 시대에는 대씨의 여인들이 황실과 혼인 관계를 맺어 동란왕을 비롯하여 경종·성종·천조제의 황비가 모두 대씨의 발해 여인이었다. 이처럼 거란과 여진 시대 고구려계의 고씨·대씨의 명족이 남자의 경우 관료로서, 여자의 경우 황실의 차실로 국가 경영에 참여하여 발전에 크게 기여하였다. 이는 발해 유민의 모습이지만, 고구려계의 사람들이 거란과 여진 등 이민족의 정권에서 다른 민족보다 크게 활약한 것으로 볼 때, 발해국 시대에도 국가 발전에 적극 나섰던 사람들은 역시 고구려계임을 알 수 있다.

요·금이라는 이민족의 정권에서 고구려계의 사람들이 관료로 국가 경영에 적극 나섰던 것은 이들이 관료적 자질을 인정받았기 때문인데 이는 이미 발해국 시대에도 마찬가지였다. 발해국의 유민들이 요·금 시대 관료로 활약할 수 있었던 것도 이들이 역시 문자를 알고 있었기 때문이다. 말갈계는 문자를 몰라 국가 발전에 전면으로 나설 수 없었던 것이다.

요양의 고구려 유민이 발해인의 조상이다

말갈의 후예인 여진 정권 시대에 고구려계의 고씨 등 발해국의 명족들이 중국 통치에 나섰던 것은 무엇을 말하는가. 발해국 시대에도 말갈계는 국가 발전 면에서 고구려계에 비해 기여한 바가 별로 없음을 엿보게 한다. 발해국 발전의 원동력인 고구려계 사람들이 정권의 붕괴로 거란 정권에 의해 양수梁水(지금의 太子河)로 강제 이주당하였는데, 이주 정책의 입안자는 양수가 이들의 고향이므로 이곳으로 이주시켜야 한다고 주장했다. 발해국 시대 양수가 자리 잡고 있는 요양은 발해국의 서쪽 영토였으므로 발해 유민에게는 이곳이 선조들의 고향이다. 그러나 소급해 올라가면 이곳은 고구려의 영토로서 고구려 사람들이 터전을 잡고 살아온 고향이기도 하다. 요·금 시대 동명성왕의 후손들의 고향이 문헌에 요양으로 되어 있는 것을 보면 양수가 발해 유민들의 고향이라 한 것은 과거 고구려 사람들이 여기서 오랫동안 살았기 때문이다. 다시 말해 양수가 자리 잡고 있는 요양 지방에 발해 유민들의 조상이 고구려 시대부터 요·금 시대까지 오랜 기간 삶의 뿌리를 내렸기 때문이다.

이런 관점에서 요양 지방에 살았던 고구려 사람들이 발해국 시대와 요·금 시대 요양을 고향으로 한 발해국 유민의 조상인 것이다. 조상의 역사가 장구하고 찬연하다면 후손들은 조상들의 영광을 재현하려는 욕망이 강렬하게 마련이다. 고구려제국을 건설한 영광을 다시 이뤄낸 것이 발해제국이다.

그런데 고구려 사람들이 제국을 건설할 수 있었던 것은 강인한 민족성과 우수한 문화의 창조에다 경제적 뒷받침이 마련되었기 때문이다. 그 경제적 뒷받침이 되었던 것은 요동 지방의 풍부한 산물이다. 요동 지방의 산물과 관련하여 이 지방의 물산이 풍부하면 천하가 경제적으로 풍요로워진다는 소문과 구절이 전해지고 있다(『발해국지』 권 2).

고구려는 중국의 군현 세력과 치열하게 싸우는 등 천신만고 끝에 이런 요동 지방을 차지하여 얻은 경제력을 배경으로 제국을 건설할 수 있었다. 그런데 발해국이 요동 지방을 차지한 시기에 대해 두 가지 견해가 있다. 하나는 건국 당시이고 또 하나는 말기였다는 것이다. 전자는 북한 학자의 주장이고, 후자는 중국인의 견해이다. 먼저 중국인의 견해부터 보면 당나라가 안사의 난 등 국내 혼란으로 더 이상 요동 지방을 관할 할 수 없게 되어 요동 지방에서 물러나자 발해국이 이를 차지하게 되었다는 것이다.

그후 발해국은 거란과 영토를 접하게 되고 끝내 20여 년간 혈전을 치르는 등 적대 관계를 지속해 오다가 924년 거란은 발해국의 요양성을 함락하고 이듬해 요동을 침공한 데 이어 926년에 발해국을 멸망시켰다는 것이 중국인의 견해이다.

다음에는 북한 학자들의 주장에 대해 살펴보자. 많은 사람들은 요동반도와 한반도의 서북부 지역까지 당나라의 안동도호부 관할이었다고 보고 있다. 즉 안동도호부가 요동 지방에서 쫓겨 간 이후까지 요동을 당나라의 영역으로 잡고 있는 것이다. 발해국 시대 요동반도를 잘못 해석하게 된 것은 가탐의 『도리기』 기사를 잘못 보고 5경 15부의 영역만을 발해국의 전체 영역으로 보았기 때문이라는 지적이다. 5경 15부의 관내 밖에 있었던 요동반도의 남단에는 고려·고구려라고 하는 발해국의 후국(侯國)이 있었으며 발해국은 직접 5경 15부를 통치하긴 하였으나 후국왕을 통해 요동반도의 남부를 통치하였다는 것이다(『발해사연구』 1, 성립과 주민, 제2장 발해의 서변, 제1절 요동반도 발해국의 영토).

북한의 학자들은 고려후국의 일부 지역과 안원부가 위치하였던 요동 지방이 발해국의 영토였음을 보여 주는 기사 몇 가지를 소개하고 있다.

1) 『요사』(권 28, 천조제 6년 정월조)
   '동경(요양)은 옛 발해 땅이었는데 태조가 20여 년 힘겹게 싸워서 얻었다(東京渤海地 太祖力戰二十餘年 乃得之).'

2) 『구오대사』(권 137, 거란전)
   '(거란이) 그 무리를 이끌고 발해의 요동을 토벌하였다
   (擧其衆 討渤海之遼東).'

3) 『요사』(권 38, 지리지 동경도 동경요양부)
   '당나라의 고종이 고(구)려를 평정하고 여기에 안동도호부를 두었는데 훗날 발해 대씨의 소유가 되었다
   (唐高宗 平高麗 於此置安東都護府 後爲渤海大氏所有……).'

4) 『요동행부지遼東行部誌』
   '요동 땅이 발해 대씨의 소유가 되어 나라를 전하기를 10여 대가 지나 5대 시대 거란이 발해와 수십 년 싸워 드디어 그 나라를 멸망

시켰다. 이에 요동의 땅이 모두 요나라로 들어왔다

(遼東之地 爲渤海大氏所有 傳國十有餘世 當五代時 契丹與渤海 血戰數十年 竟

滅其國 于是遼東之也 盡入于遼).'

5) 『자치통감』(권 273, 후당 장종 동광 2년 7월 경신)

'……먼저 군사를 일으켜 발해의 요동을 공격하였다

(……先舉兵 擊渤海之遼東).'

6) 『금사』(권 24, 지리지 동경도)

'요양부는…… 본래 발해 요양의 옛 성이었다

(遼陽府…… 本渤海遼陽故城).'

이 외에도 요동이 발해국의 영토임을 언급한 기사가 적지 않다. 그런데 발해국 시기의 요동에 관한 기록은 직접 발해국의 요동이라 하지 않고 고려 또는 고구려라 표현하고 있다. 이 고려는 요동반도와 평안남북도 지역을 제외하고는 다른 곳에 존재하지 않았다. 『당회요』에 당나라의 동쪽에 고려국이 있었다고 하였다. 이것으로 보아 이 고려국은 발해국 본토와 당나라 사이에 있었음을 알 수 있다. 그러므로 고려후국은 요동반도와 한반도 북부의 서쪽 지역에 위치하였음이 분명하다.

그러면 가탐의 『도리기』에 발해국과 당나라의 경계가 신성~박작구였다는 것은 사실이 아니다. 가탐은 당나라의 영토를 늘리기 위하여 발해국의 영토를 줄였으며, 또한 안동도호부까지 다시 등장시켜 요동 지방이 당나라의 영토인 것처럼 만들었을 뿐 아니라, 신성~박작구를 발해국과 당나라의 경계처럼 꾸며 놓은 것이다.

요동반도가 발해국의 영토였음은 발해국과 당나라의 전쟁과 무역이 진행된 장소를 통해서도 알 수 있다. 당나라는 725년 본래 발해국에 복속해 온 흑수말갈을 회유하여 여기에 흑수주를 설치하려 하였다.

이는 당나라가 흑수말갈과 결탁하여 발해국을 협공하려는 의도의 발로였다. 격분한 발해국의 무왕은 726년 흑수말갈을 치게 하였으며 732년에는 수륙 양면으로 당나라에 대한 군사 작전을 전개하였다.

같은 해 9월 장문휴가 이끄는 발해국의 해군은 산동반도의 등주를 쳐 자사인 위준을 살해하였다. 발해군의 등주 공격은 요동반도가 발해국의 영토였음을 말해 준다. 만일 요동반도가 당나라의 영토였다면 전투는 요동반도에서 벌어졌을 것이다. 또한 발해국은 당나라의 배후 무력을 그대로 두고 바다 건너 등주를 칠 수 없는 일이다.

발해국은 등주를 공격한 같은 시기에 요하와 대릉하를 건너 당나라의 영주와 평주를 점령하고 장성까지 진출하였다. 이에 당나라는 다급한 나머지 하북 지방의 병력을 동원한 동시에 당나라에 와 있던 신라 왕족 김사란을 본국으로 급파하여 신라군이 남쪽에서 발해국을 북침케 하였다. 발해국이 등주와 요서 지방을 공격한 것은 요동 지방을 차지하였기에 가능하였던 것이다.

발해국은 당나라와의 무역을 요동반도에서 하지 않고 산동반도에서 추진하였다. 『입당구법순례행기』(개성 4년 8월 13일조)를 보면 발해국의 무역선이 등주의 청산포青山浦에 정박하였다 했으며, 같은 책 5년 3월 2일조에 성남쪽 거리의 동쪽에 무역소인 발해관과 신라관이 있었다고 기록되었다. 요동반도에 발해관이 없고 산동반도에만 있었던 것은 요동반도가 당나라의 영토가 아니었기 때문이다. 요동반도가 당나라의 영토이었다면 발해국과 당나라의 무역은 요동에서 진행되었을 것이다.

발해국이 요동반도를 차지한 것은 건국 이후 얼마 되지 않아서였다. 요동반도에 있는 천산산맥 이남의 전 지역과 그 이북의 일부 지역이 발해국에 속하였는데 이의 근거는 『요동행부지遼東行部志』에 '당나라가 말기에 먼 곳을 지배할 수 없게 되자 요동의 땅은 발해 대씨의 소유가 되었으며 나라를 전하기 10여 대에 이르렀다(唐季 不能勤遠路 遼東之地 爲渤海大氏所有 傳國十有餘世)'라는 기사이다.

발해국이 10여 대나 요동을 차지하였다는 것은 건국 초기부터 망할 때까지 요동을 차지하였음을 보여 주는 것이다. 그러면 안원부와 고려후국은 요나라에 의해 철폐되고 망하였음을 알 수 있다. 이와 관련하여 『거란국지』(권 10)에 '동경은 발해의 옛 땅이며 아보기가 20여 년 피 흘리고 싸워 요나라에 모두 편입되었다(東京 渤海故地 阿保機二十餘年 血戰 其地盡入于遼)'라는 기사를 보면 안원부의 폐지와 고려후국의 멸망이 발해국의 멸망과 시기를 같이하였음이 거의 틀림없다.

또한 『요동행부지』에 오대 시대 거란과 발해국이 수십 년간 피 흘리고 싸워 결국 그 나라를 멸망시켜 요동 땅이 모두 요나라에 편입되었다는 기사에서 보듯이, 고려후국은 발해국과 같은 시기에 운명을 같이하였음을 알 수 있다.

발해국의 멸망 후 그 수도 홀한성 일대의 유민들이 거란의 이주정책에 따라 요양으로 강제 이주되어 요양은 유민들의 최대 집결지가 되어 이들의 고향이 된 듯하나 그렇지 않다. 원래 고구려 시대부터 고구려 사람들이 줄곧 이곳을 생활 터전으로 일구었고 발해국의 건국 초기에 고구려의 유민들이 이곳을 다시 자신들의 생활 근거지로 만들었기 때문이다.

요양이 발해국 유민들의 고향이 된 연유를 살펴보았는데 다시 한번 정리하면, 요양 등 요동 지방은 고구려 시대부터 당나라와 거란의 강점기를 거쳐 여진 시대에 이르기까지 고구려 사람들을 비롯하여 이들의 후예인 발해국 내 고구려계 사람들의 생활 터전이었다. 그래서 이곳의 고구려 사람들은 후일 발해국의 고구려계 사람들의 조상이 되었으며 당나라의 추격군을 따돌리고 요동에서 홀한해(경박호, 일명 발해)로 이주해 간 고구려계 사람들은 발해국을 세운 것이다.

이처럼 요양 등 요동 지방은 고구려인과 발해인들의 영원한 고향이었다. 요동 지방에서 홀한해로 거처를 옮긴 고구려계 사람들은 발해국을 세워 고구려를 계승하고 요동 지방을 차지하여 민족적 도약을 다짐할 수 있는 호기를 다시 맞았으나 결국 거란에 희생이 되어 멸망을 보았던 것이다.

발해국의 요동 진출로 발해 사람들은 자신들이 고구려 사람들의 후예이며 발해국은 고구려의 계승 국가임을 실감하였을 것이다. 더불어 발해국이 고구려의 계승 국가이지만 고려도 마찬가지이다. 발해국은 만주 대륙에 세워지고 대부분의 영토는 여기에 있으므로 만주 대륙에서의 계승 국가이다. 발해국이 고구려의 명실상부한 계승 국가가 되려면 한반도 내의 고구려 땅까지 차지해야 하므로 한반도 진출을 모색하였다. 한편 고려는 한반도 내에서의 계승 국가로서 만주 진출의 정책을 펴기도 했다.

발해국과 고려는 상대방이 고구려의 계승 국가임을 알고 발해국의 멸망을 전후하여 또는 대연림의 흥요국이 망한 직후 유민들은 고려에 망명하였던 것이다. 고려가 발해국을 고구려의 계승 국가로 보았다는 것은 고구려계의 사람들이 발해국을 세우고 그 발전에 직접 참여하였음을 인정한 것이나 다름없다.

위에서 고구려 사람들이 발해국의 고구려계 사람들의 조상임을 다각도로 알아보았다. 고구려는 당나라의 침공으로 멸망하였고, 발해국은 끊임없이 당나라의 집요한 방해를 받았다. 그래서 고구려처럼 발해국은 국토를 요새화하였는데, 그 뚜렷한 증거는 난공불락을 전제로 만든 수많은 성곽이다. 『거란국지』와 『송막기문』에는 발해국의 성곽에 관한 기사가 있는데 발해국 사람들은 돌로 성을 만들 때 성의 다리(밑 부분)를 돌로 포개지게 한다는 것이다. 발해국의 수도인 홀한성의 둘레는 30리나 되며 성의 밑 부분이 돌로 포개져 있다는 기사는 『송막기문』에서 볼 수 있다.

발해국 사람들이 이런 모양의 성을 쌓은 것은 독창적인 축성 양식을 따른 것이 아니고 고구려 사람들의 축성 방법을 답습했기 때문이다. 지금도 무수히 남아 있는 고구려의 성들 가운데 백암산성을 보면 발해국에서 보듯이 밑 부분이 포개져 있다. 이는 발해국 사람들이 고구려 사람들의 축성 방법을 계승하였음을 보여 주는 것이다.

발해국 사람들이 돌로 성을 쌓았다는 것은 기존의 고구려성 외에 따로 성을 쌓았다는 의미인데 얼마나 많은 성을 만들었을까 짐작된다. 이와 관련하여 『요사』(지리지)를 보면 거란의 태조 아보기가 발해국을 멸하고 나서 성읍을 얻었는데 103개나 되었다. 발해국의 영토가 상당 부분 고구려의 그것과 겹치는 만큼 발해국은 고구려 시대의 성을 받아들였을 것이다. 고구려의 멸망 후 당나라가 파악한 바에 의하면 고구려에는 176개의 성이 있었다. 103개의 성 중 고구려 성의 숫자는 알 수 없다. 발해국 사람들도 성을 쌓았다는 기록이 있는 것을 보면 103개의 성이 모두 고구려의 성을 말한다고 할 수 없다.

발해국은 고구려보다 넓은 영토를 차지하였는데도 보유한 성의 숫자가 적은 것을 보면 인구가 고구려보다 적었음을 알 수 있다. 아무튼 발해국의 축성 방법이 고구려와 같은 것으로 미루어 보아 성곽의

도시 구조도 역시 고구려의 그것과 다르지 않음을 짐작할 수 있다.

다시 『송막기문』을 보면 발해국이 세워진 고숙신(말갈)의 옛 땅에도 이들의 성이 있다는 기사가 있다. 여기서 설명하고 있는 고숙신의 성은 둘레가 5리 정도에다 정방형의 형태를 이루고 있으며 성 위에 담이 있었다. 홀한성 안에 남아 있었다는 고숙신씨의 옛 성과 둘레 30리의 홀한성을 비교하면 홀한성은 고숙신씨의 성보다 6배나 큼을 알 수 있다.

홀한성은 고구려의 장안성(둘레 23㎞)과 비교하면 반 정도에 지나지 않는다. 두 성의 구조는 같다 하겠으나 규모 면에서 홀한성이 반 정도였음은 성 안의 인구가 역시 절반 정도였기 때문일 것이다. 홀한성 안에 있는 고숙신씨의 성이 1/6 정도였음은 고숙신씨의 인구가 그만큼 적었음을 말해 주는 것이다.

발해국 사람들이 말갈 땅에 나라를 세웠으므로 축성 방법도 말갈의 것을 답습할 수 있지만 고구려의 축성 방법을 따른 것은 발해국 사람들이 고구려 사람들의 후예였기 때문이라는 사실을 말해 준다.

기록상 고구려의 멸망 후 176개의 성, 발해국의 멸망 후 103개의 성이 있었으며 이 성들은 당나라와 거란으로 넘어간 듯하나 그렇지 않다. 당나라는 고구려의 멸망 후 압록강 이북으로 발을 들여놓지 못하여 고구려계의 사람들이 홀한해에다 발해국을 세웠다. 176개의 성은 고구려의 멸망 후 확인된 전체 성의 숫자를 말할 뿐이다. 또한 거란이 발해국을 멸망시킴으로써 103개의 성을 모두 점령한 것은 아니고 멸망 당시 성의 전체 숫자를 확인하였을 따름이다.

거란은 발해국의 수도 홀한성을 함락시킨 후 이곳을 자국의 영토로 만들기 어렵다고 판단하여, 여기에 세워진 동란국을 요양으로 철수시킴으로써 동시에 홀한성 일대의 유민까지 요양 지방으로 강제 이주시킨 것은 앞에서 살폈다. 거란이 홀한성에서 철수함으로써 발해 유민들이 한꺼번에 다시 자신들의 정권을 세울 수 있게 될 것으로 예상도 할 수 있으나 많은 사람들이 한꺼번에 옮겨지는 바람에 큰 동요가 일어나 다시 정권을 세울 수 있는 조건이 마련되지 못하였다. 그래서 결국 이 지역에서 거란의 말기를 틈타 정권을 세우는 데 성공한 것은 여진 사람들이었다.

발해국의 유민들이 광복운동을 일으킨 곳은 유민들이 집결된 요양 지방이었다. 이곳에 발해국의 유민들이 총집합된 관계로 광복운동은 여기 말고 다른 곳에서 일어날 수 없게 되었다. 또한 이곳에 본래 살아온 고구려계 사람들과 발해국의 유민이 합류함으로써 이들의 문화가 이 지역 문화의 주류를 이루게 되었다. 이들은 거란의 정치적 지배하에 살고 있었으나 문화적으로 우수하여 고유한 문화가 보존되고 있었다. 그래서 이들의 문화는 오히려 거란 사람들에게 침투되거나 영향을 주게 되었다.

거란의 발해의장은 고구려계이다

거란 사람들은 본래 유목 생활을 해 왔으므로 처음에는 농경문화가 낯설었으나 점차 농경문화를 받아들이게 되었다. 거란 사람들이 발해국의 농경문화를 받아들인 것 중에 관심을 모으는 것은 단오 명절이다. 이는 앞에서 살펴보았다. 여기서 살펴야 할 것은 국왕을 호위하는 발해국의 의장儀仗 방법을 거란에서 받아들였다는 것이다.

홀한성에 세워진 동란국이 요양부로 옮겨진 이듬해, 즉 929년 동란국을 이곳으로 옮긴 태종이 요양부를 순행하였는데 동란국의 국왕이면서 태종의 형인 인황왕人皇王은 태종이 탈 수레를 마련하였는데 발해국왕이 타던 바로 그 수레였다. 미리 마련해 둔 수레는 실제 발해국왕이 평소에 사용하던 것으로 발해국이 멸망할 때 노획한 수레를 동란국의 서천 때 끌고 온 것이다. 그러면 역시 함께 준비하였다는 새깃도 수레에 꽂는 장식용인가. 이 문제는 다음에 전개할 발해국의 국왕 호위 기사와 함께 살펴보자.

태종이 요양부를 순행한 지 54년이 지난 983년 성종이 요동 지방을 순방하게 되었는데 동경유수는 발해국의 의장 방법을 재현하였다. 앞서 54년 전에는 태종이 탈 수레로 발해국왕이 평소 타는 수레를 마련하였는데 54년이 지나서는 발해국왕이 타던 수레를 준비하지 않고 다만 발해국왕의 국왕 호위 의장 방법만 재현한 것이다.

　929년 인황왕이 준비하였다는 발해국왕의 수레는 수레로 국한되지 않는다. 거란의 황제를 호위하는 의장 방법이 발해식이고 거란의 황제가 타는 수레가 발해국왕의 수레였다는 두 기사로 보아 발해국이 망한 지 57년이 지난 후에도 거란 사람들은 발해국왕의 의장 호위 방법을 즐겨 사용하였음을 알 수 있다.

　그런데 이 두 기사만 가지고서는 발해국왕의 의장 호위가 어떻게 이루어졌는지 알기 힘들다. 발해국에서 고구려계의 사람들이 주도권을 쥐고 있었다고 보는 전제하에 발해의 의위儀衛란 계통상 고구려의 의위와 내용과 격식을 같이한다. 이것만 가지고는 근거가 미약하므로 좀 더 구체적인 증거를 찾아보자. 우리나라 역사상 무덤 벽화가 가장 발달한 것으로 세계적으로 인정받고 있는 고구려의 미천왕릉 벽화 중에 왕의 행렬 그림이 있다.

　이 행렬 그림은 발해국왕의 의위를 전혀 설명하고 있지 않은『요사』의 짤막한 기사를 직접 그림으로 상세히 보여 주고 있다. 여기에 등장하는 인물은 왕을 중심으로 하여 250여 명이나 되는데 주인공을 호위하는 기병·보병·의장병 그리고 고취악대와 고관 귀족들이다. 왕보다 조금 앞에 선 고취악대는 메는 북 두 개와 메는 종 한 개로 구성된 타고대와 왕보다 뒤에서 말을 타고 말북·소·작은 뿔나팔·요로 구성된 기마취타대로 이루어져 있다.

벽화에는 행렬이 석 줄 있는데 양쪽 끝에 기마무사, 깃발을 든 사람, 거는 북과 흔들 북을 치는 사람, 큰 뿔나팔을 부는 사람 등 네 명으로 이루어진 고취대가 3개 조나 되고 그 고취대와 고취대 사이에 7~8명의 보병이 있다. 가운데 줄을 보면 양쪽 줄의 고취대보다 조금 앞자리에 각기 메는 북 두 개와 메는 종 한 개로 구성된 3개 조의 타고대가 있다. 이 행렬 그림에서 보이는 고취악대(64명)는 모두 아홉 종류의 타악기와 스물여덟 개의 관악기를 치고 불면서 걸어가고 있다. 이렇게 구성된 고취악대의 연주에 맞춰 많은 사람들이 행진군가를 부르고 있다. 이는 왕의 위엄을 엄숙하게 나타내 보이기 위해서이다.

이처럼 소가 끄는 수레를 탄 국왕을 중심으로 전후좌우에는 기병·보병·의장병·악대·고관 귀족들이 길을 잡거나 뒤따르고 있다. 보통 고구려의 무덤 벽화가 사실을 나타내고 있듯이 이 미천왕릉의 행렬 그림 역시 국왕의 순행 장면을 사실적으로 묘사한 것이다. 『요사』의 의위지에 실려 있는 거란황제의 발해 의위는 전모가 묘사되어 있지 않으나 미천왕릉의 행렬(순행) 그림이 이를 사실적으로 보여 주고 있는 것이다.

거란이 발해국을 멸망시켰으므로 거란의 황제는 순행 시에 발해국왕의 의위를 따를 필요가 없다. 그런데도 반세기가 지나서 발해 의위가 거란 통치하에 요양 땅에서 재현된 것은 이채롭다. 발해 의위가 계통상 고구려의 것이 아니고 말갈의 것이었다면 거란에서 재현하였을까. 그렇지 않다. 발해국의 의위가 계통상 고구려의 그것과 동일하므로 거란에서 재현된 것이다.

여기서 고구려의 의위를 내용별로 알아보자. 국왕의 순행 시에 호위 군사가 국왕을 호위하는 것은 필수적이나 의장악대 역시 빼놓을 수 없는 부분이다. 국왕의 순행을 위엄 있게 보여 주는 것은 의장군 악대이므로 순행에서 가장 중요한 부분이라고 할 수 있다. 발해국의 의위가 고구려의 그것을 답습하였다는 전제하에 군악대가 연주하는 음악 역시 고구려의 그것을 그대로 계승하였다고 본다.

원래 고구려 사람들은 노래와 춤을 즐길 줄 아는 멋스러운 예술 감각과 생활의 여유를 지니고 살았다. 중국 사람들이 이 사실을 알고 수나라 때부터 고구려의 노래와 춤을 고려악 또는 고려기라 하여 그들의 역사책에 적어 놓았다. 『구당서』 음악지를 보면 남북조 시대의 송나라에 고구려의 기악이 들어와 있었다는 기사가 있다. 이것을 보아 늦어도 5세기에 고구려의 기악이 송나라에 들어와 있었음을 알 수 있다.

6세기 말 북제를 이어 북주가 들어서자 고구려는 북주에 사신을 보내 이를 축하하는 동시에 자국의 음악을 선보였다. 북주의 시인 왕포王褒는 고구려의 노래와 춤에 남다른 조예가 있었으며 노래와 멋스럽게 짝을 이룬 춤 맵시는 「고구려곡」이란 시로 읊기도 하였다. 고구려의 노래는 수나라와 당나라의 궁정음악으로 자리를 잡아 저명한 7부악·9부악·10부악의 하나가 되었다.

고구려의 정권 자체는 668년에 소멸되었으나 국제적 감각 요소를 지닌 노래는 그후에도 여전히 중국 사람들의 사랑을 받아 오랜 세월 변함없이 아름답고 진귀하여 다채로운 꽃이라는 호평을 받았다. 당나라 말기에도 중국에서는 멸망한 고구려의 노래와 춤이 공연되는 등 중국 사람들의 정신생활을 멋스럽고 여유롭게 해 주었다.

관련 자료를 종합하여 고구려의 악대를 보면 구성과 규모 면에서 상당하였다. 악대를 구성하는 악기를 보면 『수서』에 14종, 『통전』에 17종, 『구당서』에 13종, 『신당서』에 20종으로 나와 있다. 이를 유형별로 보면 취주악기와 타악기로 구분된다. 같은 종류이거나 비슷한 음색을 내는 악기만 해도 크고 작은 것이 있다. 그러므로 연주의 음폭은 넓을 수밖에 없으며 각종 음색을 다양하게 마음대로 처리할 수 있었다.

이렇듯 고구려의 노래가 정권의 소멸 후에도 중국 사람들의 사랑을 변함없이 받았던 것은 국적을 초월하여 어느 민족이든지 즐거움을 느끼게 해 주는 국제적 감각 요소를 지닌 탓이다. 이런 고구려 사람들의 노래가 발해국 사람들에게도 기쁨과 즐거움을 느끼게 해 주어 발해국에 전승되었던 것이다. 발해국의 노래가 국제적 감각이 풍부한 고구려의 것을 답습했으므로 발해국의 정권이 소멸되었으나 유목적인 거란 사람들의 메마른 감정과 정서를 예술적으로 풍요로우면서도 여유 있게 만들어 주었을 것이다. 그래서 거란은 발해국을 멸망시켰지만 발해국의 음악이 중심을 이룬 발해 의위를 자국의 황제 순행 시에 재현하였다고 해석할 수 있다.

발해국의 의위를 거란에서 재현하였다는 기사가 있는 것으로 보아 발해국의 의위가 단조로운 것으로 생각되지 않지만 발해국이 고구려의 의위를 답습하였을 가능성을 배제하기 힘들다. 그렇다면 거란에서 재현된 발해국의 의위는 계통상 고구려의 것을 답습하였다는 전제하에 미천왕릉의 벽화에 그려진 국왕의 순행 의위 장면은 거란에서 재현된 발해 의위를 사실적으로 보여 주는 증거라 해도 무방할 것이다. 이런 면에서 발해국을 세운 사람들은 계통상 고구려계에 속하는 사람들이다.

발해국의 음악을 좀 더 살펴보면, 금나라 사람들도 발해국의 신음악을 즐겼으며 심지어 신음악은 일본까지 전파되어 신에게 제사를 지낼 때 사용되는 등 일본 춤곡의 하나로 자리를 잡기도 하였다. 이처럼 거란·여진 그리고 일본인들도 발해국의 음악을 즐긴 것은 계통상 발해국의 신음악이 고구려의 음악을 답습하였기 때문이다.

그러면 발해국의 신음악은 무엇을 말하며 구음악과 어떻게 다른지 살펴보자. 수나라의 문제 개황 초(581년) 말갈의 사신이 입조하자 문제는 연회를 마련하였다. 사신 일행은 일어나 춤을 추었는데 춤은 대부분 전투하는 장면을 묘사하였다. 이는 물길의 옛 풍속과 같다.

발해악이라고도 하는 발해국의 신음악에서는 노래와 춤을 잘하는 사람이 선창하면 여러 사람들이 따라서 노래하고 춤을 추면서 맴돌았다. 이것이 신음악이다. 금나라 사람들이 발해국의 신음악을 즐긴 것은 신음악이 전투적인 장면을 묘사하는 구음악보다 예술적으로 훨씬 우수한 탓이다. 이런 까닭으로 신음악은 발해국의 주변 민족국가로부터 호감을 사게 되었다.

발해국 시대 말갈의 구음악의 인기가 떨어지고 신음악이 주변 민족으로부터 호감을 산 것으로 보아 신음악은 계통상 고구려의 음악을 재현한 것이 분명하다. 발해국의 신음악에서 노래와 춤을 잘하는 사람의 선창에 따라 여러 사람들이 노래하고 춤을 추면서 맴도는 장면은, 노래하고 춤추는 그림이 있어 춤무덤이라는 이름이 붙은 고구려 무덤 벽화의 대규모 가무 장면과 같다. 4세기 고구려의 전형적인 집단춤을 묘사한 듯하다.

집 밖의 빈터에는 한 줄로 늘어선 일곱 사람이 남녀 가수의 선창에 따라 노래를 부르고 있다. 소매가 긴 아름다운 옷과 큰 색바지를 입은 남자 네 명과 소매가 긴 맞섶치마를 입은 두 여인이 빙빙 돌면서 춤을 추고 있다. 세 남자 사이에 두 여인이 끼어들어 한 줄로 서 있으며 앞 측면에 한 남자가 춤꾼들을 향해 춤을 추고 있는데 시범자로 보인다. 춤추는 자태는 아름답고 질서 정연하며 팔을 뒤로 펴들어 긴 소매가 가지런히 드리워져 있다.

발해국에서 말갈의 구음악이 사라진 것을 보면 말갈 사람들의 문화와 생활이 완전히 사라지고 고구려계의 문화와 생활이 주류를 이루었음을 알 수 있다. 이러한 문화적 현상을 발해국에서의 말갈 문화의 퇴행 또는 청산이라고 할 수 있다. 당나라는 발해국에서 말갈족 문화 요소가 사라졌기에 더 이상 발해국을 말갈 또는 발해말갈이라 하지 않고 발해라고만 부르게 되었다.

발해국의 건국에 말갈 사람들도 참여했으므로 대조영은 고구려계와 말갈계를 공평하게 반영하기 위하여 국호를 발해로 정했다. 당나라는 이를 무시하고 발해국에서 말갈계만을 부각시킬 목적에서 오로지 발해말갈이라고 부르다가 말갈적 문화 요소가 사라졌음을 확인하고서 발해라고만 부르게 되었다. 원래 발해라는 국호를 당나라가 늦게 부름으로써 발해는 명실상부한 국호로 자리를 잡게 되었다. 이로써 발해국은 말갈족만의 국가가 아니었음을 알 수 있다.

당나라는 발해국을 외교적으로 견제하기 위하여 발해국과 적대적인 흑수말갈을 자국 쪽으로 끌어들이는 등 긴밀한 관계를 유지하였으나 끝내 흑수말갈이란 명칭을 다른 말로 바꾼 일이 없다. 발해말갈을 발해로 바꾼 당나라가 계속 흑수말갈이라고 부른 까닭은 무엇인가. 흑수말갈은 어디까지나 흑수(흑룡강)를 생활의 거점으로 삼고 있는 말갈족이었기 때문이다. 만약 흑수에도 고구려계 사람들이 상당

수 섞여서 살았다면 발해말갈이 발해로 바뀌었듯이 흑수말갈이란 명칭도 흑수로 바뀌었을 것이다. 그러나 흑수에는 고구려계 사람들이 살지 않아 당나라는 계속 흑수말갈이란 명칭을 사용하였으며 이 점에 있어서는 발해 사람들도 인식을 같이하였다.

흑룡강 생활권에 살고 있었던 말갈, 즉 흑수말갈은 말갈 특유의 기질을 갖고 있어 굳세고 강건하며 용맹하여 주변의 나라들이 흑수말갈을 두려워하였다. 그런데도 발해국은 흑수말갈을 무력으로 제압하여 굴복시켰다. 이는 발해국이 이러한 말갈계와 역시 호전적인 고구려계 사람들도 구성되었기 때문이다. 발해국에는 용맹한 비흑수 말갈계 사람들이 적지 않아 흑수말갈을 제압하는 데 용이하였을 것이다.

『통전』에서 말하듯이 속말말갈이 발해국을 세웠다면 흑수말갈은 당나라와 연합하여 발해국을 견제할 이유가 있었을까. 흑수말갈이 발해국을 견제하기 위하여 당나라와 연합을 한 것은 발해국이 순수한 말갈, 즉 속말말갈의 나라가 아니었기 때문이다.

요양은 고구려인과 발해인의 고향이다

거란은 발해국을 멸하고 나서 얼마 안 되어 발해국의 수도인 홀한
성忽汗城에 동란국東丹國을 세웠다. 그런데 동란국의 우차상右次相 야율
우지耶律羽之는 발해국의 유민이 계속 번영을 누리고 있음을 염려하
여 이들 유민을 요동 지방의 양수梁水(지금의 太子河)로 이주시키자고 건
의하였다. 양수는 이들의 고향인데다가 이곳의 토양이 비옥하고 생
활하는 데 필요한 나무·철·소금·물고기 등이 풍부하게 생산된다는
이유를 들어 이주 장소로 정하였다. 이는 동편東平(요양성)에서 철이 풍부
하게 생산되어 거란이 여기에 채련자採煉者 3백 호를 두었다는 『요사』
의 기사 등으로 알 수 있다.

그런데 양수가 이주 장소로 된 것은 이곳의 생산성 때문만이 아니
다. 야율우지의 건의문에 의하면 양수가 유민의 고향으로 되어 있다.
언제부터 이들 유민의 고향이었는지 그 시기가 밝혀져 있지는 않다.
그러나 발해국은 고구려의 계승 국가이며 고구려는 고조선의 영광을

되살리는 것을 건국의 명분으로 삼았으므로, 양수를 발해국 유민의 고향으로 볼 수 있다.

이를 증명할 구체적 기사가 없으나 요동 지방을 중심으로 고구려와 발해국의 관계를 다룬 기사가 눈에 띈다. 『통전通典』(권 110, 州郡典)을 보면 '고구려의 별종 대걸걸중상大乞乞仲象과 걸사비우乞四比羽가 요동으로 도주하여 고구려의 옛 땅을 나누어 다스리자 무후武后가 장군을 파견하여 걸사비우를 격살하였으며 걸걸중상은 병사하였다……'라는 기사가 그것이다.

이 기사는 걸걸중상과 걸사비우가 당나라의 영주營州 땅에서 반란을 일으키자 당나라의 추격을 피해 요동으로 도주한 사건을 말하는 것이다. 이 기사에서 주목할 것은 걸걸중상과 걸사비우가 고구려의 요동 땅을 나누어 다스렸다는 대목이다. 두 인물이 당나라의 추격을 받고 있어 요동의 분할 통치 기간은 그리 길지 않았을 것이다.

발해국의 건국 이전에 걸걸중상이 고구려의 옛 땅을 분할, 통치하였다는 것은 양수 등 요동이 발해국 유민의 고향이었음을 짐작하게 한다. 이후 요동을 이들의 고향이라고 볼 수 있는 또 다른 증거는 발해국이 건국 초기에 요동으로 진출하여 이를 지배한 것을 들 수 있다. 발해국은 요동을 차지한 이래 20여 년간 신흥국가인 거란과의 혈전 끝에 이들 거란에 내줌과 동시에 멸망하고 말았다.

발해국이 요동 지방을 통치하기 시작한 것은 건국 직전과 건국 초기부터였다. 그런데 걸걸중상이 요동을 통치한 것은 일시적이므로 양수를 이들의 고향이라고 보기에는 미흡하다. 발해국이 건국 초기부터 다시 요동을 차지하여 말기까지 통치한 만큼 양수는 고구려계 사람들의 고향이 될 수 있으나, 거슬러 올라가면 발해국 사람들의 조상인 고구려 사람들이 요동을 영토로 만든 때부터이다.

그러므로 야율우지는 발해국이 요동을 통치한 200여 년간의 양수를 발해국 유민의 고향으로 여겼을 것 같지 않다. 모름지기 한 민족의 고향이라면 장구한 세월에 걸쳐 희로애락을 함께한 그런 지역일 것이다. 이런 면에서 요동은 고구려 시대부터 고구려 사람들이 마음에 묻어 둔 고향이었다.

요동이 고구려 사람들의 민족적 고향이 된 것은 이 지역이 사람 살기에 좋은 생활 조건을 갖추고 있었기 때문이다. 양수 일대는 토지가 비옥하고 풍요로운 생산지로 고구려 사람들이 마음을 붙이고 살아온 낙토樂土이자 이들의 고향이 되었던 것이다.

이렇듯 요동 지방이 사람 살기에 알맞은 터전이므로 고구려가 망한 후에도 이곳을 떠나지 않고 머문 고구려 사람들도 있었다. 이와 관련하여 『금사』(권 83, 張浩)를 보면 장호의 가계가 상세하게 밝혀져 있는 것이 주목된다. 자字를 호연浩然이라고 하는 장호는 금나라의 건국 무렵에 국가 정책을 아골타에게 건의하였다.

조상 때부터 요양에서 살아온 장호는 원래 고구려 동명성왕의 후손으로 본래의 성은 고씨였다. 조상들은 거란의 통치하에 대대로 벼슬을 하고 고조인 낙부樂夫는 벼슬이 예공사禮貢使였고 증조인 패覇의 벼슬은 금오위상장군金吾衛上將軍이었다. 증조 때부터 고씨 성을 따르지 않고 장씨로 고치면서 그후손들도 장씨 성을 따르게 되었다. 할아버지 기祁의 벼슬은 남해군절도사이고 아버지 행원行願의 벼슬을 우반전직右班殿直에 이르렀다. 이름은 알 수 없으나 승려가 되어 혜휴慧休라는 법명을 가진 형이 있었다(『金贈光祿大夫張行願墓志』).

거란의 통치하에 관료가 된 고씨가 모두 동명성왕의 후예인지 분명하지 않으나 장호의 가문이 동명성왕의 후손이라는 사실이 밝혀짐으로써 풀리지 않는 문제가 말끔하게 풀리게 되었다. 즉 장호의 가계에 의하면 고구려의 멸망으로 왕실의 인물들이 신라와 동돌궐에 망명하거나 당나라에 붙잡혀 간 것 말고 발해국의 멸망 이후 거란의 통치하에 관료로 성장하여 동명성왕의 후손이라는 명예를 소중하게 간직해 왔다는 것이다.

장호의 가계 사람들이 요양에 거주한 것은 오래되나 그 기간이 얼마나 오래되었는지 정확히 알 수 없다. 요양에 오래 살았기에 장호는 『금사』의 열전에 '요양발해인'으로 적혀 있으며 그의 아버지 행원은 '요양인'으로 되어 있다. 요양이 장호 가계인의 고향이 된 것은 두 시기로 나누어 볼 수 있다. ① 고구려가 망했으나 그 왕실 계통의 사람들은 계속 살기 좋은 요양에 남아 살았기 때문에 요양이 장호 일가의 고향이 되었을 것이다. ② 동란국의 요양 서천 시에 홀한성 일대의 발해국 유민들이 요양으로 강제 이주당함으로써 요양이 장호 일가의 고향이 되었을 것이다.

요양이 장호 일가의 고향이었음은 그가 요양발해인으로 소개된 것으로 알 수 있다. 그가 요양발해인이라는 것은 어떤 의미를 갖는가. 고구려계 사람들이 발해 건국에 참여하고 발해국의 발전을 주도하였으므로 요양으로 강제 이주당하였으나 요양발해인으로 소개되었던 것이다. 아니면 고구려계 사람들이 발해국의 건국과 발전을 주도하였기에 고구려의 멸망 이후 요양에 계속 거주한 장호의 가계 사람들까지 요양발해인으로 소개되었을 가능성을 배제할 수 없다.

요양이 장호 일가의 고향이 되었을 두 가지 가능성과 관련하여 흥미를 유발하는 대목이 있다. 고구려의 왕실 사람들이 홀한성 일대에 세워진 발해국의 건국과 발전을 주도하지 않았다면 여기에 참여하지 않은 고구려의 왕실 사람들은 요양발해인이라고 소개해서는 안 된다. 장호의 가계 사람들이 '요양발해인'이라고 소개된 것을 통해 알 수 있듯이, 발해의 건국과 발전을 주도한 사람들이 고구려의 왕실 계통 사람 등 고구려의 사람이므로 장호의 일가는 발해국 건국에 참여하지 않았다고 하더라도 '요양발해인'으로 소개될 수밖에 없었다.

이와 달리 장호 등 고구려계의 사람들이 발해국의 건국과 발전 대열에 직접 참여하였을 경우를 보자. 가령 직접 참여하였다면 이들 고구려계 사람들은 거란에 의해 요양으로 강제 이주당한 후 당연히 '요양발해인'으로 소개될 수밖에 없을 것이다.

장호의 가계 사람들의 고향이 왜 요양으로 되었는지 두 가지 가능성과 관련하여 살폈듯이 고구려계 사람들은 홀한성 일대에 세워진 발해국의 건국과 발전 대열에 적극 가담하였음이 명백해졌다. 그러면 고구려 유민들은 왜 자신들의 민족국가를 세우려고 하였는가. 그것은 옛 발해국의 유민들이 거란의 학정에 항거하여 독립 전쟁을 벌였던 예에서 보듯이 당나라의 학정으로부터 벗어나려는 일념이 강했기 때문이다.

고구려의 유민들은 외세의 지배로부터 벗어나려고 했는데, 그것을 구체적으로 보여 주는 자료는 없다. 이와 관련하여 장호의 아버지 장행원의 묘지를 주목해야 할 것 같다. 장씨 일가의 본성이 고씨인 바이나 장행원은 광릉廣陵 고씨와 혼인을 하여 두 아들을 낳았는데 장호는 둘째였다.

이 당시에도 같은 성씨끼리는 혼인할 수 없어 본래의 성씨를 버리고 다른 성씨로 바꾼 것으로 보인다. 특히 장행원의 부인이 광릉 고씨였다는 것은 이를 뒷받침해 준다. 장행원이 계속 고씨 성을 가지고 있었다면 고씨 부인을 얻지 못하였을 것이다.

장호의 증조부가 고씨 성을 장씨 성으로 바꾼 목적이 있었을 것이나 알려져 있지 않다. 그러나 장행원의 부인이 광릉 고씨이며 장행원의 친척 동생 장현징張玄徵의 처와 장현징의 며느리가 모두 고씨였음은 시사하는 바가 있다. 고씨 성을 장씨 성으로 바꾸지 않았다면 고씨 성의 부인을 맞이하지 못하였을 것이라는 점에서 볼 때 장씨로 바꾼 것은 동족인 고씨와 혼인 관계를 맺으려는 데서 비롯되었을 것이다.

장씨 가문과 혼인한 고씨 부인의 고씨 성이 모두 동명성왕의 후예인지 분명하지 않으나 장행원의 부인이 광릉 고씨였다는 것은 의미가 크다. 광릉廣陵이란 글자는 고씨의 본관을 뜻하는 것으로 광개토왕릉의 약자가 아닌가 한다. 그렇다면 광릉 고씨는 광개토왕의 직계를 말하는 것으로 볼 수도 있다. 장호의 가계가 광릉 고씨와 혼인을 하기 위해 고씨 성을 장씨 성으로 바꾸었다면 역시 같은 광릉 고씨일 가망이 크다. 그러면 고씨 성을 장씨로 바꾼 배경이 설명될 것이다.

동족과의 혼인을 고집하는 것은 동족 간의 단결과 유대 강화를 위해서이다. 고씨는 고구려의 명족이며, 발해국 시대의 명족으로는 고씨, 대씨 외에 장씨, 왕씨 등이 있었다. 발해국 시대와 거란 시대가 끝나고 여진 시대가 열리자 고씨, 장씨, 왕씨의 세 가문은 서로 혼인 관계를 맺었다. 고씨 가문의 대표적 인물은 고헌高憲이며 왕씨 가문의 대표적 인물은 왕정균王庭筠이었다. 두 인물은 여진 시대 발해국 유민으로서 각 가문의 사람 중 시문을 가장 많이 남긴 것으로 유명하다.

장호의 딸이 왕정균의 아버지 왕준고王遵古에게 시집을 간 것을 인

연으로 장호의 손녀 또한 왕정균에게 시집을 갔다. 그리하여 장호와 왕준고 두 가문은 2대에 걸쳐 이중적인 혼인 관계를 맺는 등 여진 정권하에서 얻은 명성을 인연으로 가문 간에 의존 관계를 두텁게 맺었던 것이다. 두 가문의 혼인 관계는 다른 가문으로까지 확대되었다. 즉 고헌의 가문인데 장호의 손녀와 왕정균의 사이에서 태어난 딸이 고수신高守信에게 시집을 가서 낳은 인물이 바로 고헌이다. 고수신의 아버지 고간高侃은 정치적 능력을 인정받았으며 시에도 능하였다.

살펴본 바를 요약하면 장씨·왕씨·고씨 세 가문은 정치뿐 아니라 시·문장 등 학예 방면에서도 발해계의 그 어떤 가문보다 명성을 쌓아 서로 자연스레 혼인 관계를 맺어 의존 관계를 심화시켜 나갔다. 이 세 가문의 혼인 관계로 보아 발해계의 명문은 대개 같은 명문끼리 혼인 관계를 맺어 왔음을 알 수 있다.

여진의 금나라 시대에도 고구려계(발해계) 유민들, 특히 명문들은 자기네들끼리의 결속을 다지기 위하여 본래의 성씨를 바꾸면서 같은 성씨끼리 혼인을 한다거나 다른 명문과 혼인 관계를 맺었던 것이다. 그렇다면 고구려의 멸망 직후 고구려의 명문들은 명문끼리의 결속을 다지기 위해 더욱더 혼인 관계를 확대, 심화시켰을 것이다. 결국 명문끼리의 유대 강화가 고향 의식을 강하게 만들었을 것이며 이는 거란·여진 등 이민족의 통치하에서도 이어져 요양이 고구려계(발해계)의 영원한 고향으로 자리 잡게 되었던 것이다.

요양은 고구려 시대 고구려 사람들, 발해국 시대에는 고구려계 유민들, 그리고 거란과 여진의 시대에는 이들 유민의 고향이며, 동명성왕의 후예로 고씨 성을 장씨로 바꾼 장호 일가의 고향 역시 요양이므로 그 가계 사람들은 요양발해인으로 문헌에 실리게 되었던 것이다.

고씨가 고구려의 거족인 만큼 요양이 이들의 고향이 된 것은 거란의 동란국 서천 시라기보다 고구려 시대부터라고 보는 것이 설득력이 있다. 발해국의 건국에 참여한 것으로 보이지 않는 장호의 가계 사람들이 요양발해인으로 소개된 것은 고구려계 사람들이 발해국의 건국과 발전을 주도했기 때문이다.

동란국의 서천 시에 홀한성 일대의 발해국 유민들을 요양으로 강제 이주시킨 것은 이곳이 이들 선조의 고향이기 때문이다. 발해국이 말기에 요동 지방을 차지하였다고 해서 요양이 발해 유민의 고향이 되었다고 하기에는 고향으로서의 역사가 너무 짧다. 그렇다면 고구려 시대부터 고구려 사람들이 이곳을 생활의 터전으로 삼았던 데서 이곳이 발해국 유민의 고향이 되었다고 보는 것이 설득력이 있고 합리적이다.

발해국 멸망은 924년 거란이 발해국의 요양성을 함락하고 다음 해 요양성을 동평군東平郡으로 고친 후 옛 성을 수리하고 발해인과 한인漢人으로서 부족한 인구를 보충한 후 남경으로 하였다가 다시 동경으로 고쳤다는 데서 시작되었다. 그러므로 거란의 요동 침공은 발해국의 멸망을 전제로 한 것이다.

고구려도 그랬듯이 발해국이 거란에 의해 멸망된 것은 먼저 요동 방어선이 무너졌기 때문이다. 그러면 발해국은 왜 요동 방어에 실패하였는가. 그 원인은 발해국이 문치주의로 무기력과 나약함이 사회에 만연하였으나, 거란은 유목적 기질이 왕성한 신흥국가로서 제국 건설의 야망을 두고 영토 팽창에 전력하고 있었다. 924년 거란은 날로 강성해지자 후당에 사신을 파견하여 유주幽州의 할양을 요구했다.

한편 거란은 동북 지방의 세력을 복속시켰으나 발해국만 거란에 복속하지 않고 있었다. 거란의 태조 야율아보기는 후당 침공을 구상하고 있었으나 발해국이 거란의 배후를 칠까 두려워 후당과의 관계를 원만히 해 놓고서 925년 발해국의 요동을 쳤던 것이다. 거의 때를 같이하여 거란은 투항한 한인 노문진盧文進 등으로 하여금 영주營州·평주平州를 거점으로 후당의 연주燕州와 계주薊州를 소란케 하였다(『구오대사』 권 137, 외국 열전).

이처럼 거란은 후당과 발해국의 유대 관계를 와해시키는 외교 책략을 구사하면서 발해국을 멸망시키기 위한 전 단계로 요동을 침공하여 이를 차지하였음이 『요동행부지遼東行部誌』 등 여러 문헌에 실려 있다. 그런데도 오늘날 중국인들은 발해국이 요동을 차지한 사실이 없다고 전면 부정하고 있다. 그러면 현재 중국인들은 자국의 이익을 위해 엉뚱한 주장을 하고 있는 것이다.

중국은 현재 홀한성 일대의 발해국 땅을 비롯하여 고구려와 발해국의 서쪽 영토였던 요동 지방까지 점령하고 있다. 그런데 중국의 전통적인 화이관華夷觀을 거부하는 이화관夷華觀의 입장에서 만들어진 『요사』·『금사』 등에는 고구려인·발해국인과 요동 지방의 관계가 분리될 수 없음을 보여 주는 자료들이 많이 있다. 그러나 중국인들은 이런 기록을 언급하지 않는 것은 물론이고 아예 발해국은 요동 지방을 점령하고 통치한 사실조차 없다고 부정하고 나섰다.

중국인들은 고구려가 요동 지방을 통치한 것은 명확한 역사적 사실이므로 부정하지 않는다. 그들이 보기에 애매한 것은 발해국이 요동 지방을 통치한 문제이다. 발해국이 이곳을 통치한 기간이 매우 짧아 전면 부정하는 태도를 견지하고 있다. 그러나 거란이 발해국과의 혈전 끝에 요동 지방을 발해국으로부터 빼앗는 것이 사실인 만큼 부정하는 것은 발해국의 역사를 크게 왜곡하는 것이다.

역시 이화사관의 입장에서 편찬된 『요사』는 발해국의 유민을 강제 이주시킨 양수 일대를 이들의 고향이라고 표현하고 있다. 양수가 발해국 유민의 고향이라는 것은 발해국이 양수 등 요동 지방을 통치한 것은 물론이고 발해 사람들의 조상인 고구려인들이 요동 지방을 오랜 고향으로 알고 살았음을 인정한 것과 다름이 없다. 지금 중국인들이 발해국의 요동 통치를 인정하지 않은 것은 문헌의 뒷받침이 없어서가 아니고 고구려인과 발해국인 등 맥족의 영원한 고향인 요동 지방을 우리의 역사에서 영원히 분리시키려는 저의 때문이다.

고구려와 발해국의 뒤를 이어 요동 지방을 통치한 거란의 『요사』는 요동 지방을 발해국 유민의 고향이라 표현하고 여진의 『금사』는 발해국의 유민을 '요양발해인' 또는 '요양인'이라고 표현하고 있는데, 이는 고구려 사람들(발해국의 유민)이 요양을 고향으로 알고 살았으며 고구려 유민이 발해국을 세웠음을 인정한 것이다. 『요사』와 『금사』는 요동 지방을 통치한 거란족과 여진족의 정사이므로 두 역사책의 요동 관련 기사는 의심할 여지가 없다. 중국인들의 주장이 설득력이 없는 것은 『요사』와 『금사』의 관련 기록을 무시하고 부정하기 때문이다.

중국의 역사는 대표적인 중화사관인 화이사관을 바탕으로 쓰였다. 화이사관의 역사적 전통은 유구하여 중국 문명이 주변의 민족으로 전파되면서 중국 문명의 우수성을 반영한 것이 화이사관(사상)이다. 중국인의 민족사상, 민족사관을 달리 말하는 화이사관(사상)에 따르면 중국 주변의 민족들이 중국 문명권 안으로 흡수되어 천하일통天下一統의 태평질서가 이루어진다고 한다.

이의 정치적 수단으로 이용되어 온 것이 조공이나, 역사적으로 중국은 항상 주변 민족국가로부터 조공만 받은 것이 아니라 중국이 분열 상태에 빠져 허약해지면 오히려 강한 주변 민족국가에 조공을 바친 경우도 허다하였다. 중국이 내분으로 분열하면 강한 주변 민족국가의 위협으로부터 자신을 보호하기 위하여 주변 민족국가에 이행을 요구한 조공을 반대로 강한 주변국가에 대해 바치는 것을 수치로 여기지 않았다.

조공은 중국이건 이민족국가이건 간에 상대방에 대해 자신을 낮추고 있음을 구체적으로 보여 주는 생존 방법이다. 그러므로 조공만 잘 이행하면 국가적 파멸만은 모면할 수 있다는 데서 동아시아의 약소 민족국가들은 조공의 이행을 그다지 부끄러운 일로 여기지 않았다. 중국의 경우 조공을 하면서 내면적으로는 화이사관을 더욱 강화하여 중국으로부터 조공을 받는 국가를 역사적으로 중국의 부용국가 附庸國家로 둔갑시킴으로써 비굴한 저자세에 대한 정신적 보상을 받으려고 하였다. 다시 말해 중국은 조공을 이민족국가에 바치면서 오히려 화이사상을 더욱 강화하여 정신적으로나마 이민족국가를 제압하려고 하였던 것이다.

중국인의 전통적인 화이사관에 대해 반사적으로 나온 것이 이화사관이다. 중국인들이 전통적으로 야만시한 이민족국가들이 역사적으로 각성하여 화이사관을 극복하려는 일념에서 창안한 것이 이화사관인 것이다. 화이사관을 반대하는 이화사관의 창안으로 이민족국가들은 더 이상 중국과 그 문명을 존경의 대상으로 보지 않고 자신들의 문화가 더 우월함을 민족적 긍지로 여겼다.

이러한 이화사관을 처음 창안한 민족이 거란 민족으로 거란은 송나라의 화이사관에 완강하게 저항하여 오히려 송나라를 거란의 부용

국가로 묶어 두었다. 거란의 이화사관은 중국인들이 전혀 상상하지 못한 예측불허의 사관으로서 같은 시대 고려 사람들도 상상하지 못한 거란 민족주의의 발로라고 할 수 있다. 거란이 고려를 침공한 것은 잘 알려진 사실이나 거란의 고려 침공을 이화사관이란 측면에서 보면 화이사관을 따르고 있는 고려에 대한 강한 불만의 표시라고 보는 것이 합리적이다.

그러면 거란은 발해국과 그 유민들을 어떤 시각으로 보았는가. 거란은 발해국을 멸망시켰으나 유능한 지식인들을 관료로 기용하는 등 그 유민들을 이화사관의 이해자로 삼았다. 발해국과 거란의 풍속이 같다는 것은 거란이 발해국 유민을 이화사관의 동반자로 이해하였음을 보여 주는 증거가 된다. 그리하여 거란의 『요사』는 요동 지방이 발해국 유민의 고향이라고 기술하였다. 그래서인지 청나라의 태조는 요동 지방이 조선의 땅이라는 말을 남겼다. 발해국 유민에 대해 동족 관념을 느끼고 있는 여진의 『금사』는 발해국 유민을 '요양발해인' 또는 '요양인'이라고 표현하였다.

거란의 이화사관을 유발한 화이사상의 도그마에 깊이 몰입된 송나라 사람들은 고구려에 대해 강한 저항감을 느끼고 있었다. 그렇다면 이들은 발해국과 그 유민에 대해 같은 태도를 견지하였을 것이다. 중국인들이 고구려에 대해 거부 반응을 나타낸 것은 무엇 때문인가. 그것은 고구려인들이 중국인의 자주적인 화이사상에 합류하기를 거부하였기 때문이다. 이는 화이사상과 비화이사상(이화사상)의 대결 구도라고 할 수 있다.

천 년 가까이 이화사상을 견지한 국가가 고구려라는 견지에서 거란의 유명한 이화사관의 뿌리는 바로 고구려에 있었다고 보는 것이 합리적이다. 발해국의 건국은 화이사상과 대립적인 고구려 중심의 이화사상을 복원시키는 데서 그 역사적 의미를 찾아야 할 것이다.

거란은 발해국을 멸망시켰으나 고구려를 계승한 발해국을 통해 이화사상에 개안開眼되었고 이화사관으로 사상적 무장을 하고 송나라의 화이사관에 완강하게 저항한 국가였다.

발해와 여진은 동족이 아니다

발해국이 말갈족에 의해 세워졌다면 말갈족이 발해국을 주도해야
한다. 실제 상황은 그렇지 않고 고구려계가 주도하였음을 앞에서 살
펴보았다. 발해국의 주민 구성원인 말갈족은 고구려계 사람들에 의
해 이끌려 오다가 발해국 말기에 접어들면서 여진으로 그 명칭이 바
뀜과 동시에 이들의 존재는 발해국과 서쪽으로 인접한 거란의 큰 주
목을 받을 정도로 두각을 나타냈다.

발해국 시대 여진의 조상인 말갈 사람들이 왕성한 활동을 하지 못한
것은 고구려계가 주도한 발해국의 강한 억제력 때문이었다. 발해국은
자국에 가장 도전적 태도로 나온 흑수말갈을 비롯하여 모든 말갈부를
무력으로 복속시켰는데 당나라와 교류하는 것을 막기 위해서였다.

특히 흑수말갈과 당나라는 세력을 연합하여 발해국을 견제하려다가
오히려 발해국이 흑수말갈을 무력으로 병합한 동시에 해군력을 동원,
당나라의 등주(산동반도)를 기습하여 막대한 손실을 입혔다. 그러면 발

해국은 왜 등주를 기습하였나. 이와 관련하여 『책부원구』(권 999, 청구)를 보면 발해국이 등주를 기습한 이유를 밝혀 주는 대목이 있다. 931년(후당, 명종 장흥 2) 청주靑州에서 정부에 보고하기를, 흑수와 와아부瓦兒部가 등주에 와서 말을 팔았다는 것이다. 특히 흑수부가 등주에 말을 판 것은 발해국이 망한 지 5년째 되는 해이다. 이 기사로 보아 등주는 당나라 시대에도 흑수말갈이 말을 내다 파는 말의 국제 교역장임을 알 수 있다.

그러므로 발해국이 당나라의 등주를 침공한 것은 흑수말갈과 당나라의 발해국에 대한 견제 행동에 쐐기를 박는 군사적 의미 외에도 흑수말갈이 당나라에 말을 내다 팔고 얻는 이익을 차단시키려는 경제적 의미가 더 컸을 것이다. 흑수말갈은 이미 당나라 시대에도 말을 등주에 내다 팔아 막대한 이익을 취했기 때문에 후당 시대에도 흑수말갈은 등주에다 말을 내다 팔게 되었던 것이다.

발해국의 의지대로 모든 말갈은 당나라와 교류를 하지 못하게 되었다. 발해국이 말갈에 의해 세워졌다면 그처럼 발해국은 모든 말갈과 당나라의 교류를 막을 필요가 없으며 막지도 않았을 것이다. 이런 면에서 발해국은 속말말갈족이 세운 국가라는 『신당서』 발해전의 기록은 사실을 제대로 전한 것이 아니고 왜곡한 것이 분명하다.

발해국이 말갈족에 의해 세워진 국가가 아님을 다른 측면에서 좀 더 살펴보자. 오대 시대가 되면 말갈족은 중국 측 문헌에 여진이란 이름으로 바뀐다. 이는 다시 말해 발해국 말기 시대가 되면 발해국의 주민 구성에서 큰 비중을 차지한 말갈족은 고구려계가 주도하는 발해국에서 민족적 면모를 보이지 못하였으나, 발해국의 국력이 허술해진 기회를 틈타 말갈족으로서의 순수성을 유지한 흑수말갈이 활동을 왕성하게 하면서, 이들이 거란 및 오대 시대 중국의 관심을 받아 새로 불린 이름이 여진이다.

이들 여진의 왕성한 첫 활동이 흑수말갈이란 이름으로 후당의 등주에 말을 내다 판 것인데, 여진으로 불려야 할 이들이 흑수부의 이름으로 말의 국제 교역에 나선 것은 여진이 흑수말갈의 후예임을 보여 주는 유력한 증거가 된다. 여진이 흑수말갈의 후예라는 견해는 학계에서 이론의 여지없이 받아들여지고 있다. 『구오대사』·『신오대사』의 어느 기록을 보더라도 말갈족이란 이름 대신에 여진이란 명칭만 나오고 있음은 여진의 존재가 무시할 수 없게 되었음을 보여 주는 것이다.

『신당서』의 편찬자는 발해국을 말갈족의 국가라고 하였는데 그렇다면 발해국은 여진족의 조상이 세운 나라이겠으나 『신·구오대사』를 보면 발해와 여진은 엄연히 별개의 존재로 기록되어 있다. 이것을 보더라도 발해국은 여진의 조상인 말갈족이 세운 나라가 아니고 발해와 여진은 동족이 아님을 아울러 알 수 있다.

그런데 거란을 멸망시키고 금나라를 세운 여진족의 아골타가 이런 말을 남겼다. 즉 여진과 발해는 뿌리를 같이한다는 것이다. 이 말은 무심코 생각하면 발해와 여진은 동족이라는 해석을 가능케 한다. 그러나 이 말은 다분히 정치적 발언에 지나지 않는다. 아골타의 최후 야망은 거란 정권을 쓰러뜨리는 데 있었으나 이보다 그가 먼저 해결해야 할 것은 발해 세력을 여진으로 규합하는 것이다. 아골타는 이런 말을 남김과 동시에 발해 유민의 세력을 포용하는 데 성공하였다. 그런데 여진이 발해와 동족이었다면 아골타는 이런 말을 일부러 할 필요가 없다. 이로써 발해(고구려계 주도)는 여진과 동족이 아님을 확언

할 수 있다.

　　그러면 여기서 여진과 발해가 동족이 아님을 보여 주는 기록들을 『신・구오대사』에서 찾아보자. 먼저 『구오대사』(권 34)를 보면 926년 (후당, 장종 동광 4, 병인)에 거란이 여진과 발해를 침구하였다는 기록이 있다. 이 기록은 여진과 발해가 동족이 아님을 보여 주는 첫 기록이다. 거란이 발해와 여진을 동시에 침구한 것은 원래 발해국을 멸망시키려는 목적에서 감행된 발해국 침공 시에 여진족까지 침구하였기 때문이다.

　　원래 거란의 목표는 중국이었다. 그렇게 되면 후당과 친교 관계를 맺고 있는 발해국과 여진이 거란의 배후를 치게 될 것이라고 거란은 우려하였다. 또 거란이 발해국을 치게 되면 후당이 이 틈을 타고 거란을 칠 것 같아 고민하던 끝에 후당에 사신을 파견하여 후당과 통호하기로 정책을 확정하였다. 거란은 후당과의 관계를 원만히 하고 나서 926년에 발해국을 침공하였다. 이때만 해도 여진은 발해와 동족이 아니지만 발해국에 대해 협력하고 있었기 때문에 함께 거란의 침공을 받았던 것이다. 여진족은 발해와 동족이어서 발해국에 협력하고 있었던 것이 아니다.

　　거란의 집요한 침공으로 발해국은 멸망하였으며, 여진족도 거란의 통제를 받게 되었다가 발해국 유민들의 거란 저항이 거세짐을 확인한 여진족은 나름대로 민족적 활동을 본격적으로 강화하면서 마침내 아골타는 거란의 어수선한 말기에 발해 유민의 절대적 협력을 받아 거란을 멸망시키기에 이르렀다.

　　사실상 아골타가 발해국 유민의 협력을 구하지 못하였다면 거란을 멸망시키기가 힘들었을 것이다. 그런 면에서 아골타의 이 같은 정치적 발언은 현명하다고 할 것이다. 아골타가 발해국 유민의 협력을 구하려 했던 것은 그만한 이유가 있었다. 발해국은 고구려계와 말갈계의 사람 외에 거란·한족 등 다민족으로 구성된 국가였다. 고구려계는 발해국에서 실질적으로 지배 계층으로 모든 주도권을 쥐고 있었다. 당시 여진족이라면 고구려계 사람들이 학문 등 문화 면에서 우수하다는 사실을 누구나 인정하고 있었다. 이 점은 여진족을 통일한 아골타가 누구보다 잘 알고 있었을 것이다. 더군다나 그는 혈연상 고구려 보장왕의 서자로서 신라에 망명한 많은 고구려 유민의 실질적 지도자였던 고안승의 후예인 궁예의 동생 함보의 10대 손이다.

고려의 건국으로 왕건의 시대가 열림에 따라 실각된 궁예의 동생 함보函普는 고려 땅에 살 수 없어 고려의 통치력이 미치지 않는 여진 땅으로 들어가 미개한 여진 사회를 문명으로 인도하였을 뿐 아니라, 거란의 통치에 억눌려서 살아온 여진족의 민족국가인 금나라의 건국을 일구어 낸 금나라의 시조이다(태조는 아골타임). 궁예와 함보는 민족적으로 보거나 혈연상 고구려계이므로 같은 고구려계인 발해국의 유민에 대해 남다른 동족 관념을 가진 것은 자연스럽다고 할 것이다. 아골타는 혈연상 여진화된 고구려계, 다시 말해 고구려계이면서 여진인이다 보니 여진과 발해는 뿌리를 같이하는 일가一家라는 말을 남기게 되었던 것이다. 이런 면에서 여진과 발해는 뿌리를 같이한다 하겠으나 이를 전체 여진족에 적용시키는 것은 무리이다.

그런데 발해국의 주민에 속말말갈이 있다는 점에서 아골타의 말은 맞기도 하다. 그러면 금나라가 옛 발해국의 유민을 통제할 수 없다 하여 산동 지방으로 강제 이주시킨 것은 어떻게 보아야 할 것인가. 두 가지 관점에서 살펴야 할 것이다.

① 속말말갈은 계통상 여진계에 속하므로 아골타의 동족 운운한 것은 맞다고 할 수 있다. 그런데도 금나라가 옛 발해국의 유민을 통제하기 힘든 존재로 본 것은 속말말갈계가 발해국의 고구려계에 동화되었기에 통제하기 힘든 상대라고 보았을 것이다. 그렇다면 고구려계에 동화된 속말말갈은 고구려인이나 다름없다고 보아 아골타의 동족 운운은 옛 속말말갈과 관련이 없다고 볼 수밖에 없다. ② 그러므로 아골타의 동족 운운한 것은 그 자신의 혈연적 가계상으로 범위를 좁혀서 보는 것이 여러모로 합리적이다.

아골타가 고구려계의 발해 유민을 새로운 국가 건설에 협력자로 정한 것은 역사적 유래가 있다고 할 것이며 이런 면에서 그는 제왕다운 면모의 소유자라 해도 무방하다. 『금사』의 열전에 고씨·대씨 등 옛 발해국의 고구려계 사람들이 다수 실려 있는데 이는 금나라가 옛 발해국의 고구려계 사람들을 포용하였음을 보여 주는 것으로 금나라의 역대 황제가 함보를 비롯한 아골타의 유지를 계승하였음을 확인시켜 주고 있다.

발해국이 망한 이래 고구려계 유민들은 옛 발해국을 회복하기 위하여 거란을 상대로 줄기차게 항전하였으나 국권을 회복하지 못하였다. 그러나 고구려계의 국권 회복이란 오랜 염원은 고안승高安勝 – 궁예 – 함보 – 아골타로 이어지는 계보의 사람들에 의해 성취되었다.

이와 같이 금나라의 황실은 혈연적 계보상 고구려계였으나 여진 사회의 주민은 비고구려계, 즉 여진 사람들이었다.

거란의 통치를 받았던 발해 유민과 여진 사람들 가운데 특히 여진 사람들이 민족적 활동을 왕성하게 한 이유는 무엇이며 고구려계의 발해 유민은 왜 여진 사람들의 민족적 활동에 도움을 주었는가. 여진 사람들이 문화적으로 우수하여 발해 유민이 여진에 협력을 제공한 것이 아니다. 발해국을 멸망시킨 거란의 위정자는 발해 유민의 저항에 심각한 위협을 받아 이들을 통치하기 위해 세워진 동란국東丹國을 서쪽 요양으로 옮길 때 힘 있는 발해 유민들을 모조리 강제 이주시켰다. 그 때문에 발해국의 수도가 있었던 그 일대에는 힘없는 소수의 사람들만 남아서 요양 지방과 달리 저항다운 저항도 제대로 벌이지 못하였다.

이에 비해 여진 사람들은 요양으로 이주당하지 않고 고향 땅에 그대로 거주하여 민족의 순수성을 간직하면서 지도자인 아골타를 중심인물로 굳게 단결하고 있었다. 여진 사람들이 아골타를 지도자로 내세운 것은 아골타가 혈연상 고구려계로서 문화적으로 깨어 있었기 때문이다. 만약 아골타가 고구려계가 아니었다면 같은 고구려계의 발해 유민이 아골타에게 협력하지 않았을 것이다.

아골타를 중심인물로 하는 여진의 발흥 시에 옛 발해국의 구국舊國 자리에 잔류한 고구려계의 발해인들은 거란 말기의 혼란해진 때를 틈타 대씨 성을 가진 인물을 자기들의 새 왕으로 추대한 바 있다. 그럼에도 불구하고 이들이 아골타에게 협력을 한 것은 아골타가 고구려계인데다가 대씨와 고씨의 알력으로 발해 유민들이 분열하고 있었기 때문이다. 이와 관련하여 『송막기문』을 보면 거란이 천조제 때 혼란하자 옛 발해국의 구국에 잔류한 발해 유민들이 대씨 성의 인물을 새로운 지도자로 내세웠으나 여진군이 이곳에 당도하기 전에 고씨가 항복함으로써 허실이 알려지고 여진군의 침공으로 발해 유민들의 성이 함락되는 비운을 맞이했다.

여진과 발해(고구려계)가 동족이었다면 여진군이 발해 유민의 성을 함락시켰겠는가. 여진과 발해가 동족이 아님은 그후 벌어진 여진의 발해 유민 강제 이주로 명백해진다. 발해국의 멸망으로 아보기에 의해 연燕 지방으로 강제 이주된 천여 호戶의 발해 유민이 계속 번영하는 등 금나라로서는 승병勝兵이 3만 명으로 불어난 발해 유민들을 제압하기 힘들게 되자 이들을 다시 산동 지방으로 강제 이주시켰다. 발해인과 여진이 동족이었다면 여진은 발해 유민을 제압하기 힘들다는 생각을 가질 필요가 없고 이들을 산동 지방으로 강제 이주시키지도 않았을 것이다. 이로 보아 발해국이 말갈의 나라였다면 말갈의 후예인 여진이 왜 발해인을 제압하기 힘들다 하여 산동 지방으로 강제 이주시켰겠는가.

여진이 발해인(고구려계)과 동족이었다면 말갈(여진의 조상)은 발해인과 같은 종족이라고 하겠으나, 앞에서 언급한 것과 같이 여진이 발해인과 동족이 아니므로 발해국은 말갈이 세운 국가라는 중국인들의 주장은 근거가 없다. 여진이 세운 금나라의 위정자가 요양 지방에 거주한 발해 유민 중 지식 계층에 대해 온정을 베푼 것은 사실이나 이는 이들의 효용가치를 인정하였기 때문이다.

그러나 대개 금나라의 위정자는 발해 유민을 피통치 계급으로 묶어 두려 하였으며 연 지방에 살던 발해 유민을 산동 지방으로 강제 이주시킨 것은 이의 대표적인 현상일 것이다. 발해국이 말갈족에 의해 세워지고 말갈족이 끝까지 발해국을 주도한 것이 사실이라면 여진의 금나라는 그토록 발해 유민에 대해 차별화 정책을 쓰지 않았을 것이다.

그러면 여진과 발해가 본래 일가라는 아골타의 말은 발해 유민에 대한 차별화 정책과 맞지 않음은 의문의 여지가 있다. 아골타는 계보상 고구려계이긴 하나 여진 사람이기 때문에 정책을 추진함에 있어 여진 위주로 하지 않을 수 없었을 것이다. 발해 유민에 대한 거란과 여진의 정책을 비교하면 후자가 전자보다 가혹하지 않았다. 그래서 발해 유민은 거란에 대해 항전을 끝까지 전개하였으나 여진에 대해서는 항전을 하지 않았다.

여진과 발해 유민은 같은 생활권에서 살아온 만큼 상호 이해의 폭이 넓었는데도 불구하고 끝내 여진이 발해 유민에 대해 차별화 정책을 쓴 것은 무슨 이유에서인가. 두 종족의 생활에서 크게 차이가 나는 것은, 발해 유민은 다른 곳으로 이주하더라도 그곳에서 다시 생활 기반을 마련하여 경제적 부를 축적하였으나, 이에 반해 여진은 수렵민이다 보니 그렇지 못하였다. 그러므로 경제적 부의 축적이 없는 여진의 입장에서 경제적 풍요를 누리면서 살고 있는 발해 유민을 제압하기 힘들었을 것은 당연하다. 아보기가 발해 유민을 만리장성 남쪽의 연燕 지방으로 이주시킨 것이나 여진 정권이 이들을 다시 산동 지방으로 강제 이주시킨 것은 일맥상통한다.

결국 거란인도 농경민화되었고 여진인도 농경민화되었듯이 발해국 시대 농경 위주의 고구려계 사람들이 수렵 위주의 말갈인을 농경화시키는 것은 자연스러웠다. 발해국이 해동성국으로서의 면모를 중국으로부터 인정을 받은 것은 발해국이 생산 면에서 완전히 농경화되었기 때문이다. 그러므로 발해국은 농경계의 고구려 유민과 수렵계의 말갈족에 의해 세워지긴 했으나, 전자가 문화 및 생산 구조에서 압도적으로 주도하게 되었으며 말갈족은 결국 농경민화되어 발해국의 일원이 되었다고 보는 것이 합리적이다.

오대 시대의 발해국은 고구려계를 의미한다

930년(후당 명종 장흥 1) 겨울 동란국의 국왕이었던 탁운托雲이 휘하 관속 40여 명에다 말 100필을 배에 태워 등주를 출항하여 후당으로 망명하였다. 다음 12월 후당의 중서문하성은 신라와 발해의 국왕에게 벼슬을 준 예에 따라 벼슬과 작위 그리고 성명을 주자고 청하였더니 발해국왕 인황왕渤海國王 人皇王이라고 하였다. 중하문하성은 이를 만족하지 않아 탁운에게 성을 동란, 이름을 모화慕華, 벼슬은 검교태보檢校太保 안동도호 발해군 개국공安東都護 渤海郡 開國公 충회화군절도 서신등주관찰사처치등사充懷化軍節度 瑞愼等州觀察使處置等使란 벼슬과 작위를 주는 것이 마땅하다고 하였다.

당나라가 발해국을 처음에 발해말갈이라고 하였다가 나중에 발해라고만 불렀는데 이는 발해국이 고구려계 중심의 국가임을 확인했음을 말해 준다. 그러므로 오대 시대 발해란 말갈계가 배제되고 고구려계가 중심이 된 국가를 말하는 것이다. 그런데 오대 시대 사람들은 동란과 발해를 구별하지 않았으며 그후의 금·원나라 사람들도 동란을 발해와 같은 것으로 보았다.

발해국이 망한 그 자리에 세워진 동란국이 요양으로 옮겨질 때 발해 중심부의 유민들이 함께 옮겨지고 이에 따라 발해국의 옛 제도가 그대로 사용되었다. 그래서 발해와 동란이 구별되지 않았던 것이다. 동란국이 옛 발해국의 제도를 그대로 사용한 것은 원래 발해국의 문물이 찬란해서이다.

이처럼 발해국이 동란국으로 명칭이 바뀌긴 했으나 주민들이 거의 발해 사람이므로 동란이 발해와 혼칭되었다. 이와 관련하여 『요동지』(고적편)를 보면 발해성渤海城이 소개되고 있는데 주석에 요양성 모퉁이에 있다는 것이다. 여기서 말하는 발해성은 동란왕궁東丹王宮을 말한다.

발해국의 회복을 위해 부흥 운동을 일으킨 고영창高永昌이 자칭 대발해황제大渤海皇帝라 한 것을 대동란황제라고 보아도 될까. 동란국의 국가적 명성이 드높았다면 고영창은 대발해황제 대신 대동란황제라고 칭하였을 것이다. 고영창이 대발해황제라고 칭한 것은 발해가 동란과 동일시되는 것을 피하기 위해서이다. 대발해황제라고 칭해야 발해국과 구별되는 동시에 동란국의 이미지와 분리될 수 있기 때문이다.

발해국에서도 황제를 칭하긴 했으나 대발해라고는 하지 않았다. 대발해황제라 칭함으로써 고영창은 자신을 전대의 발해인과 차별화하려 하였으며 또한 동란국의 이미지를 씻으려고 했던 것이다. 동란국의 이미지를 씻는다는 것은 거란으로부터 완전히 독립함을 의미하는 것이다.

일본에서도 동란과 발해를 구별하지 않기는 마찬가지다. 동란국이 후당과 일본에 사신을 파견, 조공하였는데 사신이 발해 사람인데다가 발해국의 벼슬을 그대로 사용하다 보니 사관史官은 발해국의 사신처럼 기록하였다. 그래서 대씨가 사신을 파견한 것처럼 되었다.

『일본전사』를 보면 930년(延長 8) 발해국의 사신이었던 배구 등이 입국하여 동란국의 사신이라고 했다. 일본의 천황은 어찌하여 동란국의 사신이라고 하느냐고 물었다. 천황이 동란국의 사신이라는 말을 못 믿는 것은 발해국이 거란과 세수 관계임을 잘 알고 있었기 때문이다. 일본에서 발해국과 거란의 관계가 어떠하였는지를 정확히 알고 있었던 것으로 보아 발해국이 고구려 사람들에 의해 세워졌음을 몰랐을 리 없다. 그러므로 발해국을 고구려와 동일시한 일본의 태도는 정확한 것임을 다시 한 번 알 수 있다.

일본의 역사 문헌에는 발해국・동란국이란 명칭이 있으나 발해국이 말갈족에 의해 세워졌다는 주장의 근거로 이용되어 온 발해말갈이란 명칭은 없다. 발해말갈은 말갈을 지역적으로 나타내는 호칭이지 발해가 말갈족에 의해 세워졌음을 뜻하는 것이 아니다. 발해말갈은 발해로 통하는 경박호(홀한해)를 생활 터전으로 사는 말갈족을 말하는 것이다. 이런 발해말갈이 일본의 기록에 없다는 것은 발해말갈이 발해국과 관련이 없음을 일본 사람들이 알고 있었음을 의미한다.

그런데 중국, 즉 당나라는 발해말갈을 말갈족이 세운 발해국이란 말로 사용하였다. 733년 발해말갈이 당나라의 등주를 침범하였다는 기록에서 잘 나타나고 있다. 등주를 침범한 말갈이라면 말갈의 별종이라고 하겠다. 순수 말갈은 당나라를 침범한 사실이 없고 오히려 당나라에 순종하였기 때문이다. 말갈의 별종은 개화된 말갈을 말하며 이들을 개화시킨 것은 고구려 사람이다. 이러한 논거하에 발해국은 고구려 유민과 개화된 말갈이 연합하여 세운 국가이다. 고구려 사람들이 말갈을 개화시켰으므로 고구려의 유민이 발해국의 주도권을 쥐는 것은 당연하다. 대조영의 시호를 고왕이라고 한 것도 고구려 사람들이 고구려식으로 발해국을 이끌었음을 보여 주는 좋은 예가 된다.

대조영의 고왕이란 시호와 관련하여 대조영의 묘호를 생각해 볼수 있다. 당나라 시대의 황제는 걸맞은 묘호도 갖고 있으나 발해국 관련 중국의 역사 문헌에도 발해국왕에게 묘호가 있었음을 보여 주는 기사가 없다. 발해 사람들의 조상인 고구려 사람들의 역사를 담고 있는 『삼국사기』 고구려본기 그 어디를 보더라도 고구려 임금에게 시호만 보이지 묘호는 없다. 대조영에게 시호만 있고 묘호가 보이지 않는 것은 발해국 사람들이 조상인 고구려 사람들을 본받아 묘호를 정하지 않은 것이 아닌가 한다. 고려 시대와 조선 시대에는 임금이 묘호와 시호를 다 가졌으나 삼국 시대와 발해국 시대에는 묘호가 있었음을 문헌에서 확인할 수 없다. 묘호의 존재 여부는 후일의 연구에 의존할 수밖에 없다.

대조영이 발해국의 건국자이므로 고왕이란 시호가 정해졌는데 이는 고구려식을 따른 것이다. 이 고왕이란 시호는 중국 전한의 창업자인 유방의 고조라는 시호와 상통한다. 발해국에도 임금의 묘호가 있었다고 가정한다면 대조영의 묘호는 흔히 창업자의 묘호인 태조가 가장 잘 어울릴 것이다. 이러한 시각에서인지 대한제국 시대 역사교과서의 편찬자인 해원海圓 황의돈黃義敦은 『조선역사』(上, 2)에서 발해국의 대조영을 '발해태조고왕'이라고 칭하였다. '태조고왕'을 풀이하면 태조는 묘호이고 고왕은 시호이다. 당나라 시대 임금의 묘호와 시호가 병존하였으나 고구려에서는 시호만 정해진 관계로 발해국에서 대조영의 경우 고왕이란 시호만 정해진 것이 아닌가 한다. 대개 '태조'란 것이 건국자의 묘호로 많이 등장하다 보니 황의돈도 대조영의 묘호를 태조로 잡은 것이다. 대조영의 묘호를 태조로 보아도 좋고 고구려식으로 그런 묘호가 없었던 것으로 생각해도 좋을 것이다.

대조영의 묘호·시호 문제에서 현재 분명한 것은 발해국의 역대 임금은 시호만 있지 묘호가 없다는 것이다. 시호만 있는 것은 고구려식이라고 할 수 있다. 고구려의 역대 임금은 3자 이상의 시호를 가졌으나 발해국의 역대 임금이 가지고 있는 시호는 한결같이 2자이다. 임금의 시호 글자가 이처럼 2자인 것은 한국과 중국 어느 왕조에서도 찾아볼 수 없는 특이한 면모이다.

민국 시대의 중국인 발해사가의 한 사람인 황유한黃維翰은 그의 저서 『발해국기』(하편, 연표, 上)에서 대조영을 태조라 하고 연호를 천통天統이라고 하였다. 이 천통이란 연호가 고왕 재위 시의 연호였다고 처음 주장한 사람은 황의돈이다. 황유한이 황의돈의 두 가지 견해를 받아들였음을 알 수 있다. 황유한과 같은 시대의 김육불은 태조란 묘호와 천통이란 연호는 모두 근거가 없다고 지적하였으나 천통의 근거는 『환단고기』의 대진국본기大震國本紀이다.

황의돈은 발해국을 신라의 동족국가로 여기다

민족사학자 황의돈이 지은 『조선역사연표』(대한제국 시대 역사 교과서)와 일본의 외무성에서 편찬한 『외교지고外交志稿』를 보면 발해국의 제13대 왕인 대현석大玄錫의 시호가 경왕景王, 제15대 왕인 대인선大諲譔의 시호가 애왕哀王으로 되어 있다. 지금의 연표에는 발해국의 제14대 왕이 위해瑋瑎로 밝혀져 있으나 시호는 불명으로 되어 있다. 지금은 대현석과 대인선의 시호가 불명으로 되어 있으나 과거의 연표에는 시호가 경왕·애왕으로 되어 있어 혼란을 주고 있다. 과거의 연표에서 밝혀진 시호가 지금의 연표에서 불명 상태로 된 이유는 무엇인가.

근본적인 잘못은 과거의 발해국 연표가 잘못 만들어졌다는 데 있다. 그러면 이런 틀린 연표가 만들어질 때 참고가 되었던 것은 조선 태종 때 권근權近 등이 편찬한 『동국사략東國史略』(권 1)이다. 여기서는 경애왕 때 발해국이 거란의 침공을 받고 멸망되었다고 적혀 있다. 사실 경애왕이란 시호는 발해국에 존재하지 않으며 신라의 제55대 왕의 시호이다. 거란이 발해국을 멸망시킨 것은 태조 야율아보기 천현天顯 원년 (926)이다. 신라로 치면 경애왕 3년이다. 그래서 『동국사략』은 경애왕 때 거란이 발해국을 침공하여 멸망시켰다고 하였던 것이다.

『동국사략』의 저자는 경애왕이 신라의 왕이며 발해국에는 이런 시호가 없다는 것을 알았으나 신라란 두 글자를 적지 않음으로써 이를 참고한 연표에는 어느 것 할 것 없이 발해국에도 경애왕이란 시호가 있었던 것으로 되었다. 사실은 신라란 두 글자가 빠진 것을 간과하였다. 황의돈과 『외교지고』의 편찬자는 경애왕이란 시호를 두 왕의 시호로 양분하여 경왕·애왕의 둘로 만들어 냈다.

일본 사람으로 발해국의 역사를 처음 연구한 인물로 인정을 받고 있는 도리야마키이치鳥山喜一도 그의 저서 『발해사고渤海史稿』에 발해국에 경왕과 애왕이란 시호의 국왕이 있는 것으로 적었다. 과거의 연표는 제14대 위해의 재위 통치(13년 재위) 사실을 알지 못해 발해국에는 14명의 국왕이 재위한 것으로 만들어 놓았다. 그래서 경애왕이란 시호를 둘로 나누게 되었던 것이다.

한국의 진단학회에 펴낸 『한국사연표』에도 발해국에는 14명의 국왕이 재위·통치한 것으로 되어 있으며 제13대 왕은 경왕, 제14대 마지막 왕은 애왕으로 적혀 있다. 이처럼 한국과 일본에서 펴낸 각종 연표에 발해국에 경왕과 애왕이란 시호의 국왕이 재위·통치한 것처럼 된 것은 『동국사략』을 인용해서이다. 그러면 『동국사략』의 저자가 경애왕이란 글자 위에 신라란 두 글자를 적어 두지 않은 것은 실수일까. 적어만 놓았더라도 이를 인용한 연표는 그런 과오를 범하지 않았을 것이다.

『동국사략』의 저자는 거란에 의한 발해국 멸망 연대가 거란의 태조 천현 원년임을 알고 있었다. 그러면 멸망 연대를 천현 원년이라고 했더라도 이 같은 혼란이 일어나지 않았을 것이 아닌가. 굳이 경애왕 3년이라고 해야 할 뚜렷한 이유라도 있었던 것인가.

『동국사략』의 저자는 천현 원년이 경애왕 3년에 해당되므로 경애왕 3년이라고 써 놓은 것 같다. 신라라는 두 글자를 쓰지 않은 것은 과오이긴 하나 멸망 연대를 경애왕 3년이라고 쓴 것은 발해국을 멸망시킨 거란의 연호 사용을 꺼렸기 때문이다. 천현 원년은 고려 태조 천수天授 9년에 해당되기도 한다. 거란의 연대 대신에 우리 측의 연대를 써야 한다면 경애왕 3년 또는 태조 천수 9년의 두 연대를 다 쓰거나 하나를 골라 써야 한다. 저자는 경애왕 3년 연대를 선택했던 것이다.

저자가 천수 9년 대신에 경애왕 3년을 택한 이유는 무엇인지 알 수 없다. 그러나 필자의 견해는 경애왕 3년 또는 천수 9년 중 어느 것을 택하느냐가 중요한 문제가 아니다. 천현 원년이라고 쓸 수도 있지만 우리 측 과거 왕조의 연대로 환산했다는 것이 관심사이다. 그러면 저자가 우리 측의 연대로 환산한 이유는 무엇인가. 『동국사략』에서 발해국을 다룬 것 자체는 발해국을 우리 민족의 역대 왕조로 확신하고 있었음을 말해 주는 것이다. 그러므로 발해국의 멸망 연대는 거란의 연대나 중국의 연대에 맞출 수 없었을 것이다.

『동국사략』의 저자는 발해국을 우리 민족의 한 왕조로 확신하고 있었기 때문에 그 멸망 연대도 우리 측 왕조의 연대로 환산하게 되었다. 다만 고려 태조 천수 9년을 따르지 않은 것은, 즉 신라 역시 천 년의 역사를 창조한 찬란한 전통의 왕조이지만 그런 신라도 결국 망했으므로 경애왕 3년을 택하게 된 듯하다. 여하튼 『동국사략』에서 발해국의 멸망 연대를 신라의 경애왕 3년으로 환산·표기한 것은 발해국을 우리의 역대 왕조로 확신하고 있는 저자의 역사 인식을 오히려 잘 반영한 것이라고 할 수 있다.

그러므로 발해국의 멸망 연대를 경애왕 3년이라고 표기한 것은 그다지 문제가 될 수 없다. 오히려 문제가 될 수도 있는 것은『동국사략』을 참작한『조선역사연표』와『외교지고』에서 경애왕이란 시호를 경왕과 애왕이라고 둘로 나눈 것이라 하겠다. 편찬자들은 아무 생각 없이 두 왕으로 나누었을까. 상세히 고찰하지 않아서 두 왕으로 나뉘었다는 지적도 있으나 둘로 나눈 의도는 분명 있었다고 본다. 황의돈은『조선역사연표』에서 처음 두 왕으로 나누었다. 그 의도는 밝혀낼 수 없으나 짐작은 가능하다.

발해국의 왕세계王世系를 보면 열다섯 명의 왕 가운데 시호가 밝혀져 있지 않은 왕이 다섯 명이다. 제11대 이진彝震, 제12대 건황虔晃·제13대 현석玄錫·제14대 위해瑋瑎·제15대 인선諲譔이 그들이다. 한편 밝혀진 왕들의 시호를 보면 고왕高王·무왕武王, 문왕文王 등 두 글자이다. 제15대 인선은 마지막 왕이므로 발해국 사람들에 의해 시호가 정해질 수 없는 특수한 인물이며 제11～14대 왕들은 정해진 시호가 문헌상 전해지지 않았을 따름이다. 경애왕을 경왕과 애왕의 둘로 나눈 것은 발해국왕의 시호가 두 글자여서가 아닌가 한다. 더군다나 발해국의 멸망이 신라의 경애왕 때에 해당되므로 현석과 인선의 호칭상 문제 때문에 둘로 나누었을 것으로 짐작해 볼 수 있다. 발해국왕의 시호가 세 글자 이상이라면 경애왕을 둘로 나누지 못했을 것이다.

끝으로 황의돈이 경애왕이란 신라국왕의 시호를 발해국왕의 시호로 삼은 것은 시사하는 바가 크다. 즉 발해국은 말갈계의 국가가 아니고 신라와 동족인 고구려계 국가였음을 의심하지 않았음을 뜻한다.

남북국 시대에 대한 바른 이해

지금까지 발해국과 신라의 관계에 대한 연구는 바르게 이루어지지 않아, 두 나라는 대결 관계로만 인식되어 왔다. 사실 두 나라의 관계를 전해 주고 있는 『삼국사기』와 『구·신당서』에는 두 나라 사이에 교전이 벌어졌음을 보여 주는 기사가 없다. 그러나 전쟁이 발생하였을 것으로 볼 수 있는 기사가 없는 것은 아니다. 여기서 관련 기사를 살펴보자.

1) 721년(성덕왕 20) 하슬라도의 장정 2천 명을 징발하여 북경에 장성을 쌓았다(『삼국사기』 권 8, 신라본기).
2) 733년(성덕왕 32) 당나라의 강요로 신라군이 발해국의 남쪽 변경을 북침하려다가 심한 추위로 많은 동사자를 냈다(『삼국사기』 권 8, 신라본기).
3) 826년(헌덕왕 18) 7월 우잠태수 백영白永으로 하여금 한산漢山 북쪽의 여러 주와 군郡 사람 1만 명을 징발하여 패강(대동강)에 300리의 장성을 쌓았다(『삼국사기』 권 10, 신라본기).

4) 선왕宣王이 남쪽으로 신라를 정복하였다(청나라의 황유한이 지은 『발해국기』下, 比隣新羅).

위의 기사는 발해국과 신라 사이에 군사적 충돌과 전쟁이 벌어졌음을 보여 주고 있다. 그래서 두 나라의 관계가 대립과 충돌로 일관된 것으로 알려져 왔다. 역사상 이웃 나라와 적대 관계였다 하더라도 대립과 충돌 외에 평화 관계가 나타나기도 했음을 볼 수 있다. 특히 두 나라는 동족의 관계였던 만큼 적대 관계만 있었다고 할 수 없다.

또한 역사적으로 볼 때 전쟁이 통치자들의 정권 야욕 때문에 빚어졌음을 얼마든지 찾아볼 수 있다. 그러나 두 나라의 백성들은 동족 의식을 지니고 있었던 만큼 통치자의 야욕과 상관없이 서로 내왕하거나 교류 관계를 넓혀 나갔을 것이다. 그런데 발해국과 신라의 평화 관계는 주로 해동성국이란 명예를 쌓아 온 발해국에 의해 이루어진 듯하다.

이들의 평화 관계가 물론 상호주의에 입각하였으나 발해국의 주도로 정착된 것으로 보인다. 이는 두 나라의 관계를 연구함에 있어 새롭게 인식해야 할 문제이다. 그런데 두 나라의 관계가 왜곡되고 말살된 기사를 살펴볼 수 있다.

신라 말기의 최치원은 발해국의 사신을 신라의 사신보다 윗자리에 놓지 않겠다는 당나라의 처사에 사의를 표시한 「사불허북국거상표謝不許北國居上表」에서 대조영이 신라의 대아찬(제5등급) 벼슬을 받았다고 하였다(『東文選』 권 33, 표전). 대조영이 황제국의 임금으로서 신라의 낮은 벼슬을 받을 수 없다는 견지에서 이는 대조영과 발해국의 위상을 축소시킨 예다.

발해국의 위상을 낮춤으로써 신라의 지위를 높이려는 의도에서 사건을 축소시킨 예가 더 있다. 『삼국사기』 권 8, 신라본기 성덕왕 30년(731) 4월조에

일본 병선 300척이 바다를 건너 우리나라 동변을 습격하자 국왕은 군사를 출동시켜 이를 크게 격파하였다.

라는 기사가 그것이다. 그런데 『협계태씨족보』[권 1, 「발해국왕세략사」, 무왕 개원 19년(731) 2월]에도 같은 내용의 기사가 있는데, 여기서는 발해국의 수군이 신라 군사와 연합한 것으로 되어 있다. 정사를 절대시한다면 족보의 위 기사는 사료적 근거가 미약하다고 할 수 있다. 그러나 18세기의 실학자로서 『발해고』를 지은 유득공은 이 책의 서문에서 『영순태씨족보永順太氏族譜』의 기사로 정사의 미비한 부분을 지적하는 등 족보 기사가 발해사 연구에서 차지하는 중요성이 매우 큼을 논파하였다.

어쨌든 발해국과 당나라·신라의 관계로 볼 때 발해국과 신라의 연합 해상 작전이 가능할까 의심하는 사람들이 있다. 해상에서의 군사 출동이 있고 나서 2년 후인 733년 발해국의 등주 기습 사건 여파로 신라가 발해국의 남쪽 변경을 침공하려 한 사건이 발생한 만큼 일본 병선을 동해에서 함께 격파할 수 없다고 보는 사람들은 족보의 기사를 인정하지 않는다. 그러나 2년 후인 등주 기습은 당나라가 흑수말갈과 연합하여 발해국을 침략하려 한 것에 대한 자위적 조치이듯이 발해국이 731년 일본 병선 격파에 가담한 것은 역시 자위적 행동이므로 의심할 필요가 없다.

그러면 신라는 발해국의 호의적 태도를 무시하고 당나라의 요구대로 발해국의 남변을 침공하려 한 이유는 무엇인가. 그것은 신라가 자주적 입장에 있지 못했기 때문에 발해국과의 우호 관계를 저버리고 발해국의 남변을 침공했던 것이다.

앞에서 언급했듯이 발해국이 일본의 병선을 신라와 합세하여 대파하였다는 족보의 기사는 정사에 밀려 인정을 받지 못하였으나 이 기사를 무시하는 것은 온당한 태도가 아니다. 이러한 시각에서 신라가 발해국과 합세하여 일본의 병선을 격퇴한 것은 사실로 보아야 하며 『삼국사기』가 격퇴 사실을 의도적으로 덮어 둔 것으로 보는 주장도 제기되고 있다(『발해사연구』, p.48, 장국종).

발해국 관련 기사에서 『삼국사기』와 족보가 어긋난 예는 또 있다. 『삼국사기』(권 11, 신라본기, 경문왕 8년 6월)를 보면 황룡사의 (9층)탑이 벼락을 맞았다는 기사가 있다. 『협계태씨족보』(「발해국왕세략사」, 원왕 황룡 8년 6월)에는 경문왕 8년(868) 신라의 황룡사 9층탑이 벼락을 맞았음을 발해국에 알렸다는 기사가 있다. 보았듯이 『삼국사기』에는 탑이 벼락을 맞은 사실만 전해 주고 신라가 이를 발해국에 알렸다는 기사는 없다.

731년의 사건과 868년의 사태로 보건대 발해국은 신라보다 큰 나라였음을 알 수 있다. 그러나 김부식은 신라의 입장만 내세우려 하여 발해국과의 관계 기사를 삭제하여 남기지 않았던 것이다.

이렇듯 『삼국사기』는 신라와 발해국의 관계를 전함에 있어 발해국을 제외시킨 예는 더 있다. 이를 보면 다음과 같다.

원성왕 6년(790) 3월 일길찬—吉湌 백어伯魚를 북국에 사신으로 파견하였다(『삼국사기』 신라본기).

현덕왕 4년(812) 9월 급찬級湌 숭정崇正을 북국에 사신으로 파견하였다 (『삼국사기』 신라본기).

신라의 사신 백어와 숭정이 발해국에 파견되었다는 기사는 『협계 태씨족보』에 없으나 이 기사는 사건의 일부분만을 다룬 것이 분명하다. 사신의 파견은 일방적으로 그치지 않는다. 그렇다면 발해국도 신라에 사신을 파견하였다는 기사가 있어야 하는데도 없는 것은 『삼국사기』에서 발해국 관련 기사를 신라 위주로 작성하려는 저의에서 빚어졌다고 하겠다.

그러므로 두 차례나 사신을 파견하였다는 위 기사는 역사상 완전하다고 볼 수 없다. 이처럼 역사적으로 중요한 사건들이 왜곡되거나 삭제된 만큼 발해국과 신라의 관계를 사실대로 찾아볼 수 없는 실정이다. 그러나 『삼국사기』에 숨기지 못한 사료가 더러 발견되기도 한다. 그것은 상호 불교문화의 발전을 통해 두 나라 간에 평화 관계가 유지되었음을 보여 주는 것이다. 『삼국사기』(권 10, 신라본기, 홍덕왕 2년 3월)에

고구려의 승려 구덕丘德이 당나라에 들어갔다가 불경을 가지고 왔다.
왕은 여러 사찰의 승려들을 소집하여 그를 나가 맞이하게 하였다.

라는 기사가 있는데 고구려의 승려라는 구덕이 고구려가 멸망한 668년에서 한 세기 반이 지난 827년에 신라에 불경을 가지고 왔다면 그는 고구려의 승려가 될 수 없다. 그러나 고구려의 승려라 한 것은 어찌 된 일인가. 이에 대해 북한에서는 이 시기 고려후국이 한반도의 서북부와 요동 반도에 걸쳐 있었다고 하여 그를 고려후국의 승려

라고 보고 있다. 또한 고려후국은 발해국에 속해 있었으므로 그는 결국 발해국의 승려라는 주장이다.

흥덕왕이 직접 나서서 여러 사찰의 승려들이 구덕을 나가서 맞이하게 하였다는 사실로 보아 그는 발해국에서 이름난 고승이었음을 헤아릴 수 있다. 그러므로 그가 가져온 불경은 내용상 가볍지 않았을 것이다. 그러면 신라의 고승도 발해국에 드나들었을 것이다.

이와 관련하여 『영변읍지』의 고적편 기사를 보면 신라의 고승인 의상義湘(625~702)과 원효元曉(617~686)가 만년에 고려후국의 관내인 묘향산에 암자를 짓고 여기에 기거하면서 불교를 전했다는 기사를 만난다. 물론 묘향산에는 이들이 여기에 머물면서 불교를 전했음을 뜻하는 의상암과 원효암 등의 유적이 전해지고 있다. 이는 신라의 고승들도 고려후국에 드나들면서 불교를 전도하였음을 보여 주는 것이다.

이러한 사실로 보아 두 나라의 일반 승려들도 상대 국가에 드나들면서 불교를 전하였을 것이다. 이는 발해국과 신라가 상호 문화 교류를 해 왔음을 보여 준다. 기록이 없어서 알 수 없으나 두 나라는 불교 이외 다른 면에서의 문화적 교류도 진행하였을 것이다. 두 나라의 교류가 어떤 통로를 통해 이루어졌는지 알 수 없으나 당나라의 지리학자인 가탐(730~850)이 지은 『고금군국지』에 신라의 천정군(덕원 경계)에서 발해국의 책성부까지 39역이 있다거나 『신당서』 발해전에 남해 신라도가 있었다는 것을 보면 두 나라 간의 교류는 육로와 해로를 통해 이루어졌음을 짐작할 수 있다.

특히 신라도가 있었던 것을 보면 두 나라의 사신 왕래는 두 차례로 끝나지 않았으며 발해국의 남경남해부와 동경용천부를 잇는 역참이 있었다는 것은 두 나라 간에 광범위한 교류가 이루어졌음을 보여 준다.

그러므로 발해국과 신라는 대립과 전쟁 관계 외에 평화 관계도 맺어 왔다고 보는 것이 온당하다.

■ 맺음말

　우리가 발해사의 주인인데도 중국인은 이를 인정하지 않고 있다. 왜 그렇게 된 걸까. 상당한 원인은 우리에게 있다. 우리가 발해사의 주인임을 학문적으로 명백히 해 두지 못해서이다. 지금까지 우리는 학문적 뒷받침 없이 말로만 발해사가 우리 것이라고 했을 따름이다. 그러면 중국인은 발해사를 누구의 걸로 믿는 걸까. 지금은 발해사가 자신들의 것이라고 강변하고 있지만 전에는 말갈족의 것이라고 우겨 왔었다. 이처럼 발해사의 주인이 말갈족으로부터 중국인으로 바뀌게 된 것은 지금 중국 영토 안에 있었던 모든 민족의 역사를 중국사로 끌어들이려는 배타적 중화 사관이 이의 배경이 되었던 것이다.

　만주 땅을 지배했던 고구려인·발해인 그리고 만주인(말갈족의 후예)이 지금 중국인으로 흡수되었다는 사실에 근거하여 중국인들은 발해사를 중국의 역사로 만들려고 부심하고 있다. 중국의 정사正史로 25사史가 있는데 여기에 요·금·원·청 등 북방민족 국가의 역사도 들어 있다. 이들 국가는 자진해서 중국 본토로 들어가 장기간 직접 중국인을 통치했기 때문에 이들 국가의 역사는 중국사로 편입되는 것이 당연하다.

　그러나 엄연히 중국사 밖에 있었던 고구려사와 발해사를 이렇게 인위적으로 중국사로 끌어들여도 된단 말인가. 중국인들은 된다 하겠지만 세계인의 인정을 구하기가 용이하지 않을 것이다. 그렇다고 해서 우리는 수수방관해서는 안 된다. 중국인의 주장은 합리적인 발해사 인식을 정면으로 뒤흔든 것이므로 우리로서는 대응논리를 세워야 한다.

필자는 1997년 출판된『고구려제국사』를 통해 대응논리를 확립했다고 자평한다. 또한 필자는 1990년 출판된『발해 발해인』에서 발해사가 고구려 유민의 역사임을 발해유민의 생활 모습을 통해 명백히 부각시킨 바 있다.

『요사遼史』와『금사金史』에 실린 발해 유민의 열전은 발해국의 정체를 극명하게 보여 주는 귀중한 문헌자료이다. 그런데도 중국인들은 이 부분의 기사를 주목하지 않고 모른 체하고 있다. 발해국의 정체성을 보여 주는 문헌자료로서 이보다 더 정확한 것이 없다는 것은 그들 스스로 잘 알고 있어서이다.

발해국의 정체성을 논하려면『요사』와『금사』에 실린 발해국 유민의 역사를 덮어 두어서는 안 된다. 지적했듯이 중국인들은 이 부분을 덮어 버리고 사리에 어긋난 억지 주장만 하고 있으니 안타깝다. 중국인들은 발해국의 정체성에 대해 편리한 대로 말하고 있을 따름이다.

발해국의 영토는 지금 중국 영토 안에 있지만 발해국의 주체적인 종족은 고구려계였다고 표현해야 온당하고 이치에 맞는다. 역사에 대한 기본 상식이 조금만 있다면 누구나 이같이 생각할 수 있는데 중국인만 왜 다르게 생각하고 있는 걸까. 그 원인은 중국인의 전통적인 화이사관華夷史觀(중화사관)에 고스란히 담겨 있으므로 여기서 그 해답을 찾아야 한다.

이 화이사관에 바탕을 둔 것이 중국인의 전통적인 역사 인식이다. 이들의 역사 인식과 사관은 독선적·배타적·비타협적이다. 그런데 이 화이사관을 반대한 것은 북방민족이었다. 이들은 이 화이사관을 무력화시키기 위해 이화사관夷華史觀을 확립하였다. 무조건적인 반대가 아니고 합리적인 반대였다. 중국 본토는 무조건 한족만 통치할 수 있는 것이 아니고 비한족(북방민족)도 통치할 수 있다는 것이 이화사관의 중심 내용이다. 즉 비한족도 중국 본토의 주인이 될 수 있다는 것이다.

이 이화사관은 북방민족 국가의 소멸로 운명을 같이하였다. 그러자 이화사관에 억눌렸던 화이사관이 되살아나 고구려사와 발해사가 모두 중국사라는 주장이 난무하고 있는 실정이다. 과거에, 중국인들은 고구려사와 발해사가 중국의 역사라고 하지 않았다. 지금 중국 정부가 발해사까지 중국사라고 주장하는 것은 이 화이사관이 더욱 배타적으로 기울어졌음을 보여 주는 것이다.

이러한 역사 인식의 와중에 우리가 할 수 있는 것은 발해사가 고구려계 유민의 역사였다는 사실을 입증할 수 있는 방법을 다방면으로 찾아내어 합리적인 증거를 확보하는 일이다. 그동안 우리는 지나친 이념 대립으로 고구려사와 발해사의 진가를 잊고 살아왔으나 비타협적인 화이사관으로 이웃 나라의 역사를 폄하하는 데 익숙한 중국인들은 고구려사와 발해사를 중국의 역사로 끌어들이기 위한 작업을 정부 지원하에 소리 없이 진행시켜 왔다.

고구려와 발해사가 중국의 역사로 되면 우리는 형용할 수 없는 손실을 보게 된다. 즉 우리는 역사 없는 민족이 됨으로써 민족의 존엄성을 잃게 되며 한민족의 존재가 사라질 운명을 겪게 될 것이다. 그래서 우리는 고구려사와 발해사를 반드시 자력으로 지켜내야 한다. 어떤 방법으로 수호해야 할까.

고구려사와 발해사의 수호는 늦출 수 없는 민족 생존의 문제이다. 그러므로 그 방법은 역사적으로 모색해야 한다. 가장 확실한 방법은 중국 측의 억지 논리를 무력화시켜야 하는 것이다. 고구려사에서는 고구려가 중국의 소수 지방 정권이 아니고 제국이었음을 논증하는 것이며 발해사에서는 발해국이 고구려를 계승한 제국이었음을 다각도로 입증해 보이는 것이다.

후자의 경우는 이 책의 서술 목표이다. 중국 측의 발해 관련 문헌 자료에는 발해국이 고구려의 계승국임을 언급한 기사가 단편적이지만 적지 않다. 필자는 이들 자료를 바탕으로 그 계승성을 34개 항목으로 면밀히 살펴보았던 것이다. 이를 근거로 얻은 결론은 발해국이 고구려계와 말갈계의 공조로 세워졌으나 그 발전을 주도한 것은 분명 고구려계 사람이었다는 사실이다.

중국 측의 억지 논리를 되돌리게 할 수 있는 확실한 대응 논리는 종전의 그런 연구방법으로는 한계가 있어서 지금까지 시도한 바 없는 새 연구방법을 도입했던 것이다. 그것은 중국과 우리의 역사문헌에 단편적으로 실려 있는 발해국 관련 기사 가운데서 고구려와 연관성이 있는 기사를 중심으로 그 상관성을 입증하는 방법이다.

지금까지 발해국의 건국 및 발전의 주체가 된 종족 문제에 대해 이해당사국 간에 국익 차원에서 '고구려계다, 말갈계다'라는 식으로 의견과 주장이 사실상 엇갈려 왔다. 이런 식의 연구가 지속되는 한 이런 문제의 해명은 계속 미해결로 남을 수밖에 없다. 그런데 중국은 이 문제를 놓고 갑자기 종전의 태도에서 벗어나 발해사를 강도 있게 중국사로 끌어들여 놓았다. 발해국의 영토 일부가 지금 러시아의 연해주에 있으나 러시아는 발해사가 러시아의 역사라고 주장하고 있지 않다. 다만 말갈족의 역사라고 말하고는 있다.

이런 점으로 볼 때 중국 측의 그 같은 주장은 설득력이 없다고 하지 않을 수 없다. 그렇다고 해서 우리는 손을 놓고 있어서는 안 된다. 중국 측의 주장이 부당하다는 것을 학문적으로 파헤쳐 완벽한 대응 논리를 마련해야 한다는 신념에서 고구려와 발해국의 연관성을 밝혀보려고 노력하였다. 끝으로 판단하건대 발해국의 건국 및 발전 주체의 종족이 고구려계였다는 효과를 거두었다고 자부한다. 향후 이보다 더 나은 연구방법이 나온다면 더 바랄 것이 없다.

■ 부록

자료로 보는 발해국의 역사

1. 발해국 시대에 편찬된 자료

발해국의 존립 당시에 편찬된 문헌 가운데 한국의 것은 『삼국사기』·『고운선생문집』·『동문선』 등인데 여기에 최치원의 편지 4통이 있다. 당나라의 것으로는 장건장의 『발해국기』와 가탐의 『고금군국지』 그리고 두우의 『통전』 등이 있다. 일본의 것으로는 『속일본기』 등에 실린 발해국과 일본 사이의 외교 문서와 엔닌圓仁이 지은 『자각국사입당구법순례행기慈覺國師入唐求法巡禮行記』 등이 있다. 이 외에 금석문도 있는데 정혜공주와 정효공주의 묘비문이 그것이다.

당나라의 것은 내용상 단편적이다 보니 발해국의 역사를 상세하게 전하고 있는 최치원의 네 통의 편지와 『속일본기』 등 일본의 역사책이 전해 주고 있는 기사를 중점적으로 알아보려 한다. 발해국 시대에 작성된 발해국 관련 기사는 그후에 만들어진 것보다 왜곡된 부분이 그만큼 적어 사실에 가깝다. 이런 기사는 발해국을 고구려의 계승국이라고 인정하였다. 그러므로 발해국의 존립 당시에 쓰인 기사는 자료로서 가치가 크다.

그러나 역사적으로 비중 있는 자료는 발해국의 멸망 후에 중국에서 편찬된 『구당서』의 발해말갈전과 『신당서』의 발해전이며, 오히려 발해국의 존립 당시에 작성된 자료를 낮게 보려는 경향이 우세하다.

발해국 연구자들이 취해야 할 연구 태도는 발해국의 존립 당시 작성된 역사 문헌을 1차 자료로 인정하고 발해국의 고구려 계승성 문제를 논하며, 그리고 이후에 작성된 자료의 가치 유무를 평하는 것이라고 하겠다.

(1) 최치원의 편지

남북조 시대 신라의 학자로서 발해국의 역사는 물론 발해국과 신라의 관계 그리고 발해국과 당나라의 관계까지 잘 알고 있는 최치원(857~?)은 당나라에 네 통의 편지를 보냈는데, 여기에 발해국의 역사와 관련이 있는 사료들이 있다. 그가 당나라의 태사 시중에게 보낸 편지에는 발해국의 역사에 관한 언급이 있다.

> 들건대 동쪽 나라 밖에 세 나라가 있는데 그 이름은 마한·변한·진한이다. 마한은 고려(고구려)가 되고 변한은 백제가 되고 진한은 신라가 되었다. …… 고구려 유민들이 모여 북쪽으로 태백산 아래에 의거하여 나라 이름을 발해라고 하였다(『삼국사기』 최치원전).

그는 발해국이 마한을 이은 고구려의 계승국임을 밝혔다. 그는 또한 편지에서

> (발해국이) 개원 20년(732) 원한을 품고 군사를 거느리고 등주를 습격하여 자사 위준을 죽였다. 명황제(당나라 현종)가 크게 성을 내어 내사內史 고품高品·하행성何行成과 태복경太僕卿 김사란金思蘭에게 명하여 군사를 거느리고 바다를 건너 발해를 토벌할 적에 우리의 임금 김 아무개에게 벼슬을 더하여 정대위지절충영해군사 계림주도독正大尉持節充寧海郡事 鷄林州都督을 삼았건만 한겨울에 눈이 많이 내려 번인番人과 한인漢人이 추위를 이기지 못하였기에 칙명으로 철수케 하였다.

라고 하였다. 발해국이 군사를 동원하여 당나라의 등주를 공격한 사실이 서술되고 있으나 정확하지 못한 대목도 있다. 그것은 김사란이 거느린 신라군이 바다를 건너 발해국을 공격했다거나 당나라가 발해국의 남변을 공격하라고 신라에게 청한 사실을 잘못 서술한 것이다. 발해국이 당나라군을 마도산에서 공격한 사실이 없는 것도 부정확한 대목이다.

최치원은 다른 세 통의 편지에서도 발해국이 고구려의 계승국임을 인정하였으나 여기서는 발해국과 신라의 석차 순위가 중점적으로 언급되어 있다. 그는 신라왕의 이름으로 당나라의 강서관찰사 고상에게 보낸 편지에서 발해국 사람 오소도烏昭度가 당나라의 빈공(외국인이 응시하는 과거시험) 합격자 명단에 신라 사람보다 앞에 온 것에 대해 불평을 늘어놓았다. 이 편지 내용은 문학사적으로 가치 있는 문장으로 여겨져 고려 시대에 널리 전해져 왔는데 15세기의 서거정은『동문선』(권 47)에 역대 명문장의 하나로 실었다.

최치원은 발해국이 고구려의 계승국임을 인정하면서도 발해국을 적대시하는 신라 중심적 태도를 고수하여 발해국 사람을 신라 사람보다 낮은 자리에 놓아야 한다는 주장을 폈다. 그의 이 같은 태도는『동문선』(권 33)에 실린「사불허북국거상표謝不許北國居上表」에도 나타나 있다. 즉 897년 7월 발해국의 사신 대봉예大封裔가 당나라에 대해 발해국을 신라보다 높은 자리에 놓아 줄 것을 요청하였으나 당나라가 이를 허락하지 않았음을 최치원이 알고 사의를 표명한 바 있다.

보았듯이 최치원의 편지에 발해국을 신라보다 낮은 자리에 있는 나라로 만들려는 시도가 나타나 있음을 알 수 있다. 그의 역사관을 잘 보여 주는 자료를 소개하면 발해국의 존립 시기인 924년 최치원이 경상북도 문경군 봉암사의 지증대사적조탑비문智證大師寂照塔碑文의 한 대목을 들 수 있다. 이 비문에 "전날의 자그만 세 나라가 오늘 같은 하나의 큰 나라가 되었다."라는 글이 있다.

그는 고구려마저 작은 국가라고 왜곡한 반면 신라는 삼국의 영토를 모두 통합한 것처럼 역사를 날조했을 뿐 아니라 발해국을 깎아내리려고 한 것이 그의 역사관이다. 이처럼 최치원은 발해국을 민족사의 범주 밖으로 밀어내려고 하였다. 그가 당나라에 대해 발해국을 헐뜯는 말을 서슴지 않은 것은 모두 그의 신라 중심적 태도를 기반으로 한 것이다.

(2) 『속일본기』 등 일본의 사서

발해국 존립 당시의 역사를 전해 주는 일본의 역사책은 『일본서기』가 아니고 『육국사六國史』이다. 여기에는 『속일본기』(797년 편찬)·『일본후기(日本後紀)』(841년 편찬)·『속일본후기』(869년 편찬)·『문덕실록文德實錄』(879년 편찬)·『삼대실록三代實錄』(1901년 편찬) 등 다섯 가지 사서가 수록되었는데 모두 발해국의 역사를 담고 있다.

여기서 다루고 있는 발해 관련 기사는 발해국과 일본의 사신이 주고받은 국서와 사신 내왕에 관한 것으로 대부분 대외 관계 기사이다. 그 가운데는 발해국의 시원 및 주민 구성에 관한 것도 들어 있다. 이런 기사를 통해 발해국의 역사를 살피는 것은 새로운 접근법이라고 할 수 있다.

『일본후기』(권 4, 연력 15년 4월 무자)에 당나라에서 돌아온 유학승인 나카추우(永忠)가 전해 들은 말을 소개하고 있다.

> ……발해국은 고구려의 옛 땅이다. ……발해국에는 주·현·관館·역驛 등이 없고 곳곳에 마을들이 있는데 모두 말갈인의 부락이다. 그 백성은 말갈인이 많고 토인은 적다. 그런데 토인들로써 촌의 우두머

리를 삼는데 촌장은 도독이라 하고 다음 가는 촌의 촌장은 자사라 하
며 그 이하는 모두 수령이라고 부른다. 기후는 매우 차고 벼농사에
적합하지 않으며 민간에서는 글을 많이 읽는다. 고씨 이래로 조공이
끊어지지 않는다.

이 기록은 발해국에 들어온 일본 사신이 오가는 도중에 변방의 주
민 구성에 대해 간접적으로 전해 들은 것을 옮겨 적은 것이다. 일본
사신은 발해국을 고구려인이 세운 나라로 알고 있었는데 막상 가서
확인한 것은 토인(고구려인)이 적고 말갈인이 더 많았다는 것이다.

이는 어찌 된 일인가. 이 기록은 말갈족이 많이 분포, 거주하고 있
었던 동북 변방의 주민 구성을 언급한 것이며 고구려계 사람들이 주
로 많이 살고 있었던 발해국 본토의 주민 구성을 전체적으로 말한 것
이 아니다. 또 『일본후기』에서 보았듯이 발해국에 주·현·관·역
등이 없고 촌리들이 있으며 큰 촌에 도독, 이보다 작은 촌에 자사라는
촌장이 있었다는 것 역시 발해국 변방 지역의 실상을 전한 것이다.

발해국에 주현 제도가 있었고 역참이 설치되었는데 이런 것이 없다
는 것은 변방의 사정을 언급한 것이다. 가탐의 『고금군국지』를 보면
발해국에 들어오는 일본의 사신들이 도착하는 동경용원부(책성)에서 신
라의 동북 변경인 정천군(덕원)에 이르는 연도에 39개의 역이 있었다고
한다. 그러므로 발해국에 역참이 없다고 한 것은 본토가 아니고 변방
지역을 지적하였음을 알 수 있다. 그리고 변방 지역에서 말갈 사람들
이 도독·자사 이하의 고구려인을 두령이라고 불렀다고 한 것은 발해
국 전체적으로 고구려인들이 주도권을 쥐고 있었음을 말해 준다.

발해국 시대에 작성된 발해 관련 사료는 멸망 후에 작성된 자료보
다 사실을 정확하게 기술하여 제1차 자료로서 소중한 가치를 지니고
있으나 잘못 해석하여 발해국에는 전반적으로 말갈 사람들이 고구려

인보다 훨씬 많았던 것처럼 오판하였다.

한편 제1차 자료라고 해서 무조건 이를 수용하는 것도 문제가 된다. 발해국의 존립 당시 일본 사람들에 의해 작성된 사료 중에는 비판을 받아야 하는 것도 있다. 즉 일본은 자국을 높이려는 발상에서 발해국을 낮춘 기사가 있다는 것이 그것이다. 이뿐 아니라 신라 역시 신라 자존적 입장에서 발해국을 경멸하는 태도를 견지하였으므로 발해국의 존립 당시에 작성된 자료 중에는 꼼꼼히 따져 봐야 하는 것도 있다.

2. 발해국 멸망 후의 발해 사료

발해국의 멸망 후에도 발해국 관련 사료는 계속 편찬되었다. 이를 시기적으로 보면 고려 시대에 해당하는 기간에 편찬된 것을 비롯하여 15~17세기의 것 그리고 18~20세기 초의 것으로 분류할 수 있다.

(1) 고려와 그 해당 시기에 편찬된 발해 사료

발해국의 멸망 후 발해국 관련 역사책이 처음 나온 것은 고려의 성립(918)을 기점으로 한 10세기 중엽부터이다. 이의 대표적인 것을 편찬 순서대로 보면 10세기의 『구당서』, 11세기의 『신당서』·『오대사』, 12세기의 『고려도경』·『삼국사기』, 13세기의 『삼국유사』·『제왕운기』, 14세기의 『송사』 등이다.

고려 시대에 해당하는 시기에 나온 발해국 관련 역사책은 대부분 이전 시기처럼 발해국을 고구려의 계승국으로 서술하였으나, 이와 달리 서술한 경우도 있다. 『신당서』는 발해국을 말갈의 국가로 왜곡하였는가 하면 『삼국사기』는 발해국의 역사를 부분적이지만 우회 형식으로 취급하였으며 『삼국유사』는 서술 목적조차 밝히지 않았다.

그러나 발해국의 역사를 왜곡한 역사책을 무조건 외면할 수 없다. 그러니 발해국의 역사를 정확히 서술한 책들은 참으로 소중하다.

『구당서舊唐書』

『구당서』는 945년(고려의 제2대 혜종 2, 후진의 출제 2)에 편찬되었다. 『구당서』의 편찬은 당나라 때부터 시작되어 여러 사람을 거쳐 후진 때 유후劉煦에 의해 완성되었다.

이 책의 「발해말갈전」은 4단계로 서술되었다. 첫 단계는 대조영의 족속 문제, 두 번째 단계는 발해국의 건국 과정, 세 번째 단계는 영역·호구 등, 네 번째 단계는 대외 관계·대외 전쟁·책봉 문제 등이다. 여기서 살펴보려는 것은 첫 단계와 두 번째 단계에 대한 것이다. 요점을 지적하면 다음과 같다.

1) 대조영이 영주에서 말갈인의 두목 걸사비우와 함께 각기 병력을 이끌고 동쪽으로 진군하였다는 것이다. 이를 풀어 말하면 처음에 고구려인 부대와 말갈인 부대는 각기 따로 행동하였다는 것이다.
2) 걸사비우의 병력이 당나라의 추격군에 의해 패하고 걸사비우가 전사하자 대조영이 그의 병력까지 흡수, 통솔하면서 동쪽으로 진군하여 동모산(오동성 부근)에 수도를 잡았다는 것이다.
3) 대조영이 날쌔고 용감하여 전투를 잘 지휘하자 말갈족의 무리와 고구려의 남은 세력이 모두 그에게 모여들어 그는 발해국을 세우고 그 첫 왕이 되었다는 것이다.

이를 전제로 하면 발해국의 건국 과정에 주동적 역할을 한 것은 고구려인이라고 하겠다. 그러므로 발해국은 고구려 유민이 세운 국가이며 권력을 잡은 것도 고구려인임을 알 수 있다.

『구당서』 발해말갈전이 나온 이후 중국의 역사책들은 대부분 발해국이 고구려를 계승한 국가임을 인정하였다. 이의 대표적인 것을 들면 『당회요』(961)·『오대회요』(961 전후)·『구오대사』(974)·『태평환우기』(976~983)·『책부원구』(1013)·『신오대사』(1060)·『무경총요』(1060)·『자치통감』(1084)·『송사』(1345)·『요사』(1344)·『송회요』(원대) 등이다.

끝으로 『책부원구』(권 199, 토풍)를 보면 진국은 본래 고(구)려라고 하였다. 『책부원구』 등 발해국 관련 역사책들은 발해국을 고구려의 계승국으로 인정하였다.

『신당서新唐書』

『신당서』는 1060년(고려 무종 14, 북송 인종 5) 구양수歐陽修와 송기宋祁 등에 의해 편찬되었다. 이 책은 『구당서』의 발해말갈전을 바탕으로 발해국의 건국을 서술하였는데 장건장의 『발해국기』 등을 참고한 것으로 여겨진다. 『신당서』의 발해전에서 주력한 것은 송나라 사람들이 중국의 명예를 유지하기 위하여 발해국을 고구려인의 국가가 아니고 말갈인의 나라로 둔갑시킨 것이다. 그러므로 발해국의 건국 경위를 비롯하여 창업주에 대해서도 모호하게 서술하였다. 즉 발해는 본래 속말말갈로서 고구려에 붙은 대씨라는 인물이 창건했다고밖에 볼 수 없도록 애매한 표현을 썼다.

이렇듯 발해국은 말갈족의 한 갈래인 속말말갈 사람으로서 고구려에 붙은 대조영이 세운 국가로 묘사되었다. 속말말갈인이라는 것은 속말수가에 거주한 고구려(부여)인에게 붙인 경멸의 호칭이며 고구려인이 말갈의 한 갈래인 것처럼 조작되었다.

발해국의 창업자를 고구려인이라고 인정한 『구당서』와 반대로 『신당서』는 창업주를 속말말갈인으로 둔갑시켰다. 중국의 역사가들은 『신당서』가 중국의 명예를 지켰다는 점 때문에 『신당서』를 애독하였으며, 여기서 더 나아가 『신당서』의 중국 자존적인 필법을 맹종하여 쓴 역사서가 『옥해』(13세기) · 『문헌통고』(13세기) · 『금사』(14세기) 등이다.

이렇듯 『신당서』는 발해전은 물론이고 부정확하게 서술한 부분이 많다 보니 후대에 많은 사람들이 이를 비판하고 나섰던 것이다.

『오대사五代史』

『오대사』는 『신당서』를 편찬한 구양수가 오대(후양 · 후당 · 후진 · 후한 · 후주)의 역사를 편찬한 책이다. 이 책의 발해전은 『신당서』 발해전의 기사와 다소 차이점이 있다. 왜냐하면 『신당서』 열전은 구양수가 아니고 송기가 편찬했기 때문이다.

『오대사』는 발해의 본래 칭호가 말갈이며 발해는 고(구)려의 별종이라고 하였다. 발해를 고구려의 별종이라고 한 것은 대조영이 고구려의 별종이라는 『구당서』 발해전의 기사를 따른 것이다. 이로 보건대 구양수는 발해국이 고구려의 계승국임을 인정하였음을 알 수 있다.

또한 『오대사』는 대조영의 아버지 대걸걸중상大乞乞中象을 고(구)려의 별종이라 하여 대조영의 가계와 발해국을 모두 고(구)려의 별종이라고 함으로써 발해국이 고구려의 계승국임을 밝혔다. 그러므로 『오대사』가 구양수의 편찬서라는 한 가지 이유 때문에 발해말갈설을 주장한 『신당서』 발해전과 같다고 할 수 없다.

『고려도경高麗圖經』

1123년 고려에 온 송나라의 사신 노윤적의 종사관인 서긍徐兢(1091~1153)이 고려에 머문 기간에 보고 들은 것을 적은 것이 『고려도경』이다. 서긍은 고대부터 고려 중엽까지 우리나라의 역사를 간명하게 썼는데 발해사는 한 부분이다. 그는 고구려의 계승국으로 발해국을 내세우고 고려를 발해국의 계승국으로 보았다.

서긍은 비록 고려에서의 체류 기간이 짧았으나 발해국의 역사를 정확히 파악하였는데 이는 고려에 오기 전부터 발해국의 역사를 알아보았기 때문이다. 그의 발해 서술에서 착오가 없는 것은 아니다. 당나라가 고구려인 걸걸중상을 왕으로 내세웠다는 것이 그것이다. 이 대목은 착오라고 보는 것이 맞을 것이다.

『삼국사기三國史記』

김부식金富軾(1075~1151)은『삼국사기』에서 발해국의 역사를 의도적으로 제외시켰다는 비난을 받고 있다.『삼국사기』는 어디까지나 삼국의 역사를 다루었으므로 발해국의 역사를 제외시킨 것은 비난받을 일이 못 된다. 다만 문제점은 발해국과 신라의 관계를 모호하게 서술하여 발해란 국명을 밝히지 않고 북국北國이라고 표현한 것이다.『삼국사기』에서는 790년과 812년 신라가 사신을 파견한 나라가 발해국인데 북국이라고 표현하였다. 이는 그가 발해란 국명의 사용을 달가워하지 않았기 때문이다.

또한 지적을 받아야 하는 것은 발해국과 관련이 있는 기사를 삭제함으로써 신라가 사건을 단독으로 수행한 것처럼 서술한 것이다. 731년 발해국의 주도로 펼쳐진 신라와의 연합 작전으로 일본의 해적을 격퇴시켰으나 이것이 신라의 권위를 훼손한 것이라고 생각하여 발해군의 역할을 무시하고 이를 의도적으로 삭제하였던 것이다.

이러한 예는 더 보인다.『삼국사기』(권 10, 흥덕왕 2년 3월)에 보면 고구려의 승려 구덕丘德이 당나라에 들어갔다가 돌아올 때 불경을 가지고 왔다. 왕은 여러 사찰의 승려들을 모이게 하여 그를 맞이하였다는 기사가 그것이다. 김부식은 발해국이란 국명을 꺼려 당시 존재하지 않은 고구려를 임의로 만들어 사실 자체를 애매하게 만들었던 것이다.

김부식이 발해국을 발해말갈 또는 말갈로 바꿔 놓은 것도 지적을 받아 마땅한 일이다.『삼국사기』권 8, 성덕왕 32년(733) 7월조를 보면

> 당나라 현종은 발해말갈이 바다를 건너 등주에 쳐들어오자 태복원외
> 경 김사란을 귀국시켜…… 군대를 출동하여 말갈의 남쪽을 공격하게
> 하였다.

라는 기사가 있으며 다음 해 정월의 기사도 발해를 말갈이라고 하였다.

이처럼 『삼국사기』가 발해를 말갈이라고 표현한 것은 발해를 무지
한 말갈족의 국가로 꾸미려 했기 때문이다. 그러나 그가 발해국의 존
재를 인정하지 않은 것은 아니다. 그는 『삼국사기』 지리지(4)에서 가
탐이 지은 『고금군국지』의 기사를 인용하기를

> 발해국의 남해·압록·부여·책성의 4부는 모두 고구려의 땅이다.
> 신라의 천정군에서 책성부까지 모두 39개 역이 있다.

라고 하였다. 그가 이런 기사를 인용하였다는 것은 발해국의 존재를
인정하였음을 뜻한다. 그는 여기서 더 나아가 스스로 발해라는 국명을
한 차례 쓰기도 하였다.

> 발해인 문예가 이르기를 옛날 고(구)려가 강성할 때 군사 30만으로 당
> 나라에 대적하였으니 지세가 유리하고 군대가 강하였다고 할 수 있다.

이처럼 김부식은 『삼국사기』에서 발해국의 역사를 제외하려고 발해
를 말갈이라고 표현하였으며, 발해라고 쓴 것은 실수가 아니고 그의
본심을 나타낸 것이라고 보인다.

『삼국유사三國遺事』

일연一然(1206~1289)은 『삼국유사』(권 1, 紀異 말갈발해)에서 발해국에 관한
자신의 견해를 밝히지 않고 『신라고기新羅古紀』·『삼국사三國史』·『통전通
典』·『고금군국지古今郡國志』 등의 기사를 나열하기만 하였다. 그가 인용

한 기사들은 일치하지 않아 어느 기사가 그를 충족시켰는지 가려내기 힘들다. 그가 인용하였다는 『통전』에는 『삼국유사』에 인용된 기사가 없다. 그러므로 그가 인용한 책은 『통전』이 아님을 알 수 있다.

그가 또한 인용한 『신라고기』와 『삼국사』는 발해국이 고구려를 계승하였다고 적고 있다. 이는 발해국이 고구려의 계승국임을 신라 사람들이 알고 있었음을 말해 준다. 그러나 그가 발해국에 대해 어떤 생각을 하였는지 알 수 없다.

『삼국유사』에서는 발해국을 간접적으로 언급한 대목이 보이기도 한다. 『삼국유사』 권 3, 탑과 불상 4, 백률사조에 국선 부례랑夫禮郎이 893년 늦은 봄에 화랑 무리를 거느리고 금란金蘭(강원도 통천) 지방을 유람할 목적에서 북명北溟(강릉)에 이르렀다가 오랑캐족 도적[北狄]에 붙들렸다는 기사가 있다.

부례랑은 그 나라의 구도구라九都九羅라는 인물의 집에서 짐승 기르는 일을 하였는데 어느 승려의 도움으로 신라로 돌아왔다. 위의 기사를 통해 알 수 있는 것은 693년 무렵 대씨의 일족인 구도구라가 신라의 동북 지역에서 정치적 세력을 형성하고 있었다는 것이다. 그 시기는 발해국의 성립 과정이 진행되고 있었던 무렵이다.

일연은 이곳의 발해인들을 오랑캐족 도둑이라고 했는데 이는 그가 발해국을 오랑캐의 나라로 보았음을 의미한다. 일연은 『삼국유사』에서 발해국이 고구려를 계승하였다는 『신라고기』의 기사까지 인용하였으나 발해국을 적대시한 것만은 분명하다.

『제왕운기帝王韻紀』

이승휴李承休(1224~1300)의 생존 때만 해도 발해국 때부터 전해 오는 발해국 관련 기사들이 적지 않았다. 그러나 앞선 시기에 나온 『삼국사기』는 발해국의 역사를 왜곡, 축소시킨 중국의 『신당서』 등의 자료만을 중시하다 보니 국내의 전승 자료를 무시하고 발해국의 역사를 서술하였다. 종전의 발해사 서술에서 벗어난 새로운 서술이다.

이승휴는 대조영을 고구려의 옛 장수라고 표현하였다. 이는 그를 말갈과 연관시키지 않았음을 뜻한다. 이로써 발해국을 말갈의 국가로 보는 것이 부당함을 폭로하였다. 그는 걸걸중상이 태백산 남성에 의거하여 당나라의 측천무후가 집권한 갑신년(684)에 나라를 세웠는데 발해가 그것이라고 하였다.

그는 남성의 세주細註에서 지금의 남책성今南柵城也이라고 하면서 또한 발해는 본래 속말말갈로서 영주 동쪽에 살았다는 『오대사』의 기사도 소개하였다. 그는 『오대사』의 속말말갈설을 부인하고 있었기 때문에 그런 견해도 있다는 정도로 소개했던 것이다. 그는 진국振國에 대해 서술하지 않았는데 진국이 발해국이었음을 인정하였기 때문이다.

그는 발해국의 건국 연대를 기존의 연대인 698년보다 14년 앞선 684년으로 보았다. 그러므로 발해국의 존립 기간은 228년간이 아니라 242년간이라는 주장이다.

이승휴는 발해국이 고구려의 계승 국가이며 고려에 계승되었음을 들춰냈다. 그러나 그는 삼국이 신라에 의해 통일된 것으로 보았다. 즉 그는 이 책의 신라편에서 김유신은 고구려와 백제를 평정하는 데 공로가 컸다고 하거나 고구려와 백제편에서는 멸망 후 그 옛 땅이 신라에 통합된 것으로 서술하였다. 결국 그는 발해국이 고구려의 계승국임을 인정하면서 신라통일론을 긍정하였다. 그러므로 그가 발해국과 신라가 동족의 나라임을 부정한 것은 아니었다.

아무튼 『제왕운기』는 『삼국사기』에서 무시당한 발해국을 다시 찾아냈다는 면에서 의의가 매우 큰 저서라고 해야 할 것이다. 이승휴가 『삼국사기』에서 잘못 서술된 발해국을 바로잡으려고 노력하였으나 그의 뜻이 계승되지 못해 그릇된 서술이 다시 제자리를 잡았다. 이승휴의 발해사에 대한 태도는 18세기 실학의 시대가 열리면서 그 명맥이 다시 이어지게 되었다.

『송사宋史』의 발해전

원나라의 탁극탁托克托 일명 탈탈脫脫(1313~1354) 등이 1345년에 편찬한 『송사』 권 491에 발해전이 수록되어 있다. 이 책의 발해전은 발해국이 고(구)려의 별종이며 대조영에 의해 세워졌다고 밝혔다. 이 발해전의 특징은 기존 『신당서』 등의 발해전과 달리 발해국을 말갈족이 세운 국가로 보는 그런 표현이 없다는 것이다. 원나라 시대의 사가들은 발해국의 옛 땅이 원나라의 영토가 되었기 때문에 발해국을 말갈족의 국가로 날조시킬 이유가 없었다. 그러다 보니 이들은 과거 중국의 전통적 사가와 달리 발해국의 계승성 따위에 대해 왜곡할 필요성을 느끼지 않아 발해국 사람들은 발해국이라고 칭하였다고 서술하였다.

또 하나의 특징은 발해국 당시의 역사보다 멸망 후 유민들의 반거란 투쟁 과정에 세워진 국가들에 대해 서술을 많이 했다는 것이다. 그럴 만한 까닭이 있었는가. 송나라가 거란의 침입을 빈번히 받아 발해 유민의 정치적 세력을 송나라 주도의 반거란 투쟁에 끌어들여 세력 연합을 염원하고 있었기 때문이다.

『송사』의 편찬자는 발해전에서 송나라가 오사성 부유부 발해 염부왕烏舍城 浮府 渤海 琰府王을 비롯하여 대난하大鸞河 등 발해 유민의 대표적 정치 세력과 긴밀한 협력 관계를 염원한 사실을 구체적으로 서술하고 있다. 이 부분의 서술은 발해 유민들의 반거란 항쟁사 연구에서 중요한 자료로 인정받고 있다.

위에서 고려의 존립 시기에 여러 나라에서 편찬된 발해사 자료의 서술 내용 및 성격에 대해 알아보았다. 소개한 발해 관련 자료 외에 『구오대사』 등 발해 관련 자료가 더 있으나 모두 소개한 자료의 범위를 벗어나지 못하고 있다. 발해 자료에서 대조적인 요소를 두 가지 발견하였으니, 하나는 발해국을 말갈족의 국가로 보고 있는 것이며(『신당서』·『삼국사기』 등), 또 하나는 발해국을 고구려의 계승국으로 보고 있다는 것이다(『고려도경』·『제왕운기』·『송사』).

사료를 근거로 나타난 대조적인 경향은 18세기 이후에 들어와 극복되기 시작하였다. 그러나 신라통일론의 범위를 벗어나지 못하기는 마찬가지였다.

(2) 15~17세기에 편찬된 발해 사료

조선 시대가 되면서 발해 사료의 편찬이 매우 활발해졌다. 15세기에 발해 사료의 편찬이 비교적 활발하였으나 16~17세기는 좀 주춤하다가, 18세기 이후에 들어와 발해사의 연구가 본격적으로 이루어지기 시작하였다.

15세기 발해 사료의 편찬에 힘을 기울인 인물은 정인지와 서거정이며, 17세기에는 허목이 발해사를 서술하였다. 정인지는 『고려사』에서 발해 사료를 다루었고 서거정은 『동국통감』에서 발해 관련 기사를 다루었다. 이 시기에도 발해국의 고구려 계승에 대한 견해가 통일된 것은 아니었다. 그러므로 15세기 발해 사료에 대한 이해는 과거와 별로 달라진 것이 없었다. 그러나 분명히 달라진 것이 있었으니 그것은 발해국의 중요한 역사적 사건과 사실을 편년 형식으로 서술하였다는 것이다.

서거정은 우리 민족의 통사라고 할 수 있는 『동국통감』을 편찬하였는데 여기서 신라의 역사와 발해국의 역사를 연대순으로 체계 있게 서술하였다. 이런 서술은 15세기에 처음 나타났거니와 발해사의 편년이란 측면에서 큰 장점이 아닐 수 없다. 그러나 발해국의 말갈이란 범

위에서 벗어나지 못하기는 전 시대와 마찬가지였다

발해국 사료의 편찬은 16세기에 진전을 보지 못하다가 17세기 허목에 의해 진행되었으나 이렇다 할 성과는 없었다.

『고려사高麗史』

조선 초기의 유명한 학자인 정인지鄭麟趾(1396~1478)는 정도전이 편찬을 시작한 『고려사』(기전체, 139권)를 1451년에 완성하였다. 『고려사』는 고려의 역사를 서술 대상으로 했으므로 발해국의 역사를 체계적으로 서술할 수 없었으나 고려와 발해국의 관련 기사를 서술할 때 발해국의 역사도 함께 서술하였다. 특히 그는 발해국의 유민 10여만 명이 여러 차례 고려에 이주해 온 사실을 비롯하여 개별적인 측면에서 발해국의 역사를 간략히 다루었다.

정인지는 대조영의 족속 문제에 대해 『고려사』 권 1, 세가, 태조 8년 3월 경자조에서 '당나라 무후 때 고구려 사람 대조영이 달려가서 요동을 확보하였다.'라고 하였다. 대조영이 요동을 확보하였다는 것은 698년 발해 건국을 선포했음을 말하는 것이다.

그는 이어서 '예종이 발해군왕으로 봉하였으므로 이로 인하여 자칭 발해국이라고 하였다.'라고 하였다. 이는 713년에 진국이 발해국으로 국명이 바뀌었고 당나라와의 관계가 긴밀해졌다는 다른 자료를 옮긴 것이다. 『고려사』는 발해국의 영토 확대 과정을 비교적 자세히 서술한 동시에 정치·사회·문화·제도가 정비된 점도 다루었다.

정인지는 발해국과 고려를 동족의 나라로 보았으며, 발해국을 멸망시킨 거란에 대해 고려가 적대시한 사실을 누차 강조하였다. 942년(태조 25) 거란에서 낙타를 고려에 보냈을 때 고려는 거란이 발해국을 멸망시켰다고 하여 그 사신들을 귀양 보내고 낙타를 개경의 만부교 아래에 매어 놓고 굶겨 죽인 사실을 서술한 것이 대표적 예라 하겠다.

그는 발해국의 역사를 정확히 서술하긴 했으나 발해국의 속말말갈설을 벗어나지 못하였다. 이는 대조영을 속말말갈인으로 보는 것과는 다르다. 그는 발해국의 속말말갈설을 긍정하였으나, 족속 문제를 속말말갈과 결부시키지 않고 발해국이 속말말갈이 살던 곳에 건국되었다든가 발해국의 영역 안에 속말말갈이 거주하고 있었다는 그런 의미로 파악한 듯하다. 그래서 그는 고려에 이주해 온 발해국의 유민들을 발해인이라고 하였으며 말갈이란 표현은 한 번도 쓰시 않았고 대조영을 고구려 유민이라고 하였다.

그는 또한 발해국 유민의 반거란 투쟁을 말갈인의 투쟁이라고 표현한 적이 없다. 이는 발해국의 사람들을 고구려인의 후예로 알고 있었지 속말말갈인으로 보지 않았음을 보여 주는 것이다. 그는 발해국이 고구려의 유민이 세운 국가라는 사실을 알고 있었으나 발해국을 신라와 똑같이 보지는 않았다. 이는 『고려사』 권 92, 최언위전의 기사를 통해 알 수 있다.

> 최언위는······ 신라 말기 나이 18세에 당나라에 유학 가서 예부사랑 설정규의 지도를 받고 과거에 급제하였다. 이때 발해(국)의 재상 오소도의 아들 오광찬이 같은 해 과거에 급제하였다. 오소도가 당나라에 갔다가 아들의 이름이 최언위의 아래에 있는 것을 보고 제기하기를, 신은 전날 당나라에 가서 과거에 급제하여 이동李同(신라인)의 위에 있었다. 그러므로 지금의 신의 아들 광찬을 마땅히 언위의 위에 올려놓아야 한다고 하였다. 그러나 최언위의 재주와 학문이 더 나았으므로 이를 허락하지 않았다.

정인지가 발해국 사람과 신라 사람의 빈공 합격 순위 문제에 대해 논의된 내용을 쓴 것을 보면 발해국을 신라보다 아랫자리에 놓고 대하였음을 알 수 있다. 이런 사정으로 정인지는 발해국 관련 기사에서 공정성을 유지하기 힘들었을 것이다. 『고려사』에 발해국 관련 기사가 흩어져 있는 것도 우연은 아닐 것이다.

『동국통감東國通鑑』

서거정徐居正(1420~1488)은 1458년 완성한 『동국통감』에서 발해국의 역사를 서술하였다. 그러나 그는 발해국의 역사를 우리 민족사의 한 부분으로 보지 않았다. 즉 그는 『신당서』나 『삼국사기』의 기사대로 발해국을 속말말갈이라고 표현함으로써 발해국의 역사를 이민족의 역사로 만들었다.

그리하여 그는 발해국의 제국으로서의 면모를 잘 보여 주는 연호에 대해 한마디도 언급하지 않았다. 이는 발해국의 역사가 신라의 것보다 낫다고 판단되는 것을 의도적으로 피했기 때문이다. 그뿐만 아니라 그는 발해국의 건국 연대마저 밝히지 않았다. 『동국통감』 권 10, 신라기, 효소왕 7년 초에 발해국이 선포되었음을 서술해야 마땅하나 서술하지 않았다.

그는 성덕왕 12년(713)조에서 처음 발해국의 건국 과정을 소개하였다. 그는 대조영이 진국을 세웠음을 서술하긴 했으나 발해국의 건국과 결부시키지 않고 당나라가 대조영을 발해군왕에 봉하였다는 해의 조항에 처음 말갈이란 칭호를 버리고 오로지 발해라고만 칭하였다는 『신당서』의 기사를 그대로 옮겨 적었던 것이다.

그러나 『신당서』의 기사와 다른 내용이 있다. 그것은 말갈의 두목 걸사비우와 말갈인들이 진국의 건국에 참가한 사실을 쓰지 않고 대조영 밑에 고구려 사람들이 모여들어 진국을 세웠다고 쓴 것이다. 이는 그가 『신당서』의 기사에 근거하여 발해국의 건국 과정을 소개하였으나 발해국을 고구려 유민이 세운 국가로 보았다는 것을 말한다.

성덕왕 12년조의 위 기사는 서거정이 『동국통감』에서 첫 번째로 소개한 것이다. 그는 이 책에서 이 밖에도 여덟 군데에서 발해국의 역사를 서술하였다. 특히 성덕왕 32년(733)조에서 발해말갈이 당나라의 등주를 공격한 사실을 다루었다. 이 기사에서 보듯 왜 발해말갈이라고 표현하였는가. 이는 서거정이 발해국에 대한 적대 감정에서 쓴 『삼국사기』의 기사를 그대로 베꼈기 때문이다.

『동국통감』에서 미비점이 나타나는 것은 이승휴가 『제왕운기』에서 밝혔듯이 발해국의 역사를 민족사의 주요 부분으로 본 선구자적 업적을 무시하고 발해국의 역사를 왜곡한 『신당서』의 기사를 맹종했기 때문이다. 그러나 『동국통감』의 의의는 발해국의 역사를 편년체에 따라 처음 서술한 역사책이라는 데 있다.

『동국통감』 이전의 역사책에서 다룬 발해국의 역사 서술은 편년체의 서술 방법을 취하지 않아 전후 관계가 없는 단편적인 서술 그 자체로 그쳐 발해국의 역사를 모두 서술 대상으로 삼을 수 없었다. 그러나 서거정은 발해국의 역사를 모두 이 책에서 연대순으로 서술함으로써 체계적으로 이해할 수 있도록 만들었다.

그는 신라 위주의 정통사관에서 벗어나지 못해 발해국의 계승성 문제에 대한 인식이 부족하였으나, 같은 연대에서 발해국과 신라의 역사적 사건을 다루어 양국의 관계와 역사를 통일적으로 이해하는 데 토대를 마련하였다.

그는 『동국통감』 외에 『동문선』에 최치원이 당나라에 보낸 편지를 실었는데 편지는 『동국통감』과 함께 발해국의 역사 연구에서 빼놓을 수 없는 귀중한 자료이다.

결론적으로 서거정은 발해국의 역사에 대해 지대한 관심을 쏟은 인물로서 발해국의 역사 연구에 큰 도움을 주었다.

『기언記言』

17세기의 허목許穆(1595~1682)은 『기언』이란 자신의 저서에 『신당서』 발해전의 기사를 그대로 옮겨 놓았다. 그는 이 책 권 34, 말갈조에서 전날 진국이라고 부르다가 713년(개원 원년)부터 발해라고만 부르게 되었다는 사실까지 서술하였으나 발해국을 속말말갈의 나라로 보았다.

속말말갈을 고구려의 별종으로 본 그는 서술하는 과정에 대조영의 아버지 걸걸중상을 야발野勃의 3세손이라고 틀리게 서술하였다. 이는 그가 걸걸중상을 10대 왕 대인수와 혼동한 데서 빚어진 일이다. 『신당서』 발해전에 대인수의 4대조가 대조영의 아우 야발로 되어 있으므로 걸걸중상은 야발의 3세손이 될 수 없다. 『신당서』에 따르면 야발은 걸걸중상의 아들이 분명하다.

또한 그는 대인수를 대조영의 아우라고 하였다. 이는 허목이 야발과 인수를 혼동했기 때문이다.

그는 발해국의 5경 15부 62주를 5경 15주 62현이라고 하였다. 이는 그가 발해국의 부와 주를 주와 현으로 보았기 때문이다. 그는 『신당서』 발해전의 기사를 거의 그대로 베끼면서 서술에서 착오를 일으켰다. 예를 들면 그는 진국의 건국 과정을 설명하면서도 말갈 사람들도 건국에 참여하였다는 『신당서』의 발해전 기사를 제외하고 고구려 유민들을 한데 묶은 사실만 소개하였다. 이는 그가 발해국을 고구려의 계승 국가로 인정하면서도 발해 대신 말갈로 바꾸어 놓았음을 의미한다.

(3) 18~20세기 초 발해국의 사료 편찬 및 연구

18세기 이후 발해국의 사료 편찬은 급진전하였다. 실학파들이 연구의 손길을 민족사 영역까지 확대해 나감에 따라 사료 편찬과 연구가 큰 진전을 거두게 되었다. 실학자들은 대부분 발해국의 역사를 민족사의 한 부분으로 보아 연구를 거듭하면서 큰 성과를 거둔 것이 사실이다. 그러나 개중에는 발해국의 역사를 이민족의 역사로 보는 사람들도 없지 않았다. 여기에 속하는 실학자는 이익과 안정복이다.

실사구시의 학풍이 더해져 발해국의 역사 연구가 진지해지면서 이민족의 역사, 즉 말갈의 역사로 보던 견해가 퇴색하기 시작하였다. 유득공·한치윤·정약용·홍석주·김정호 등 실학자들은 실사구시적인 방법을 동원하여 발해국의 역사를 애국적인 입장에서 연구, 서술하였다. 이들 실학자들은 사료의 편찬과 연구를 병행한 결과 발해국의 역사를 민족사의 한 부분으로 믿는 동시에 발해국을 고구려의 계승국으로 이해하기에 이르렀다.

이들의 연구방법과 연구성과는 20세기 초의 애국 계몽 학자들에게 전해지게 되었다.

『성호새설류선星湖塞說類選』

18세기 중엽의 실학자 이익李瀷(1681~1763)이 쓴 『성호새설류선』은 발해국의 역사를 서술하였으나 『동국통감』의 발해사 서술 범위를 벗어나지 못하였다. 이익은 발해국의 역사를 민족사에 포함시키지 않았다. 그리하여 발해국의 족속 기원만 해도 이민족인 말갈에서 찾았다. 저서인 『성호새설류선』의 부록 이적夷狄조의 발해 항목에서 '발해는 본래 속말말갈, 고구려 별종이다'라고 서술하였다. 이 기사는 발해국의 주민이 고구려의 유민이 아니고 말갈의 갈래인 속말말갈이라는 것을 서술한 것이다.

이익은 옛 자료대로 속말말갈을 고구려의 별종이라고 하였으나 별종이란 고구려 종족과 다른 갈래란 표현이 아니고 이민족을 나타내는 의미로 쓰였다. 따라서 그는 발해국을 말갈족을 계승한 국가로 보았으며 대조영은 고구려의 유민이 아니라고 보았던 것이다.

이익은 발해국의 건국 연대에 대해서도 정확하게 인식하지 못하였다. 그는 698년 고구려의 옛 장수 대조영이 진국(발해국)을 세웠다는 국내외의 자료를 주목하지 않고 건국 연대에 대해 엇갈린 세 가지 주장을 내세웠다.

> 「대조영이 개원 원년(713) 나라를 세웠다.」
> 「당나라 중종 때 대조영을 발해왕에 임명하였다.」
> 「그 왕 대인선이 투항하여 발해는 망하였다. 발해는 조영으로부터 이 때에 이르기까지 모두 204년 10여대 왕이 된다.」

713년의 건국 운운은 『구당서』 권 249 下의 발해말갈전과 『신당서』 권 219 발해전에 예종 선천 2년(713) 대조영을 발해군왕에 봉하였다는 기사에 근거한 것이다. 이익은 당나라가 대조영을 발해군왕에 책봉한 그해를 발해의 건국 연대라 했는데 책봉하기 이전에 진국(발해국)이 있었음을 의미한다. 책봉 이전에 진국이 발해로 고쳐졌기 때문에 발해왕에 책봉한 것이다.

이익은 발해국의 존립 기간을 204년간으로 잡았다. 발해국의 멸망이 926년이므로 그는 발해국의 건국을 722년으로 잡았다고 하겠다. 그는 발해국의 건국 연대에 대해 정확하게 인식하지 못하였다. 이는 그가 발해국의 역사를 잘 알지 못했음을 반영한다. 그러므로 그가 언급한 세 개의 건국 연대 가운데 취할 만한 것은 없다.

다음에는 이익이 서술한 바를 살펴보자. 그는 발해국의 행정 구역을 5경 12부 62주라고 했다. 원래 발해국의 지방 행정 단위는 5경 15부 62주였는데 그가 12부라고 한 것은 근거가 없다. 15부 가운데 5부는 경京 소재지와 겹치므로 10부라고 하면 몰라도 12부라고 한 것은 틀린 것이다.

또한 지적할 것은 흥요국의 국왕 대연림이 대조영의 7대손이라고 말한 것이다. 대연림은 발해국이 망한 지 103년 만인 1029년에 흥요국을 세웠다. 대조영은 698년에 건국을 선포했으며 흥요국은 그후 331년 만에 세워진 국가이다. 대조영은 668년에 망한 고구려의 옛 장수이며 발해국은 고구려의 멸망 후 30년이 지난 뒤에 세워진 국가이므로 발해국을 세운 대조영은 당시 연로하였음을 알 수 있다. 대연림이 대조영의 7대손이라는 것은 맞지 않는다. 10대 이후의 후손이라고 해야 맞을 것이다. 이익이 대연림을 대조영의 7대손이라고 한 것은『고려사』의 기록을 비판 없이 옮겼기 때문이다.

또 틀리게 서술한 것은 발해국의 영토를 매우 작게 본 것이다. 이익은 726년 발해국의 2대 무왕이 아우 대문예를 흑수말갈 정벌 사령관에 임명했을 때 대문예가 정벌을 반대하는 말로 발해국의 군대 수가 고구려군의 3분의 1밖에 안 되므로 당나라와 싸울 수 없다고 하였는데, 이익은 이 말을 인용하면서 고구려의 땅이 요동과 요서를 합해도 수천 리였으며 발해국의 영역은 고구려에 비해 3분의 1이라 하였다. 그러니 발해국은 겨우 천여 리에 지나지 않는 아주 작은 국가라고 서술하였다. 발해국의 병력이 고구려의 그것에 비해 3분의 1밖에 안 된다고 하여 영역을 이와 결부시켜 축소시킨 것은 논리의 비약이다. 그러면서도 이익은 발해국의 넓이가 5천 리라고 하였다. 이는 영역을 축소시킨 서술과 모순된 표현이다.

『동사강목東史綱目』

안정복安鼎福(1712~1791)은 그의 저서인『동사강목』에서 발해국을 이민족의 국가로 단정을 지어 우리 민족사의 한 부분으로 보지 않았다.

그는 발해국이 고구려의 옛 땅에 선 국가라고 보아 발해국의 역사를 간단히 서술해 놓았다. 그러니 그는 우리 민족의 역대 국가를 도표로 표시한 동국역대전수도東國歷代傳授圖에서 신라·부여·고구려·백제·고려 등의 나라들과 구분하여 발해국을 부록에서 다루었는가 하면 관직연혁도官職沿革圖에서는 궁예의 태봉국까지 취급했으나 발해국은 아예 여기서 제외시켰다.

안정복은 발해국이 세워진 698년조에서 발해 건국의 기사를 남기지 않았으며, 699년조에서는 당나라가 고구려 보장왕의 손자를 안동도독으로 파견한 기사의 세주細註에 고구려의 땅은 모두 발해 대씨의 소유가 되었다는 기사를 남겼다.

그는 700년조의 기사에서 "말갈 추장 대조영이 신라에 사신을 파견하여 내부하였다."라고 하고 이어서 "때에 거란이 돌궐에 붙어서 당나라군은 길이 막혀 토벌할 수 없었다. 조영은 (결사)비우의 무리를 병합하여 먼 곳에 있음을 믿고 나라를 세워 진국왕이라고 칭하였다. 이웃의 원조를 받기 원하여 사신을 파견 내부하자 신라가 제5품인 대아찬이란 벼슬을 주었다."라고 하였다.

위 기사에서 보듯이 안정복은 대조영이 말갈 추장이라고 왜곡하였을 뿐 아니라 대조영이 신라의 제5품인 대아찬 벼슬을 받았다고 했다. 고구려를 계승하여 발해국을 세운 고구려의 옛 장수인 대조영이 말갈 추장이었다는 것은 말도 안 된다. 또한 건국 초기부터 40만 대군을 보유한 발해제국의 황제가 대동강 이남 지역만을 차지한 신라로부터 낮은 등급의 벼슬을 받았다는 것도 말이 안 된다는 것이 북한의 시각이다.

안정복은 서거정의 『동국통감』 또는 『신당서』 발해전의 기사를 거의 연대순으로 분류하여 해당 연도의 신라사 서술에 덧붙였다. 그는 발해국의 계승성 문제라든가 다른 문제에서도 『동국통감』의 서술 범위를 못 벗어나 참신한 견해를 제시하지 못하였다.

그러면 안정복은 후배 실학자들에게 아무런 영향을 준 것이 없는가. 후배 실학자들은 안정복의 발해사 서술에 대해 큰 불만을 느꼈으며 오히려 새로운 시각에서 발해국의 계승 문제를 본격적으로 연구하여 발해국의 역사를 민족사의 부분으로 보는 업적을 이루었다. 안정복의 발해사 연구는 전날의 시대주의적 입장에서 맴돌고 있었으나 발해국의 역사를 본격적으로 진행시킨 유득공 등 실학자의 민족사적 발해사 연구를 이끌어 내는 역할을 한 셈이다.

『발해고渤海考』(유득공)

18세기 실학자의 한 사람으로서 『발해고』를 저술한 유득공柳得恭 (1748~?)은 민족사적 입장에서 발해국의 역사를 연구하여 이후의 발해 역사 연구자들에게 직·간접적인 영향을 주었다. 그는 국내외의 역사책에 수록되어 있는 발해사 자료를 거의 수집하여 연구를 체계화하였다. 발해사의 체계적인 연구는 유득공에 의해 시작되었는데 그는 발해국을 고구려의 계승국으로 보았다.

그는 『발해고』의 첫머리에서 대씨는 어떤 사람인가 자문하고 고구려 사람이라고 자답하는 형식으로 발해국의 역사를 연구, 서술하였다. 그가 이룩한 발해사 연구에서 가장 중요한 것은 발해국과 신라가 공존한 시기를 처음 거론했다는 것이다. 그는 그 시기를 남북국의 시대라고 하였는데 긍정적인 평가를 받고 있다.

그러나 그의 견해에서 의문 가는 것은 그가 남쪽의 신라를 '통일신라'라 하고 이에 대치하는 북쪽의 국가라는 의미에서 남북국 시대를 언급한 것이다. 진정한 남북국 시대라면 '통일신라'라는 표현을 써서는 안 될 것이다. 그러므로 그의 남북국 시대론도 철저하였다는 인정을 받기에 충분하지 않다.

　그는 신라 왕조의 정통론을 전제로 남북국론을 주장한 만큼 발해국의 역사를 민족사의 대열에 넣은 것이 아니다. 이는 그의 발해사 연구에서 씻을 수 없는 과오이다. 그러나 발해국의 역사를 민족사의 한 부분으로 포함시킨 것은 역사적인 의미라고 할 수 있다. 사실상 이전의 역사가들은 신라의 존재를 알고 있었으나 발해국의 존재를 알지 못했다. 알고 있었더라도 고의적으로 서술을 피한 것과 비교하면 남북국론은 진전했다고 하지 않을 수 없다.

　유득공은 발해국과 가장 많은 관계를 가졌던 당나라와의 대외 관계를 구체적으로 연구하였다. 양국의 국교는 당나라의 통치자들이 705년 시어사 장행급을 발해국에 보내 수교를 제기함으로써 열렸다. 그후 양국의 대외 관계는 당나라와 흑수말갈의 연합으로 벌어진 전쟁을 제외하면 전쟁이 없는 상태를 유지하였다.

　그는 대문예大問藝·대일하大壹夏·마문궤馬文軌·총물아蔥勿雅 등 20여 명의 인물을 통해 당나라와의 대외 관계를 서술하였다. 그는 또한 양국 사신의 왕래를 계기로 벌어진 무역과 문화 관계의 교류에 대해서도 상세히 서술하였다.

　그는 일본과의 대외 관계도 양국의 사신 왕래와 무역을 중심으로 구체적으로 기술하였다. 특히 국서고國書考에서 양국의 수교 시에 무왕이 일본의 쇼우무 천황에게 보낸 편지 내용을 인용하면서 서술하였다. 편지에서 무왕은

> ……고구려의 옛 땅을 회복하고 부여 이래의 오랜 전통을 이어받았다. 그러나 하늘가 아득히 먼 바다가 가로놓여 길이 막혀 소식을 서로 알리지 못하여 좋고 나쁜 일이건 들을 수 없다. 친근하고 어진 사람은 서로 도와서 앞날을 도모하는 법이나 이웃 나라 방문이 오늘에

야 비로소 시작되었다.

라고 하였다. 무왕 때 처음 열린 양국의 국교는 그후 더욱 촉진되었다. 양국의 항로는 험난하였으나 발해국 사람들은 이를 잘 헤쳐 나가 일본과의 교역을 활발하게 밀고 나갔다.

　유득공은 발해국 사람들이 일본의 정치계에 미친 영향에 대해서도 서술하였다. 특히 그는 신고臣考 왕신복 전기에서

> 신복이 왜倭 황제에게 당나라의 문제에 대해 말하기를, 이씨 가문의 태상황제와 어린 황제가 다 죽고 광평왕이 대신 정사를 보고 있으나 흉년이 들어 사람들이 서로 잡아먹고 있는 형편이다. 사씨 가문의 조의朝議는 성무 황제라고 했는데 품성이 인자하여 많은 사람들이 와서 붙었으며 군사도 정예하고 매우 강해서 감히 당해 낼 자가 없다. 그래서 등주, 양양은 이미 사씨 가문에 속하였고 이씨 가문은 유독 소주만 차지하고 있다. 그래서 조회에 가는 길은 열기가 쉽지 않다.

라고 하였다. 당시 일본의 대외 정책 수립은 발해국이 알려 주는 대외 정세 자료에 의존하였다. 당시 일본의 대외 정책은 발해국의 정치적 목적에 따라 수립되었다.

　유득공은 발해국이 일본의 문화에 미친 영향에 대해 신고臣考 오수불 전기에서 이렇게 저술하였다.

> 문왕 때 사신으로 일본에 갔었는데 노토구니(이시가와 현)에 도착하자 국사國司가 그 까닭을 묻기에 수불이 글을 써서 말하기를…… 근년에 일본의 우치오內雄 등이 발해국에 살면서 음악을 배우고 돌아간 지 지금 10년이 넘었으나 아직 안부를 전하지 못하고 있다.

　위 기사를 통해 일본은 발해국을 통해 문화적 영향을 적지 않게 받

았음을 알 수 있다.

보았듯이 유득공은 『삼국사기』 이래 이민족의 역사가 되어 버린 발해국의 역사를 민족사로 끌어들임으로써 발해국의 역사 연구에 많은 기여를 했다. 유득공은 특히 고려 시대 발해국 역사의 연구가 부진하게 된 까닭을 나름대로 지적하였다.

고려가 발해사를 편찬하지 않아 고려가 부진하였음을 알 수 있다. ……김씨(신라)와 대씨(발해)가 망하자 왕씨가 이를 통합하여 차지하고서 고려라고 하였다. 고려는 남쪽으로 김씨가 차지했던 땅을 전부 차지하였으나 그 북쪽으로 대씨가 차지했던 땅을 전부 차지하지 못했다. 그래서 그 터는 여진으로 들어가고 더러는 거란으로 들어가기도 했다. 바로 이때 고려를 위하여 계책을 쓰는 자들은 응당 발해사를 편찬하고, 이에 근거하여 여진과 거란에 추궁하기를 무엇 때문에 발해의 땅을 돌려주지 않는가. 발해의 땅은 바로 고구려의 땅이라고 하면서 한 장군을 보내 수복하게 했더라면 토문강 북쪽과 압록강 서쪽은 차지할 수 있었을 것이다. 결국 발해사를 편찬하지 않아 토문강 북쪽과 압록강 서쪽이 누구의 땅인지 알 수 없게 되었으므로 여진과 거란을 추궁하려 해도 할 말이 없게 되었다.

위 기사에서 보듯이 유득공은 고려의 사가들이 발해국의 역사를 편찬하지 않은 결과 발해국의 영토를 상실하게 되었다고 지적하였다. 그래서 그는 발해사 연구의 필요성을 통감하고 연구를 진행하여 발해사를 민족사의 부분으로 만들었다. 유득공의 벗인 박제가는 『발해고』의 가치를 높이 평가한 바 있다.

박제가의 호평을 기다릴 필요 없이 국내외의 발해사 자료를 정리함으로써 발해사 연구에 필요한 자료를 광범위하게 마련하였다. 그리하여 그가 이룩한 연구성과는 그후 실학자들의 발해사 연구에 토대가 되었다. 후배 실학자들의 발해사 연구는 유득공의 연구보다 폭이 넓었으나 심도 면에서는 이렇다 할 성과가 없었다는 지적이다.

『발해고』(정약용)

실학을 집대성한 정약용(1762~1836)은 발해국의 역사를 민족사에 포함시켜 체계화하는 데 기여한 인물이다. 그가 특히 역사에 남다른 관심을 가졌음을 보여 주는 것은 강진 유배 시에 그가 아들에게 쓴 편지 내용이다.

> 우리나라 양반들은 시나 글을 쓸 때 대부분 중국의 사실만 인용하였는데 이는 역시 옳지 않다. 너는 반드시 『삼국사기』·『고려사』·『국조보감』·『여지승람』·『징비록』·『연려실기술』과 그 밖의 우리나라 역사책을 많이 읽고 그에 정통하여 글을 쓰도록 하라.(『여유당전서』 권 21, 기연아, 무진동)

그는 이러한 역사적 관점을 지니고 있었기에 이국의 역사로 되어 버린 발해국의 역사를 민족사의 부분으로 믿고 연구에 매진한 것이다. 그는 『신당서』 등의 발해 관련 기사를 비판 없이 옮기지 않고 그 기사를 실증적인 방법을 동원하여 바르게 평가하였다. 그러므로 그의 『발해고』와 『발해속고』에는 전날 찾아볼 수 없는 참신한 견해가 적지 않다. 그중 주목해야 할 것은 발해국을 황제국가라고 본 것이다. 즉 발해국은 칭제 건원했다는 것이다.

정약용은 『발해속고』에서 건원칭제를 다음과 같이 서술하였다. "군주가 된 고왕이 21년에 사망하자 아들 대무예가 즉위, 영토를 크게 확장하였으며 동북방의 오랑캐들이 두려워 투항하였다. 무왕은 연호를 인안으로 고쳤는데 연호를 고친 것은 선대 군주인 고왕이 연호를 썼기 때문이다. 그러나 그 연호는 전해지지 않는다. 『책부원구』에 개원 8년 8월 무왕의 맏아들 대도리행을 계루군왕으로 봉했다고 하였다. 생각하건대 군주와 그의 아들을 같은 등급인 군왕으로 봉하였다는 것은 예의에 어긋난다. 혹시 발해국에서 부왕이 황제란 칭호를 사용했기 때문에 연호를 세우고 그 아들을 군왕에 봉하지 않았는가 한다.”

군주가 황제가 되려면 자신 밑에 제후 격의 여러 소왕을 두어야 한다. 군왕에 임명된 대도리행은 황제 밑에 있는 제후적 존재였을 것이다. 정약용은 발해국을 황제국가로 보기 때문에 발해국의 정치 제도를 황제국가의 것으로 이해하였다.

그는 그 증거로 『요사』에 ‘발해의 사도司徒 대소현大素賢을 좌차상左次相으로 임명하였다’라는 기사를 들었다. 이는 발해국의 멸망 후 동란국에서 발해국의 사도 대소현을 좌차상에 임명하였다는 것이다. 발해국에 사도가 있었다면 3사司·3공公 제도가 있었다는 이야기이다.

이와 관련하여 『고려사』를 보면 제왕諸王이 될 수 있는 자들은 군주의 가까운 친척 또는 사위들이었다. 다시 『고려사』 권 90, 열전, 종실조를 보면

고려에서 왕실의 종친을 봉하는데 높은 자는 공이라 하고 그 다음은 후라 하며 먼 종친은 백이라 하고 어떤 자는 사도, 사공이라고 하였다. 그들을 모두 제왕이라고 한다.

라는 기사가 있다. 공·후·백·사도·사공 등이 왕이라고 불리었다면 이런 작위와 3공을 거느렸던 고려의 군주는 대왕(황제)이며 이런 3사司·3공公 제도를 실시한 발해국 역시 황제국가였음을 알 수 있다.

발해국이 광대한 영토를 차지하고 이웃 나라와의 대외 관계를 독자적으로 수행한 만큼 황제국가였음은 의심되지 않는다. 발해국의 임금 대흠무의 딸 정혜공주와 정효공주의 묘비명에 부왕을 황상皇上, 즉 황제로 표현하였는데 이는 우연이 아니다.

정약용은 발해국의 당나라에 대한 관계를 상세히 서술하였다. 당나라는 고구려 유민들이 세운 발해국을 못마땅하게 여겨 성장을 막으려고 획책하였다. 그러나 발해국은 짧은 시일에 고구려 때보다 더 너른 영토를 차지하는 등 강대국이 되었다. 반면 당나라는 기우는 형세여서 발해국을 소홀하게 대하지 못하여 발해국과의 화친을 외면할 수 없었다. 그리하여 당나라는 705년 첫 사신을 보낸 후 자주 사신을 보내 발해국을 승인하고 평화 관계의 유지를 제의하였다.

발해국은 당나라를 경계하면서도 그 같은 당나라의 제의를 국가 발전의 호기로 삼기 위하여 수용하였다. 그리하여 양국 간에 사신의 왕래가 시작되면서 횟수도 잦아지게 되었다. 양국의 사신 교환은 732~733년 흑수주 문제로 빚어진 군사적 대결 상태가 해소되고 난 8세기 후반부터 정상화되기 시작하였다.

그러다가 9세기 전반이 되면 양국의 사신 교환은 점차 줄기 시작하였다. 정약용은 9세기 중반에 양국 사신의 교환이 뜸해진 원인을 나름대로 분석하였다. ① 당나라의 국력이 미약해져 발해국으로서 기대할 만한 것이 없어졌기 때문이고, ② 발해국은 강성해져 우월감이 생겼기 때문이며, ③ 거란이 육로를 막아 내왕길이 등주와 내주 지방을 경유하게 되었기 때문이라고 하였다. 당시 상황으로 보아 그의 분석은 정확하였다는 평가이다.

정약용은 양국 사신의 내왕 노정에 대해서도 서술하였다. 양국 사신의 내왕에서는 발해국의 장령부를 통과하는 영주도와 부여부를 통과하는 거란도 그리고 서경압록부-등주길이 조공도로 이용되었는데, 영주도는 거란의 갖은 출몰로 정상적으로 되지 못해 발해국과 당나라의 사신 내왕은 서경압록부-등주길이 가장 많이 이용되었다는 것이다.

정약용의 견해에서 또한 주목할 것은 남경남해부 지역의 주민에 대

한 견해이다. 발해국이 함경남도 지역에 설치한 남경남해부에는 동옥
저 사람들이 살고 있었다. 동옥저 사람들은 고구려 주민, 부여 사람들
과 함께 고구려 주민의 구성 요소였으나 김부식은 이 옥저 사람들을
말갈족으로 표현하였다. 원래 말갈은 후세 여진의 조상이며 5~6세기
이후에 처음 나타났다. 그러나 김부식은 말갈이 기원전에 있었던 것처
럼 왜곡하였다.

그리하여 『삼국사기』에는 말갈군이 백제와 신라를 침공한 것처럼
되어 있다. 그러나 정약용은 고구려에서 발해국에 이르기까지 신라의
북부 지역을 말갈의 활동 무대로 만든 『삼국사기』의 왜곡된 기사를
다음과 같이 비판하였다.

> 말갈이란 이름은 원위元魏(380~534) 말에 처음 나타났으며 진晉나라
> 이전에는 그 이름이 없었다. …… 『삼국사기』에서는 서한(전한 B.C. 20
> 6~223) 때에 이미 말갈이란 이름이 있었고 그 말갈이 신라·백제와
> 이웃하여 있는 것처럼 기록하였으니 그 내용은 사실과 맞지 않는다.
> …… 김부식의 『삼국사기』는 천 년 후에 세상에 나타났는데 천 년
> 전의 사실을 기록한 것이 이처럼 허황하기 그지없다.

정약용은 『삼국사기』의 말갈 기사를 두 시기로 구분하였다. 그 이
름이 세상에 나오기 이전의 가짜말갈과 그 이름이 역사 기록에 나온
후의 진짜말갈로 본 것이 그것이다. 그는 말갈이란 이름이 역사 기록
에 나타나기 이전에 『삼국사기』에 실린 말갈의 정체에 대해

> 전한 때에 말갈이 이미 우리나라에서 횡행하였다고 하는데 이것이 과
> 연 옳은가…… 그 문장을 자세히 보면 이른바 말갈이라고 한 것은 동
> 옥저의 예인이다.

라고 하였다. 정약용이 지적했듯이 말갈이란 명칭이 나오기 이전에『삼국사기』에서 많이 보이는 말갈인 부대는 동옥저 계통의 고구려인 부대로 보는 것이 맞을 것이다. 동옥저계의 고구려 사람들이 살았던 함경도의 동해 연안과 이와 이웃한 서쪽에는 예穢라 불리는 주민들이 거주하고 있었다. 이 동옥저와 예는 고구려의 남방 진출 시에 일익을 담당하고 있었다. 그런데『삼국사기』에는 삼국 초기 이 지역 고구려군의 활동 기록은 없고 말갈군에 대한 기록만 보인다. 이는 김부식이 동옥저와 예의 부대를 말갈군으로 바꾸어 놓았기 때문이다.

그러면 김부식은 왜 말갈군으로 바꾸어 놓았을까. 정약용은 그 이유를 다음과 같이 지적하였다.

> 발해가 우리나라의 북쪽에서 수백 년간 존립하고 있을 때 신라 사람들이 오랫동안 발해를 깔보아 말갈이라고 하였다. 이것이 습관이 되어 마치 옳은 것처럼 되고 말았다. 그러므로 옛 기록에 북쪽에서 쳐들어왔다고 한 것이 있으면 모두 말갈이라고 이름을 붙였다. 김부식은 이를 알지 못해 그대로 따랐기 때문에 동옥저를 말갈로 취급한 것이다.

신라는 사실상 발해국을 고구려의 계승 국가로 인정하면서도 고구려와의 적대 관념 때문에 발해국을 말갈의 나라로 경시하였다. 김부식은 이런 점을 고려하지 않고 고구려의 역사적 사실까지 말갈의 소행으로 서술하였던 것이다.

정약용은 말갈이란 이름이 나온 시기를 규정하고 있다. 즉『삼국사기』는『수서』와『당서』의 자료를 취해서 썼기 때문에 이 두 역사책에서 말갈이라고 한 것은 모두 진짜 말갈이라고 하였다. 그런데『북제서』권 7, 하청 2년(563)에 실위·고막해·말갈·거란이 모두 사신을 보내 조공하였다는 것을 보면 말갈이란 이름은 6세기 이후에 나왔으며 563년 이전에는 말갈이 읍루·물길로 불리었다가 이후에 말갈로 불리었음을 알 수 있다.

『삼국사기』에는 말갈이란 이름이 나온 이후에 말갈 관련 기사가 있다. 한 예를 들면 북부욕살 고연수와 남부욕살 고혜진이 고구려 군사와 말갈 군사 15만을 거느리고 안시성을 구원하였다는 기사가 있는데 북한에서는 남부욕살이 동옥저 지방의 욕살을 말하며 말갈군은 동옥저 계통의 고구려군이라고 보고 있다.

남부욕살이 거느린 말갈군은 동옥저 계통의 고구려군이 아니고 사실대로 말갈군으로 보아야 한다. 고구려의 대당 전쟁에 말갈군이 참전한 것이 사실로 입증을 받고 있으므로 안시성을 구하는 작전에 가담한 말갈군은 진짜 말갈로 보는 것이 온당하다.

정약용이 말갈군을 지나치게 확대하여 빚어진 오해이며 북한도 이 점에 있어 마찬가지이다. 『삼국사기』 신라본기, 성덕왕 32년(733) 7월 조에도 말갈 기사가 있다.

> 당나라 현종은 발해말갈이 등주를 공격하였기 때문에 태복원외경 김사란을 신라에 보내어…… 군사를 일으켜 말갈의 남쪽 변경을 치게 하였다.

위 기사의 말갈은 분명히 발해국을 말한다. 김부식이 말갈을 발해국에 대해 적용한 것은 발해국을 신라의 입장에서 보았기 때문이다. 정약용이 『삼국사기』에 적힌 말갈을 무조건 말갈이라 하지 않고 말갈이란 이름이 나오기 이전에 『삼국사기』에 적힌 말갈을 동옥저인이라고 본 것은 탁견이라 하겠으나 말갈을 동옥저인이라고 지나치게 확대한 것은 가려서 볼 문제이다.

『해동역사海東繹史』

유득공과 정약용이 그랬듯이 발해국의 역사를 민족사의 한 부분으로 체계 있게 연구한 실학자의 한 사람이 한치윤韓致奫(1765~1814)이다. 그는 중국책 523종, 일본책 22종 등 총 545종의 방대한 서적을 참고하고서 『해동역사』를 썼다. 그는 이처럼 많은 책에서 우리나라의 역사 자료를 발췌하고 그 자료들을 하나하나 따져서 밝히는 그런 방법을 동원하여 민족사를 체계적으로 서술하였다. 그 결과 잘못 서술된 역사적 사실들을 바로잡았으며 더 나아가 파묻힌 역사적 사실을 많이 찾아냈던 것이다.

유득공은 한치윤의 『해동역사』에 머리말을 썼는데 여기서 풍부한 내용, 역사적 사실, 사건에 대한 깊이 있는 고증에 감탄을 표시하였다.

......나는 일찍이 21사史의 동쪽 나라 열전을 얻어 중복되는 내용을 빼고 주석과 나의 견해를 첨부하여 책을 쓰려고 하였다. 그래서 그 책이 『삼국사기』『고려사』와 더불어 서로 보충하면서 널리 이용되도록 하려고 하였으나 그것은 마음뿐이며 아직도 시작을 하지 못하였다. 그런데 내 친구 한대윤(치윤의 호)은 성격이 온후한 사람으로서 문을 닫고 고전들을 탐독하여 우리나라 역사를 연구하여 왔다. 나는 그와 이에 대해 약속하지 않았으나 그 뜻은 서로 일치하고 있다. 그는 정사의 범위를 벗어나 경전으로부터 패설에 이르기까지 우리나라의 수천 년 역사를 상세히 연구하였다. 그는 여기저기 흩어져 있는 우리나라의 역사 자료를 모두 수집하여 손칼과 풀로써 그 자료를 분류하기도 하고 또 합치기도 하면서 체계화하였다. 그리하여 그는 머리도 빗지 않고 땀을 흘리면서 침식을 잊고 10여 년 동안이나 정력을 기울였다. 그 결과 하나의 책을 만들었는데 『해동역사』라고 책이름을 달았다. 내가 마음만 두고 이룩하지 못한 사업을 한치윤이 완성하여 하루아침에 그 책을 얻어 볼 수 있게 되었으니 정말 마음이 상쾌하다.

유득공이 평했듯이 한치윤은 방대한 양의 문헌에 조각난 상태로 실려 있는 우리나라의 역사 자료를 종합적으로 수집, 정리하여 체계적으로 만들었다. 특히 그는 우리의 역사에서 제외된 발해국의 역사를 민족사의 한 부분으로 자리매김하였다. 그중에 주목할 것은 한치윤이 발해국을 강대한 고구려의 계승국으로 보았다는 것이다. 그는 이 점에 대해 『해동역사』(권 11, 세기 11, 발해)에서 우리나라의 사료를 인용하면서 다음과 같이 서술하였다.

> 대조영은 본래 고구려의 옛 장수이다. 당나라가 고구려를 멸망시킨 후 그 주민들을 농우와 화남으로 옮겼다. 대조영이 남은 무리들을 거느리고 태백산에 의거하였다. ……후에 고구려와 말갈의 땅을 차지하니 사방 5천 리나 되었다. 그 영토에 5경 15부를 두었다. 서쪽으로 중국과 통하고 남쪽으로 신라와 내왕하였으며 북쪽으로 거란을 제어하고 동쪽으로 일본에 사신을 보냈다. 동북의 중심에서 세상을 굽어보기 거의 300년에 이르렀다.

한치윤이 인용한 우리나라의 자료에 대해서는 알 수 없으나 그 자료는 고구려와 발해국의 계승 관계를 언급한 그런 문헌이 분명하다. 그는 발해국의 계승성을 일본의 문헌까지 인용하면서 밝혔다. 즉 그는 『해동역사』 권 41, 통일본시말에서

> 당나라 현종 개원 16년, 쇼우무 천황 징키 5년(728)에 발해국의 사신이 왔다. 이는 고려(고구려)의 한 갈래이다. 전년에 고구려가…… 멸망 이후에 그 남은 무리들이 발해라고 국호를 지었다.
> 라는 『화한삼재도회』의 기사와

> 발해국은 고구려의 옛 땅에 선 나라이다. ……대조영이 처음으로 발해국을 세웠다.

라는 『일본일사』의 기록도 인용하였다.

위의 기록은 믿을 만한 자료이므로 발해국이 고구려를 계승했다는 것은 믿어도 좋다. 다음에는 한치윤이 발해국과 일본의 관계에 대해 서술한 바를 알아보자. 한치윤은 『해동역사』 권 4, 교빙지 9, 통일본시말에서

> 생각하건대 우리나라가 일본과 내왕하게 된 것은 임나에서부터 시작되었고 그후에 신라·백제·고구려가 차례로 내왕하였으며 고구려와 발해 때에 와서도 끊어지지 않고 계속되었다.

라고 하였다. 일본은 고구려에 이어 국교를 수립한 발해국을 고구려의 계승국으로 승인하였다. 일본은 발해국으로부터 경제·문화적 영향을 얻으려 하여 발해국과의 관계를 유지하는 데 많은 관심을 두었다. 발해국 또한 마찬가지여서 200년간 군사적 대립 없이 일본과의 교류를 유지하였다.

한치윤은 양국 사신의 잦은 내왕에 따라 교류가 활발해진 사실을 상세히 서술하였다. 그는 『해동역사』 권 41, 교빙지 9, 통일본시말에서

> 다불多佛이 몸을 빼어 에치젠코쿠越前國에 머무르니 일본은 에츄우코쿠越中國에 두고 음식을 제공하면서 말을 배우는 생도들로 하여금 발해어를 배우게 하였다(『일본일사』).

라고 하였듯이 일본은 발해어를 배우기 위한 대책도 수립하였다. 위 자료는 발해국이 일본에 준 문화적 영향의 한 면을 진솔하게 보여 주고 있다.

『수산집修山集』
발해국의 역사를 연구한 실학자인 이종휘李鍾徽(1731~?)가 쓴 대표적

인 역사책은 『청구고사靑丘故事』이나 현재 전해지지 않고 있다. 다만, 그의 문집인 『수산집』에 발해국의 역사 서술이 단편적으로 남아 있다. 그는 『청구고사』의 머리말에서 기존의 역사책이 우리나라의 역사적 사실을 조잡하고 고루하게 서술하였다고 하면서 모름지기 역사가는 역사적 사실에 대한 평가를 당면한 임무로 알고 역사를 상세히 연구, 평가해야 한다고 주장하였다.

이런 입장의 이종휘는 우리나라 고대 중세 시대의 연구에 매진하였다. 특히 그는 이전의 역사책에서 서술을 제외시킨 발해국의 역사를 진지하게 연구하였다. 그의 발해사관은 근본적으로 발해국의 역사를 우리 민족사 한 부분으로 보는 것을 중심으로 하였다. 그의 이 같은 관점은 『수산집』에 실린 단편적인 기사를 통해 잘 나타나 있다.

그는 발해국의 역사를 우리나라의 역대 왕조와 동등한 위치에서 서술하였다. 또한 그는 발해국이 조상 때부터 전해 오는 우리나라의 영토를 차지하고 그 주민 역시 같은 갈래의 우리 민족이라고 서술하였다. 그는 「고사삼국직방고론」에서

> 북부여는 단군의 후예이며 그 고국은 지금의 두만강 밖 동해 가에 있었고 발해가 역시 차지하였다.

라고 하였다. 단군의 후예인 북부여는 고조선·고구려와 같은 겨레의 나라였다. 그러므로 부여와 고구려는 문화와 풍속 면에서 같았다. 그가 발해국이 단군의 후예인 북부여의 땅을 차지하였다고 한 것은 발해국이 고구려의 옛 땅을 차지하였음을 의미한다. 문헌상 발해국의 조상이 부여라고 내세운 바 있다. 이는 무왕이 일본의 쇼우무 천황에게 보낸 편지에 잘 나타나 있다.

이종휘는 「고사고려유림전론」에서 발해국이 고구려의 계승국임을

뜻하는 말을 남겼다.

> 수・당나라 때 백성(고구려 사람)을 강회에 옮겼으나 옛 땅 그대로 머무
> 르던 사람들이 발해국을 창립하였다.

이 말은 고구려의 옛 땅에 그대로 살고 있었던 고구려 유민들이 발
해국을 세워 발해국이 고구려의 계승국이며 고구려와 발해국의 주민
이 같음을 보여 주는 대목인 것이다.

이렇듯 이종휘는 발해국의 역사를 민족사적 입장에서 서술하였으나
「통일신라론」이란 고정관념의 틀을 깨지 못하여 발해국의 위상을 완
벽하게 세우지 못하였다. 다만, 우리 민족의 한 갈래인 발해국이 통일
신라의 북쪽에 자리를 잡고 있었다는 그런 정도로 발해국의 역사를
서술했을 따름이다.

『발해세가渤海世家』

실학자 중의 한 사람인 홍석주洪奭周(1774~1842)는 『발해세가』란 자신
의 저서에서 발해국의 역사를 정확하게 서술하였다. 그의 서술이 논리
적이다 보니 일부 학자는 그의 견해를 자신의 저서에 그대로 담아 서
술을 대신하기도 하였는데『대한강역고』와『협계태씨족보』는 이의 대
표적 예라 하겠다.

당시만 해도『신당서』발해전의 왜곡된 기사를 비판 없이 받아들여
마치 사실인 것처럼 믿는 상황에서 이를 부정하고 발해국의 역사를
민족사의 입장에서 서술한 것은 놀라운 일이다. 홍석주는 발해국의 역
사를 저술하는 이유를『발해세가』에서 다음과 같이 말하였다.

> 단군…… 및 고구려의 옛 땅은 모두 여기(발해국의 땅)에 있었다. 그
> 러나 동국인(東國人: 조선 시대 사람) 가운데 발해에 대해 말하는 사람이

드문 것은 무엇 때문인가.

그가 발해국의 역사를 연구, 저술한 것은 발해국이 고구려의 계승국이며 그 역사가 우리 민족사의 중요한 한 부분이라고 보았기 때문이다. 사실상 진보주의적인 역사관을 가지고 있었던 실학자까지 발해국을 속말말갈의 국가로 여기고 있었다.

그러나 홍석주는 이와 다른 관점에서 발해국을 민족 역사의 큰 줄기라고 보았던 것이다. 그리하여 그는 발해국을 세운 대조영이 고구려의 옛 장수라고 하였다. 이는 발해국의 왕실이 혈통상 고구려를 계승하였음을 뜻한다.

그런데 대조영의 실상은 이와 달리 그를 말갈 사람으로 만들었고 발해국을 속말말갈의 계승국으로 둔갑시키는 등 발해국의 고구려 계승성은 완전히 부인되고 있었다. 많은 역사책이 대조영을 말갈 출신으로 둔갑시킨 것은 발해국을 이민족의 국가로 조작하기 위해서였다.

그러나 홍석주는 『신당서』 발해전 이래 날조된 주장을 거부하고 발해국이 고구려의 계승국임을 밝혔다. 또한 그가 서술에서 역점을 둔 것은 발해국 초기의 병력과 영토 크기 등의 문제였다. 『신당서』 등 여러 역사책은 발해국 초기의 병력을 10만으로 잡고 있으나 국내 문헌에는 40만으로 되어 있다. 송나라의 서긍도 저서인 『고려도경』에서 40만설을 언급하였다. 698년 건국 당시 발해국이 40만의 병력을 보유했다면 대강국을 뜻하는 제국이었음을 의미한다.

홍석주는 『발해세가』에서 발해국왕의 기년을 전혀 사용하지 않았다. 그는 또한 발해국의 존립을 인정하면서도 발해국을 신라와 동격시하는 서술을 피하였다. 그는 유득공이 그랬듯이 신라를 정통국가로 보았으며 발해국을 부차적인 국가로 보았던 것이다. 『발해세가』를 그대로 자기 저서에 담은 정약용도 이 점에 있어 마찬가지였다고 할 것이다.

『대동지지大東地誌』

김정호金正浩(?~1864)는 민족사를 실사구시적 접근 방법으로 연구한 실학자이다. 특히 그는 『대동지지』란 자신의 저서에서 발해국의 역사 서술을 다음과 같이 참신하게 그렸다.

생각하건대 삼한이 신라·가야·백제의 세 나라로 되었다가 후에 가야가 망하고 고구려가 남쪽으로 수도를 옮겨 또다시 세 나라가 되었다. 고구려와 백제가 멸망한 지 50년이 지나서 발해가 고구려의 영토를 이어받아 신라와 함께 200년간 남북국을 이루고 있었다. 고려의 태조가 그것을 하나로 합쳤다.

발해국의 건국 후부터 고려의 성립까지 우리 민족의 역사가 위 기사에 요약되어 있다. 또한 위 기사에서는 발해국이 고구려의 계승국이라는 점, 발해국의 존립 기간은 우리 역사에서 남북국이 공존한 시기라는 점, 고려는 이전의 분립 상태를 종식시킨 국가였다는 견해 등이 언급되고 있다.

이렇듯 김정호의 발해국 역사에 대한 새로운 견해는 긍정적인 평가를 받기에 부족함이 없다. 그러나 그는 『대동지지』의 강역에서 유득공이 지은 『발해고』에 근거하여 신라를 '통일신라'라고 표현하였다. 이는 발해국과 신라를 동격으로 보지 않았음을 의미한다. 다시 말해 발해국은 신라와 대등하게 공존한 것이 아니고 통일신라를 중심으로 하여 양국이 남북으로 존립했다는 이야기가 된다. 아무튼 발해국은 신라의 북쪽에 있었다는 점을 밝힘으로써 발해국을 민족사의 틀 안에서 서술한 것은 민족사의 서술에서 큰 진전이라고 할 수 있다.

위 서술 중에 고려가 남북국의 병존을 종식시켰다는 견해는 맞는 표현이다. 그러나 남국인 신라를 통일신라라고 표현한 것은 고려의 국토 통합 인식에 장애가 된다. 이런 표현을 인정하면 우리 민족사에서 국토 통합이 두 번이 있었다는 결과로 이어진다. 우리 역사상 국토 통합은 고려에 의한 통합이 한 차례 있었다는 것이 진보적 역사가의 견해이다. 김정호는 고려에 의한 국토 통합이 최초의 것이 아니라고 보는 전통적 사가의 입장에 서 있다.

『역사집략歷史輯略』

20세기 초 단군조선으로부터 고려 시대까지의 역사를 『역사집략』이란 저서에 편년체로 쓴 김택영金澤榮(1850~1927)은 발해국의 역사를 상세히 연구하였다. 그는 이 책의 범례에서 역사를 간결하게 쓴다고 하면서도 발해국은 우리나라의 역사책에 전해지는 것이 없고 다른 나라의 책을 통해서만 알 수 있기 때문에 모든 관련 기사를 수록함으로써 발해국의 역사를 대신할 수 있도록 하였다고 밝혔다.

그는 발해국의 역사를 민족사의 중요 부분으로 보아 기년은 신라의 것과 함께 표시하고 거기에 양국의 역사적 사실을 적었다. 그러나 그는 신라의 기년을 기본으로 하고 발해국의 기년을 잔글씨로 표시하였다. 발해국의 역사는 제5권 「신라기」에 실려 있는데 「신라기」 밑에 발해국이란 잔글자가 덧붙여 있다. 그러나 고구려와 백제가 멸망한 그 시기까지는 「삼국기」란 표제에서 삼국을 동격시하고 기년을 표시하였다.

하지만 「신라기」와 그 앞의 「삼국기」 편에서 임금의 사망을 다르게 표현하였다. 「삼국기」에서 삼국의 임금이 사망한 것을 죽을 조殂 자로 나타냈으나 문무왕 이후 신라 임금의 죽음은 승하昇遐라고 표현하였다. 반면 발해국왕의 죽음은 협주식으로 기년을 표시하고 조殂 자로 표현하였다. 이는 『삼국사기』와 달리 고구려와 백제의 멸망 후의 역사는 신라가 중심이 된다는 것을 의미한다.

김택영은 발해국을 고구려의 계승국으로 인정하면서도 발해국을 신라통일권 밖의 존재로 보는 등 신라통일론을 답습하였음을 알 수 있다. 그는 실학자들의 진보적인 발해사관을 인정한 계몽적인 학자이면서도 신라통일론에서 벗어나지 못하여 발해국의 역사를 신라의 역사와 동격으로 보지 않는다는 식으로 서술하였다.

3. 태씨 족보에 실린 발해 사료

발해국의 역사는 역사 문헌의 자료 외에 태씨 족보에도 실려 있다. 그러므로 발해국의 역사를 깊이 있게 연구하려면 태씨 족보를 먼저 연구해야 할 것이다. 현재 전해지고 있는 태씨 족보로는『협계태씨족보陝溪太氏族譜』와『영순태씨족보永順太氏族譜』가 있다. 두 족보에 실려 있는 발해국의 역사는 서술 면에서 비슷하므로 어느 것을 보아도 좋다. 여기서는『협계태씨족보』를 중점적으로 발해국의 역사를 살펴볼 생각이다.

(1) 발해국 시기의 사료

발해국의 존립 당시에는 현재와 같은 족보가 편찬되지 않은 듯하다. 하지만 소수의 지배층은 집안의 내력을 담은 가승家乘 같은 것을 가지고 있었을 것이며 왕실은 왕실의 족보인 선원보璿源譜 같은 것을 만들었을 것이다.

발해국 존립 시기의 사료는 족보의「신조세계」의 전반부에서 보인다. 이를 보면『신당서』등에 실려 있는 발해국 역사와 다른 내용이 적지 않게 서술되어 있다. 그중 주목해야 할 것은 시조 중상과 2세 조영의 전기 서술이다. 여기서 중상이 진국의 건국자로 되어 있고 중상에 대해서는

공은 처음에 속말수 강가에서 태어났으며 글을 잘 알고 지리도 볼 줄

알았으며 변법을 잘 체득하여 민심을 얻었다. 고구려 땅에 근거하여 말갈의 추장이 되었다. 당나라의 중종 사성 13년 병신에 고구려 유민을 거느리고 요수를 건너 태백산 동쪽에 근거하여 나라를 세웠는데 진국이라고 하였다. 당나라의 무후는 중상을 진국공에 봉하였으며 재위 3년 만에 사망하였다.

라고 하였다. 위 기사에서 보듯이 중상이 말갈의 추장이 되었다는 것은 말갈 출신의 추장이 되었다는 것이 아니고 말갈인까지 통솔하는 우두머리가 되었다는 것을 말한다. 중상은 고구려 땅에 근거하여 말갈인의 우두머리가 되었기에 이곳의 고구려 유민과 말갈인을 이끌고서 진국(발해국)을 세우게 되었던 것이다.

위 기사에서 남다른 것은 진국의 건국 연대가 다른 역사책의 그것과 달리 서술된 것이다. 『신당서』에 의하면 진국의 건국 연대는 698년으로 되어 있으나 여기서는 696년에 건국되었다는 것이다. 발해국의 건국 과정이 오래되었으므로 696년 건국설은 이를 말해 주는 것으로 여겨진다.

또한 위 기사에서 관심을 가질 만한 것은 중상이 진국의 건국자이며 재위 기간을 3년으로 본 것이다. 이런 기사는 다른 문헌에 없거니와 위 기사는 중상의 재위 3년을 얹어 발해국의 존립 기간을 231년간으로 서술하고 있다. 『협계태씨족보』의 중상 기사는 진국(발해국)의 건국 과정을 보여 주고 있다는 관점에서 자료로서의 가치가 많다고 보아도 좋을 것이다.

다음에 볼 것은 2세 조영에 관한 것이다.

시호는 고왕이다. 당나라를 정벌하려고 했으나 좋은 기회를 얻지 못하여 정벌하지 못하였다. 마침 송막도록 이진충이 당나라를 반대하여 반란을 일으켰을 때 왕은 휘하 군대와 말갈 추장 걸사비우의 여러 부대를 거느리고 동쪽으로 요하를 건너 태백산 동북에 이르러 오루하에 근거지를 두고 주둔하여 장차 당나라를 정벌하기 위하여 출병하려고 하였다. 그때 당나라는 장군 이해고를 파견하여 동정하였다. 서로 싸우기를 한 달 남짓하여 걸사비우가 전사하였다. 왕은 정병 3천 명을 거느리고 천문령에 이르러 이를 크게 격파하였다. 당나라의 중종 사성 16년(699), 신라의 효소왕 8년 기해에 백두산의 동쪽으로 돌아와 사방을 무마하고 드디어 해동성국이 되었다. 이로부터 처음으로 말갈 칭호를 버리고 오로지 발해라고만 칭하였으며 연호를 천통이라고 고쳤다. 왕위에 있은 지 21년 만에 사망하였다.

위 기사에서 남다른 대목이 몇 가지 보인다. ① 이진충의 반란이 일어나기 이전에 대조영의 세력이 당나라를 공격할 준비가 되어 있었다는 것이다. 그러면 발해군은 건국의 준비 시부터 큰 세력으로 성장되어 있었다는 이야기이다. ② 천문령 싸움에서 진국의 군대는 한 달 이상 싸웠고 이때 대조영이 직접 통솔한 정예군이 3천 명이었다는 것이다. ③ 말갈을 발해로 고쳐 부른 해가 699년이며 이때부터 발해국은 해동성국이 되었다는 것이다. 다른 문헌에는 발해국이 해동성국이 된 것이 10대 왕 대인수 이후로 되어 있다. ④ 대조영 때의 연호가 천통이었다는 것이다. 이 연호 문제는 앞으로 연구할 가치가 많거니와 다른 데서 찾아볼 수 없는 자료이다.

다음에 이 족보에서 알아볼 것은 야발野勃에 관한 것이다. 『신당서』 등에는 야발이 대인수의 4대조라고만 되어 있으나 여기서는 '검교태위반안군왕'이었다는 것도 언급되어 있다. 이를 전제로 하면 대조영은 황제이며 그 아래에 '반안군왕'이란 소왕이 존재하고 있었음을 알 수 있다.

또한 족보에는 대조영이 지었다는 『단군봉장기년檀君封藏紀年』이란 저서의 서문을 야발이 천통 17년 3월 3일에 썼다는 기사도 있다. 야발이 지은 다른 책에서 발해는 고구려의 계승국인 동시에 단군조선의 계승국이라는 기사와 함께 족보의 위 기사는 발해국의 계승성 문제를 밝혀 줄 자료이다. 이와 관련하여 족보의 「발해국기원」을 보면 걸걸중 상은 속말말갈로서 고구려에 붙은 자라고 서술되었다. 그러나 이는 후세의 족보 편찬자가 『신당서』에서 이 부분 기사를 인용한 것에 지나지 않는다.

이 족보에는 발해국의 제도사와 관련된 사료가 실려 있는데 「전법9사典法九事」라는 것이 그것이다. 발해국왕세력사 선왕 건흥 11년 9월조에 실린 「전법9사」를 내용별로 알아보자.

1) 나라가 제구실을 하려면 백성을 근본으로 삼고 백성을 먹여 살리는 것을 가장 중요한 일로 삼아야 하며 임금 된 자는 백성이 나라의 근본임을 알고 그들을 먹여 살려야 한다. 하늘이 주는 것은 어진 정치밖에 없다. 이제부터 정전법을 실시하여 백성으로부터 30분의 1을 조세로 받을 것이다.

2) 나라가 제구실을 하려면 형정刑政이 있고 기강이 있어야 한다. 형정이 없으면 선한 자를 상 주고 악한 자를 벌줄 수 없으며 기강이 없으면 무거운 데 앉아서 가벼운 것을 움직일 수 없다.

3) 대신이 제구실을 하려면 위로 천문을 살피고 아래로 지리에 통달하며 음양을 네 계절에 맞게 다스리고 잘못된 것을 꾸짖으며 좋은 일을 장려하는 것을 의무로 내세워야 한다. 그래야 임금의 팔다리가 될 수 있다. 만약 나라에 그런 사람이 없으면 좋은 정치를 하려고 해도 기대할 수 없다.

4) 장수가 제구실을 하려면 명령을 받는 경우 집일을 잊어버리고 싸움판에 나가야 하며 서약을 하는 경우 부모를 생각지 말고 부하를 따라 주어야 하며 북을 치고 진격할 것을 요구하면 자신을 생각지 말고 싸우되 패하면 지조를 지켜 죽는 것이 신하의 도리이다.

5) 학교는 인간 윤리를 밝게 내걸고 나라의 명맥을 배양한다.

6) 종묘를 세우고 조상에게 제사 지내는 것은 임금의 예절이며 먼 조상을 생각하여 제사를 지내고 근본에 보답하는 깊은 뜻이다.

7) 혼인은 같은 성끼리 할 수 없으며 일부일처제를 엄수하고 변경시키지 말 것이다. 그 예절은 따로 하고 절개를 지키며 멀고 두터운 것을 더하여 남녀 간의 교제를 삼갈 것이다.

8) 사람이 죽으면 수의를 두터이 하여 흙이 살에 붙지 못하게 하고 빨리 썩지 않게 할 것이다. 옛날 장사법에서는 명기로써 색칠한 수레와 풀로 만든 인형 같은 갖춤새뿐이었는데 금후로는 옛 법을 따르지 말 것이다.

9) 백성이 된 자는 신의를 존중하고 유교 도덕을 두터이 할 것이다. 백성들이 서로 도둑질하지 말고 문을 닫는 일이 없어야 하며, 부인들은 정조를 지키고 음탕하지 말아야 한다. 밭을 일구고 음식은 변두籩豆(강낭콩)를 써서 예의를 지키며 농사와 양잠을 직업으로 삼을 것이다.

위에서 본 「전법9사」의 내용을 요약하면 제1조는 조세 제도, 제2조는 형정, 제3조는 대신의 임무, 제4조는 무관의 임무, 제5조는 학교 교육, 제6조는 종묘 제사, 제7조는 혼인 관계, 제8조는 장례, 제9조는 윤리 도덕과 농업, 양잠에 관한 규정이라 하겠다.

발해국은 통치 기구를 유지하거나 국민을 지배하기 위하여 당시 기본 생산수단인 토지를 지배하거나 통제하기 위하여 토지 제도를 마련하였다. 이에 관한 기사는 『협계태씨족보』 말고는 어디에도 없다. 그러므로 족보에 실린 「전법9사」 기록은 자료적 가치 면에서 소중하다. 족보에는 이 밖에 정치 제도·군사 제도·교육 제도·토지 제도 등 여러 제도사를 연구하는 데 도움이 되는 자료가 적지 않다.

끝으로 족보의 「발해종신록」에는 여러 인물의 약력이 소개되어 있다. 즉 대문예(무왕의 아우)·대일하(무왕의 사촌 형)·대야발(대조영의 아우)·대도리행(무왕의 세자)·대창발가(무왕의 왕자)·대광림(문왕의 세자)·대상청(문왕의 아들)·대정한(문왕의 왕자)·대청윤(문왕의 왕자)·대능신(강왕의 조카)·대창태(강왕 때의 종실)·대신덕(선왕의 세자)·대명준(왕 이진의 세자)·대신성(이진의 왕자)·대원균(대신성의 조카) 등이 그들이다.

(2) 고려와 이후에 편찬된 사료

고려에 해당하는 시기의 발해 사료는 주로 족보를 취급한『선조세계』등에 실려 있다. 현석의 아들인 대권大權의 전기를 보면 발해국의 멸망 후 그는 왕 자리에 올라 거란에게 빼앗긴 부여성을 공격했으나 실패했다고 서술되어 있다. 그러나『고려사』등 몇몇 역사책에는 그 같은 사실이 서술되어 있지 않다.

고려 시대에 편찬된 사료에는 발해국의 유민이 거란에 저항하여 싸운 내용이 전해지지 않고 있다. 조선 시대의 기사로는 정약용의『발해고』를 요약한 것이 눈에 띈다. 또한 족보에는 발해국의 역사를 개관한 홍석주의『발해세가』전문이 실려 있다. 족보에서 조선 시대 서술된 것으로 보이는 기사 중에 주목할 것은「발해국왕세략사」의 고왕조 말기에 있는 대목이다.

> 태백산 대숭전大崇殿 동무東廡에는 고경각高經閣이 있는데 그 안에 발해 고왕 대조영의 신상神像(초상화)이 있다. 또한 축단築壇이란 것이 있는데 기도하는 건물이므로 진단震壇이라고 한다.

대조영의 신상이 있다는 태백산(백두산)의 대숭전 고경각의 위치는 알 수 없다. 그러나 건물과 초상화는 발해국 이래 있었던 것으로 여겨진다. 물론 발해국의 존립 시기와 고려 시대에도 그의 초상화에 대한 사료는 찾아볼 수 없다. 이것이 어떻게 해서 조선 시대까지 전해지게 되었는지 알 수 없으나 발해국의 역사 연구에서 간과할 수 없는 사료임에 틀림없다.

「발해국왕세략사」의 끝부분에는 다른 데서 볼 수 없는 기사가 보인다. 즉 걸걸중상이 수도를 정한 곳과 대조영이 수도를 정한 곳이 다르다고 본 것이다. 구체적으로 걸걸중상이 수도를 정한 곳은 태백산 동쪽이고 대조영이 수도를 정하였다는 곳은 홀한성이라는 것이다. 이 기사는 대조영 이전의 건국 과정을 살피는 데 흘려 버릴 수 없는 사료이다.

또한 눈길을 끄는 것은 발해국의 존립 기간을 걸걸중상의 재위 3년까지 합산하여 231년으로 본 것이다. 이 기사 역시 발해국의 건국 과정을 살피는 데 빼놓을 수 없는 대목이다.

그리고 조선 시대 후기와 근대에 만들어진 족보의 서문에는 발해국이 고구려를 계승한 국가이며 대조영이 고구려 유민이라는 기사가 실려 있다. 이를 보면 다음과 같다.

1) 구보舊譜의 서문 - 발해는 고구려의 한 갈래이다.
2) 『남북구보』(1809, 金安)의 서문 - 조영은 고구려의 한 갈래이다.
3) 『남북구보』(1856, 李行淵)의 서문 - 조영은…… 고구려의 한 갈래이다.
4) 『남북구보』(1927, 태풍술)의 서문 - 우리 태씨는 본래 동명왕의 후손이다.
5) 『남북구보』(1927, 太漢潤)의 발문 - 대중상은 고구려 유민이다.

그런데 『협계태씨족보』에는 조선 후기 시대에 부정확하게 서술된 기사도 더러 눈에 띈다. 예를 들면 「발해국왕세략사」에 제10왕 선왕 때 상경에서 홀한성으로 수도를 옮겼다는 기사가 있는데 이는 정확하지 않다. 이러한 예는 발해국의 계승성 문제에 대해 서술한 부분에서도 보인다.

그러나 대체적으로 『협계태씨족보』는 발해국의 역사 연구에서 흘려 버릴 수 없는 자료인 것만은 분명하다. 족보에서 「단군봉장기년」과 그 서문, 또는 대조영의 초상화에 대한 기사는 다른 데서 찾아볼 수 없는 자료가 된다. 또한 족보의 「전법9사」와 여기서 언급된 전시과田柴科 기사는 발해국의 정치제도사 그리고 사회경제사 연구에서 무시할 수 없는 자료이다. 따라서 족보에 실려 있는 사료는 기존의 발해사 자료와 함께 발해국의 역사 연구에서 소중히 여겨야 할 것이다.

발해국의 연표

서기	발해국	당나라	사건 및 사실
696년	고왕 대조영 건국 2년 전	무후 만세통천 원년	대조영이 영주에서 동진, 동모산에 축성·웅거
698년	고왕 원년	성력 원년	대조영 자립, 발해국왕이 됨, 동돌궐에 사신 파견
705년	8년	중종 신룡 원년	당의 사신 장행급이 고왕을 위로, 고왕은 아들 문예를 당에 보냄
713년	16년	현종 개원 원년	낭의 사신이 고왕을 발해군왕으로 인정, 발해국 사산이 당에 들어가 교역·사찰예배를 요청 이로써 매년 당에 사신 파견, 문예가 당에서 귀국
719년	22년	개원 7년	고왕 사망, 당이 조문사신을 파견, 무예가 왕위 계승
720년	무왕 인안 원년	개원 8년	당이 무왕의 장자인 대도리행을 계루군왕으로 인정
726년	인안 7년	개원 14년	대문예 등이 흑수말갈을 침
727년	인안 8년	개원 15년	고인 등이 일본에 들어가려다 살해되고 고재덕 등 8명이 일본에 입국
732년	인안 13년	개원 20년	장문휴가 당의 등주 공격, 그 자사를 살해, 또 군사로 당의 유주를 공격
733년	인안 14년	개원 21년	동돌궐 사신이 발해국에 입국
737년	인안 18년	개원 25년	무왕 사망, 아들 흠무가 왕위 계승
738년	문왕 대흥 원년	개원 26년	당의 사산이 흠무의 왕위 계승을 인정, 당이 『한서』, 『삼국지』, 『진서』, 『36국 춘추』, 『당례』의 복사 요청을 수용
739년	대흥 2년	개원 27년	서요덕·이진몽 등이 일본에 입국하려다 서요덕이 익사
740년	대흥 3년	개원 28년	이진몽 등이 일본의 답방사신관 함께 귀환
755년	대흥 18년	천보 14년	수도를 상경으로 이전
762년	대흥 25년	보응 원년	당은 발해를 국가로 인정, 문왕을 국왕으로 인정
785년	대흥 48년	덕종 정원 원년	수도를 동경으로 이전

서기	발해국	당나라	사건 및 사실
794년	대흥 57년	정원 10원	문왕 사망, 친족 동생인 원의가 왕위 계승, 국인이 이를 살해, 문왕의 손자 화여를 왕으로 세움(성왕), 수도를 상경으로 이전
	성왕 중흥 원년	정원 10년	성왕 사망, 숭린이 왕위 계승
795년	강왕 정력 원년	정원 11년	당이 강왕을 군왕으로 인정
798년	정력 4년	정원 14년	당이 강왕을 군왕으로 인정
809년	정력 14년	헌종 원화 4년	강왕 사망, 당이 강왕의 아들 원유(정왕)의 즉위를 인정
812년	정왕 영덕 3년	원화 7년	정왕 사망, 당이 정왕의 동생 원의(희왕)의 즉위를 인정
814년	희왕 주작 2년	원화 9년	발해국의 사신 고진예가 당에 불상을 전달
817년	주작 5년	원화 12년	희왕 사망, 희왕으니 동생 명충(간왕)이 왕위계승
818년	간왕 태시 원년	원화 13년	간왕 사망, 당이 간왕의 종부인 인수의 왕위 즉위를 인정
819년	선왕 건흥 원년	원화 14년	발해국이 해북의 제부를 토벌, 영토를 확장
830년	건흥 4년	태화 4년	선왕 사망, 당에 왕의 사망을 알림
831년	□왕 함화 원년	태화 5년	당이 선왕의 손자 이진의 왕위 계승을 인정
833년	함화 3년	태화 7년	발해국의 학생 3명이 당의 태학에 입학, 먼저 유학생 3명이 공부 마치고 귀국
836년	함화 6년	개성 원년	발해국의 사신이 정제된 구리를 갖고 입당하여 교역함
837년	함화 7년	개성 2년	발해국의 학생 6명이 당의 장안에 유학
857년	함화 27년	선종 대중 11년	□왕 사망, 왕의 사망을 당에 알림
858년	□왕 건황 원년	대중 12년	당이 이진의 동생 건황의 왕위 즉위를 인정
871년	건황 14년	의종 함통 12년	□왕 사망, 왕의 현손인 현석이 왕위 계승
893년	□왕 현석 22년	소종 경복 2년	□왕 사망, 위해가 왕위 계승, 당에 왕의 사망을 알림
894년	□왕 위해 원년	건영 원년	당이 위해의 왕위 계승을 인정
905년	위해 13년	소선재 천우 3년	□왕 사망, 인선이 왕위 계승

서기	발해국	당나라	사건 및 사실
915년	마지막왕 인선 9년	말제 정명 원년	거란사람 할저와 두 아들이 발해국에 망명, 곧 도주함
919년	인선 13년	정명 5년	거란이 발해국 사람을 납치, 요양을 채움
923년	인선 18년	후당 자종 동광 2년	발해국이 거란을 공격하여 요주자사 장수실을 죽이고 거란 사람을 납치
925년	인선 19년	동광 3년	발해국의 사신이 신라에 입국, 거란군이 부여부를 포위
926년	인선 20년	명종천성 원년	정월 부여부가 거란군에 함락되고 상경이 포위됨. 발해국왕이 거란에 항복, 세자 대광현·장군 신덕 등이 고려에 망명, 2월 발해국을 동란국으로 고침, 7월 발해 국왕이 임황부로 옮겨짐, 왕의 동생이 군사를 이끌고 부여성을 공격했으나 이기지 못해 발해국이 망함

발해국의 연호표

	연호	사용기간	시 호	근거	비고
1	천통	698~719년	고 왕	『협계태씨족보』	
2	인안	720~737년	무 왕	『신당서』발해전	
3	대흥	738~794년	문 왕	〃	
4		794~794년	원의왕	〃	시호가 전해지지 않아 이름으로 표기
5	중흥	794~794년	성 왕	〃	
6	정력	795~809년	강 왕	〃	
7	영덕	810~812년	정 왕	〃	
8	주작	813~817년	희 왕	〃	
9	태시	818~818년	간 왕	〃	
10	건흥	819~830년	선 왕	〃	
11	함화	831~857년	이진왕	〃	시호가 전해지지 않아 이름으로 표기
12		858~857년	건황왕	〃	〃
13		872~893년	현석왕	〃	〃
14		894~906년	위해왕	〃	〃
15		907~926년	인선왕	〃	〃

[참고] 연호가 기입되지 않은 것은 실제 사용되었으나 전해지지 않는다.

발해국의 왕계표

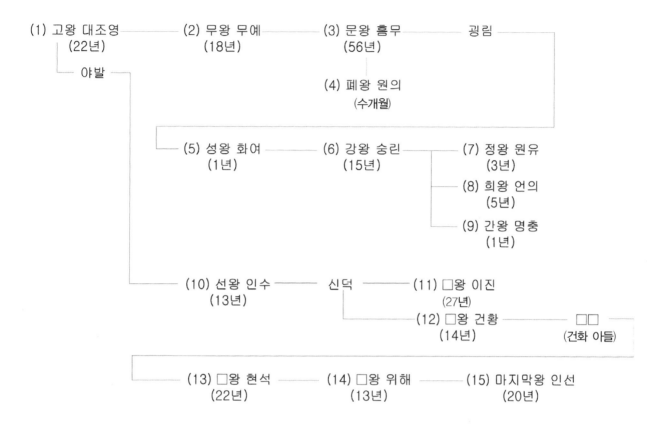

■ 찾아보기

서병국 ─────────────────────────────

아호 : 東夷之人

▌약력

역사학박사
북방사 전공
연세대학교 및 동대학원 사학과
대진대학교 명예교수
동이·발해국역사문화연구원장

▌저서 및 역서

『선조시대 여진교섭사 연구』
『고구려제국사』
『고구려인의 삶과 정신』
『동이족과 부여의 역사』
『대동이탐구』
『고구려인과 말갈족의 발해국』
『발해사』 (6권)
『몽골의 관습과 법』
『명치유신』
『거란제국사연구』
『북방민족의 중국통치사』
『아시아의 역사』
『동양의 역사전개』

발해제국사
발해가 고구려의 계승국인 34가지 증거(큰글자도서)

초판인쇄 2023년 3월 31일
초판발행 2023년 3월 31일

지은이 서병국
펴낸이 채종준
발행처 한국학술정보(주)

주소 경기도 파주시 회동길 230(문발동)
문의 ksibook13@kstudy.com
출판신고 2003년 9월 25일 제406-2003-000012호

ISBN 979-11-6983-191-8 93910